本书为教育部人文社会科学一般项目《儒家诠释学研究》
最终成果（项目编号：13YJA720006）

儒家诠释学研究

康　宇◎著

黑龙江大学出版社
HEILONGJIANG UNIVERSITY PRESS

图书在版编目(CIP)数据

儒家诠释学研究 / 康宇著. -- 哈尔滨 : 黑龙江大学出版社, 2015.9 (2021.7重印)
ISBN 978-7-81129-947-2

Ⅰ. ①儒… Ⅱ. ①康… Ⅲ. ①儒家-阐释学-研究 Ⅳ. ①B222.05②B089.2

中国版本图书馆 CIP 数据核字(2015)第 221192 号

儒家诠释学研究
RUJIA QUANSHIXUE YANJIU
康　宇　著

责任编辑　戚增媚
出版发行　黑龙江大学出版社
地　　址　哈尔滨市南岗区学府三道街36号
印　　刷　三河市春园印刷有限公司
开　　本　720毫米×1000毫米　1/16
印　　张　20
字　　数　287千
版　　次　2015年9月第1版
印　　次　2021年7月第2次印刷
书　　号　ISBN 978-7-81129-947-2
定　　价　56.00元

目录

下篇　个案研究

导言

诠释学是一门关于“理解”的学问。所谓的“理解”，按照海德格尔的话说是人存在的方式①，它所强调的不是对某一物的某一理解，而是以一种哲学的关注，探讨“理解”这种生存活动如何对其存在始终有所理解，以区别其他“是者”，进而提出并揭示有关存在“是”的问题。它关系到语言与世界的互动，影响着文本的阅读与感悟过程，并伴随着诠释理论与方法范式的发生。

自儒家文化创始以来，其内部一直蕴藏着一套关于经典文本理解的诠释学思路，尤以经学最为典型。历代儒士们通过不断对经典的诠释，在理解与感悟中建立起人生与文化的意义联系，形成自身信仰，实现个体与群体的价值。他们一方面在彰显儒学典籍“元典性”的同时，另一方面又在以“返本开新”的形式，赋予传统文化以进入新时代的途径与继续发展的契机，诠释学的空间由此打开，生命活力不断被激发出来。孔子以传授、整理、编纂上古文献为己任，建构出《诗》、《书》、《礼》、《乐》、《易》、《春秋》的“六经”系统，使其成为儒学的“圣典”。从此，儒学即与诠释学交织。两汉经学的诞生，正式确立了儒学新的发展方向——通过对经典的诠释，展开自家的学问路向。这直接使得儒家经学的学问在很大程度上亦成为经典诠释的学问。

什么是经典？其诠释学角度的意义如何？西方学者伽达默尔的论断是：经典体现历史存在的一个普遍特征，即在时间将一切销毁的过程中得到保存。在过去的事物中，只有并没有成为过去的那部分才为历史认识提供

① 参见 MARTIN HEIDEGGER，*SEIN UND ZEIT*，NEOMARIUS VERLAG TÜBINGEN，1949。

可能，而这正是传统的一般性质。正如黑格尔所说，经内是“自身有意义的”，因而可以自我解释。[①] 也就是说，经典之所以能成为经典，就在于它不仅属于某一特定的时间和空间，而且能克服历史距离，与不同时代的人进行“对话”。儒学中的“五经”显然符合经典的特征，在学者对其的诠释中，它时常成为各种观念和学说“视域交融”的主轴。不过入宋之后，随着《四书章句集注》的出现，“五经”的经典核心地位开始让位于《论语》、《孟子》、《中庸》、《大学》的“四书”系统。中华民国成立之后，儒家典籍的权威性急剧衰减，新思潮对儒家传统的批判更使正统的儒学经典逐渐失去了原来的意义。然而，当20世纪中后期人们以全新的视角重新打量“五经”、“四书”时，一种新型的诠释学“理解”被开发出来。人们在传统典籍中又捕捉到文本新的意蕴，儒家诠释学翻开了新的一页。

需要明确的是，儒家诠释学是一门复杂的学问。它不是经学在称谓上的“置换”，亦不是纯粹的技艺之学，并且它与西方诠释学是在不同的存在方式基础上对不同语言文本的理解，二者在共有同一普遍的理论原则背后，存在着一种历史背景和文化精神的深刻差异。所以，在具体剖析儒家诠释学之前，我们需要弄清几个基本问题。

第一，“经学”与“诠释学”的关系。“经学”是儒家诠释学的内容主体。它是训释、阐述和研究儒家经典之学，其研究指向是“五经”、“四书”等典籍，既包括对典籍产生、演变和发展历史的探讨，又涵盖对经传文字、名物、制度的训诂，对文本义理的阐释与发挥。“经学”是儒学的重要组成部分，并成为汉代以来儒家思想传播的主要载体。从特征上说，“经学”是“经典之学”，“五经”与“四书”等典籍在不同时代中被不断解读、阐发，产生了大量著述，学者们习惯于依经附义，借助经典文本表达思想或学术见解，形成了中华文化巨大的思想学术宝库；“经学”是“诠释之学”，对经典原义的准确理解是各个时代学者经学研究的不变目标，虽然汉代经学与魏晋玄学、隋唐佛学、宋明理学、清代朴学等运用了不同形式的理论方法，但殊途同归，其学

① 参见 Hans - Georg Gadamer, *Truth and Method*, 2nd revised edition, translation revised by Joel Weinsheimer and Donald G. Marshall, New York: Crossroad, 1989, p. 289。

术追求并无不同;“经学”是“信仰之学”,通经明道,体道、行道是学者进行经学研究的一个重要前提目标,“《六艺》者,王教之典籍,先圣所以明天道,正人伦,致至治之成法也”[①];“经学”是“经世之学”,“通经”为了“致用”,“诵《诗》三百,授之以政,不达;使于四方,不能专对;虽多,亦奚以为?”(《论语·子路》)“修齐治平,治己、治家、治国、治天下”[②],是经学的最大实践用途。

“诠释学”一词来自英文单词“Hermeneutic”,作为一种理论源自西方文化传统,其核心在于“理解”和“解释”。西方最初的诠释学表现为“寓意解释”,特阿根尼斯曾通过“寓意”解释了“荷马史诗”,斐洛也曾用“寓意”诠释“摩西五经”。后来,随着基督教的深入发展,西方诠释学逐渐转向为“神学诠释学”,通过对《圣经》文本的“语义学”分析,向世人解释相关教义的惯例和规则。与之同时,人们又在对“罗马法”的诠释中,催生出“法学诠释学”。现代诠释学的奠基者施莱尔马赫创造了“普遍诠释学”,它让诠释学不再只针对具有特殊内容的文本,提出“解释的首要任务不是要按照现代思想去理解古代文本,而是要重新认识作者和他的听众之间的原始关系”[③]、要“比作者理解他自己还更好地理解作者”[④]等全新命题。狄尔泰进一步将诠释学发展为“人文科学方法论”,将理解的学问置于认识论的层面之上。20 世纪,海德格尔让诠释学走向了“存在论”,即诠释学已不再是一种“技艺学”或“方法论”,“理解”与“解释”不是主体可以采取也可以不采取的某种“行为方式”,而是“在世界中存在”。他的学生伽达默尔更进一步将诠释学定位于语言与思考之间的关联与互益,以哲学的态度重新理解诠释学。总的来说,在现代语境中的“诠释学”已是一种哲学,而不只是方法;它不是具体的具有操作性的解释活动,而主要是一套具有普遍的理论形态的观念体

---

① 班固:《汉书·儒林传》,中华书局 1962 年版,第 3589 页。

② 曾军:《传统经学、经学传统及其现代转型》,《孔子研究》2013 年第 4 期,第 15 页。

③ 弗里德里希·施莱尔马赫:《诠释学讲演(1819—1832)》,载洪汉鼎:《理解与解释——诠释学经典文选》,东方出版社 2001 年版,第 56 页。

④ 威尔海姆·狄尔泰:《诠释学的起源(1900)》,载洪汉鼎:《理解与解释——诠释学经典文选》,东方出版社 2001 年版,第 91 页。

系;它要让“理解”作为生存活动,让人们在对整个世界作出解释后,反观自身的发展。

现在的问题是,“经学”是一门“诠释学”吗?伽达默尔曾说,理解的历史悠久而古老,只要在任何地方表现为一种真正的理解艺术,我们就承认有诠释学。[①] 从这一论断出发,我们自然可以得到肯定的答案。众所周知,经学本身就是关于“义理”的阐发诠释的学说,在中国传统文化语境中,“文史哲”各个学科几乎均受经学的影响,所谓“夫六经定于至圣,舍经则无以为学”[②]。在经学对儒家典籍的理解与解释中,其形成了“传”、“记”、“注”、“疏”、“章句”、“考据”等形式多样的方法与体例,构成相当完备的技艺学诠释学体系,并沉积出丰富的“存在论”诠释学思想。以《易传》为例,孔子以之作为《易经》的“十翼”,“夫子作《十翼》,谓《上彖》、《下彖》、《上象》、《下象》、《上系》、《下系》、《文言》、《序卦》、《说卦》、《杂卦》也”(《史记》)。《易传》通过对《易经》内“卦辞”与“爻辞”两套表意系统的详尽解说,让人们对“卦形”、“卦象”有了深刻的理解,并结合天道、地道、人道,以形而上的视角探究了宇宙本体论的全部意义。可以说,《易传》对《易经》的诠释不仅在理解与解释中还原了“卦”、“爻”等书写的符号之原初意义,更创造性地构建并体系化了《易经》内在生存论的思想逻辑。

当然,我们不能简单地从经学研究中找到某些诠释学线索便武断地认定经学“等同”于诠释学。应承认,即使在形式上,二者的差异也是明显的。按照汤一介的说法,经学对经典文本的诠释一般以三种形式出现:历史事件的解释,如《左传》对《春秋经》的解释;整体性的哲学解释,如《系辞》对《易经》的解释;实际(社会政治)运作型的解释,如《韩非子》中的《解老》、《喻老》等篇对《老子》的解释。[③] 以此观之,经学涉及的主要是诠释学方法,而非真正的诠释学,经学提出的诠释学问题仅停留在经典解释的技术或者方法层面上,或者说经学作为一种诠释学只达到了施莱尔马赫之前的理解方法论层次,尚未步入“存在论”诠

---

① 参见 Hans - Georg Gadamer, *Truth and Method*, 2nd revised edition, translation revised by Joel Weinsheimer and Donald G. Marshall, New York: Crossroad, 1989, p. 275。

② 阮元等:《经籍纂诂·序》,中华书局 1982 年版,第 1 页。

③ 参见汤一介:《论创建中国解释学问题》,载姜广辉:《经学今诠四编》,辽宁教育出版社 2004 年版。

释学层面之中。然而,我们若从另一个角度思考,也许就会得到不同答案。不可否认,无论是在西方文化还是中国文化的传统中,经典诠释在发生的初始阶段,其所指向的理解与解释客体都被定位在重要文本上,如《伊利亚特》、《奥德赛》、《圣经》以及儒家的“五经”。“由于这些文本在中西文化传统的源头生成后即被世人守护,因此,对这些经典进行理解与解释,必然呈现出重大的意识形态意义及生存论意义。”①事实也正是如此,中西方早期重要的典章制度、道德伦理、风俗信仰、国家政治、法律宗教等有关存在论的意义元素,也正生成于此。只不过,儒家的经学大师们往往以认识论的视角而非诠释学的视角看待这一问题罢了。

经学虽然有了成为诠释学的可能,但自身真正成为诠释学还有一段很长的路要走。首先,对于文本的态度要发生改变。当我们用经学的技艺和方法解读文本,力图获取其原初意义时,要秉持一种新的“理解”态度,理解的概念不再像德罗伊森认定的那样是一个方法论的概念,也不像狄尔泰那样力图为人文学科提供一个诠释学的基础,理解的概念被认为是一个相反的操作过程,这种相反的操作只是追踪生命达向理想的倾向。理解就是人类生命本身的原初特性。② 要将对文本“元典”意义的追寻视为诠释主体对自我的理解,并以理解达至生命存在的理想。其次,要以新的视角看待经学。要明确经学的统一性并不建立在多个单独存在的概念的基础上,经学自身即是一个“理解”整体,其始终处在历史的动态生成过程中。要将对经学及其概念的理解与解释当作一项需要不断地对语言进行理解、不断地突破语言困境的事业,以哲学的思考揭示经典语言的本质。要澄清经学与历代意识形态间的复杂关联问题,注意到传统解经者所依赖的诠释立场、所关注的意义生成方式和问题切入向度,与当时主流意识形态间的纠葛。最后,要适当吸收西方诠释学理论方法,但绝非是在中国经学研究中简单套用西方诠释学的理论构架,要坚定保持本土思考立场,运用“中国化”的问题意识

---

① 杨乃乔:《是技艺学诠释学还是存在论诠释学——论中国诠释学的主脉:经学诠释学》,《天津社会科学》2010 年第 2 期,第 115 页。

② 参见 Hans - Georg Gadamer, *Truth and Method*, 2nd revised edition, translation revised by Joel Weinsheimer and Donald G. Marshall, New York: Crossroad, 1989, p. 259。

和判断标准，对经学著说相关理论、方式、范式进行重新理解，进行重构性阅读及意义的提取，进而形成西方诠释学与经学跨时空的“对话”。

第二，“诠释”与“诠释学”的不同。就经典而言，所谓的“诠释”是指对其文本的具体内容进行的解释、说明，而“诠释学”则是对这些解释、说明的行为或事件进行的省思。它们之间的关系可以用“诠释之然”与“诠释之所以然”来表示。通俗地讲，“诠释”涉及的主要是具体操作性方法问题，而“诠释学”涉及的主要是诠释的“可能性”及“有效性”问题。“可能性”包括诠释主体的性质，文本与作者间的相互关系，以及进入这些关系的诠释、诠释与实践等相关议题；“有效性”则包括对诠释的“信度”、“效度”测量，对某些诠释方法的改进等。

在实际的学术实践中，“诠释”与“诠释学”相互依存、不可分离。“诠释”成果在“诠释学”的保障下，变得理性化、复杂化，进而让所谓的“诠释意识”得以生成；“诠释学”则在诸多的“诠释”活动中，找到立足的依据，从而显得踏实、不落空。诠释者在解读文本时，如果不加入诠释学理论，必然让诠释结果变得苍白无力；而所有的诠释学理论建构，又必须回归到具体的诠释之中，否则必将使学说陷入“虚无主义”之中。

当我们将“诠释”与“诠释学”的辩证统一关系落实于儒家诠释学之中时，即可得到这样的结论：“经典内容的诠释实践”与“诠释学理论的诠释实践”均是必然涉及的内容，虽然我们要处理的问题属于诠释学领域，但为了充分说明诠释学的“问题性”，必然也会触及具体的诠释活动。

第三，中西诠释学差异。当以诠释学的视域去理解儒家经典诠释学说时，可以发现，其与西方诠释学在发展中具有某些共性：二者均注重文本中的主体、语言及存在关系问题；均以文献为对象；以语言或标记语言的文字为突破口和途径；以意义的理解和解释为目的；在经典解释中始终存在训诂与义理，字义与寓意的张力关系等。然而由于历史文化与所处学术背景之不同，中西诠释学在本质上表现出的更多的是彼此间的差异。

首先，二者对于经典的态度不同。儒家诠释学的对象是“五经”与“四书”等文化典籍。其基本的假设是，经典本身是完美的，不会出错且具有内在的系统性;经典中出现的字面矛盾,不过是人们对经典解读的失误,这些预设准则被历代解经者所坚信、恪守不变。基于此,揭示经文“元意”是诠释者最重要的任务。甚至每当儒家学说条文的可信性受到质疑时,用新的方法“返本归经”、“返本开新”也总会是最好的自圆其说之法。无论是文字训诂,还是张扬义理,诠释者都会宣称自己继承和阐发的是圣人本意。

西方诠释学早期的核心文本是《圣经》及罗马法典。诠释者往往以“信仰”的态度,并需要借助宗教的体验和为神所唤醒的灵感才能领悟经典。诠释者相信必须通过语言分析来接近“神圣化”的原始文本,“诠释”对于“本文”而言是不可或缺的,只有通过它才能找到《圣经》等经典中“神圣绝对的精神”。因而探寻和揭示经典的“元意”成为西方诠释学追求的目标。

由此,中西诠释学在态度上,对于经典的差异便出现了:一个是“尊奉”,一个是“信仰”;一个认为经典是圣人对天道的领悟和传承,是人之作,一个认为经典是上帝启示的圣言,是神之作。进而在具体的“元意”言说中二者出现了种种的不同。在中国,诠释者在恪守文本“元意”的同时,并不排斥在理论上阐发经典之微言大义。而西方诠释者对于文本的诠释限度却有着更为严格的自觉意识。他们普遍认为,人与神之间有着不可逾越的鸿沟,神的言说具有无限的解释空间,诠释学的宗旨在于传达的“正确性”,真理和存在的意义探讨只是神性光辉的陪衬。

从对文本的理解与解释的方法论上看,儒家诠释学对“元意”的尊奉既讲求原则性,又不乏灵活性。它要求解释立足于经典的原义,深入文本,充分挖掘往圣先贤的本义,通过字句训诂、考据取证等语言解释方法,最大限度地追求自然之理与天地之道。然而,它又非一味执着于训诂考据,许多时候,解经者会结合自己的人生理解及生命体验,以心会心,以求有所思、有所疑,进而对经典文本有所“新得”,或称为“不同的理解”。以同样的尺度对西方诠释学进行衡量,可以发现它将文本视为通向话语的中介,通过文本理解达到话语,通过话语理解“元意”即“神意”。解释的意义在于要使隐藏的东西显现出来,使不清楚的东西变得清楚。神意不是人通过特殊的技术或依附于人的意愿创造出来的,是要经由对经典记载语句的正确解释才可理解得到。解释、理解《圣经》等经典的根本目的是为了从中获得一种坚定的、正确的信仰。因此,相对于信仰,知识始终处于从属的地位。在西方诠释学的视域中,经典的元意既是固定不变的也是唯一的,解经的本质在于"更好的理解",也就是尽可能地接近文本的原义。基于此,它着眼于文本的意义信息,关心这些信息可以怎样被"吸收"、发展为个别部分,并根据其与整体及其他部分的关系来处理"解释的循环"。所以,人们看到的是西方古典诠释学中缺少了儒家诠释学中那样注重解释、理解的实用性与效果性的特质,而多出了为获得语言背后的"真理"发展出的强调自解原则、整体原则且融会语言符号、诠释规则于一体的解释理论体系架构。

其次,中西诠释学对于诠释"本体"的认知不同。儒家诠释学认为,诠释对象与主体无法分开,本体是一种自我呈现。这实际上假定了文本就是作者内在心志的外在表现。也就是说,文字的"真义"必须依靠作者的思想来显示与确证。故其经典诠释的焦点往往对准"知人",理解意义人格化的作者是关键。就作者与文本的关系而言,作者是内,文本是外,二者和谐统一,没有对立。"意"与"志"在作者那里是两分的,"意"是主体的一种内在感悟的"自觉","志"兼具"自觉"与受外在政治、道德等客观因素影响的"不自觉"成分。由于崇尚通过"立言"而"不朽",经典的作者时常将自我独特的认知与形象注入文本之中,因而在诠释经典时,每一个诠释者均能表现出"自我的理解"。与之相比,西方诠释学将诠释"本体"理解为:诠释对象是一种客观的实有,需要主体去探究这个实有的真实。这意味着文本与作者并非内外一体,文本只是一客观实有的对象。显然相对于文字本质的意义,作者的主观能动作用被极大地忽略了。诠释者们喜欢用"神性模式"来讨论作者与其作品之关系,突出强调文本的永恒性与不变性。其在经典解释中重在"获意",认为理解文本的本质意义是关键。诠释者们视经典文本的内容为"客观化"的产物,他们认为作者与作品的关系不可同一,理解了作者不一定会理解文本。因为文本并不是作者自身而只是其对象,作者的某些无意识语言行为又常常会导致文本意义与作者意图间出现巨大差异,所以过多地关注作者反而会迷失对经典文本本质的追寻。至于儒家诠释学区分的作者的“意”与“志”,在西方古典诠释学中是不被重视的。原因在于,其相信作者在其作品中不是要“充分”表现自我,相反是要一直尽力隐藏自我,以便让“真相”呈现。经典解释自然也就只与“文本”相关了。

为何有此差异?原因是中西方有着不同的诠释理念传统。儒家讲究“天人合一”,“天”泛指宇宙万物,“人”是社会的主体,“天人合一”范畴实际上体现了一种人物不分、主客不分、内外不分的思维方式。而西方诠释学者大都重视对“真理观”的认知,“真理”具有永恒性、不变性和自在性,决定了具体现象但并不依赖于现象,因为现象具有短暂性、变化性和偶然性。在具体操作中便表现为,经典解释要排除个人性因素,让“人道分离”。

最后,二者诠释的具体言说方式不同。从诠释手段上说,儒家诠释学解经包含传、记、注疏、考据、集注、校注、评注等方式,西方诠释学解经手段则由文史学方法、哲学方法、语言学方法、神话学方法等内容构成。中西方在对经典文字意义考证中,均将字面含义、文法修辞、历史背景等作为探查的重点,以今语解古语、以通行语解方言,致力于澄清误解、重构原文语境。然而,儒家是以汉字字形作为中心考量,以形义的统一为线索;西方以语音为考证的核心,侧重语法的分析。此种差异的产生与中西方文字发展史有着密切联系。中国从具有原始图画意味的甲骨文中发展出单音节的方块形意文字,于秦代制定了篆字,两汉形成了隶书,后又被历代不断简化。此种情况为经典文字的字形解释留下了巨大空间,追溯文字之源成为掌握圣人“原意”的钥匙。西方从象形文字中发展出了拼音文字,并创造了音节。在音节符号中,元音被省略了。随着社会的发展,人们要表达的意义越来越多,于是他们对原始的音节作了附加上点、圈、横线、弧线等的修正,后来干脆直接把需拼读的元音写出来。文字拼写的变化自然带来了读音上的改变,为了得到神留在经典最初的“意思”,考订音韵成为解释者最重要的实践。由此,中西诠释学形成了传统认知上的差异——“在拼音文字中,文字的‘形义’联结已被完全割断了,成为纯粹的记载声音的符号,所以拼音字母的考证全然是为了声音的,是循着‘音义’联结的方向展开的;而在汉字中,‘形义’的联结仍是其基本特征，考证的主旨是确定文字，声韵分析是找出‘本字’的工具。”①

从诠释指向上讲，儒家解经者大多推崇积极入世，他们关心现实，在经典解释中持有经世致用、解决时代课题的态度。因而其十分关注天道结构和人际关系结构的对应，并使得儒家诠释学形成注重现实人生、包含政治伦理教化意蕴的走向。由于儒家学者在解经中的核心地位，其对于“道德理性”、“伦理秩序”的关注成为解释中的基本维度。解释者高扬“道德理想主义”与“伦理中心主义”，在考察字词于实际使用中的各种微妙变化时，直指个体身心安顿、理想寄托问题，围绕人生价值的轴心；在确证文字的抽象意义与具体意义转换条件时，与实际相联系，指向社会政治秩序、现存社会等级维护问题，围绕政治制度安排的核心。在经典义理的阐发中，儒家解经者时常集中于天人关系、人性善恶、内圣外王等问题域展开，最终运作的目的毫无例外地是整顿人心秩序与社会秩序。而西方解经者大都秉承“代上帝宣扬本意”的志向来解释《圣经》等经典，他们着重于阐释上帝的神意与理性的逻辑之关系，这使得其宗教神学色彩特别浓重。他们在信仰中阐述“真理”，对经典形成了学术化的表达方式。虽然他们的解释对象是语言文字，但其视界却远远地超出了语言的界限，深入到一个更为广阔的领域，直指人类的起源与文化。他们不会为了宣扬“己见”而牵强附会，不愿为政治目的而离经言道。他们强调解释的“客观性”，主张让经典解释成为“纯粹”的解释。

从诠释经典与圣心相通的“体道”境界上看，儒家诠释学认为，诠释者要努力使自己的解释符合圣贤的原意，但经典的“本意”已经不可能完全再现。由于经典文字本身具有隐约性、模糊性，它所记载、论述的历史事件颇有启示性，这样诠释者便可在训诂、笺传中有所发明，让经典的意义不断增长、生发，这使得重学术经验积累的倾向成为普遍现象。西方诠释学则强调“圣灵感动”，让自身融入“神”的思想内核。他们进行的是一项从现在指向过去传统的单向度的理解活动。虽然其也曾出现过“寓意解经”，但它主要是发

① 潘德荣：《文字与解释——训诂学与诠释学比较》，《学术月刊》1996 年第 2 期，第 32 页。

挥经典言词的象征含义，以文本为根据，与儒家诠释学中的义理分析相比，其随意联想发挥的成分要少得多。

可见，中西诠释学有着各自成长的根基，切不可因“诠释学”概念出自西方便将西方的诠释学理论方法强加于儒家典籍的诠释之上。我们虽然强调跨文化间应产生跨时空的对话，但要明确“对话”应是不同文化传统间有体系的对话，绝非某些相似观点的比较，更不是让一种文化向另一种文化的屈服与同化。儒家诠释学有自己的诠释系统，必须基于中国立场对之理解方能真正找到其特殊价值与独特内涵。

第四，儒家诠释学的特质。儒家诠释学发展二千余年，经历了多次时代的沉浮与变革，自身发生了许多变化。但其中一些基本的特质却从未有过改变，包括以天人关系为线，追求实用性，经、权辩证统一，不断重复“返本开新”。

自儒学诞生之日起，“天人关系”就是其重要的理论之一。“天人之际，合而为一”（董仲舒）、“天人一物”（张载）、“天人一也”（程颐）、“天人合一”（朱熹）等思想从本质意义上说明了天人之间的相合关系。在儒家看来，这种相合关系来自天道与人道在“本然”意义上的内在统一性。不过，儒家有时也说“天人二分”，天人之间是对立的，主体需要“尽心”、“知性”、“知天”才能实现自我和天的和谐统一。天是万物的本原，本来与人应是无间的，但由于人的内在局限性使之无法与天完全合一。不过，“天人合一”作为人发展追求的理想状态与最终目标是不可动摇的。“天人合一”的境界如何实现？儒家的答案是由“下学”而“上达”，通过阅读、理解经典，动心感悟，在“求诸己”中提升人生境界而上达天命。其落实在现实中，便是学习经典、通明道理。无论是孔子的“知天命”，还是朱熹的“格物穷理”，抑或王阳明的“致良知”及戴震的“由词达道”，其理念在本质上均是“天人合一”。

儒家诠释学讲究实用性，即“通经致用”。儒家认为，通晓经典最重要的作用是致用，“用”可表述为“立德”、“立功”，或称为“内圣”、“外王”。“内圣”是向内以求的工夫，通过研读经书，讲求心性义理之学，成就高尚品德；“外王”是向外求索，通过解经达到致用的目的，二者相辅相成，不可分割。

董仲舒解经从天道观上全面论证了封建纲常伦理道德与封建等级制度的合理性；韩愈解经以“道统论”重树了儒学“独尊”的学术地位；宋儒着重解释“四书”，源于他们相信“四书”兼具“修身”、“治国”、“平天下”的功能，是通往“六经”的阶梯，是士子们必读之书目；明清之际的黄宗羲、顾炎武、王夫之等更将解经与“实学”相联系，主张“治经”以求“治道”为务。

所谓经、权的辩证统一是说，儒家诠释学一方面坚持解经的原则与依据的不变，另一方面又悄然地进行某些变通。其中，最主要的不变方面有两个：一是“隆古”，解经时总是蕴含这样的倾向，经典越古老，渊源越久远，就越神圣，越有权威性；二是探寻“原意”，经典是圣人之意，是先贤治世的思想。所以，诠释就是揭示“原意”的过程。“隆古”及探寻“原意”特点的形成与儒家重视祖先崇拜有着密切关系。儒学思想来自宗法社会，讲究家族意识。在家族权威性竞争中，通常规模越大、形成年代越久远的家族占据的地位越有利，于是祖先神化现象在儒学中十分普遍。这种现象发展的结果就是以祖宗为法，把旧事物神圣化。然而，儒家诠释学并非墨守成规，其深知，如果固守古经，其结果只能置经于无用、无效的地步，所以又重视“权”，“权者，反于经，然后有善者也”①。儒家创造出“我注六经，六经注我”式的辩证诠释方法，一方面坚定“经”是元典，且告诉了人们应有的生活样法，另一方面又相信“经”本身就是一种解释，是解释“我”所作为的“社会存在”。

儒家诠释学在发展过程中曾数次遭遇“危机”：魏晋玄学的冲击，隋唐佛学的挤压，明清“实学”的洗涤，近代“新文化”的批判等。每一次挑战都曾让儒家解经的权威性受到极大的损害，使得原有的诠释系统、方法体系难以继续存在。不过，儒家诠释有着巧妙的应对方法——回到原典去，重新解释经典，进而找到诠释学生存、发展所需的新空间、新理论、新方法，从而让自身重新焕发出强大的生命力。所以，不断“返本开新”也成为儒家诠释学重要的学术特征。当然，“返本开新”会让儒家诠释学经历一段“阵痛”。“六经”的话语权力转移到“四书”上，“训诂”、“阐释”让位于“诠释”，“心学”

① 公羊高撰，顾馨、徐明校点：《春秋公羊传·桓公十一年》，辽宁教育出版社 1997 年版，第 14 页。

解经转换为“实学”视角,儒家传统诠释方法与西方现代诠释学理论相融等,均是力挽危机付出的代价。“返本开新”并不是一种复现的过程,而是一种再创造过程。儒家正是在一遍又一遍的“返本开新”中,使得其诠释学存在的根源性得到多维显现,让自身意义解释系统在多元化的视角中获得全方位的呈现。就像梁漱溟说的那样,“中国老根子里所蕴藏的力量很深厚,从此一定可以发出新芽来”[①]。

① 梁漱溟:《梁漱溟教育文集》,江苏教育出版社1987年版,第163页。

上篇
理论与方法

谈及儒家诠释学的理论与方法，必须要做的工作是区分几个概念，即“纯粹的文本注解”、“哲学的诠释”以及“诠释性的哲学著作”。“纯粹的文本注解”关注于经文注释的形式，其主要通过还原经典字词原义，让读者理顺语句，知晓文意；“哲学的诠释”以经典诠释为主，其目的是让读者透过文字，理解先贤“形而上”的蕴意；“诠释性的哲学著作”是以建构哲学体系为主旨，经典文本通常作为其言说自家思想的载体与手段。

如同西方诠释学在历史发展进程中经历了神学诠释学、古代语文诠释学、法学诠释学、普通诠释学、历史诠释学、哲学诠释学不同阶段一样，儒家诠释学的理论与方法发展亦经历了不同的分期。

先秦时期，儒学经典之文献学的诠释、历史学诠释、文学诠释大行其道。因为在“礼崩乐坏”的时代中，对经典的收集、整理，需要严肃的治学态度：“夏礼，吾能言之，杞不足征也；殷礼，吾能言之，宋不足征也。文献不足故也，足，则吾能征之矣。”（《论语 · 八佾》）儒家虽然巧妙地将自己的价值理想融入删减、梳理、编纂“六经”的大业中，但相应的诠释仅限于后人对于孔孟言谈的记录中。虽然《易传》中出现了哲学思辨元素，《春秋三传》中提出了一些与历史、政治相关的哲学问题，激发出人们对于历史观、宇宙观的某些思考，但其诠释中缺少明确哲学观点的特征，限制了它们相应哲学体系的建构。汉代，董仲舒《春秋繁露》的出现具有划时代的意义，它提出一个大体明确、完整的有关“天人关系”的哲学体系。随后，“六经注我”与“我注六经”的诠释学模式生成，儒学经典的“哲学的诠释”出现了。然而，两汉的学者要么过于重视对文本的神学理解，要么过于重视对经典的章句训诂，这一定程度上又限制了解经中哲学思想的展开，尤其在“六经”等文本的疏解“熟烂化”、诠释空间日益萎缩状态出现后，儒家诠释学的发展陷入停滞。

魏晋玄学的出现让儒家经典诠释之说中“哲学的诠释”奠定根基。王弼的《周易注》第一次以较为完整的经典注释形式谈论哲学问题。他的思想直接启示了宋代诸子。如胡瑗的《周易口义》、周敦颐的《易通》、张载的《易说》、王安石的《周官义》、程颐的《易传》等，均是以经典注释、解说的方式表达自己新的哲学思想，并尝试建构初步的哲学体系。一般来说，一种思想称得上哲学体系,至少需要四个条件:一是这种思想必须以讨论哲学问题为主;二是有丰富的多侧面的思想内容,思想单一,只讲一个问题当然称不上体系;三是多侧面思想之间有内在的统一性、连贯性,虽可能有内在的紧张,但必须大体圆通,不能支离破碎;四是相应的讨论应具有独特性和创造性。[①]当然,儒家"诠释性的哲学著作"之代表,无疑是《四书章句集注》。朱熹在书中借解经表达理学哲学理念,建构出系统"四书学"哲学体系。后来,王阳明的《传习录》、《大学问》,戴震的《孟子字义疏证》也可谓此领域的翘楚。

至清中期,儒家诠释学的理论与方法发展达至另一高峰。

近代之后,儒学的历史命运逐渐发生改变,其诠释学的理论与方法直至"现代新儒家"出现后方得以进一步发展。徐复观、熊十力、唐君毅、牟宗三等现代新儒家们,大都拥有良好的西学基础与哲学素养。他们更喜欢且擅长以经典诠释为主要形式建构哲学体系。而他们下一代的学生成中英、傅伟勋等继承了老师的衣钵,虽然其已不再单纯依靠解经、注释的方式搭建哲学体系,但是他们的经学思维模式,依然可在其哲学著作中找到线索。

需要指出的是,儒家诠释学理论与方法在发展过程中,始终存在"客观"地诠释经典"元意"与诠释者"主观"思想表达及建构哲学体系间的内在矛盾与紧张。这也可称之为作者与文本间的"历史性"问题。如何调和前代文本的限制与后代学者思考创新间的冲突,是历代儒家经典诠释者无法回避的问题。在具体时代大背景的前提下,理解不同学者运用的不同诠释理论方法是一条可行之路。这也是回答为什么中国的哲学创造常以经典诠释为主要形式或载体,而西方的哲学发展却找不到这样的重要线索。明白了这一点,也就知道了为什么说"西方诠释学理论方法不能充分解释中国哲学的诠释传统,不能将之照搬、套用于儒家诠释学"了。

---

① 参见刘笑敢:《经典诠释与体系建构:中国哲学诠释传统的成熟与特点刍议》,载李明辉:《儒家经典诠释方法》,华东师范大学出版社 2008 年版,第 33 页。

第一章　儒家诠释学的历史分期

儒家诠释学是对儒家经典进行说明、诠释、理解和创新的学问，它的发展史与儒学史的发展联系紧密，诠释经典业已成为儒家思想最主要的表达形式。自先秦至近代，儒家的诠释者们总是期待通过对典籍的诠释来建构自己的哲学体系，并由“新”哲学体系重新审视经典。这一方面赋予儒家诠释学空间无限延伸的可能性，另一方面也为经典具体研究范式的完善提供了空间与动力。在儒家诠释学发展历史中曾出现三个重要的研究范式——训释、诠释与解释。每一种范式的产生均是儒学诠释传统自身“扬弃”，并与时代精神整合的结果。随着研究范式的演进，儒家诠释学的话语系统、理论建构、本体论及方法论不断完善，其内在的张力也得到了充分彰显。由此，亦开创出儒家诠释学发展史的三个重要历史分期。

一、以“训释”为主的时代

身处轴心时代的孔子在众多夏商周三代文化典籍中，选择将《诗》、《书》、《礼》、《乐》、《易》、《春秋》“六经”作为儒家整理、诠释的主要文本和教育学生的基本教材，其原因在于，他认为“六经”所传载的礼乐制度、所体现的周公之道，可以用于人的修身成德，可以用于国家的稳定发展，可以在春秋“礼崩乐坏”之世中，作为思想资源重建合理的人间秩序和理想的道德精神。进而，确定了“六经”在早期儒家诠释经典中的地位。至于如何诠释，孔子曰：“述而不作，信而好古。”（《论语·述而》）朱熹为之注解为：“述，传旧而已；作，则创始也。……然当是时，作者略备，夫子盖集群圣之大成而折衷之，其事虽述，而功则倍于作矣。”[①]可见孔子的“述”是一种诠释，一种传承，也是一种深入的钻研和正确的鉴别。

在儒家诠释学产生的早期，经典结构本身具有较大的伸缩性和或然性，文本诠释的空间也非常宽广，以至出现孟子可行“取二三策”之法，荀子公开主张“隆礼义而杀《诗》《书》”（《荀子·儒效》）。到了秦汉之际，由于“焚书坑儒”、战乱不断，儒家典籍散失极为严重，其中也包括了“六经”本身的失而复现、错乱残缺和重新结集。随后，儒家在西汉逐渐成为“官学”，汉武帝立“五经博士”（《乐》经已佚），“五经”地位亦发生改变，人们对于儒家经典诠释活动的权威性提出了更为系统化与制度化的要求。在这样的情境中，汉儒们开始对“五经”重新进行梳理、理解和诠释。然而，汉代今文经和古文经两派对于“五经”书写所用的文字、诠释的方法和学术风格认知不同，对经文含义的诠释以及对社会历史问题的看法也不相同。于是，出现了在经文阐释中发挥经文的微言大义与对经文的诠释重在章句训诂的两种不同诠释方法，从而促成了儒家诠释学方法系统由先秦“述而不作”的整理、编纂，转向“训释”的研究范式。

“训释”强调在对文本的诠释中，要达到意义的阐释和语言上的训诂。一般来说，“阐释”主要针对于今文经，它要求人们根据当时的文化背景，为经书中的思想赋予新的意义，使之适应时代的需要。以董仲舒为代表的今文学家们侧重于在理解作者原意的基础上阐发经典中的“微言大义”，强调“经以致用”，即借对经典的诠释实现巩固现实政权的目的。对于今文经学家来说，诠释经典就是要追寻历史循环的轨迹去实现人类王道理想。他们注重“天人合一”，将相应的诠释与天道神性相联系，扩展了诠释空间，将更多的元素融入儒家诠释学中，“《诗》无达诂，《易》无达占，《春秋》无达辞，从变从义而一以奉天”[②]。经典原文没有固定不变的诠释，人们对其理解是随着时代的变迁而不断变化的，但也不能随意诠释，必须服从天的支配，才能真正理解圣人的“微言大义”。“训诂”主要应用于古文经的诠释，它注重

---

① 朱熹：《四书章句集注·论语集注》，上海书店 1987 年版，第 45 页。

② 董仲舒：《春秋繁露·精华》，中华书局 1975 年版，第 106 页。

对古籍中词语的诠释。西汉末年,刘歆自称发现了《周礼》、《左传》、《毛诗》、《古文尚书》等古文经典,并争立古文经学博士,古文经学兴起。古文经学在注经过程中,注重字义的训诂,不讲微言大义,是借鉴新发现的古文经典,以实事求是的态度和精神专注于经文的诠释。其对于经典元意的追求,使得古文经学较今文经学对文本的诠释更为明晰、确定,也使得经典中的礼制和道德训诫更为详细明确地呈现出来,更易于世人实行。许慎的《说文解字》、郑玄的《三礼注》是汉代古文经学对儒家经典训诂研究的代表之作。

作为诠释文本的方法,"阐释"与"训诂"有着各自的优势,然而不足也是明显的:"阐释"在今文经的应用中,除了解字释词外,常常对经典进行过度的诠释,为阐释特定思想而对经书穿凿附会,以至自身经说日益烦琐,渐渐丧失了诠释的创造性与经以致用的品格;而"训诂"在古文经的应用中反对将诠释者的成见带到诠释中去,主张以历史主义的态度诠释经典,从而忽略了诠释自始至终都是一种主体活动,与人的意识不可分离的事实。随着对于两种诠释方法辨析的深入,将"阐释"与"训诂"方法互补互进成为儒家的共识。

到了魏晋时期,儒家诠释学受到玄学影响,形成了以经典为依托的,注重经义之学,方法与本体合一的文本诠释模式。"阐释"与"训诂"终于得到了契合。人们通过文字考证的方法帮助世人理解文本,感悟经典经世意蕴,并运用"有"与"无"等本体意蕴范畴为儒家经典思想找到了现实中的落脚点。何晏等人创出"集解"之体,"章句之学"开始走向"得意忘言"、"辨名析理"等思辨方法。随后,经学在南北朝分为南学、北学两派。"南朝继承了魏晋玄风,阐发义理学风比较简约,但受老庄影响偏离了儒家义理;北朝继承东汉学风,祖述古文经学,排斥玄学。同时南北朝诸儒都倡导义疏之学,比汉代的'注'更为详细地逐字逐句逐章地解释古文,为唐代的经学演变为义疏之学奠定了基础。"①进入唐代,孔颖达主撰的《五经正义》成为六朝以来义疏之学的规范和统一文本。《五经正义》以南学为本,兼取南北之长,形成一个南学北学共存的体系。它对烦冗的章句予以淘汰、省简,为士人传习

① 韩强:《中国传统文化中的解释学》,《南开学报》2003 年第 1 期,第 78 页。

经学提供了一个简明的文本，实现了解决章句繁杂的问题，成为儒家运用“训释”诠释经典的典范。

儒家诠释学研究范式由“述而不作”转向“训释”，使得文字古奥、字义艰深、晦涩难读的“五经”，不再难以在民间普及。“训释”剔除了诠释者的主意与成见，考据了儒家的文本与范畴；通过对儒家经典的分析与归纳，总结了文本中规律性的特征与时代内涵，拉近了典籍与读者的距离；彰显和保持了儒家经典的意义内涵，且加入许多前人未见的思想，使经典的基本精神得到时代张扬。经过百余年的发展，儒家诠释学“训释”研究方式形成自身独具的特征。第一，“训释”兼具政治诠释与语言诠释的双重意蕴。一方面，“训释”在表述“微言大义”时，往往就原典借题发挥，旨在从经文中引发出一定的理论，并以此指导现实行动，从而达到经世致用的目的，政治倾向明显。另一方面，“训释”在诠释经典词义时又强调“原义情结”，始终坚持着历史主义的诠释态度，或以今词释古词，或以本名释异名，或以详言释略言，试图通过论释经典文本在文字上所具有的意义，从而恢复处于前文本状态的原始话语。通过“训释”儒家经典的意义被详尽地揭示，且适应了时代的需要，启迪了文化的延续。第二，“训释”倡导诠释主体的个性张扬。在对今文经学与古文经学的诠释中，“训释”赋予儒家们或强调微言大义、经以致用、天人合一的开放视域，或内具历史关怀、突显原义的解读空间，使得经典诠释者的想象力与创造力拥有了任意驰骋的场所。第三，“诠释过度”与“诠释不足”是“训释”无法回避的问题。“阐释”与“训诂”在产生之初因诠释的目的不同，在诠释向度上存在着较大差异。后来虽在一定程度上出现融合，但由于两者间本质的区分一直无法真正消除，因而经由“训释”诠释出的儒家经典常会出现，要么诠释超出文本的语境，在宣称依附典籍的背后，以大量的“烦言碎辞”吞没了经典的本义；要么简单化、机械化地将诠释中的主观性拒之门外，在坚守诠释“客观性”的基础上，对文本进行“不足诠释”。“诠释过度”与“诠释不足”之间的矛盾在很大程度上制约了“训释”的发展空间，也为“训释”研究范式在儒家诠释学日后的发展中逐渐丧失动力埋下了伏笔。

自中唐开始,随着经学内部文本疏解可供挖掘之处不断缩小,经书整理又彻底被官方垄断,儒家对经学的研究开始出现守成式的惰性状态,承袭较多而开创稀少,加之"训释"自身中"阐释"与"训诂"的矛盾,儒家典籍的"训释"视域极度萎缩。同时,佛、道二教思想对于儒家经典的挑战日益加剧,仅靠"训释"的方法,儒学已无法从系统的合法性上取得理论优势,"五经"的权威性因而也逐渐丧失。儒家诠释学需要有新的学术视域与思想增长点,经典诠释必须回归重义理的传统才能突破原有的狭小诠释空间,因而适应于经学梳理的"训释"也必然要求经历新的演进。

二、以"诠释"为主的时代

儒家诠释学发展的第二个历史分期是随着宋代四书学的兴起而出现的。入宋之后,《论语》、《孟子》、《大学》、《中庸》等传记地位逐渐上升,"四书"的重要性逐渐超越了"五经",并成为儒家经典新的诠释中心。这种转变,既是源于疑经风气在社会中日益盛行,人们对"五经"传递过程中积累下来的作伪与辨伪等问题,不断提出质疑;也是因为儒家们开始倾向以义理说经,反对章句训诂之学,与适宜训诂注疏的"五经"相比,"四书"更易从中阐发心性义理。

宋初的周敦颐从《中庸》、《大学》中提炼出理学的重要哲学范畴"诚"。张载以对"四书"的经典诠释创立了自己的理学体系,认为"学者信书,且须信《论语》《孟子》……如《中庸》《大学》出于圣门,无可疑者"①。王安石则利用自身的政治力量将《孟子》列为经,并与《论语》一起作为科举考试的科目,确立了"四书"的官学地位。而二程(程颢、程颐)通过对《大学》与《中庸》的大力表彰,把天理的本体论、格物致知的认识论和人性论统一起来,开创出一个理学的"四书学"诠释体系。南宋朱熹著《四书章句集注》,首次将四书合刻。至此,中国经学史上始有"四书"之称谓。朱熹用一"道"贯通了四书,他指出,四书的内在结构是:《大学》是入德之门,《论语》是讲"仁"的,《孟子》是讲"心"的,《中庸》是讲"理"的。由此确立了以《大学》定规

① 张载:《张载集·经学理窟·义理》,中华书局1978年版,第277页。

模、《论语》立根本、《孟子》观发越、《中庸》求微妙的四书学的内在逻辑结构，构建了一个“理一分殊”的四书学诠释体系。[①]《四书章句集注》的出现，标志着“四书”正式取代“五经”，成为儒家经典诠释中的核心文本。自此之后，在儒家经典诠释系统中，立言不必再称三代，孔孟思想即是最高的权威。新的诠释文本，为儒家经典开拓新的诠释空间、重新获得内在价值体系的根源性意义以及抵御和批判佛道思想提供了可能。

为了适应对“四书”的诠释，宋儒们创造出了“诠释”的经典诠释研究范式。与“训释”不同，“诠释”具有形上依据——“理”与“心”。在宋儒那里，“理”与圣人之言、圣人之意是三位一体的，经典是圣人之言，体现了圣人之意，同时也是“理”的体现。对儒家经典进行诠释必须以“理”为依据，符合“理”的即是合理的诠释，否则就是对经典的误解。二程指出：“天者理也。”[②]“天下物皆可以理照，有物必有则，一物须有一理。”[③]朱熹进一步将“心性说”注入“理”，他认为，心之功用有二，一曰尽心，二曰存心，“若尽心云者，则格物穷理，廓然贯通，而有以极夫心之所具之理也；存心云者，则‘敬以直内，义以方外’，若前所谓精一操存之道也。故尽其心而可以知性知天，以其体之不蔽而有以究夫理之自然也；存心而可以养性事天，以其体之不失而有以顺夫理之自然也”（《晦庵先生朱文公文集》）。尽心即“究理”，存心即“顺理”，对经典的义理探求是尽心，但尽心要有一个前提，即要存其心，要顺理。一切对天理的探求活动都要在天理的范围内进行，不可逆理而行，“大抵圣人之学，本心以穷理，而顺理以应物”（《晦庵先生朱文公文集》）。与朱熹同时代的陆九渊提出了“心”本体论。他援引孟子的心说将“心”作为“先立乎其大者”，并将宇宙万物摄于“心”中，“万物森然于方寸之间，满心而发，充塞宇宙，无非此理”[④]，“四方上下曰宇，往古来今曰宙。宇宙便是

① 参见束景南、王晓华：《四书升格运动与宋代四书学的兴起——汉学向宋学转型的经典诠释历程》，《历史研究》2007 年第 5 期，第 92 页。

② 程颢、程颐：《二程集 · 河南程氏遗书》卷十一，中华书局 1981 年版，第 132 页。

③ 程颢、程颐：《二程集 · 河南程氏遗书》卷十八，中华书局 1981 年版，第 193 页。

④ 陆九渊：《陆九渊集》卷三十四《语录上》，中华书局 1980 年版，第 423 页。

吾心，吾心即是宇宙"[1]。"心"的统摄气魄遍及宇宙，经典不过是吾心的记籍，治经学的目的是为了致良知。不过，陆九渊又提出"心即理"之说，"盖心，一心也，理，一理也，至当归一，精义无二，此心此理，实不容有二"[2]。"塞宇宙一理耳，学者之所以学，欲明此理耳。此理之大，岂有限量?"[3]心是理在人思考中的分布和体现，所以"理"本体与"心"本体存在着内在的一致性。

本体形上依据的出现，使得儒家诠释学拥有了较深的理论层次。宋代之前，儒家虽出现了"训释"的方法范式，亦有较为粗糙的天人感应论，但因其缺少系统的本体论思想，使得自身学说难以在哲学基础上与道家的"道本论"、佛家的"心、性本体论"相抗衡。以至在隋唐时期，儒家文化的主导地位发生动摇，产生了诸多的理论危机和社会危机。宋儒在传统经典诠释的基础上加以理论创新，提出了系统、完整的以天理论为主体，贯通心本体的"诠释"研究范式，无疑大大丰富、发展了儒家哲学的本体论诠释学，使得儒家在经典诠释中重新树立了权威。

"诠释"的研究范式，要求儒家在对经典做深入研究时，既要训诂考释，探讨经文之本义，又要发明义理，探索圣人作经之寓意，并进行哲学理论的创造和发挥。显然，这是对宋代之前流行的章句训诂式的经典诠释所进行的极大改进与创新。章句训诂为人们理解前世经典提供了具体的形式与秩序，这些形式与秩序主要散布在注字音、释词义、明虚词、通文意、定句读、设典故、举出处、考证名物、概括题旨、诠释章节、说明修辞手段及增补校辨材料等各层面。然而，章句训诂坚守注不驳经、疏不破注的解经原则，拘于考据而不重视对经书的义理探讨，所以不利于新思想的产生和发挥。宋儒强调，在诠释经典时要注重探索事物之理、书本之理、人心之理，要讲求经义，并探究其形上学问题的致思，即将诠释作为主体进行意义概念理解和理论观念实践的思辨，"义理之学，亦须深沈方有造，非浅易轻浮之可得也。盖惟

---

① 陆九渊：《陆九渊集》卷二十二《杂著》，中华书局 1980 年版，第 273 页。
② 陆九渊：《陆九渊集》卷一《与曾宅之书》，中华书局 1980 年版，第 4—5 页。
③ 陆九渊：《陆九渊集》卷十二《与赵咏道书》，中华书局 1980 年版，第 161 页。

深则能通天下之志，只欲说得便似圣人，若此则是释氏之所谓祖师之类也”[1]。宋儒“诠释”的研究范式，融合章句训诂与义理发挥，在对经典进行简略、谨严、质朴注释，对字、词语进行准确“训释”，对章句进行合理分析的同时，以序、注文前的导语、文首宗旨的发挥、引文及对引文的“愚按”，多层次和多角度地发掘作者原意和本文义理。经过诠释的儒家经典，在诠释风格中呈现出全新的气派，并造就出儒家思想学术上崭新的理性观念范式。

在“诠释”研究范式发展与完善的过程中，形成了两个基本的路向：以朱熹为代表的“理学”知识论传统以及以陆九渊为代表的“心学”实践论传统。

朱熹的经典诠释方法，明确了主与客、心与物、心与理二分，坚守了一种“格物致知”的知识论立场，向外寻求是其基本的知识论取向，“格，至也。物，犹事也”[2]。“格物”实质上应涵盖“明其物之理”、“即是物以求之”以及“必至其极而后已”三个层次。只有首先明白“人心之灵莫不有知，而天下之物，莫不有理，惟于理有未穷，故其知有不尽”的道理后，并坚持不懈地做“凡天下之物，莫不因其已知之理而益穷之”的功夫，方可最终达到“豁然贯通”，“众物之表里精粗无不到”的境界。朱熹以经典的原文和原义作为其经典诠释的出发点和依据，强调义理的阐发须是建立在探明经文本义的基础之上。他客观地看到在解经者与圣贤立言本意之间，存在着先儒旧学，其圣贤本意见之于经文，则为本义。他指出：“由于《诗》、《易》等经典，已被先儒穿凿附会的解说所坏，故使后人不明圣贤作经之本旨，要求得圣贤作经之本意，即经书之本义，就须超越先儒旧说，一切以经文本义为准，而不以先儒对经书的解说为准。”[3]在明确本义后，朱熹提出以义理为标准来诠释儒家经典。不过，义理在经典中并不是十分明白地表露出来，后人要求得义理，须于经典中推究演申，从中发明义理。所以，朱熹诠释经典时又强调注重“理解”。“理解”不只是追寻文本的原义或作者的原意，而更应是一种超出文本和作者的新意义的诞生。这种意义的获得是在读者把握文本的文义的

① 张载：《张载集·经学理窟·义理》，中华书局 1978 年版，第 273 页。
② 朱熹：《四书章句集注·大学章句》，上海书店 1987 年版，第 2 页。
③ 蔡方鹿：《朱熹经典诠释学之我见》，《文史哲》2003 年第 2 期，第 44 页。

基础上，基于自身体验而生发出来的积极的见解。

与朱熹“以外求理”的路向有别，陆九渊对经典“诠释”更重“发明本心”的内求路径。在论及诠释经典中的认识与方法问题时，他主张“万物皆备于我，只要明理”，“人皆有是心，心皆具是理，心即理也”[①]。“理”作为观念知识是由人心之内而出，因此具有演绎特性。陆九渊的“诠释”路向，实际上是对孟子开辟的向内求理、不假外物的心性论理路的发扬。他认为，心与理具有原始的内在统一性，“此理本天所以与我，非由外铄。明得此理，即是主宰。真能为主，则外物不能移，邪说不能惑”[②]，但这仅仅是为心与理之间的沟通提供了一种可能性：每个人都可以通过“存心”来“明理”。在实际的生活中，“本心”之不存者大有人在，这也就使得“心”与“理”之间形成了一种诠释学距离。在其看来，克服“心”与“理”之间距离的正确途径，不应该是朱熹所主张的“格物致知”的外求之路，而应该是“发明本心”的内求之路。站在心学的立场，陆九渊认为圣人之心比经典更为重要，主张以接续圣人之心来超越孟子之后的一千五百余年，直承圣人之道。在对经典的具体“诠释”中，以己意说经，走体证式的道路，对于圣贤典籍，最重要的是从中窥见圣贤之心，得其精神旨趣，而不是字释句解、依傍附会。

朱熹与陆九渊开辟的儒家经典“诠释”方法虽路向不同，但其诠释文本的宗旨却有着趋同性。朱熹贴近文本，将客观理性赋予经典诠释之中，使经典的意义具有普遍有效性，但其最终的目的是道德的践行；陆九渊强调向内反省式的心道合一，相对轻视文本，然而在“心”之大前提下，仍不乏对经典的“理”之说明。显然，二者间有着内在的沟通机制是不争的事实。在朱、陆的影响下，宗朱学派与宗陆学派或深入挖掘经典中的原理精神，将精神自觉地理解与践履，并将之接轨于自身所处的社会现实，积极地探索经典思想的时代转化途径，如蔡元定“理数统一”说、陈淳在《北溪字义》中对儒家范畴的梳理等；或遵行经典原理思想，让心学在实践形态上更具载体的自我内在体究特性，以建构更多心学贯彻经典原理的发明方法，如杨简“明悟本心”

---

① 陆九渊：《陆九渊集》卷十一《与李宰书》，中华书局 1980 年版，第 149 页。

② 陆九渊：《陆九渊集》卷一《与曾宅之书》，中华书局 1980 年版，第 4 页。

说、舒璘对“利欲移人”的诠释等,儒家经典中的义理得到了更为深刻的理解与发挥。

元、明二代的儒家基本上承接了朱、陆“诠释”儒家经典的研究范式,出现了许衡《大学要略》、刘因《四书集义精要》、陈天祥《四书辨疑》,北山学派“四先生”中的金履祥、许濂等著出的《大学章句疏义》、《孟子集注考证》、《读四书丛说》等儒家诠释学名篇。尤其是王守仁将“良知说”融入经典诠释之中,强调让读者从书本中解放出来,回到生活世界意义本身,以还原经典述作和诠释活动本来的意义,力争通过直接的体证和领悟,用“心”来与经典沟通,这无疑进一步丰富了“诠释”研究范式的内涵。

如果细细比较儒家诠释学中“训释”与“诠释”两种研究范式,可以发现两者间存在着某些一致性:它们都是以诠释文本意义为出发点和最终目的,都强调“理解”,重视语义的论证。然而,“训释”和“诠释”毕竟身处儒学发展的两个时代,现实的目的性与应用性造成了其内在的差异。除了经典诠释所依傍的文本重心不同、是否具有诠释本体形上学外,两者之间还有着诸多相异之处。首先,“训释”重文字名物,“诠释”重文字义理。“训释”讲求实证考据与语言文字的解说,在对文本的注释中,注重字、词、句的本意,对于经典的议论又表现出过于含具政治倾向。“诠释”讲究对义理的阐发,通过对文本的诠释,揭示其内在的儒学思想。“诠释”要求人们抛开汉唐旧注直接研读先秦儒家经典,从中阐发儒家原典的“义理”,进而褒贬议论,重视发挥。其次,从严格意义上讲,“训释”是经学诠释,“诠释”实为哲学诠释。“训释”必须依靠“五经”字义,相应的见解只能通过注经的方法表现出来。而“诠释”则在原有注经方式基础上,加入了理论创新,在文本与“理”、“心”等本体论的论说中,创建儒学新的范畴、命题和理论,最终形成哲学体系。最后,在对待其他学说的态度上,“训释”排斥释、道,“诠释”则对释、道既有排斥又有吸取。为了保持自身理论的纯正,“训释”对释、道的理论基本上持排斥态度,少有沟通。而“诠释”虽然对释、道的教义思维十分质疑,但它提倡“学者须疑”,主张继承中国先秦儒家道统,客观上吸纳了道家哲学,并且吸收和内化了外来的印度佛教哲学,进而创造出了儒家诠释学发展新的境界。

显然,在宋明时期“诠释”比“训释”更适于儒家诠释学的发展。“诠释”研究方式的出现,使得儒家经典诠释,乃至整个儒学自身出现了新的兴奋点与思想增长点。这不仅是一种方法的转型,更是一种儒家诠释策略的根本转向。“诠释”催生出儒家诠释学新的系统性方法论:程朱的“理本论”,陆王的“心本论”,共同奠基了儒家诠释形上学;“德性之知”、“见闻之知”、“格物致知”等的认识论,为人们在深层次上理解、感悟文本,提供了有力的工具。至于如何具体诠释、研读经典,儒家们更是根据“诠释”创造出大量实用方法。如朱熹提出,“从容乎句读文义之间”(《晦庵先生朱文公文集》),即对文本的语言诠释目的在于求得文本的本意,“体验乎操存践履之实”(《晦庵先生朱文公文集》),则是对文本的体验诠释,目的在于求得文本的义理;陆九渊提出,“苟此心之存,则此理自明”①,认为“格物”不须去穷究天下万物,只需在万物皆备的“我”上下功夫,要在自我体认中对经文义理进行发挥;等等。

“诠释”的研究范式克服了唐代经典诠释依重“训释”而停滞不前的缺陷,批判、融会、吸取了佛、道精致的思辨哲学形式,开创了阐发义理的新思路;不以圣人及经典本身为最高权威,代之以“理”、“心”为终极价值,强调诠释经典的目的是为了求道、明理、致良知,用“诠释”的形式把经学理学化、哲学化,将经学、理学、哲学三者贯通。它造就了经典诠释的人文精神,既表现在儒学整体的诠释构想上,又表现在儒家具体的诠释实践中,使得文本的诠释更具思想性、逻辑性与体系性。它不但使儒家经典重新获得了自身价值体系的根源性意义,而且找到了抵御外在思潮挑战的有力武器。

三、以“解释”为主的时代

清代,儒家经典的诠释方法呈现出多元发展趋势。乾嘉考据家们从经学内部资源的挖掘入手,试图重振儒家经典诠释的权威性。他们对儒家经典进行了系统的校勘、辨伪、辑佚,在对典籍中文字、音韵、训诂方面的研究

① 陆九渊:《陆九渊集》卷三十四《语录上》,中华书局1980年版,第396页。

中不仅总结了前人的成就，而且解决了经学史上诸多悬疑而未决的问题。从文本真实性的确证角度来说，乾嘉学术的水平已超越了宋明理学。作为乾嘉时代的训诂学大师，戴震在《孟子字义疏证》等著作中，强调诠释经典应“始乎离词，中乎辨言，终乎闻道。离词，则舍小学故训无所借；辨言，则舍其立言之体无从而相接以心”①，“由文字以通乎语言，由语言以通乎古圣贤之心志，譬之适堂坛之必循其阶”②。进而创造了儒家经典“离词→辨言→接心→闻道”的诠释模式，也就是既重视语言诠释和典制考证，又重视心理诠释与视界融合，更强调在阐发新义的过程中使二者相互发明、有机结合。这一诠释模式在其之后的段玉裁、王念孙和王引之等那里得到了延续与发扬。

与乾嘉考据之风同时存在的是，清代学者对宋明以来儒家诠释学“诠释”研究方式的继承。颜元著《四书正误》对前儒经典重新评说。他不但批驳了朱熹对于《四书》注解的“谬误”，而且力倡“实用”的典籍诠释。陆陇其著《四书讲义困勉录》，笃信朱注，力驳陆王，主张经典诠释与经世致用相联系。到了戊戌变法时期，康有为等维新派人物对儒家经典进行了新一轮的诠释。康有为潜心专研“公羊之说”探讨“三世进化”理论，写成了《新学伪经考》、《孔子改制考》、《春秋董氏学》等著作，奠定了以经学形式议论时政的基础。谭嗣同在对儒家核心概念“仁”的诠释中，创造了“以太”说和“心力”说。他以批判的态度阐释了宋明“理”学，“宋儒以善谈名理，称为道学，或曰理学。理之与道，虚悬无薄，由是辄易为世诟病”③。章太炎则在对儒家传统天道观诠释中，扬弃了古代朴素唯物论“天为积气”的直观认识，提出“古者以天为积气，彼未尝有气也”（《訄书 · 天论》）以及“若夫天体，余尝谓苍苍之天，非有形质，亦非有大圜之气”④。

但是，无论是训诂考据，还是经典诠释，其方法始终无法跳出儒家诠释学原有的研究范式，亦无法在根本上克服前代业已生成的诠释局限。考据学所谓“训诂明则义理明”说法难以立足，因为理解活动的复杂性并不能从

① 戴震：《戴震全书》第六册《沈学子文集序》，黄山书社 1995 年版，第 393 页。
② 戴震：《戴震全书》第六册《古经解钩沈序》，黄山书社 1995 年版，第 378 页。
③ 谭嗣同：《谭嗣同全集（增订本）》上册，中华书局 1981 年版，第 122 页。
④ 陈柱等：《诸子十六讲 · 儒术真论》，中国友谊出版公司 2009 年版，第 19 页。

文本的真实性中得到说明;诠释学所采用的以解经作为政论的思维模式,随着时代的进步,也显得过时。尤其在20世纪初,清末经学解体后,儒家经典的地位发生了根本改变。经学形态被置于新学术的对立面,从而在整体上遭到否定。加之,"五四"期间社会上出现"道德革命"与"批孔运动","夷孔子于诸子之列",儒家经典的权威性彻底丧失,仅靠原有的研究范式已无法赋予儒家诠释学乃至儒学新的生命力与发展动力。时代的召唤使得儒家诠释学必然在研究范式做出新的改变。

严复率先开始尝试诠释范式在新时代的转向。他运用"会通"方法"以西学通中学",将西方哲学中的名词和概念与儒家经典中的名词、概念相比附,并互相诠释,为儒家诠释学开辟了新的研究视野。胡适则将美国实用主义哲学引入儒家经典诠释学理论之中。他强调"怀疑"在文本诠释中的重要性,诠释应当采取一种"历史的态度",即"要研究事务如何发生,怎样来的,怎样变到现在的样子"①。其认为诠释过程中"假设要大胆",要注意"直觉"、"灵感"、"想象"在假设的心理运作过程中所起的作用,将归纳与演绎相统一,但在求证中要小心谨慎。此外,冯友兰在《中国哲学史》、钱穆在《国史大纲》、贺麟在《当代中国哲学》中,又共同提出了"同情的了解"的儒家经典诠释方法。按贺麟的诠释,"同情的了解"是包含了主体性在内的态度和方法,且包容了辩证逻辑、先验逻辑、形式逻辑的精神,其主旨在于述而不作,译而不作②。

严复等人的努力确实革新了儒家诠释学的视域,但研究范式的转向绝非通过简单的视角转换就可完成,其还需要建构系统的方法论。因此,直到20世纪中叶,徐复观"追体验"诠释方法体系提出后,儒家诠释学研究范式才在实质意义上迈向新的转向。

徐复观一生致力于思想史的研究,他通过对儒家经典的具体诠释重新梳理儒家思想史。他认为,不能简单地用西方哲学的逻辑思辨对传统儒学进行体系的建构,在对传统儒家思想的诠释中,必须对西方诠释学的理论采

---

① 葛懋春、李兴芝:《胡适哲学思想资料选(上)》,华东师范大学出版社1981年版,第50页。
② 参见贺麟:《文化与人生》,商务印书馆1988年版,第1页。

取审慎的态度，了解西方诠释学的限度。在其看来，传统儒家思想是在具体的生活实践行动中展开的学问，它立足于人的现实生命存在。因此对其的阐释也必须把握住其实践特性，它不能用演绎逻辑的方式来理解，这也并不表明它没有逻辑，只是它是一种行动逻辑，一种在实践中展开的具体逻辑。徐复观坚持以“知人论世”为基础的“追体验”诠释学方法，这种诠释方法强调人们必须用传统儒家自己的方式来理解传统的儒学典籍。“追体验”是在历史史料的考证基础上，研究者通过主观的移情与想象，回到历史的现场，重建历史的情景，切身体验历史人物的情感与思想的发生，从而更深刻地理解研究对象观点产生背后的历史人物与事件的影响，所谓“知人论世”。它要求人们从尊重文本原义的客观性入手，在研究的阐释过程中力求保证诠释的客观性。由此，他对于儒学的诠释实践总是立足于文本的时代性，并极力反对诠释者游离于任何限制之外，将文本随意地涂抹上诠释者的主观色彩。徐复观承认，任何的诠释似乎都无可避免带有诠释者的主观性，但是这种主观性在儒家诠释学中应表现为，个体的工夫修养所达到的精神境界之不同而造成的对经典的诠释不同。对传统儒家典籍最接近的诠释必须要以到达儒家圣贤所达到的精神境界为目的，以儒家圣贤的精神境界与人格作为典范，从而形成其不可动摇的诠释标准——作者原意。

徐复观在维护儒家诠释学相对独立性的基础上，融会中西学术理论，开启了儒家诠释学向着“解释”研究范式转向的真正序幕。与“训释”、“诠释”相比，“解释”立足于儒家“诠释问题”，以“问题”构建“学说”。“训释”与“诠释”，或是注重辞章层面，通过考据、训诂对文化的历史事实进行还原描述，以追寻历史的真相为目的，追求一种绝对的客观性；或是注重义理层面，通过对历史事实的重建，构建出历史文化所蕴含的对现代人文的价值意义。而“解释”强调，历史与理解之间相互补充，尤为重要的是，“解释”以系统的“诠释理论”作为支撑。

作为现代新儒家的代表人物，熊十力、牟宗三、唐君毅亦对“解释”研究范式的生成做出了自己的努力。他们以哲学的视域和方法解释儒学经典，以思想阐述的形式，重新说明儒家文化的永恒价值和深刻意义。熊十力从专著《原儒》出发，提出从传统文化根源性中重新诠释儒家经典。他坚持“经学、科学，不容偏废”，融合中西学术，以西学之名行中学之实，用中学内容取代了西方的哲学；又以中学的特点来呼应西方之挑战，在一定程度上将碎片化的经学重新做了缀合，配置在西学的框架里。[①] 在具体操作中，熊十力力主“经学哲学化”，以“体用不二”为基础理论，从哲学本体论视角切入经典诠释学说。他说：“治经态度，必远流俗，必戒孤陋，尚志以立基，砭名以固志。持以三畏，然后志定而足以希圣。圣者道全德备，而大通无碍。故读经希圣，非可专固自封也。今当融贯中西，平章汉宋，上下数千年学术源流得失，略加论定。由是寻晚周之遗轨。辟当代之弘基。定将来之趋向，庶几经术可明，而大道其昌矣。”[②]“治经”要以哲学家，而非注疏家的态度对待。解经要发挥主体“性智”，探究文本之本体意蕴，要学会透过经典向内探求，即“返诸自家明觉”，反求诸己，直指本心。

牟宗三创建了以“自律道德”理论诠释儒家典籍的方法，通过对经典诠释“返本开新”，建构文本中的哲学本体，强调以西释中，中西互观，将儒家经典中的心性之学提炼出来，以新的哲学视角及现代语言加以重新表述，概括精义，让儒学精神变得严整，更具系统性。牟宗三在其诠释学体系建构中，横跨儒、释、道，兼容康德与黑格尔，在实践中走上了一条“内在诠释”路线。其预设文本内在的理论线索是有规律可循的，时代背景等外在线索最终要通过内在线索起作用，因而内在线索是导致概念、义理变迁的决定性因素。这种“内在诠释”不热衷于“宏大叙事”，而更加重视文献、文本和思想、问题本身的细致学理分疏；它一般要求研究严格控制在思想的对象内进行，其重在系统内的概念、义理探讨，意在寻求概念间的联系和义理间的递进。它要求研究者对思想对象系统有深切的体认和细致深刻的理解，抛开外来的框架和外在的对照而使解释和叙述自成一系统。牟宗三认为，讲文献的途径，第一步要通句意、通段落，然后形成一个恰当的概念，由恰当的概念再

① 参见景海峰：《儒家诠释学的当代发展》，载《中国诠释学(第八辑)》，山东人民出版社 2011 年版，第 139 页。

② 熊十力：《读经示要·自序》，载罗义俊：《理性与生命：当代新儒学文萃 1》，上海书店 1994 年版，第 378 页。

进一步,看看这一概念属于哪一个方面的问题。①

唐君毅创造性地提出"道德自我"命题,竭力开发儒家经典中道德哲学内涵,为确立儒家思想的主体地位与恒常价值,以及挖掘其中的人文主义精神,贡献出巨大力量。他指出,一个民族的文化是否圆满,关键就在于其人文精神。西方的人文精神是有缺陷的,从其起源,就因系由"对治或反抗某种文化上的偏蔽而兴起",从而走上了极端。中国人文主义则不同,它以儒家心性道德之说为基础,其蕴含的精神可称为"道德理性"或"道德自我"。道德理性是人类文化的中心观念,文化是道德理性的分殊表现,一切文化活动都统属于道德理性。也就是说,在人类的文化活动中,道德理性起到了核心作用,所以当以中国的人文精神统摄西方的民主、科学。

然而,"解释"研究范式出现后,其是否属于儒家的问题,受到了诸多的质疑。很多人认为"解释"运用的范畴、理论实际来自于西方《圣经》诠释学与现代诠释学,于是将之与西方诠释学中的"诠释"方法等同。其实,作为儒家诠释学新的研究范式,"解释"具有浓郁的儒家特色,它与施莱尔马赫、海德格尔等所建构的西方诠释学方法范式,有着本质的不同。第一,儒家的"解释"遵循了中国哲学一贯的"自本体"②思维模式,认为认知对象与认知主体无法分开,文本是本体的自我呈现。也就是说,作者是内,文本是外。"解释"的基本理路是"知人"、"知言"。而西方诠释学中的"诠释",坚持的基本假定是:文本与作者分离,文本并不是作者自身而只是其对象。因而,儒家"解释"的关注点是文本作者的思想内涵,西方诠释学的"诠释"则关注文本本身的本质意义。第二,儒家的"解释"着重探讨文本背后的价值理性,西方诠释学的"诠释"重视探讨语言符号的工具理性。儒家期待以"解释"来揭示、理解经典所蕴含的作者之"意"与作者之"志",进而探寻天道、人道;西方诠释学的"诠释"意图诠释文本语言本身,以寻求其内在的意义,进而发现"真理"。基于上述两点,儒家诠释学"解释"研究范式的合法性毋庸置疑。

① 参见黄俊杰:《东亚儒学研究的回顾与展望》,华东师范大学出版社2008年版。

② 胡伟希:《自本体与对本体:中西哲学的诠释学基础》,《孔子研究》2005年第3期,第4页。

20 世纪 80 年代,儒家诠释学中的“解释”又有了新的发展:傅伟勋在融会中西诠释学理论过程中,提出了“创造的诠释学”方法论;成中英站在全球化的角度,以“中国哲学的现代化与世界化”为己任,创建了“本体诠释学”;致力于“儒学第三期发展”的关键人物杜维明指出,要以多元主义为诠释立场,以“掘井及泉”为思考模式,以客观分析与主观参与相结合为学术路径,以辟“排斥”、倡“认同”为研究态度,在把握整体性基础上对经典进行诠释;台湾学者黄俊杰则将整个东亚儒学文化圈看作是一个整体,认为儒家的经典诠释是一种体验之学或所谓“生命的学问”;从 1998 年至 2001 年,汤一介先后发表了五篇讨论“创建中国解释学”的文章,为儒家诠释学研究范式向着“解释”方法的转型,进行了规划与设计。

但时至今日,儒家诠释学研究范式的新的演进仍在进行中。系统性、权威性的“解释”研究范式,一直无法获得真正意义的定型,并为世人公认。究其原因:首先,近代以来学者建构出的儒家诠释方法日益呈现哲学化倾向,使得“解释”后的儒家经典与现实的人的生活世界渐行渐远。近代学者,尤其是现代新儒家们过分依赖宋明儒家奠基的经典诠释路径,在借鉴西学基础上,沉醉于建构具有本体与形上意义的研究范式,而忽略了对如何将儒家思想特质与元典精神更为简易的让常人领悟的方法的探寻,致使“解释”研究范式不能为常人认可。其次,受“合法化”问题的困扰,儒家诠释学自身不断受到学者们的争议。长久以来,儒学中是否存在过“诠释学”,一直存在着诸多不同意见。从历史的角度看,历代儒家们在经典诠释中一直倡导“学以致用”,即一切的学问都是为了运用、为了在实践中发生功效。这决定了其在对典籍做诠释时,对结果的预设超过对诠释过程的探求。在这样的情况下,尽管儒学中出现了一些诠释方法的专门学问,也有一些对于诠释方法论问题的思考和讨论,但如果参照西方诠释学和诠释问题的发展历史来看,其并不能称为一门系统性的学问。加之,在近现代儒家“解释”研究范式形成过程中,其大量借鉴了西方诠释方法,这样的“诠释学”到底是“儒家的”还是“西方的”,这些都引发了学术界对于“儒家诠释学”合法化问题的质疑。在学问本身被他人质疑的情况下,其研究范式难以得到认可,也就不足为奇了。最后,"解释"研究范式尚有许多不完备之处。儒家们在范式建构时过于强调理解的客观性原则,但却忽略了辩证法,同时20世纪语言学与哲学的分离,使得"解释"不断远离传统的"训诂"方法。其结果是,"解释"中经常片面强调理解的相对性而忽视了理解的绝对性。学者们在谈及对儒家典籍理解的历史性时,都着重强调理解者所处的特定的历史环境、历史条件、历史地位必然影响和制约着理解者对"文本"的理解。突出理解的历史性并没有错,但是过度强调诠释中的主观因素,却造成"儒家诠释学"研究出现了否认有完全符合客观实际的认识或诠释的倾向。"解释"研究范式在应用时缺少统一的诠释学假设,也是制约其发展的一个障碍。近现代学者在"解释"经典时,通常不做任何的预设,他们大都根据自己的需要,去理解与阐释文本。这在一定程度上,造成"解释"研究范式经常出现理论建构上的不完备性与验证的不准确性。显然,上述遗憾是否能得到有效的弥补已成为儒家诠释学研究范式新的转向能否完成的重要因素。

但无论怎样,"解释"研究范式的出现,已让儒家诠释学获得了更多现代性意蕴。它扩展了儒家经典诠释的视域和维度,丰富了儒家诠释学观念的内涵。如能正确处理好范式与诠释学自身的难题,且能不断融合时代精神,找到现代进路,假以时日,儒家诠释学研究范式的新演进定能成功完成。

第二章 儒家诠释学对象及内容体例

从对象上看，儒家诠释学所关注的文本主要是“经”。“经”又称“经典”，初为儒家学者对上古文献精心选取、整理所得，后又加入孔、孟等圣贤言论的记录。儒家将“经”视为天地之“常”，其涉及的著作经历了六经、五经、七经、九经、十二经、十三经、四书等目录转换。从内容体例上讲，儒家诠释学的著述模式可分为传记、章句、训诂、集解、义疏、考据、笺注、序、校注、评注等形式。其中，传记最为常见，亦是儒家诠释学发展的主流。而章句、训诂、集解、义疏、考据等体例则具有明显的时代特征。

一、经与传记

皮锡瑞言：“经学开辟时代，断自孔子删定《六经》为始。孔子以前，不得有经；犹之李耳既出，始著五千之言；释迦未生，不传七佛之论也。”[①]孔子通过整理《诗》、《书》、《礼》、《乐》、《易》、《春秋》，并以之教诲弟子，拉开了儒家诠释学的序幕。而最初的“经”，当为“六经”。据说，孔子之所以选取此六本典籍作为经典，是由于他认为“六经”内容各有侧重，功能各一。“六经”彼此配合，可充分彰显上古“道”的整体性与启示性，而且“六经”均以安排和协调好夫妇、父子、君臣三项最根本的人际关系为中心，所以它是将“道”落实到人伦日用实处最好的传播载体。[②]

在孔子的诸多弟子中，子游、子夏以“文学”名，较多地参与到“六经”的整理中。然而，由于时代久远、材料零散，许多文本需要删定，因此为儒家经

① 皮锡瑞：《经学历史》，中华书局1959年版，第19页。

② 参见康宇：《儒家解释学的产生与发展》，黑龙江大学出版社2012年版，第21页。

典的早期解读带来了很大的困难,"郢书燕说"的故事时常发生,经典内容常出现不确定性。到了秦汉交替之时,受焚书及战乱影响,儒家典籍大量散失,"六经"中的《乐》经至此失传。至西汉武帝采纳"罢黜百家、独尊儒术"策略,并设五经博士时,儒家经典目录中只存"五经"。

随着时代的发展,社会中产生了对儒家经典著作增加新内容的呼声。在《三国志》、《后汉书》等史学著作中,均出现"七经"之说。一般来说,东汉时期通行的"七经"是《诗》、《书》、《礼》、《易》、《春秋》、《论语》、《孝经》。但后人也有其他的总结,如北宋刘敞以《尚书》、《毛诗》、《周礼》、《仪礼》、《礼记》、《公羊传》、《论语》为"七经"等。唐代科举取士,将经典的范围扩展至"九经",即《诗》、《易》、《书》、《礼记》、《周礼》、《仪礼》、《左传》、《公羊传》、《穀梁传》。唐末,官方又在"九经"基础上添加《论语》、《孝经》、《尔雅》,合称"十二经"。到了宋代,《孟子》由子入经,列入经典行列,"十三经"之说正式确立。南宋光宗绍熙年间,合刻注疏本"十三经"问世。后来,清代阮元据此善本主持校刻出《十三经注疏》,包括《周易正义》十卷、《尚书正义》二十卷、《毛诗正义》七十卷、《周礼注疏》四十二卷、《仪礼注疏》五十卷、《礼记正义》六十三卷、《春秋左传正义》六十卷、《春秋公羊传注疏》二十八卷、《春秋穀梁传注疏》二十卷、《论语注疏》二十卷、《孝经注疏》九卷、《尔雅注疏》十卷、《孟子注疏》十四卷。

"四书"是《大学》、《中庸》、《论语》、《孟子》的合称,它是伴随汉唐"四书升格"运动,逐渐成为经典,并在宋代正式取代"五经",成为儒学核心文本的。

《大学》、《中庸》本是《礼记》中的两篇,唐以前并未受到特别重视。唐初大儒王通著《中说》,其中的儒学思想体系开始涉及《学》、《庸》二篇。至中唐时,随着韩愈《原道》对《大学》的引申和李翱《复性书》对《中庸》的弘扬,《学》、《庸》方显得与众不同起来。入宋后,义理心性之学兴起,《学》、《庸》更加受到统治者和儒士的青睐。尤其经过二程(程颢、程颐)的力举,《学》、《庸》在儒家经典中获得了独特地位,遂成为理学思想系统的基础文本。

与之相较,《论语》成为经典的历程,顺利了许多。先秦时期,《论语》只能算作是一部“子”书。汉武帝时,设置“五经”博士,《论语》博士虽遭废除,但其实际地位反有上升趋势。这是因为,《论语》被列入汉“中学”科目之中,地位仅次于“五经”的汉“大学”科目,其社会普及程度丝毫不亚于“五经”。所以,刘向父子作《七略》,把《论语》、《孝经》、《尔雅》附于五经之后。东汉后期,随着孔子“素王”的地位被确立,孔子本人也日益被“神圣化”,记录其言行的《论语》亦更加受到帝王推崇。熹平四年(175 年),汉灵帝诏诸儒正定经书文字,把五经与《论语》一起刊刻石碑,《论语》从此由“子”升“经”,并在魏晋南北朝时正式进入“七经”。唐初,《论语》的地位曾一度下降,《五经正义》中并未将之收录。但至唐玄宗时期,统治者为政治需要,重新把《论语》视为“经”,并将之与《孝经》一齐列入科举考试的科目。唐文宗开成二年(837 年),于长安国子监门前立石,刻十二经作为士人传习和考试的文字定本。此时的《论语》已被奉为六经的菁华,其作为经的地位之高大有凌驾“五经”之上的趋势。宋初,宋真宗加封孔子为“玄圣文宣王”,又命国子祭酒邢昺等人重定《论语正义》,并将其纳入《七经疏义》之中,摹印颁行天下,《论语》的社会影响力达至高峰。

《孟子》的升降沉浮最为曲折。《孟子》在成书之际便受到荀子的非难,汉代赵岐虽把孟子奉为“亚圣”,说《孟子》是“包罗天地,揆叙万类,仁义道德,性命祸福,粲然靡所不载……命世亚圣之大才者也”(《孟子注疏》),但实际《孟子》的地位亦不算高,仅是普通的“子书”之一。唐中期,古文运动领袖韩愈大力推崇孟子,对《孟子》的地位提升起了重要作用。在其“道统”说中,孟子的名字首次升到孔子之后,始以“孔孟”之称代替“周孔”或“孔颜”。“圣人之道”开始等同于“孔孟之道”,《孟子》正式开启了超“子”入“经”过程。北宋尊孟思潮大兴,先是理学先驱者如欧阳修、范仲淹及宋初三先生中的孙复、石介等人尊奉孟子,后有二程的“洛学”、张载的“关学”、邵雍的“数学”、周敦颐的“濂学”以及王安石的“新学”等对《孟子》的表彰,从此《孟子》正式成为“经”与《论语》并驾,成为宋代新儒家心性义理之学的命脉所在。

南宋大儒朱熹集一生之功著出《四书章句集注》,实现了四书合刻,中国经学史上开始有"四书"之称谓。他将"理一分殊"的一"道"思想贯通"四书",并设计出"四书"的内部结构——《大学》是入德之门,《论语》讲"仁",《孟子》讲"心",《中庸》讲"理";要以《大学》定规模、《论语》立根本、《孟子》观发越、《中庸》求微妙。从此儒生再挟古自重时,不再举"周礼",而是言"孔孟",《五经》系统的话语权力正式让位于"四书"系统,孔孟思想成为儒学的最高权威。

严格地说,"四书"实为"传",或曰"传记"。所谓的"传",即是对"经"的解说,它还有"说"、"记"等称谓。自先秦起,儒家便出现了大量的"传",如《易》、《书》的"大传",《礼》、《乐》的"记",《诗》的鲁、齐、韩、毛四家之"传"等。而《大学》、《中庸》、《论语》、《孟子》乃是对孔孟解经言行的"传"的记录。作为一种内容体例,"传"的出现对儒家诠释学的发展具有重要意义。首先,通过"传"注解,三代上古文献成为儒家学说得以立足的根本,儒家的思维模式、解释理念成为一个系统,得以确立。其次,因为"传"的存在,"经"有了"备王道"的意蕴,如《春秋》本为鲁国的大事记,但有了"三传"的出现,它变为了一部政治伦理学著作。再次,"传"让"经"有了"经典化"的内涵。经、传彼此促进,相互照应,"经"中的奥妙之处不断呈现,神圣性的"经"在"传"的中介作用下,与尘世形成了对接。最后,通过"传"的言说,经典文本平易直白,更易为普通人理解。

从本质上说,儒家对于经典的诠释之说均可称为"传"。只不过,许多的"传"到后来自身亦成为"经",儒学思想正是在这种"诠释"与"再诠释"、"建构"与"再建构"的过程中丰富、壮大起来的。相应的诠释理论、研究范式、方法体系,也正是在这样的"循环"中逐步衍生而出。

二、章句和训诂

汉代,儒家诠释学发展盛极一时。随着今文经学与古文经学的蓬勃发展,章句、训诂、笺注等诠释学体例开始出现。"章句"是汉代今文学派最主要的注经方式。其体例特征有二。一是"分篇为章、析章为句"。上古典籍不分章节、不分句读,“章句”在形式上做的即是“因字而生句,积句而成章,积章而成篇”[①],所谓“夫经之有篇也。犹有章句。有章句也。犹有文字也。文字有意以立句。句有数以连章。章有体以成篇。篇则章句之大者也”[②]。二是紧紧依附于经传。“章句”在解经时,并非“经”、“注”各自单行,而是每每附于经典文本之末,“既分其章,又依句敷衍而发明之,所谓‘章句’也。章有其旨,则总括于每章之末,是为‘章旨’也。叠诂训于语句之中,绘本义于错综之内”[③]。

应该说,“章句”是一种特殊的“传”。与《公羊传》、《穀梁传》、《左传》等“大传”相比,“章句”主要是汉代儒家对经典的新阐释,权威性稍差,并且“章句”不仅解“经”释“传”,有时还会注说“子说”。“章句”解经的主要目的是,通过注说让读者快速地理解经文自身的主旨大义,实用性较强。然而,它的不足也是明显的:其总是拘泥于一章、一句的注释模式,少有变化,进而诠释出的文本思想往往呈现出“凝固化”、“模式化”特质。尤其到了东汉末年,章句的发展日渐细碎烦琐,却又在经学义理上鲜有发明,结果只能让读者看到其在铺排文字、牵引词句上下的功夫,但又不得文本大义,最终自身的发展只能走向衰落。

与“章句”相关的是,汉代出现了“章句之学”。据史考证,“章句之学”产自西汉宣帝在位之时,一直持续至东汉中期,经历了百余年的兴盛。其间,朝廷对章句之学的发展表现出强烈的支持态度,如光武帝就曾邀包咸入宫给皇太子讲授《论语》,又为其章句,并对章句经师们进行表彰。[④] 究其原因,“章句之学”讲求的固守家法、师法,与统治者实行学术专制和文化禁锢的社会政策相辅相成。加之,今文经学始终占据“官学”的位置,“学优则仕”的思想业已生成,急需扩充势力的经学学家们便更加肆无忌惮地发展“章句”了。

然而,“章句之学”在发展至鼎盛时,亦陷入危机。长期的学术思想封闭

---

① 刘勰:《文心雕龙注释·章句》,人民文学出版社1981年版,第375页。

② 刘盼遂:《论衡集解·正说篇》,古籍出版社1957年版,第553—554页。

③ 焦循:《孟子正义》卷一,中华书局1987年版,第27页。

④ 参见范晔:《后汉书·儒林传》,中华书局1965年版,第2570页。

性,使得各学派间少有思想交流,"章句"释经的诠释空间日益萎缩。在僵固化的状态下,作为一门学术的"章句之学"不断失去生命活力。与此同时,汉末"义理之学"开始复兴。"分文析字"、"碎义逃难"的章句注疏方法,在"蕴意丰富"、"自由阐发"的义理注疏面前愈发显得"晦涩无味",不易让读者接受,其发展走向衰落成为必然。比较明显的表现是,汉代注经不守章句者不断增多,"尝受《齐诗》,意不能守章句"[①],"少与郑玄俱事马融,能通古今学,好研精而不守章句"[②];不为章句者,比比皆是,"雄少而好学,不为章句,训诂通而已"[③],"桓谭……博学多通,遍习《五经》,皆诂训大义,不为章句"[④]。

实际上,西汉末年起,一场官方经学内部进行的改造章句、精减章句的活动便已开始,"初,荣受朱普学章句四十万言,浮辞繁长,多过其实。及荣入授显宗,减为二十三万言。郁复删省定成十二万言。由是有桓君大小太常章句"[⑤]。减省浮辞虽然在一定程度上让章句之学变得精练,却不能从根本上摒除章句注释本质上存在的弊端,其衰落的命运始终不可改变。

"训诂",是一种以语言来解释语言的方法,"诂者,古也,古今异言,通之使人知也;训者,道也,道物之貌以告人也"(《毛诗正义》)。它萌芽、成型于先秦。诠释者主要的工作是对上古不同时代、不同地域的语言进行梳理。至两汉,训诂得到大发展,出现了《尔雅》、《方言》、《说文解字》、《释名》四本被认为是中国训诂学基石的典籍。魏晋时期,张揖以《尔雅》体例为标准而作《广雅》,又有《古今字诂》和《难字》两部著作;郭璞作《尔雅注》、《方言注》,既能以今语释古语,以方言释雅语,详解物之形貌与功用,又可通贯今古,以近代方言释古代方言,并开始联系语音,创造出音有通转之说。至宋元明,训诂成为文本中古文奇字研究的必备方法。欧阳修的《诗本义》、王质的《诗总闻》与王安石的《字说》为其典型代表著作。到了清代,训诂更直接

① 范晔:《后汉书·马援列传》,中华书局1965年版,第827页。

② 范晔:《后汉书·吴延史卢赵列传》,中华书局1965年版,第2113页。

③ 班固:《汉书·扬雄传》,中华书局1962年版,第3514页。

④ 范晔:《后汉书·桓谭冯衍列传》,中华书局1965年版,第955页。

⑤ 范晔:《后汉书·桓荣丁鸿列传》,中华书局1965年版,第1256页。

带动了考据学的发展。

对于儒家诠释学而言，训诂不仅包括对文本中的字词注其音、解其义、辨其误，还包括对经典中出现的名物、制度进行训释。具体来说，一要“形训”——依据字词的表意性质和形义规律，从字词的书写形式出发，通过分析其形体结构揭示字词义。它主要通过传统的“六书”理论分析汉字结构，以象形、指示、会意、形声等方式及形体结构探索字词的本义。二要“声训”——从词的语音形式出发，通过寻其词源关系和正借字例以训释词义，“读先王典法，必正言其音，然后义全，故不可有所讳”（《论语注疏》）。其主要的方法是，将目光投放到汉语言文字发生发展的规律之中，力求从本源上为字词诠释探寻到可靠的理论依据和正确的指导原则。东汉刘熙在《释名·序》中提出“名之于实，各有义类”的观点，北宋王圣美发明了“凡字，其类在左，其义在右”（《梦溪笔谈》）的“右文之说”。解经者常常立足于特定的语言环境，寻找标示被释字词的语源词或同族词，从彼此的意义关联中解读被释词的意思。对于文本中常出现的“通假字”现象，解经者则立足具体情境，把握字词关系，识破记录被释字词的借字，标示被释字词的本字，从而直观地给被释字词以正确的解释。三要“义训”——从字词的使用状态出发，不考虑字形、字音，直接通过字词的语境义以训释字词义。它的预定假设是，交际活动中的语言环境对字词义必然具有选择、实现与解释的作用。在使用中，它或是立足语境，依据词义运动规律，细致考察被释词在语言环境诸多因素作用下所显示出来的意义内容及语义特征；或是依据字词发展规律，以今语释古，以通俗语释方言，让读者借助熟悉的字词推知生疏的字词，从而更多地理解经典。

除了形训、声训、义训外，解经者对于经典中直接记载的或内蕴着古代名物制度和历史事件的训释也是儒家诠释学训诂体例的重要表现方式。名物是含有特定内容的事物名号，制度是具有制约性的各种社会生活规范、规划，其在经典中出现时常因时代久远或记述简略，而让今人不明所指。通过考察先师之说、上古文献、时制世俗，训诂者要以今制今语将其说得明白。对于那些无法找到线索者，解经者只可作出绝训，称之为“未闻”。当然，训诂释经还要解决另一种矛盾——当不同典籍对于某项名物、制度解释不一时,必须对歧异之处作出解释,消解矛盾。

值得注意的是,在儒家诠释学训诂领域内常出现三种“有趣”的现象——歧解、盈解和确解。“歧解”是对传统训诂结果,提出不同看法,以新的证据加以说明;“盈解”是后来的诠释者对经典中字词、名物、制度等含义进行增益式的解释,进一步丰富其内涵;“确解”是对那些先前诠释者的“未闻”绝训,进行破译,得到确解。正是通过上述的补充、发展,训诂体例的学术思想一直在发展,并在一定程度上带动了中国古代文字学、音韵学等学科的前进。

三、集解及义疏之体

集解及义疏之体均产自魏晋南北朝时期。三国时代曹魏的何晏突破家法、师法在章句诂解上的歧义,集《论语》诸家训注之善者,著《论语集解》,开儒家诠释学“集解”之体的先河。他在“序”中明确交代了创“集解”体的原因:“前世传受师说虽有异同,不为之训解。中间为之训解,至于今多矣,所见不同,互有得失。今集诸家之善说,记其姓名,有不安者,颇为改易,名曰《论语集解》。”[①]显然,“集解”在体例上的特点是,不以一家之言为文本诠释定论,而通过相互比较、辨别,选择最优的说法。当然,其有时也会加入自家对于经文的解说。据陆德明言:“何晏集孔安国、包咸、周氏、马融、郑玄、陈群、王肃、周生烈之说,并下己意为《集解》。”[②]

在儒家诸多集解体例著作中,最为有名的当属《四书章句集注》。按朱熹的说法,《学》、《庸》主要是自己的注释,引用前人注释较少,故只可称《大学章句》、《中庸章句》。而《语》、《孟》注释引用他人注释较多(《论语集注》引用共计三十五家五百七十四处、《孟子集注》共引三十四家三百一十九处),故称为“集注”。“集注”乃为“集解”的别称。通过这样的体例,朱熹

---

① 何晏:《论语集解》,见何晏集解,皇侃义疏:《论语集解义疏》,《丛书集成初编》本,中华书局 1985 年版,第 2—3 页。

② 吴承仕:《经典释文序录疏证》,中华书局 1984 年版,第 141 页。

囊括汉、魏、唐、宋等各朝代各学派的注释，并融入自身学术观点，终集“四书”诠释学说之大成，成为一代宗师。

“义疏之体”出现于西晋，盛行于东晋中晚期。其内容主要为疏通原书和旧注的文义，阐述原书的思想或广罗资料，对旧注进行考核补充辩证。“义”指发挥原文“大义”，“疏”为疏通证明，“义疏”的渊源可追溯到汉代经学大师费直那里，“《汉书·儒林传》云：‘费直以《篆》、《象》、《系辞》十篇文言，解说上下经。’此千古治《易》之准的也。孔子作十篇，为经注之祖，费氏以十篇解说上下经，乃义疏之祖”①。不过，“义疏”产生后，其流行与魏晋佛教的传播却关系甚密。南朝时期，佛教在中土盛行，译经和著述亦颇繁多，其中以“疏”和“记”为体裁的著作占据相当大的比重。从形式上看，佛教与儒学的“疏”之作间有着诸多相似之处，它们不仅有共同的学术背景，也有相互影响和刺激。如在佛学经典诠释中出现了具有明显儒学印迹的“义记”体，“兼笃信正法，犹长释典，制《涅槃》、《大品》、《净名》、《三慧》诸经义记，复数百卷”②；儒学经典诠释中亦出现佛学特有的“正言”与“大义”，“高祖撰《五经讲疏》及《孔子正言》，专使子祛检阅群书，以为义证”③。

在佛学大兴的年代，义疏体随着佛学的普及，逐渐成为儒学经典诠释体例的主流。《梁书·武帝本纪》中曾记载萧衍的儒家经学著作，“《制旨孝经义》，《周易讲疏》，及六十四卦、二《系》、《文言》、《卦序》等义，《乐社义》，《毛诗答问》，《春秋答问》，《尚书大义》，《中庸讲疏》，《孔子正言》，《老子讲疏》，凡二百余卷，并正先儒之迷，开古圣之旨”④。贵为皇帝的萧衍尚且如此执着于“义疏”，其他臣子的注疏自不必言。佛学对于“义疏”的影响，不仅限于解经形式，同时也涉及内容本身。如在皇侃的《论语集解义疏》中，多有佛教用语。此种援引佛教义理的做法，相对于经注本身之义而言，应视为“外义”。即便在受佛学影响较小的北朝，义疏体经典诠释中也存有佛学的意蕴。如北朝大儒徐遵明“又知阳平馆陶赵世业家有《服氏春秋》，是晋

① 陈澧：《东塾读书记》卷四，商务印书馆 1930 年版，第 2 页。

② 姚思廉：《梁书》卷三，中华书局 1973 年版，第 96 页。

③ 姚思廉：《梁书》卷四十八，中华书局 1973 年版，第 680 页。

④ 姚思廉：《梁书》卷三，中华书局 1973 年版，第 96 页。

世永嘉旧本，遵明乃往读之。复经数载，因手撰《春秋义章》，为三十卷”[1]。“义章”为佛教常用之著述体裁，这一著述的具体形式，是根据经典中的事数，分门别类加以撰述。徐遵明沿袭佛教“义章”之体，正说明佛教也影响了北朝儒学。

“义疏之体”在儒家诠释学的发展过程中，形成了三种基本形式：“讲疏体”，即讲解经典、分述字词义理，笔录而成书；“疏注体”，专于一家故注，兼讲经文故注；“集疏体”，汇集诸家解说以释经文。“义疏”解经多以章句串讲为主，以字词名物辨析为辅，并解析说明原文意旨含义，且博采群书，多引前人旧说，以作参证，并示有所依据。唐初，义疏解经的一项基本原则——“疏不破注”被确立了，其要求专为传注而作的疏解，一旦选定了某一注本，就必须维护原注，哪怕原注解释有误，也不加纠正，而要为之辩解，曲徇注文。这看上去似乎有些不可理解，但细细品来，其中自有深意。

原来，当一种学术风气达到泛滥的程度时，必然会引起社会的反对。先秦儒家经典义疏著述深受佛教影响的现实，引发了诸如儒士的不满。他们开始强调汉、晋经注之学的权威地位，发起对深受佛教影响的义疏之学的全盘改造运动。具体的方法便是确立“疏不驳注”的解经原则，从而将包括佛理在内的一切“外义”排除于义疏之外。唐人孔颖达所撰《五经正义》当为此运动的奠基之作。孔氏在选定“五经”注本的过程中，突出了两汉、魏晋经注之学的正统地位，《易经》主王弼注，《易传》主韩康伯注，《尚书》主伪孔注，《毛诗》主郑笺，《礼记》主郑注，《春秋左氏传》主杜预注。在此基础上，他又强调各经“义疏”要遵循经注之义，不与“外义”相掺杂。在“儒学多门”的年代，《五经正义》以“疏不破注”的形式重新维护了儒学信仰的统一，它是对汉魏六朝以来儒家诠释学思想在方法、原则及意义追寻上的初步廓清，在理论上实现了儒学文本与经义的统一，建构出了一个以南学为本、兼取北学之长的学说体系。

然而，“疏不破注”的弊端也是明显的。它不断强调遵注的重要性，反而淡化了遵经的必要性，甚至在注文与经文有明显矛盾时，它还是选择维护注

① 魏收：《魏书》卷八十四，中华书局1974年版，第1855页。

文而非经文。其结果,只能让"义疏之体"走向极端,它在一方面维护儒家诠释学正统的同时,另一方面也禁锢了学说自身的发展。显然,这也是该体例在中唐后日益被学者摒弃的重要原因之一。

四、考据、考据学

"考据"也称"考证",指在文本诠释中,根据资料进行的考核、证实和说明。"考据"最早源于两汉的训诂,当时儒家通过诂、传、训、解、说、微、注、章句、解说、解诂、故训等方式对经典的文字在标点、校勘、作序、标音、释词、解句等方面进行了严格的审订。经过宋明的发展,"考据"至清乾嘉时期达至极盛,形成了系统的理论与方法,称为"考据学",包括文字、目录、版本、校勘、辨伪、训诂、辑佚等多项内容。

按乾嘉学者的观点,"考据"即是由小学以通经明道。戴震云:"经之难明,尚有若干事。诵《尧典》数行至'乃命羲和',不知恒星七政所以运行,则掩卷不能卒业;诵《周南》、《召南》自《关雎》而往,不知古音,徒强以协韵,则龃龉失读;诵《古礼经》,先《士冠礼》,不知古者宫室、衣服等制,则迷于其方,莫辨其用;不知古今地名沿革,则《禹贡》职方失其处所;不知'少广'、'旁要',则《考工》之器不能因文而推其制;不知鸟兽虫鱼草木之状类名号,则比兴之意乖。"(《戴东原集》)经是载道之书,欲从中求道,必须应用小学、史地、天文算学等。但其中最主要的工具是钻研句读、训诂音韵、析词释句的小学功夫。

儒家典籍历代相传,主要依靠语言文字的记录,但随着时间的流逝,去古越远,文字、制度名物产生的变化越大,后世的读者已不可能用现世的文字语义去解读经典中语句,不可能用当世的名物制度去附会古代的名物制度,唯一的方法只能通过对古文字、音韵、训诂、名物的研究,由字通词,由词通句,由句通经,求得经典本义。"考据学"这种以小学为根基的经典诠释方法无疑保持了解读文本过程中的客观性。

当然,除了小学外,"考据学"还十分讲究证据的重要性。其所说的证据,包括:理证,从道理上讲值得怀疑,但是又无确凿的证据,只得根据逻辑推理来判断其正误；书证，利用各类档案资料以及各种书籍为依据，考证文本正误；物证，以出土的龟甲、金石以及其他考古器物为依据进行考证。同时，“考据学”还创造出严谨的治学精神，包括：实事求是，“史书之文中有误字，要当旁证，以求其是，不必曲为之说”①；怀疑批判，“小疑则小悟，大疑则大悟，不疑则不悟”（《南雷文定》），“订讹规过，非以訾毁前人，实以嘉惠后学，但议论须平允，词气须谦和，一事之失，无妨全体之善”（《潜研堂文集》）；阙疑存异，“古之名物制度不与今同也，古之语不与今同也，故古之事不可尽知也”②。

在具体的实践方法中，“考据学”发明出“归纳演绎法”——对要考证的特定字词相关资料进行搜集、类比，然后归纳出字词确切含义，或者先提出一个人所共知的大前提，接着针对文本提出一个小前提，从而推出判断；“类比推理法”——根据两个对象在某些属性上相同或相似而推出其他属性也相同或相似的推理；“比较法”——将两类具有可比性的事物进行对比，以论定优劣长短，或区别两者差异；“概算法”——遇到直接或间接涉及数目的问题时，借助于某些人所共知的数据或史实中的数据，按运算法则进行运算，以所得结果来判断某一问题可信与否；“量化统计法”——从所界定的史料范围内进行搜寻、清理出有价值的材料，然后对这些材料进行统计、运算，用精确的数据来证明其说或纠正前人在数目上的失误等。③

作为一门学派，“考据学”在发展过程中形成了自身的学术特点。第一，重资料。它讲究“无征不信”、“孤证不立”，强调充分地占有资料，“古之治经与史者，每博求之方言、地志、律象、度数，证之诸子、传记，以发其旨。自讲章时艺盛行，兹学不传久矣！国初诸儒起而振之，若昆山顾氏、宣城梅氏、太原阎氏、婺源江氏、元和惠氏、其学皆实事求是……后而集其成”（《詹事府少詹事钱先生神道碑铭》）。第二，重积累。考据大家每一项成果的出现，均借鉴吸收大量前人的观点和材料，研究具有明显的积累性特征；每一名考

① 顾炎武：《日知录集释》，花山文艺出版社1990年版，第1207页。
② 汪中：《述学·释三九中》，辽宁教育出版社2000年版，第76页。
③ 参见郭康松：《清代考据学研究》，崇文书局2001年版，第138—157页。

据学者都必须经过长期的学术训练方能进入研究层次,必须掌握很多相关且必备的知识才能升堂入室。第三,重科学。“考据学”始终坚持实事求是的治学精神和由小学以通经明道的学术宗旨,运用科学的考据方法,遵循严格的学术规范,使他们的考据成果具有很强的科学性。

五、其他体例

在占据主流地位的传记、章句、训诂、集解、义疏、考据等内容体例之外,儒学诠释学还存有其他一些体例形式。

第一,“序”。它是按先后次序逐篇概括篇旨的解经文字,“言其善叙事理次第有序若丝之绪也”[①]。通常序的前面有一大段概括性的文字称为“大序”,后面逐篇说明篇旨的文字称为“小序”。在序文中作者可以直观地表述自己释经的原因、目的、思想,学术观点与价值理念,还可以说明与论著相关的诸多问题。

第二,“笺注”。它是将注文夹杂在经文中间逐字逐句进行解释的形式,它是郑玄在《毛传》基础上重新解释《诗经》时创建的解释体例。“笺”是对前人文意的注解、补充、订正,“注”是对古籍经典、原典的直接注释,“笺注”的特点是建立在对前人研究基础的深入了解之上,注释中常提到前人的意见,对其进行补充订正,分辨剖析,且比较侧重对原文中典故、词语出处的考证。“笺注”申明旧注、补足旧注、辩证旧注的方法,启发了后世的疏、补注、考辨等多种新的诠释体例。

第三,校注、评注等。校注是把书籍或文件中的错误校订后再进行注释;评注是评论与注解。

正是这些多元化体例的存在,使得儒家诠释学的解释理论和方法范式日臻完善。

① 吴纳、徐师曾:《文章辨体序说　文体明辨序说》,人民文学出版社 1962 年版,第 135 页。

第三章　儒家诠释学理论

理论是儒家诠释学的基石。从先秦至近代，儒家围绕着“神学”、“玄学”、“理学”、“心学”、语言学建构出形式多样的诠释学理论。这些理论不仅提供了儒家诠释“形上学”，而且在一定程度上限定了不同时代经典诠释路径的方向及研究范式的样态。儒家们常常利用理论推导或建构哲学体系，并回过头再依其哲学体系解读经典，朱熹诗云“问渠那得清如许，为有源头活水来”（《晦庵先生朱文公文集》）的妙旨，正在于此。

一、汉代儒家经典诠释中的神学路向

从汉武帝提出“罢黜百家，独尊儒术”起，儒学便依靠对经典的诠释在社会政治教化生活中发挥重要作用。基于对神学化“天”的深度敬畏与信仰，汉儒在解经释典时，往往脱离文本“原义”而对经典作阴阳五行方面的发挥。他们借阐发“天道”说“人事”，将神学与经学“杂糅”。其结果是使得以神学路向诠释经典的方式蔚然成风。在居“官学”正统地位的今文经学中，此种现象尤为突出。

（一）“天人感应”论与汉代经典神学诠释范式的确立

今文经学家董仲舒以治《春秋公羊传》起家，著有《春秋繁露》，其借《春秋》的“微言大义”，拓展了殷周以来的人格化“天”，吸收思孟学派的天人合一思想、战国末年邹衍的阴阳五行说，建构起一套天人一统的神学图式，在不断神学化儒学的同时，让“天人感应”论日益深入人心。

所谓“天人感应”，是指天人之间相类相通，人世活动会从天那里得到反应。该思想源于周代，主要源于人们对“天”，即天帝的崇拜。人们相信在宇宙万物中，存在一个最高主宰——“天”，“天”的意志可以支配、决定各种自然现象的变化及人世活动的变迁。为了找到天人之间沟通的桥梁，汉代之前的学者进行了不懈的探索，并提出“五德始终说”等重要命题。汉武帝时期，董仲舒通过系统的理论建构将“天人感应”论发展推至全盛。其运用的重要手段之一，即是在儒家经典诠释中融入大量神学观念，以神学目的论为基础探讨经典中内含的“天人感应”之说。

董仲舒在《春秋繁露》中，对于“名号”问题的诠释是其经学思想中蕴含神学特质的体现：“名众于号，号其大全。瞑也者，名其别离分散也。号凡而略，名详而目。目者，偏辨其事也；凡者，独举其大事也。享鬼神者号，一曰祭。祭之散名，春曰祠，夏曰礿，秋曰尝，冬曰烝。猎禽兽者号，一曰田。田之散名，春苗，秋搜，冬狩，夏狝。无有不皆中天意者。物莫不有凡号，号莫不有散名，如是。是故事各顺于名，名各顺于天。天人之际，合而为一。同而通理，动而相益，顺而相受，谓之德道。《诗》曰：维号斯言，有伦有迹。此之谓也。”[①]依此段表述，名号的产生与经验世界中的“实”、“形”没有关系，而直接是天意的表现。圣人的智慧在于可以将常人难解的天意、名号问题的内涵，以正确的方式加以解释。可谓，“名号异声而同本，皆鸣号而达天意者也。天不言，使人发其意；弗为，使人行其中。名则圣人所发天意”[②]。正因为圣人可以“深察名号”以解“天意”，故圣人之书即是以“天意”的高度对名号的运用。研习圣人所著经典，正确而深入地把握圣人使用“名号”的规律，在实际应用中已关系到世人能否“顺于天”的问题。

董仲舒指出，“天”造万物，“天者万物之祖，万物非天不生”[③]，“天者百神之君也”[④]。天有意志，其根本特性是德，以德为本，“仁之美者在于天。天，仁也”[⑤]。他还说，社会中的高低阶层区分完全是“阳贵而阴贱”的天之意志体现，“君臣父子夫妇之义，皆与诸阴阳之道。君为阳，臣为阴；父为阳，

① 董仲舒：《春秋繁露·深察名号》，中华书局 1975 年版，第 356—359 页。
② 董仲舒：《春秋繁露·深察名号》，中华书局 1975 年版，第 355 页。
③ 董仲舒：《春秋繁露·顺命》，中华书局 1975 年版，第 518 页。
④ 董仲舒：《春秋繁露·郊义》，中华书局 1975 年版，第 507 页。
⑤ 董仲舒：《春秋繁露·王道通三》，中华书局 1975 年版，第 402 页。

子为阴;夫为阳,妻为阴……是故臣兼功于君,子兼功于父,妻兼功于夫,阴兼功于阳,地兼功于天"①。此外,天人关系中存在"人副天数"的联系——天所以生人类,是为了实现天的意志,人是天的缩影。明显的例证是人身"小节三百六十六,副日数也;大节十二分,副月数也;内有五藏,副五行数也;外有四肢,副四时数也;乍视乍瞑,副昼夜也;乍刚乍柔,副冬夏也;乍哀乍乐,副阴阳也"②。董仲舒亦开创了今文经学中"推阴阳言灾异"的解经传统,认为"灾者,天之谴也;异者,天之威也"③。如果人类社会违背了天的意志,上天就会做出不利于人类的种种反应,甚至会震怒,进而制造出残酷的灾异。当然,如果社会太平,符合天意,上天也会在社会中促成禾结双穗、凤凰麒麟等祥瑞,以示赞许,称为"符瑞"。

从本质上讲,董仲舒的论说是要为"君权神授"找到理论依据。其对"天"的神化,目的在于适应汉代统治者维护"大一统"的中央集权需要;其所说的"天意"不可违背,实际上等同于君权利益高于一切,是神圣不可侵犯的;其将自然界的矛盾社会化,把社会的矛盾自然化,进而巧妙地掩盖了统治阶层与社会底层之间尖锐的阶级冲突;其以"灾异"解经,与其说是对经典进行阴阳五行的诠释,不如说是以经典作为阴阳五行的权威文本去解释现实政治。而所谓的"谴告"说,更是从统治阶层长远利益着眼,使臣子有机会利用自然现象变化来规谏君主,以求整体统治的长治久安。

在文本诠释中,董仲舒赋予孔子以"素王"的身份,让儒家五经成为"素王之文",使经典拥有了形上与形下双重价值属性。从形上视角看,儒家经典即是以"天道"为根基的真理论述,"今《春秋》之为学也,道往而明来者也。然而其辞体天之微,故难知也"④,"《诗》云:天难谌斯,不易维王。此之谓也。夫王者不可以不知天。知天,诗人之所难也,天意难见也,其道难理。是故明阳阴入出实虚之处,所以观天之志。辨五行之本末顺逆,小大广狭,

① 董仲舒:《春秋繁露·基义》,中华书局1975年版,第432—433页。

② 董仲舒:《春秋繁露·人副天数》,中华书局1975年版,第442—443页。

③ 董仲舒:《春秋繁露·必仁且智》,中华书局1975年版,第318页。

④ 董仲舒:《春秋繁露·精华》,中华书局1975年版,第107—108页。

所以观天道也”[①]。从形下角度说,儒家经典成为维护君主统治秩序顺畅的重要资源,五经以官学的形式逐渐变为具有国家意识形态的支配话语,它不断为君主统治储备儒生,确保汉代统治的平稳推行。

在董仲舒以“天人感应”论解经思想的影响下,治《尚书》的刘向“集合上古以来至秦汉的符瑞灾异之记”,作《洪范五行传论》;治《易》的京房则“言灾异,未尝不中”;治《诗经》的学者,更将《大雅》、《小雅》中嗟怨天下多灾多难的诗句来讽喻现实的灾异。学者们相信“道”与“天”同样重要,诠释经典,实际上就是依据经典揣度圣心,参照天意,打通现象世界、语言世界、观念世界与个体人心世界间的界限,将之统一纳入阴阳五行的宇宙系统,从而使君主政治产生令人敬畏、不容置疑的权威性过程。

可以认为,自董仲舒始,汉代神学经典诠释范式开始确立。从此,经学家们不将追寻文本原义作为解经目的,而重在如何灵活地运用经书以适应现实需要。经典诠释甚至成为一种“揣度”,“稽之五经,揆之圣意”、“以参天心”成为解经风尚,阴阳五行及阴阳灾变之说不断出现于释经文献之中。但要指出的是,董仲舒等人虽然引入了神学元素,但他们的着力点仍是论证儒学的核心概念。他们并没有将经学变为一种完全意义上的神学,而是在经学的框架中融入了神学的概念,以适应政治的需求,其“经世致用”的特征十分明显。

(二)象数易学对经典诠释“神学化”的促进

汉代,由于统治者表彰儒家,提倡经学,因此儒家对“六经”之一《周易》的研究大行其道。儒家的经师及其他流派的思想家不断探求《周易》理论的奥秘,易学遂成为汉代学术思想中重要的学说之一。在诸多研究中,西汉孟喜与京房的官方易学影响最大,并直接加强了汉代经典神学诠释的“神秘性”特质。

孟、京对《周易》解说的特点有三:一是以奇偶之数和八卦所象征的物象解说易之经传;二是以卦气说解释易之原理;三是利用《周易》宣讲阴阳灾

① 董仲舒:《春秋繁露·天地阴阳》,中华书局1975年版,第600页。

变。[①] 据《汉书·儒林传》记载，孟喜"得易候阴阳灾变书"，以之注释《周易》，并推测气候变化，推断人事吉凶。他创造了"卦气说"，用卦象解说一年二十四个节气，拓展了《周易》文本中的"四正卦"、"十二消息卦"等思想。就其对经典诠释发展的贡献而言，孟喜在易学天人合一的大前提下，通过比较《周易》符号的变化和自然界的变化，推求易学和历法的同一，把感而遂通、占断人事的易学置于"与天地准"的高度。依此理论，易学之所以能用来筮占，关键在于它有与天相一致的属性，可以行施天道。而天道又是人道的原形，明天道便自然可知人道了。[②] 京房学说常以灾变进行推论，他将阴阳五行学说引入"卦气说"中，著《京氏易传》（三卷），视《周易》为占卜之书。其易学言纳甲、纳支、飞伏、卦气、五行等，体系庞杂。按他自己的说法，其对《周易》的诠释乃是一门"考天时，察人事"的天人之学。京房以八卦和六十四卦为基础，建构世界图式，他不断宣传"天人感应"说，期待借助天象与卦气考察人间灾祥，以达到明王道、正人伦的目的。通过诠释经典，京房赋予了易学新的思维方式，建立了不同于《易传·序卦》的系统，揭示了六十四卦内在的关系，创立了一个以卦推天时、察人事的完备筮法体系，从不同程度上对《周易》卦爻作出了诠释。

通过孟、京等人的努力，汉代易学翻开了新的一页——象数易学诞生。人们对于《周易》的理解不止于关注义理，象数的复杂运算问题日益受到重视。随之，《周易》诠释的"神秘化"倾向也在一步步深化。第一，数字神秘主义兴起。普通的数字在易学的诠释过程中，不断被"神圣化"，内涵不断延伸。它们往往在脱离了自身具体内容的情况下被考察。如自然数中的1、3、5、7、9五个奇数被说成是"天数"，2、4、6、8、10五个偶数被说成是"地数"；50被认定为"大衍之数"，代表十日十二辰二十八宿；81成为历法中的基数；在数与数间的关系中，还出现了"九宫数"等蕴意"玄妙"的复杂运算法则。第二，易学的文化解释功能不断扩张。人们坚信"赋家之心，苞括宇宙，

① 参见朱伯崑：《易学哲学史》卷一，昆仑出版社2005年版，第128页。

② 参见姜广辉：《中国经学思想史》，中国社会科学出版社2010年版，第284页。

总览人物"[①]，不断用《周易》文本解释政治、解释自然科学、推测人的命运。据统计，在《汉书》和《后汉书》中引用或化用《周易》经传词句来解释社会政治、经济、军事、文化、道德、伦理等问题的政论言语有200余处[②]；汉代的天文历法，十分讲究律、历一体，且均来自于《易》数；"卦气说"直接对物候学、气象学产生了影响，而以易学解释灾异更成为社会的风尚。

经象数诠释改造后的易学在"六经"中获得了特殊的地位，"六艺之文：《乐》以和神，仁之表也；《诗》以正言，义之用也；《礼》以明体，明者著见，故无训也；《书》以广听，知之术也；《春秋》以断事，信之符也。五者，盖五常之道，相须而备，而《易》为之原。故曰'《易》不可见，则乾坤或几乎息矣'，言与天地为终始也。至于五学，世有变改，犹五行之更用事焉"[③]。可见，这时的《周易》已然获得了"神圣化儒学"的核心"元典"地位。其以由天道明人事及以象征拟万物的象数模式，成为了汉代人理解世界的重要途径。

不可否认的是，孟喜、京房等发展的象数之学存在着许多破绽与不足。如孟喜为使《周易》六十四卦与历法中的二十四节气、七十二候、三百六十五又四分之一日相符合，不惜打乱《周易》的卦序排列去绝对服从历法，其"机械性"明显；京房则过分重视象数忽视义理，一味追求易学与自然知识的结合而不讲其结合方式，刻意"牵强附会"等。这让他们的易学神秘之说，常被后人诟病。其实，这也是自东汉开始，象数易学走向衰落的重要原因之一。正如明代王夫之评价的那样："《易》可以该律，律不可以尽《易》。犹《易》可以衍历，历不可以限《易》。盖历者象数已然之迹，而非阴阳往来之神也。"[④]

（三）由"经"入"纬"：谶纬对经书的诠释

汉代谶纬释经的出现，让典籍注释的神学路向发展达至顶峰。谶，指的是方士制作的一种用模棱两可的文字假托神的预言。由于此类预言常伴有

---

① 刘歆等撰，王根林校点：《西京杂记（外五种）》，上海古籍出版社2012年版，第19页。

② 参见黄黎星：《论汉代易学文化解释功能的扩张》，《周易研究》2014年第4期，第73页。

③ 班固：《汉书·艺文志》，中华书局1962年版，第1723页。

④ 王夫之：《周易外传·系辞上传第四章》，中华书局1977年版，173页。

图画，所以又叫图谶。纬，相对“经”而言，是儒生用阴阳灾异之说来解释、演绎和附会儒家经典的著作。所谓的“纬书”，常常托孔子之名，对经书作神学的诠释。谶纬的兴起与汉代当时社会风尚相关：精通术数的方士想要通过傍附儒学提高自身社会地位，因此不断开拓六经之理解的神学视域；儒生为推进自家学说权威性的至高无上，亦不遗余力地在原有的神学内容基础上吸取方士之术。其结果，出现了《易纬》、《书纬》、《诗纬》、《礼纬》、《乐纬》、《春秋纬》、《孝经纬》七纬三十五种纬书。儒家经典诠释至此，正式由“经”入“纬”。

从诠释学角度来看，谶纬释经将六经之旨完全转变为对天心、天意的反映：《易》成为揭示天道与人道相通复杂关系的神秘之作；《书》成为记载上天象征与警示人间的符命之说；《礼》则“与天地同气，与四时合信，阴阳为符，日月为明”（《礼纬·稽命征》）；《诗》的文本完全成了推度灾异，测算阴阳的术数之书；《春秋》更是“以天之端，正王者之政”（《春秋纬》）的大书。通过谶纬，儒学经典中的圣人得以“神化”，如《春秋纬·演孔图》上说：“孔子母徵在，游于大泽之陂。睡，梦黑帝使请己……语曰：‘汝乳必于空桑之中。’觉则若感，生丘于空桑之中，故曰玄圣。”孔子乃为黑帝之子，所以拥有与“苍帝精”、“赤帝子”抗衡的天生神力，只因生不当其运，故只得为制法之主，有德而无位，号称“素王”，但其“神性”之身是不可否认的。此外，以谶纬解读出的经书还进一步加固了祥瑞灾异与现实政治之间的神秘关系。纬书收录了许多前代先王的故事，不断融入神秘的、来自天命的、有关得失的传说，将之归为祥瑞、灾异，试图为时下政治提供借鉴。[①] 如尧梦长人而举舜，舜受命时凤凰来仪，白帝精以星感生禹等。在其竭力塑造下，天神成为人间君主统治政策得失的判决者，自然现象便使神之授意的观点日益深入人心。

谶纬还成为改造经学旧说的依据，以纬书依附于经书而另立新说的现象不断出现，与“六经注我”的今文经学相比较，纬书离经书原义更远，臆说成分比比皆是，神学色彩更为浓厚。具体来说体现在以下几个方面。

---

① 参见朱玉周：《汉代儒学神化历程探析》，《北方论丛》2008 年第 2 期，第 72 页。

首先,天人互通思想得以强化。如《易纬》上说:“故易卦六十四,分而为上下,象阴阳也。夫阳道纯而奇,故上篇三十,所以象阳也。阴道不纯而偶,故下篇三十四,所以法阴也。乾坤者,阴阳之根本,万物之祖宗也,为上篇始者,尊之也。离为日,坎为月,日月之道,阴阳之经,所以终始万物,故以坎离为终。……咸、恒者,男女之始,夫妇之道也。人道之兴,必由夫妇,所以奉承祖宗,为天地之主。故为下篇始者,贵之也。既济、未济为最终者,所以明戒慎而存王道。”易之卦序的上篇以乾坤为始,坎离为终,遵循了天道;下篇以咸、恒为始,济未为终,重在阐述人道。由此可见,易之本质乃是讲述天人之间的沟通。又如《含文嘉》上讲:“王者序长幼,各得其正,则房心有德星应之”,“天子祫禘,巡狩有度,考功贵室,内外之制,各得其宜,四方之事,无蓄滞,上下交通,则山泽出灵龟宝石,麒麟出苑囿,六畜繁多,天苑有德星应”(《纬书集成》)。显然,这是作者在推究天人之际,让人间的行动与上天的感应相比照,将天意注入六经,在赋予六经以天书的权威的同时,使天意有固定着落,不至于飘零无依。

其次,其渲染了天命思想。典型的例子是《孝经纬》的作者以虚构神话的方式来说明孔子制作《春秋》源于秉承天意,“孔子作《春秋》,制《孝经》既成,使七十二弟子向北辰磬折而立……告备于天,曰:‘《孝经》四卷,《春秋》、《河》、《洛》凡八十一卷,谨已备。’天乃洪郁起,白雾摩地,赤虹自上下,化为黄玉,长三尺,上有刻文。孔子跪受而读之,曰:‘宝文出,刘季握,卯金刀,在轸北,字禾子,天下服”(《纬书集成》)。这样的说法,让《春秋》等经典成为昭示天意的天书,突显了谶纬以天人之学为理论框架来重新诠释经典的根本宗旨。纬书还特别注重宣讲君权神授的符命论,其认为人间帝王都是天帝的子孙,他们按照五行的次序轮流下凡登基。当帝王将降人间时,必伴有象征天命的符瑞,“帝刘季,日角,戴北斗,胸龟背龙,身长七尺八寸,明圣而宽仁,好任主”(《纬书集成》)。《书纬》上也记录了舜、禹的感生传说:舜母登感枢星之精而生舜;禹为白帝之精,禹母“山行见流星,意感栗然,生姒戎文禹”等。

最后,其让经典与星占的联系更加紧密。以《诗纬》对《诗经》的诠释为例:“卯酉为革政,午亥为革命,神在天门,出入候听”(《纬书集成》);“子曰:《诗》者,天地之心,君德之祖,百福之宗,万物之户也”(《纬书集成》);“北极天皇大帝,其精生人”(《纬书集成》);“五精星坐,其东苍帝坐,神名灵威,仰精为青龙”(《纬书集成》)。仔细剖析可见,《诗经》中的文本已然完全成为推度灾异、测算阴阳的术数之书了。

如果说在经典诠释中,董仲舒的“天人感应”论突显了政治教化元素,孟喜、京房的象数易学高扬了数字的“神圣性”,那么谶纬之学则更多地强化了文字之“神秘性”一面。在纬书中,除去对经典文本必要的阐释外,其主要以天人之学为基本理论框架对经典之义加以重新组织,以图谶彰显经义中所刻画的天人之际奥秘,从而使经典内容在整体上显露出神秘、离奇、超越的特征。经过谶纬的改造,儒学经典彻底被神学和巫术笼罩。原本以关注社会人生、积极入世为特色的经典诠释,日益陷入非理性与迷信中不能自拔。

(四)《白虎通义》的总结及汉末神学路向的式微

东汉时期,班固根据汉章帝在白虎观主持召集的“正经义”会议记录,编辑整理出《白虎通义》一书。此书可谓是今文经学的总汇,亦标志着东汉经学与神学的进一步结合,使谶纬正式变成钦定的法典。《白虎通义》拓展了董仲舒的“天人感应”论,通过对经典神学化的诠释,以天道推求人道,肯定了封建制度是自然“阳尊阴卑”关系在社会生活中的表现。其提出了著名的“三纲六纪”说,使社会伦理纲常得到强化。

《白虎通义》中处处可见以阴阳五行理论论证典章政制的说法,如“王者必一质一文者何?所以承天地,顺阴阳。阳之道极,则阴道受;阴之道极,则阳道受。明二阴二阳不能相继也”(《白虎通义·三正》)。此为以阴阳二气的循环往复论证王政的质文相替。又如“父死子继,何法?法木终火王也。兄死弟及,何法?法夏之承春也。善善及子孙。何法?法春生待夏复长也”(《白虎通义·五行》)。这是用木火相生的五行生克理论论证父死子继的帝位继承制度,又以春夏季节相阻滞证明兄终弟及继承制的合理。通过诸如上述的诠释,《白虎通义》以神学化的解读,为汉代各种典章制度的合理性找到了形而上的终极依据,让经学成为一种制度化的典籍。

《白虎通义》还神化了君权,肯定君主的权力授之于天,唯有天才是君权存在合理性的最终依据,所谓“爵所以称天子者何？王者,父天母地,为天之子也”(《白虎通义·爵》)。同时,它又以祥瑞和灾异论的方式用天制约君主的行为,如“天下太平,符瑞所以来至者,以为王者承天统理,调和阴阳,阴阳和,万物序,休气充塞,故符瑞并臻,皆应德而至”(《白虎通义·封禅》),以及“天所以有灾变何？所以谴告人君,觉悟其行,欲令悔过修德,深思虑也”(《白虎通义·灾变》)等。

简言之,《白虎通义》容纳了被神化了的天道、阴阳五行、象数知识,将儒家学说与封建国家典章制度的权威性以神学诠释的方法固定下来,并成为日后封建国家意识形态的典范和样板。它是汉代经典诠释神学路向的总结,是汉代经学发展的一个重要环节。

但随着时间的推移,神学化经典内容中的非理性色彩弊端日益暴露出来。社会中那些不甘心儒学关注社会人生、汗颜被鬼神传统改变的儒生纷纷挺身而出,对以神学诠释经典的路向提出批评。尤其在古文经学兴起之后,批评者们更是找到了排斥宗教神学的理论根据。如扬雄著《法言》与《太玄》,纠正时人对儒学的误解;桓谭上书光武帝刘秀直陈谶纬之谬;王充著《论衡》,破灾异谴告之说,订鬼神禁忌之虚;张衡上疏顺帝,对谶纬迷信进行系统有分析的批驳等。学者们立足于理性精神,从内容上反对谶纬神学看待人事的思路,把儒家经典中的政治、道德之说建立于宗法礼教的现实基础之上,批判了神道设教、天人感应等理论的诬妄与荒谬。

此外,汉代统治者表现出的对于天象灾异的选择性对待,进一步加快了谶纬神学的破产。如王莽、刘秀等,他们在刚刚取得政权时,积极“宣布谶纬于天下”,但在政权稳固后便对谶纬进行区分取舍,颁布统一的标准符命以为国宪,下令不准民间习谶。更有甚者,许多言灾异进谏者竟受到严厉惩罚,进一步降低了以神学释经的社会信服力。《汉书》中曾记载:“汉兴推阴阳言灾异者,孝武时有董仲舒、夏侯始昌,昭、宣则眭孟、夏侯胜,元、成则京房、翼奉、刘向、谷永,哀、平则李寻、田终术。此其纳说时君著明者也。察其所言,仿佛一端。假经设谊,依托象类,或不免乎‘亿则屡中’。仲舒下吏,夏侯囚执，眭孟诛戮，李寻流放，此学者之大戒也。京房区区，不量浅深，危言刺讥，构怨强臣，罪辜不旋踵，亦不密以失身，悲夫！"[1]究其原因，统治者宣扬谶纬神学往往在统治初期，其需要以宗教迷信蛊惑人心，稳定政权。一旦统治秩序建立完成，那些世人可以利用的灾异现象引申出预言，借用上天权威抗衡君王权力的做法，常常会成为阻碍统治者巩固统治的羁绊，其破坏性远远大于建设性，自然会受到限制。

所以，神学诠释经典路向在汉末的式微便不难理解：当一种思想内在逻辑出现矛盾，且日益失去人心时，必然会走向灭亡。虽然经学大师郑玄在日后一统汉代今古文学，使经学得以统一时，仍吸收了某些神学诠释特质，但客观结果是，谶纬神学的统治地位已彻底丧失。

归纳汉代儒家经典诠释中神学路向的特质，可以有如下发现。

第一，今文经学是其发展的内在基石。自董仲舒借"天人感应"论重释《春秋公羊传》起，今文经学与神学便发生了千丝万缕的联系。今文经学不按经文顺序逐条解经、解经者可大胆地释放诠释主观性而不必担心文本客观性被掩盖的特质，使得宗教神学思想得到了尽情发挥的空间。众所周知，今文经学的治经目的是通过对儒家经典的改造和发展，为汉代皇权专制政治确立理论依据，以适应现实社会政治和学术的需要。它讲究通经致用，为明确人们内在的信仰，不惜以阴阳五行变化解释政权的更迭、论证现实政治的必然性，通过天人相通观念，强调自然灾异与政治的联系，运用阴阳五行论证儒家的社会政治道德原则等。在它的指导下，五经中所提到的各种事件及自然现象均成为天道的体现。甚至它还与谶纬相结合，让神秘的宇宙观和神学迷信得以大行其道。可以认为，没有今文经学的推动，神学诠释经典是不可能如此迅速地在汉代社会中传播开来的。然而，也正是由于今文经学融入了过多的非理性神学因素，使其无法真正实现儒家经邦济世的使命，因而也注定了其日后衰微的必然。

第二，教化讽谏是其解经释典的政治目标。必须承认，汉代神学诠释的初衷并非是宣传封建迷信，而是要以上天的权威来制衡世间帝王的权威。

---

① 班固：《汉书·李寻传》，中华书局1962年版，第3194—3195页。

要知道,董仲舒的“天人感应”不是单向发生的,它强调了天的系统与人的系统之间的控制与反馈。人类社会如果违背了天的意志,上天必然会做出不利于人类的种种反应,所谓“先出灾害以谴告之”,“又出怪异以警惧之”。其用意无疑是以灾异震慑君主,让他们的权力在无限膨胀中能够有所收敛,并促使他们对在政治上暴露出的偏差加以注意和纠正。孟喜、京房以象数之学改造《周易》,使之成为一部蕴含天道奥秘的哲理之书,以八卦和六十四卦为基本架构,运用阴阳象数变化,解释整个宇宙及其所发生的一切事情,形成了一种神秘主义的宇宙观。其用意也在于让君主明白,要尊重上天的规律,不可违背天意。谶纬虽然增加了更多的非理性元素,但其同样赞同王道,主张以天象变化来干预社会政治。概括来说,汉代的经典诠释者们依照五经的思想,揣度圣人心意,参照上天的意志,打通现象世界、语言世界与天心之间的界限,将其完全纳入阴阳五行的宇宙系统,从而使教化讽谏、政治批判具有令人敬畏、不容置疑的权威性。

第三,“过度诠释”是其无法回避的缺失。汉代神学融入经学的后果是,“假经设谊,依托象类”的诠释方式得以盛行。经典文本由诠释对象转化为抒发诠释者主观意向的工具,经典的元典意义被忽略,人们更为注重文本与现实需要的对接。受此影响,神学释经者们赋予先秦儒家典籍以新的价值系统,为了挖掘文本的“微言大义”,不惜主观武断、强经就我,夸张地解说经典,以符合现实政治需要。董仲舒所说的“《诗》无达诂,《易》无达占,《春秋》无达辞”[①]即是对其最好的解说。它让不确定性充斥于文本诠释之中,经典的本来面目不断被遮蔽,过度诠释现象比比皆是。这也成为日后古文经学对之批判的最有力证据。

二、魏晋时期儒道经典的玄学诠释

魏晋时期,玄学大兴,其主旨在于以道家的自然来净化儒家的名教,特点是略于具体事物而究心抽象原理。随之,经典诠释的对象与方法也发生了较大变化:“三玄”替代“五经”成为诠释重点;解释形上学由关注神学目

---

① 董仲舒:《春秋繁露·精华》,中华书局 1975 年版,第 106 页。

的论转向宇宙本体论;诠释方法逐渐忽略章句训诂而重名理句意。盛行于两汉的神学诠释、政治诠释等经典解读范式,日益失去生存的空间,时代呼唤新的经典诠释方法论出现。在这样的背景下,解读儒道经典的玄学诠释体系生成了。

(一)何晏与《论语集解》

追根溯源,魏初时的荀粲应是以玄学诠释经典的开创者。据记载:"粲诸兄并以儒术论议,而粲独好言道,常以为子贡称夫子之言性与天道,不可得闻,然则六籍虽存,固圣人之糠秕。粲兄俣难曰:'《易》亦云圣人立象以尽意,系辞焉以尽言,则微言胡为不可得而闻见哉?'粲答曰:'盖理之微者,非物象之所举也。今称立象以尽意,此非通于意外者也,系辞焉以尽言,此非言乎系表者也;斯则象外之意,系表之言,固蕴而不出矣。'及当时能言者不能屈也。"[①]"六籍虽存,固圣人之糠秕"之说,是荀粲对传统"六经"观点的颠覆。他认为,圣人之言是"系表之言",圣人之意是"象外之意",因为语言文字自身的局限性,"六经"内含"性与天道"之理是无法通过传统的文字训诂方式挖掘出的,必须建构一种具有"玄远"风格的"新"诠释方法,去修正"言不尽意"的缺憾,从而充分揭示出圣人之言的真谛。

荀粲虽"独好言道"地提出了创建性的经典玄学诠释方法,但却未真正将此思路实际应用于典籍注释之中。魏晋时期,最初以玄学诠释经典者当属何晏。他从众多先秦文本中挑选出《周易》和《老子》作为主要依据,从中提炼出"以无为本"命题,试图从本体论角度提出一个全新的世界统一性原理,进而为玄学思潮奠定了理论基础,启示了发展的方向。具体至经典诠释,其主张"道不可体",倡导以"本末"思想重新认识圣贤之言,开"以玄释经"先河。《论语集解》即是他的代表之作。

从成书上说,《论语集解》是何晏以汉末郑玄注本为基础,汇编其他多家《论语》训释之言的著作。不过,从该书的序文可知,曹羲、孙邕、郑冲、荀顗等人也参与到了《论语集解》的整理工作中。但可以确定的是,书稿最终定

① 陈寿:《三国志·魏书·荀彧传》,中华书局1982年版,第319—320页。

于何晏，并且还加入了许多何氏独有的解说。我们可以认为，《论语集解》的中心思维以何晏为主，且充分体现了何氏自家的经典诠释之思。

从体例上讲，《论语集解》开创了文本诠释学中的“集解”体，“今集诸家之善说，记其姓名，有不安者，颇为改易，名曰《论语集解》”[①]。何晏突破了汉代章句训诂皆由口授、严守固定模式之限，广纳各家之言。从《论语集解》收录的七家注释上看，孔安国、马融主训诂，包咸重今文章句，郑玄会通了今古文经，陈群、王肃、周生烈则主“作注而说其义”。七家各有所宗，而何晏却毫无禁忌、杂采众说、拣择而存、“集诸家之善”、间下“己意”。其摒弃了汉代章句训诂之烦琐，标新立异。

一般来说，何晏对于已有的固定说法，择其善者直接引用注说，不附加多余的讨论。如《学而》“子曰：学而时习之，不亦乐乎？”一句，他引马融、王肃之说分别解释“子”、“时”，“马融曰：子者，男子通称也，谓孔子也。王肃曰：时者，学者以时诵习也。诵习以时，学无废业，所以为悦怿也”[②]。对那些无定论之言，则兼存并注多家之解。如《学而》“子曰：巧言令色，鲜矣有仁”。何注：“苞氏曰：巧言，好其言语。令色，善其颜色。皆欲令人悦之，少能有仁也。”[③]当遇到古注并不能令人满意的情况时，何晏的做法是先转述古注，再以“一曰”（何晏自己注解）的形式阐述自己的理解。如《为政》“子曰：今之孝者，是谓能养，至于犬马，皆能有养，不敬，何以别乎？”，《论语集解》的记录是：“苞氏曰：犬以守御，马以代劳，能养人者也。一曰人之所养乃能至于犬马，不敬则无以别。”[④]而当何晏认为古注对文字有误解时，其便不转古注而直言己意。如《子罕》“岁寒，然后知松柏之后凋”，郑玄曾注：

---

① 何晏：《论语集解》，见何晏集解，皇侃义疏：《论语集解义疏》，《丛书集成初编》本，中华书局1985年版，第2—3页。

② 何晏：《论语集解》，见何晏集解，皇侃义疏：《论语集解义疏》，《丛书集成初编》本，中华书局1985年版，第1页。

③ 何晏：《论语集解》，见何晏集解，皇侃义疏：《论语集解义疏》，《丛书集成初编》本，中华书局1985年版，第4页

④ 何晏：《论语集解》，见何晏集解，皇侃义疏：《论语集解义疏》，《丛书集成初编》本，中华书局1985年版，第17页。

"凋,伤也,病也,论贤者虽遭困厄,不改其操行也。"[①]何晏却不取之,而是自解:"大寒之岁,众木皆死,然后知松柏之小凋伤。平岁则众木亦有不死者,故须岁寒而后别之。喻凡人处治世,亦能自修整,与君子同;在浊世,然后知君子之正不苟容也。"[②]

从方法上看,《论语集解》最大的特色是多以"易"解《论语》之例。这尤其表现在该书对核心范畴"道"的解释上。如《公治长》"夫子之言性与天道,不可得而闻也"一句,何注:"性者,人之所受以生者也。天道者,元亨日新之道也,深微故不可得而闻也"[③];《述而》"志于道"一句,何注:"志,慕也;道不可体,故志之而已"[④];《子张》"虽小道,必有可观者焉"一句,何注:"小道谓异端"[⑤];《为政》"攻乎异端,斯害也已",何注:"善道有统故殊途而同归,异端不同归者也。"[⑥]在何晏看来,"道"特点是元亨日新,不能由异端小道得之。因为"道不可体",所以"志之而已",志久之则"慕"。也就是说,道不可完全由语言的教导获得,也不可用常理去体会,其理解关键在于感悟,需要经历"志"的长久过程,最后方能得到。显然,何晏解释的"道"是具体的,代表着宇宙变化发展的根本法则。元亨、日新本就是《易》中的常用语,而"不可体"中的"体"更与《系辞传》"神无方而易无体"的意思相近,即代表了"形状"、"规则"、"格式",其与《老子》所说的"道可道,非常道"有着一定的不同。[⑦]

此外,在《论语集解》中还有着其他诸多"易"的痕迹。如《季氏》"子曰:

---

① 王素:《唐写本论语郑氏注及其研究》,文物出版社 1991 年版,第 108 页。

② 何晏:《论语集解》,见何晏集解,皇侃义疏:《论语集解义疏》,《丛书集成初编》本,中华书局 1985 年版,第 128 页。

③ 何晏:《论语集解》,见何晏集解,皇侃义疏:《论语集解义疏》,《丛书集成初编》本,中华书局 1985 年版,第 60 页。

④ 何晏:《论语集解》,见何晏集解,皇侃义疏:《论语集解义疏》,《丛书集成初编》本,中华书局 1985 年版,第 21 页。

⑤ 何晏:《论语集解》,见何晏集解,皇侃义疏:《论语集解义疏》,《丛书集成初编》本,中华书局 1985 年版,第 267 页。

⑥ 何晏:《论语集解》,见何晏集解,皇侃义疏:《论语集解义疏》,《丛书集成初编》本,中华书局 1985 年版,第 21 页。

⑦ 参见蔡振丰:《何晏〈论语集解〉的思想特色及其定位》,载刘小枫、陈少明:《经典与解释的张力》,上海三联书店 2003 年版,第 222 页。

君子有三畏。畏天命，畏大人，畏圣人之言。小人不知天命而不畏也，狎大人，侮圣人之言”，何注：“顺吉逆凶，天之命也。大人即圣人，与天地合其德者也。深远不可易，则圣人之言也”[①]；《述而》“子曰：加我数年，五十以学易，可以无大过矣”，何注：“易穷理尽性以至于命。年五十而知天命，以知命之年读至命之书，故可以无大过也”[②]；《里仁》“德不孤，必有邻”，何注：“方以类聚，同志相求，故必有邻，是以不孤也。”[③]所谓的“大人”、“穷理尽性”、“方以类聚”在《周易》的《乾·文言》、《说卦传》、《系辞上》中都能找到相应的论说。

就内容而言，《论语集解》整体上说仍属汉注系统，对经典文本的字词训诂占了很大的比重，但字词训解简约，偏重义理发挥的魏晋经学新“特质”亦得充分展现。何晏一方面通过阐述“道”的体用关系来表明自己的儒家立场，如提出“善道有统”、“求善道而学行之，则人知己”；另一方面又将道家的人生修养落实于儒家的道德伦理和社会责任上，如他将老子列入圣人的队伍中，以之为榜样，让世人去学习。在《先进》注解中，通过颜回与子贡在知“道”方面的比较，得出儒家圣人之道应融入道家“无为”思想的主张等。

笔者认为，之所以说何晏开魏晋儒道经典玄学诠释之先河，绝非仅仅源于其是第一个系统地引《周易》、《老子》、《庄子》思想注《论语》者。更重要的原因在于，他在《论语集解》中彰显了由经学《论语》向玄学《论语》的过渡性：借《论语》引发了人们对于“言”、“意”问题新的探讨，由文本注释将经典诠释纳入到本末、有无之辨的玄理阐发中。尤为重要的是，《论语集解》还对“道”、“天”、“人”、“性”、“仁”等固有的儒学理论范畴进行了初步的“玄学化”解释，虽还不具备完全的“系统性”，但其所具有的重大时代启示意义，却已不言而喻。

---

① 何晏：《论语集解》，见何晏集解，皇侃义疏：《论语集解义疏》，《丛书集成初编》本，中华书局1985年版，第234页。

② 何晏：《论语集解》，见何晏集解，皇侃义疏：《论语集解义疏》，《丛书集成初编》本，中华书局1985年版，第93页。

③ 何晏：《论语集解》，见何晏集解，皇侃义疏：《论语集解义疏》，《丛书集成初编》本，中华书局1985年版，第52页。

（二）“得意忘言”诠释方法的生成

在王弼生活的年代，两汉的神学经学不断受到批判，道家理论颇为盛行。但儒学在社会中的巨大影响力犹在，孔子等圣人的权威依旧没有沉沦。通过对荀粲、荀俣等人对于言意关系的辩论，王弼认识到：如果完全认同荀粲“言不尽意”之说，那么人们对于一切经典文本的诠释都将失去意义；如果完全肯定荀俣“言尽意”之词，那么解释者只能像汉儒一样执着于图谶象数或文字训诂，让儒学“大道”被章句“小道”所蒙蔽。故必须研究出一种新的文本诠释方法，适应时代儒道合流的趋势，并可调解“言不尽意”与“言尽意”方法在经典理解上的冲突。

王弼在所著《周易略例》一书中，建构了著名的“得意忘言”诠释方法，直接奠基了魏晋时期儒道经典玄学诠释的基础。其对该方法的经典表述是：“夫象者，出意者也。言者，明象者也。尽意莫若象，尽象莫若言。言生于象，故可寻言以观象；象生于意，故可寻象以观意。意以象尽，象以言著。故言者所以明象，得象而忘言；象者，所以存意，得意而忘象。犹蹄者所以在兔，得兔而忘蹄；筌者所以在鱼，得鱼而忘筌也。然则，言者，象之蹄也；象者，意之筌也。是故，存言者，非得象者也；存象者，非得意者也。象生于意而存象焉，则所存者乃非其象也；言生于象而存言焉，则所存者乃非其言也。然则，忘象者，乃得意者也；忘言者，乃得象者也。得意在忘象，得象在忘言。故立象以尽意，而象可忘也；重画以尽情，而画可忘也。”[①]剖析上述文字可知：王弼以逐层递进的方式指出语言目的在于说明象，象是存意的，若不透过象，意便无法获得。存言立象的目的在于得意，反之言与象亦为获得意的必要介质。实际上，王弼在这里提出了两种文本诠释方法。一是“寻言以观象，寻象以观意”，承认言、象的指示意义，依言、象去探寻圣人之意；二是“忘言而得意，忘言而得象”，超越言、象的指称而直接体悟圣人之意，将言、象仅视为一种工具。在他看来，两种方法各有其应用领域。第一种方法可在对有形世界的认知中使用，可理解那些依语言“名”去把握定性的东西；第

① 王弼著，楼宇烈校释：《王弼集校释·周易略例》，中华书局1980年版，第609页。

二种方法可在对无形之物的认知中使用，即理解那些不能完全用语言把握的东西。而所谓的圣人之意恰是具有抽象本体“无”之意，因此要透过语言的表象以体悟的方式去了解本质，经典诠释的任务就应是将文字语言不能揭示的东西完整地展现在读者面前。

人们不禁会问：如果舍弃经典中具体的文字，意义将从何获得呢？按王弼的说法，要进行“触类而思”，发挥“类”的思想进行引申，“把具体言词消融于思想的上下文中去，让言词的逻辑服从于思想的逻辑；或是在文本的‘无言’处作出阐释者自认为符合作者思想逻辑的适当解释”①。其认为“得意忘言”中的“忘言”并未让人们彻底、刻意地忘掉语言，而是说，语言乃是人的本真存在方式，人寓居于语言之中，与语言浑然一体，正因为如此，语言才可以忘记，在可以理解的过程处于隐藏状态，也就是说，语言之于人乃是本体论的②。依“得意忘言”，王弼又提出四个命题：“寻言观象”、“寻象观意”、“得象忘言”、“得意忘象”。经典中“言”、“象”、“意”之间成为一种递进关系：“言”是起点，经历“象”，最终达到“意”。经典诠释成为由文本走向诠释者的单向运动。由此“得意忘言”又转化为一种哲学方法，它会通“三玄”，融道学、易学于一体，成为玄学探讨超言绝象的宇宙本体重要工具。

王弼“得意忘言”方法运用的典范当属《老子指略》。其在开篇中言：“《老子》之文，欲辩而诘者，则失其旨也；欲名而责者，则违其义也。故其大归也，论太始之原以明自然之性，演幽冥之极以定惑罔之迷。因而不为，损而不施；崇本以息末，守母以存子；贱夫巧术，为在未有；无责于人，必求诸己；此其大要也。”③其认为《老子》是一部生命体验之书，是老子以主客分立的方式直接把握现实、体认“大道”的产物。所以对它的诠释必须透过现象看本质，得其意而忘其言。具体来说包括以下几个方面。

首先，对文本中的重要范畴进行了玄化的解释。如《老子》第八章“故几

---

① 周裕锴：《中国古代阐释学研究》，上海人民出版社 2003 年版，第 129 页。

② 参见臧要科：《“得意忘言”与“以注合经”——王弼文本诠释方法探析》，《郑州轻工业学院学报》2008 年第 5 期。

③ 王弼著，楼宇烈校释：《王弼集校释·老子指略》，中华书局 1980 年版，第 196 页。

于道"一句,注曰:"道无水有,故曰'几'也。"[①]第十六章"天乃道"一句,注曰:"与天合德,体道大通,则乃至于'穷'极虚无也。"[②]显然,王弼将"道"等同于"无"。遍查《老子》原文,"无"虽多次出现,但除四十二章"有生于无",第十三章"当其无"的说法外,绝大多数的"无"并不具有名词的属性,往往只是修饰性术语而已。而王弼却极力突显"无"的意义和作用,将"无"不断进行名词化、概念化发展。其目的明显是要拓展"无"的哲学意义,为其"以无为本"的命题找到根据。

《老子》第五章"天地不仁,以万物为刍狗"一句,注曰:"天地任自然,无为无造,万物自相治理。"[③]第二十五章"域中有四大,人法地,地法天,天法道,道法自然",注曰:"道不违自然,乃得其性……自然者,无称之言,穷极之辞也。"[④]第二章"处无为之事",注曰:"自然已足。"[⑤]第三十七章"道常无为",注曰:"顺自然也。"[⑥]从这些注释中可以看出,王弼将"自然"与"道"、"无为"联系在了一起。其表达的意思是,"道"以自然为性,具有自为性与自发性。各种事物同样也兼具了殊异性、自为性,所谓"自然之质,各定其分"。自然是一种境界,内含哲学精神,其意义深幽而广达。

其次,从句意解释出发,建构"有无论"、"动静论"。《老子》中关于"有无"的论述主要有二:"无名天地之始,有名万物之母。故常无欲,以观其妙;常有欲,以观其徼。此两者同出而异名,同谓之玄,玄之又玄,众妙之门。"(第一章)"天下万物生于有,有生于无。"(第四十章)按老子说法,世界万物生成的模式是"无→有→万物"。而王弼对其的注释是:"凡有皆始于无,故未形无名之时,则为万物之始。及其有形有名之时,则长之、育之、亭之、毒之,为其母也。言道以无形无名始成万物,万物以始以成而不知其所以然,玄之又玄也。"[⑦]"天下之物,皆以有为生。有之所始,以无为本。将

① 王弼著,楼宇烈校释:《王弼集校释》,中华书局1980年版,第20页。
② 王弼著,楼宇烈校释:《王弼集校释》,中华书局1980年版,第37页。
③ 王弼著,楼宇烈校释:《王弼集校释》,中华书局1980年版,第13页。
④ 王弼著,楼宇烈校释:《王弼集校释》,中华书局1980年版,第65页。
⑤ 王弼著,楼宇烈校释:《王弼集校释》,中华书局1980年版,第6页。
⑥ 王弼著,楼宇烈校释:《王弼集校释》,中华书局1980年版,第91页。
⑦ 王弼著,楼宇烈校释:《王弼集校释》,中华书局1980年版,第1页。

欲全有,必反于无也。”[①]其认为世界万物生成的模式是“无→有”,或曰“形上→形下”的关系。就这样,王弼通过将老子“无→有→万物”逐层变化的宇宙生成论思维转化为无有相对的、表现本体与现象关系的本体论致思,使得“以无为本”的玄学核心命题得以成立,无有关系成为体用关系,并进一步确定了体用不离的观念。

《老子》中的动静之说主要有:“致虚极,守静笃”(第十六章),王注:“凡有起于虚,动起于静,故万物虽并动作,卒复归于虚静,是物之极笃也。……归根则静,故曰‘静’”[②];第二十六章有:“重为轻根,静为躁君,是以圣人终日行不离辎重。虽有荣观,燕处超然,奈何万乘之主,而以身轻天下?轻则失本,躁则失君”[③];“反者,道之动”(第四十章),王注:“有以无为用,此其反也。动皆知其所无,则物通矣。故曰‘反者,道之动’也”[④]等。依老子的论述,其虽称“归根曰静”,但他同时也肯定道体是恒动的,所谓“反者道之动”。王弼的注释却故意忽略“恒动”,而强调“静”的绝对性,他着重从“动之反”的“静”、“有之反”的“无”,去强调“动”的运作样态,并以此探寻“动”形上本体。通过“得意忘言”,王弼将现实中的实存问题提升到形上理论层面来理解,动静与有无一样也具有了本体论色彩。

最后,确立“崇本息末”命题。王弼对《老子》思想的总结是:“《老子》之书,其几乎可一言而蔽之。噫!崇本息末而已矣。观其所由,寻其所归,言不远宗,事不失主。文虽五千,贯之者一;义虽广瞻,众则同类。解其一言而蔽之,则无幽而不识;每事各为意,则虽辩而愈惑。”[⑤]既然《老子》的主题特征是“崇本息末”,那么对《老子》的解释,就绝不能按文责句,拘泥于其中个别的论述,对字词做孤立的理解,而应先抓住其思想主旨。在王弼看来,“崇本息末”又可理解为一种诠释方法,表现为一种“自上而下”的解读模式:“崇本”即要认清经典作者的写作主题,让整个诠释活动有明确的中心;“息

① 王弼著,楼宇烈校释:《王弼集校释》,中华书局1980年版,第110页。
② 王弼著,楼宇烈校释:《王弼集校释》,中华书局1980年版,第36页。
③ 王弼著,楼宇烈校释:《王弼集校释》,中华书局1980年版,第69—70页。
④ 王弼著,楼宇烈校释:《王弼集校释》,中华书局1980年版,第109—110页。
⑤ 王弼著,楼宇烈校释:《王弼集校释》,中华书局1980年版,第198页。

末”则指在具体诠释中要时刻坚守将对具体词语的训释和语义单位之间关系的分析，都置于对文本整体精神阐释的目标之下，力争挖掘出字词背后深层的意义关系。在对《老子》三十八章的注释中，王弼又提到“守母以存其子，崇本以举其末”，其意义与“崇本息末”也是相同。应该说，该观点可谓王弼以玄学诠释经典的最为关键一环。在它的指引下，王弼在对《老子》的诠释中，突破了老子“本有”的思想，让《老子》中的哲学元素重获新的生命形态。

如果放眼王弼整个的哲学体系，可以看出“得意忘言”的意义绝不仅是更好地理解文本，其中亦蕴含着丰富的儒家“内圣外王”思想。王氏对《老子》的诠释重在说明道与万物本为一体，并从本体论的“体用”层面解释“无”与“有”的关系，从而为人道与天道的沟通找到了经典上的依据，也可以说为魏晋时期的政治理想在传统之中找到了合法性。他在《老子》第四章的注解中直接谈到现实的治世之道，“夫执一家之量者，不能全家；执一国之量者，不能成国；穷力举重，不能为用。故人虽知万物治也，治而不以二仪之道，则不能赡也。地虽形魄，不法于天则不能全其宁；天虽精象，不法于道则不能保其精。冲而用之，用乃不能穷”①。其认为只有上升到“二仪之道”的层面上，从更为广阔的视域中才能更好地处理现实中的人事问题。通过动静说的论说，王弼真正想告诉世人的是，时代虽然在改变，但“道”不会变，所以执古之道以御今之有也可以成为可能，“事有宗而物有主，途虽殊而其归同也，虑虽百而其致一也。道有大常，理有大致。执古之道，可以御今；虽处于今，可以知古始”②。至此，王弼实际上已为儒家“内圣外王”之道探寻到了理论根据。

当然从所占比重上说，王弼诠释《老子》更多地关注的是“内圣”的天道，而其对“外王”之路的宣讲则更多地体现在另一本经典注释之作《论语释疑》中。《泰伯》“子曰：‘狂而不直，侗而不愿，悾悾而不信，吾不知之矣”一句，王注：“夫推诚训俗，则民俗自化；求其情伪，则俭心兹应。是以圣人务

① 王弼著，楼宇烈校释：《王弼集校释》，中华书局1980年版，第10—11页。

② 王弼著，楼宇烈校释：《王弼集校释》，中华书局1980年版，第126页。

使民皆归厚，不以探幽为明；务使奸伪不兴，不以先觉为贤。故虽明并日月，犹曰不知也。”[1]圣人化民成俗的关键在于“推诚训俗”，其言化的重点在顺民之自然，使百姓日用而不知，要随民之本性而使其自化，不以先觉为贤，不以探幽为明。《泰伯》“子曰：‘兴于诗，立于礼，成于乐’”一句，王注：“言有为政之次序也。夫喜、惧、哀、乐，民之自然，应感而动，则发乎声歌。所以陈诗采谣，以知民志风。既见其风，则损益基焉。故因俗立制，以达其礼也。矫俗检刑，民心未化，故又感以声乐，以和神也。若不采民诗，则无以观风。风乖俗异，则礼无所立，礼若不设，则乐无所乐，乐非礼则功无所济。故三体相扶，而用有先后也。”[2]为政的次序应是言诗→礼→乐，而且要重视人的喜、惧等自然性情。从上述“得意忘言”的结论中，王弼已然指明“外王”之道在于“推诚”，让圣人天德修养得到具体落实，而礼乐教化得到施政保障，则应是圣人以自然为用的现实实践。从本质上讲，其“内圣外王”理想的重心即是名教与自然的统一。

（三）从“郭象注庄子”到“庄子注郭象”

郭象是继何、王之后最为重要的魏晋玄学家，他对经典诠释的代表作是《庄子注》。如果说王弼对于何晏在经典玄学诠释中的超越是以“以无为本”的体系替代单句阐释的话，那么郭象则更多的是超越文字而直接会通其内有意义，从而将文本诠释之“玄”推向了极致。

在《庄子注》中，郭象直承王弼的言意观，认为语言是得意的工具，得意则不能拘泥于语言。但郭象在对经典文字的自由发挥上却大大超越了王弼。他认为，语言文字难以传递深奥的思想，所以他发明出“寄言出意”的注释方法。典型例子是郭注《逍遥游》第一条鲲与鹏的故事：“鹏鲲之实，吾所未详也。夫庄子之大意，在乎逍遥游放，无为而自得，故极小大之致以明性分之适。达观之士，宜要其会归而遗其所寄，不足事事曲与生说。自不害其

① 王弼著，楼宇烈校释：《王弼集校释》，中华书局1980年版，第626页。
② 王弼著，楼宇烈校释：《王弼集校释》，中华书局1980年版，第625页。

弘旨，皆可略之耳。”[①]在郭象看来，只要抓住《庄子》内在的大概意义，其余细枝末节就都可存而不论。语言只是思想的寄存之处，人们的目的只在于取走思想，寄存处是什么样的则不必深究。故对文中“鹏鲲”的理解，根本不用管“鹏”、“鲲”到底是什么，只要明确庄子是用其来说明极大的例子，以对照表明极小的蜩和学鸠就行了，其目的都是要领悟“逍遥游放”的道理。也就是郭象在《逍遥游》题注中所说的“夫大小虽殊，而放于自得之场，则物任其性，事称其能，各当其分，逍遥一也，岂容胜负于其间哉”[②]的道理。

郭象在对庄子思想诠释的过程中，不断强调《庄子》一书的寓言性质，指出读者不要拘泥于书中语言文字的表面意义，而要以一种自由理解的态度，从寄言中领会“逍遥游放之意”。事实上，他这样的做法却是在曲解文本的原义，其不顾庄子如何说，更多的是用自己的思想体系要求注释《庄子》。如郭注《逍遥游》“藐姑射之山，有神人居焉，肌肤若冰雪，绰约若处子”一句：“此皆寄言耳。夫神人即今所谓圣人也。……今言王德之人而寄之此山，将明世所无由识，故乃托之于绝垠之外而推之于视听之表耳。”按庄子的意思，他要说明仙山上居住着不食人间烟火的“神人”，而郭象却强行将之变成了人间圣王。又如，郭注《秋水》“而吾未尝以此自多者，自以比形于天地而受气于阴阳，吾在于天地之间，犹小石小木之在大山也，方存乎见少，又奚以自多”一句：“穷百川之量而悬于河，河悬于海，海悬于天地，则各有量也。此发辞气者，有似乎观大可以明小，寻其意则不然。夫世之所患者，不夷也，故体大者快然谓小者为无余，质小者块然谓大者为至足，是以上下夸跂，俯仰自失，此乃生民之所惑也。惑者求正，正之者莫若先极其差而因其所谓。所谓大者至足也，故秋毫无以累乎天地矣；所谓小者无余也，故天地无以过乎秋毫矣；然后惑者有由而反，各知其极，物安其分，逍遥者用其本步而游乎自得之场矣。此庄子之所以发德音也。若如惑者之说，转以小大相倾，则相倾者无穷矣。若夫睹大而不安其小，视少而自以为多，将奔驰于胜负之竟而助

① 郭象：《庄子·逍遥游注》，见郭庆藩辑，王孝鱼整理：《庄子集释》，中华书局1961年版，第3页。

② 郭象：《庄子·逍遥游注》，见郭庆藩辑，王孝鱼整理：《庄子集释》，中华书局1961年版，第1页。

天民之矜夸，岂达乎庄生之旨哉！”[①]庄子一句对事物相对性的感悟，郭象将之改为“各知其极，物安其分，逍遥者用其本步而游乎自得之场矣”的哲学致思。

对于诠释与庄子原意的不符现象，郭象通常以“寄意”之说为自己辩解，而这中间真正体现的是“郭象注庄子”与“庄子注郭象”之间的矛盾。“郭象注庄子”是指对经典本意的尊重和探求，“庄子注郭象”则是指借注释对象和注释的形式来表达注释者自己的思想和理论。郭象对庄子的注解实际上是一种对文本的“过度诠释”，他的解释原则与解释实践之间存在着巨大冲突，其在自认为得庄子思想之旨时，其实已与庄子思想的本意产生了不小的鸿沟。确切地说，郭象注出的《庄子》并非是客观历史地去把握《庄子》，而是基于自己的境遇对于《庄子》的一种特别的理解，并且让《庄子》与郭象的理解相互印证。郭象不仅在注《庄子》，同时《庄子》也在注郭象，诠释者与文本之间的对话过程已为彼此带来了双向的影响。郭象对《庄子》的诠释，可谓是一种哲学性诠释。从相应的注释中，人们可以清楚地看到其“性分自足”、“独化逍遥”思想的展现。郭象所使用的方法基本属于“以注合经”，他将经典文本不断世俗化，诠释者将自己对于经文的理解与经文合在一起，构成了一个新的“意义域”。在此意义域的影响下，文本原文与诠释者的理解之间的差异不断出现，又进一步召唤着其他的诠释者对此做出新的回答。

比较郭象与王弼诠释方法的不同，可以发现：王弼重在对文义的引申，郭象则重在依文字表现自我。具体来说，王弼十分讲究言→象→意之间的递进生成关系，认为要以“言”去理解“象”、以“象”去理解“意”。在这里，“言”、“象”的作用近似于工具，得“意”后即可忘掉“言”、“象”。“言”、“象”不是思想，只是通向思想的桥梁。故不可拘泥于经典的个别字句，要着力探寻圣人语言背后的思想。看问题要高屋建瓴，但却不可牵强附会，“意”必须通过对文本的上下文逻辑关系的理解来获得，必须有“言”、“象”的基础。所以他在诠释经典时往往先给原文中的某些关键词下定义，之后方在

① 郭象：《庄子·秋水注》，见郭庆藩辑，王孝鱼整理：《庄子集释》，中华书局 1961 年版，第 566 页。

此基础上分析义理，揭示字词内含的形而上意义。与之相较，郭象对经典的发挥更具自由性。在“寄言出意”方法的指引下，他通常会将自己的意思寄托在看起来毫无关系的经典文字表达上，有时不惜变换经典的基调与方向。他提出的许多思想实际上均是从原文中难以推出，甚至与经典的原有理论思想、目标相悖。郭象一再强调“至理无言，言则与类，故试寄言之”[①]，认为对于经典的注解完全可以忽略语言的一般含义，而只体悟其“弘旨”与“大意”就行了。

郭象与王弼玄学诠释方法的不同实则内含魏晋时期社会内在深层的变动。王弼身处曹魏时代，旧有的汉代经学仍有较强的社会思想统治力，新兴的士族阶层尚在发育，其思想中独立意识的表达还需顾及传统力量的约束。王弼面临的任务是引道家之说，改良儒家思想一统天下的局面，其对典籍诠释的改造注定是一种相对“温和”的态势。而郭象所处的时代已是晋朝鼎盛之期，士族社会思想的“玄学化”已然完成。学者们已不再像两汉人士那样具有强烈的经世致用的儒家入世精神[②]，追求个性自由成为社会时尚，其反映在经典诠释上，即是强调“自治”。于是，郭象建立了以“性”本论为基础的哲学体系，认为宇宙没有主宰，每个事物的本性是其“自生”、“独化”的根据。然而，这样的理论在任何一部传统经典中都是无法找到依据的，所以郭象只能“寄言出意”，所谓的“革新”或“叛逆”自然也可理解了。

（四）魏晋时期儒道经典玄学诠释之特质与评价

从何、王、郭等人对经典的解读中，可以发现魏晋玄学的经典诠释有着鲜明的特质。

第一，引“三玄”入经，重在调和名教与自然的关系。与汉代经学相比，玄学诠释已抛弃了阴阳术数之学，以象外之意的探讨取代了对卦象本身的演绎，其追求的是人性的终极依据及宇宙的深微大道，而非具体的个体行为

① 郭象：《庄子·齐物论注》，见郭庆藩辑，王孝鱼整理：《庄子集释》，中华书局1961年版，第79页。

② 参见康宇：《论魏晋学者对汉代数字神秘主义的终结》，《自然辩证法研究》2013年第5期，第82页。

品格，其诠释内具一种超越现实政治的品质。学者们多以三玄相通、儒道互补会通的立场诠释经典，强调揭示文本中的玄学义理。如何晏的《论语集解》即是从《老子》出发，以“易”通“道”，用《老》、《易》的复合思想阐释《论语》的微言大义。其间大讲“天地”、“天下”、“天命”等形上学概念范畴，并着力将之与圣人的德行联系在一起。王弼的《老子注》以无名、无为之旨，建构出“举本统末”、“守母存子”等诸多体系。实际上，他要说明的是“无”如何能生出“有”，“有”又如何归返于“无”的问题。其目的，显然要设计出一条可以合理贯通名教与自然的路途。在他的诠释中，“无”是宇宙万物的本体，“有”是现象，无与有的关系可归结为“本体”与“现象”。这样不仅摆正了儒道学说的合理位置、化解了当时社会关系中名教与自然关系的紧张，更充分显现出其思想的新特征。郭象注庄子，把“自然”视为宇宙本体存在的真实依据，进而将《庄子注》定位于维护“自然规定性”的走向之上。

从深层上看，上述特质的形成亦与玄学家面临的学术任务紧密相关：玄学诠释若想稳固根基、增强生命力必须将老庄经典中“有生于无”的发生论转为“以无为本”的本体论，将儒家经典中关于有无关系讨论的只言片语转化为“以无为本”的哲学思想。其要从折中儒道以及对儒道经典的新诠释中，开发出更多“以无为本”的命题并在破除神学观念的基础上让世人更加信服。

第二，在“得意忘言”思想的指引下，玄学解经均尚“清通简要，融会内外，通其大义，不愿执着文句而自害其义”。正所谓，言以出意，故可寻言以观意；言以存意，得意之时往往忘言；意在言外，要真正得意就必须忘言。何、王、郭等人在文本注释中决不过多纠缠于文字训诂，而是将力气放置于义理的阐发上。他们如此做的本质原因在于，其相信圣人的言说虽不能怀疑、否定，但却是需要不断加以诠释、引申的。但这又出现一个问题：玄学家一方面认为经典中的文字只是寄托圣人思想的处所，另一方面又相信自己符合逻辑的解释文字可以完整地传达圣人的言外之意，这在具体操作上显然会出现矛盾。于是在实践上，他们想出了许多调解冲突的方法：面对经典中具体的名物或某些不合逻辑的言论时，以“寄言出意”对之，存而不论或巧加辩解;面对经典中抽象的概念或复杂的思想时,则多用“辨名析理”的方法,讨论定义内涵,分析理论体系。也就是说,从某种程度上说“得意忘言”具有了“智力游戏”的属性。玄学家对它的应用,虽然有时会违背作者的原意,但更多的时候是较好地表达文本的固有思想或是深刻地挖掘文本可能蕴藏的思想,从而使儒道经典的哲学意义极大地突现出来。

第三,以本末体用思想阐发经典,开“内圣外王”之新意。玄学家们不断发挥道家“无”的意蕴,将之概念化、本体化:从道生万物到“以无为本”,从“无之以为用”到“以无为用”,从守母存子到“崇本息末”。经典诠释中的形上学意识不断加深,理解的“超越性”不断被强调。这一方面让老庄哲学精神在诞生数百年后别开生面,重获新的生命形态;另一方面也让传统的儒学经典以新的样态为世人所认知。道家的“自然”、“无情”、“无”的本体意义得到极大彰显,儒家的“名教”、“有情”、“有”成为功用。在体用思想的影响下,魏晋之前经典诠释中最为人关注的“内圣外王”之说蕴意发生了某种改变:玄学家眼中的“内圣”,重心不在“求仁”而近乎“逍遥”,其途径已非德行的践行而在于个体内在精神的修养;“外王”形式尤在,玄学家也力求通过诠释经典以保持统治者“政治导师”的形象,从而建构以无统有的政治理论,但其演说中却又着力与政治间保持一定的距离,以达成一种“消极的自由”。从本质上说,玄学偏重于个体自我,重视精神上的解脱和现实中的处世哲学。这决定了其对天道人性、政治理论、体认修养等问题的理解,更重于个体的层面。如何晏在解释圣人的无名论时说:“若夫圣人,名无名,誉无誉,谓无名为道,无誉为大。”(《无名论》)其表面上说“无名”,实际在为自己所处的境况表示担忧。又如玄学中的“贵无”、“本无”之论,若仔细品味其不仅是一种本体论,更是一种人生哲学:当传统的圣贤操行已无法应对动乱的社会时,魏晋名士们只能以“无”统“有”,灵活加以应对了。

站在学术史角度评价玄学之经典诠释,可以认为它确立了中国哲学诠释传统较为成熟的范式。在它之前,完整的经典注释往往与哲学讨论无关,虽然某些诠释涉及特定的哲学问题，但一直未形成通行的体例。[1] 在何、王、郭等人的推动下，直觉思维与逻辑思辨大量运用于对经典的理解中，以较为完整的经典注释形式谈哲学问题成为一种流行。通过逐章注释的体例，特定的哲学体系得以形成，诠释方式也不断成熟、规范起来。而典籍文本由此也获得了自身的独立自主性——文本是作者主观见之于客观的产物，但文本在被创作完成后，随即拥有了新的生命，它不仅是理解发生的动力和场所，而且也是对话交流的对象。此外，玄学家们在诠释经典时通常带有强烈的现实关怀，其在将对经典思想的理解上升到本体论层面的同时，不忘将对存在及其意义的形上追求落实于中国传统思想的“日用即道”之上。显然，魏晋玄学这一以经典为依托的哲学之思与实践路向，对于后世经典诠释的启示意义是不言而喻的，中国经典诠释学的历史由此翻开了新的一页。

三、朱熹之理学经典诠释学的建构

在宋代，受佛道思想挑战与挤压的传统儒学日益失去固有的社会权威性。儒生们开始明白，类似于汉唐那种“经学化”了的儒学已很难再迸发出强大的生命活力，必须对经典“返本开新”，以针对释老而求发扬孔子之大道与儒学之正统的立场[2]，将儒学“义理化”。宋儒们重新确立儒家经典文本，开发设计诠释形上学，让儒家经典诠释范式由“我注六经”转向“六经注我”，使得儒学的发展由经学走向理学。朱熹即是其中的集大成者，通过他的努力，理学经典诠释学得以建构，儒学随之面貌一新。

（一）“四书”地位的确立及对待经典应持的态度

在朱熹所处的时代，“五经”的社会地位已大不如前。为了重振儒学经典的权威，找到经典诠释新的兴奋点与思想增长点，宋儒们逐渐将研究的重点转向《论语》、《孟子》、《大学》、《中庸》等传记。朱熹集一生心血撰著《四书章句集注》，首创“四书”之名，让《大学章句》、《中庸章句》、《论语集注》、

---

① 参见刘笑敢：《经典诠释与体系建构——中国哲学诠释传统的成熟与特点刍议》，《中国哲学史》2002 年第 1 期，第 36 页。

② 参见钱穆：《朱子新学案》上册，巴蜀书社 1986 年版，第 14 页。

《孟子集注》得以合刻,最终使"五经"系统的话语权力让位于传记系统。至此,"四书"在理学诠释学中的核心文本地位正式确立。按朱熹的说法:"《语》《孟》工夫少,得效多;《六经》工夫多,得效少。"[①]"四书"与"五经"的关系恰似"熟饭"与"禾",作为经典的"四书"更符合简易效用原则,更容易让经典解释与哲学体系建构结合在一起。

朱熹说,治"四书"有内在的结构顺序,"学问须以《大学》为先,次《论语》,次《孟子》,次《中庸》。……某要人先读《大学》,以定其规模;次读《论语》,以立其根本;次读《孟子》,以观其发越;次读《中庸》,以求古人之微妙处"[②]。《大学》之所以为先,是因为书中列出了三纲八条目,以及治学次第,它所言的均是修身治学的纲领。《论语》、《孟子》乃圣人之言,各有侧重,一讲孔子之道,一讲理义大体,"初看亦难",所以要在《大学》之后读。《中庸》之所以为后,是因为此书难度最大,须求圣人微妙而难见的道心。在朱熹看来,"四书"间有着结构划分与内在逻辑,其是领会和把握圣道的必由途径,要以科学的方法对之仔细研读。

经典文本既已确立,那么应秉持怎样的态度对待它们呢?朱熹认为,首先要有"圣书"意识,"圣人之言,即圣人之心;圣人之心,即天下之理"[③],"读书以观圣贤之意;因圣贤之意,以观自然之理"[④],"圣人言语,皆天理自然,本坦易明白在那里。只被人不虚心去看,只管外面捉摸。及看不得,便将自己身上一般意思说出,把做圣人意思"[⑤]。经典是载道之书,圣言、圣心与天理具有同一性;读经典者要以虚心、诚意的态度,揣度圣心;圣言大义清晰明白,读者只要认真钻研,自然可悟得其中内含的"天理"。其次,要摆正读书心态。说到底,"学问,就自家身已上切要处理会方是,那读书底已是第二义"[⑥]。"大凡为学,最切要处在吾身心,其次便是做事,此是的实紧切

① 黎靖德:《朱子语类》卷十九,中华书局 1994 年版,第 428 页。
② 黎靖德:《朱子语类》卷十四,中华书局 1994 年版,第 249 页。
③ 黎靖德:《朱子语类》卷一百二十,中华书局 1994 年版,第 2913 页。
④ 黎靖德:《朱子语类》卷十,中华书局 1994 年版,第 162 页。
⑤ 黎靖德:《朱子语类》卷十一,中华书局 1994 年版,第 179 页。
⑥ 黎靖德:《朱子语类》卷十,中华书局 1994 年版,第 161 页。

处。”[①]读书的目的不止于对文本的理解，而当以身体之、以心验之，将经典之义践行自身。读书要专心，“读书者当将此身葬在此书中”[②]，要虚心，“看文字须是虚心”[③]，要静心，“今且要读书，须先定其心，使之如止水，如明镜”[④]。最后，治学要有次第，“凡读书，先读《语》《孟》，然后观史，则如明鉴在此，而妍丑不可逃”[⑤]。认为先要明确道心之本，随后方可读史。即便研读对象是同一本书，也要“先其近而易知者，字字考验，句句推详，上句了然后及下句，前段了然后及后段，乃能真实该遍，无所不通”[⑥]。由字逐句，由句逐段，以渐近的方式会通文本，把握大义。

朱熹着重指出，要用熟读和循环阅读的方式去理解经典。“熟读”强调要下苦功去钻研，“凡人若读十遍不会，则读二十遍；又不会，则读三十遍至五十遍，必有见到处”[⑦]。阅读量直接关系到读者对文本要义的理解，但只有它是不够的，还需加上“玩味”，“读书之法，先要熟读。须是正看背看，左看右看。看得是了，未可便说道是，更须反复玩味”[⑧]。读者可从反省体验中辨别出文字深层的滋味。“循环阅读”是说：“逐字逐句，一一推穷，逐章反复，通看本章血脉，全篇反复，通看一篇次第，终而复始，莫论遍数。”[⑨]要在经典的整体与部分间来回阅读，找到“个体文本”与“整体文本”之间的有机连接，从而实现“理解的循环”。

从本质上讲，朱熹对于经典的看法代表了一个时代的认同。“五经”的退隐，使得象征古代文明制高点的“周礼”，不再成为学者论经必谈之物。“孔孟”的权威性得以确认，儒家诠释学中以传记为核心的时代来临了。学者们立言不必再称“三代”，通过对“四书”的诠释，建立出一套新的意义解

---

① 黎靖德：《朱子语类》卷一百一十四，中华书局 1994 年版，第 2756 页。
② 黎靖德：《朱子语类》卷一百一十六，中华书局 1994 年版，第 2805 页。
③ 黎靖德：《朱子语类》卷十一，中华书局 1994 年版，第 179 页。
④ 黎靖德：《朱子语类》卷十一，中华书局 1994 年版，第 177 页。
⑤ 黎靖德：《朱子语类》卷十一，中华书局 1994 年版，第 195 页。
⑥ 朱熹著，郭齐、尹波点校：《朱熹集·答林退思补》，四川教育出版社 1996 年版，第 3223 页。
⑦ 黎靖德：《朱子语类》卷十，中华书局 1994 年版，第 168 页。
⑧ 黎靖德：《朱子语类》卷十，中华书局 1994 年版，第 165 页。
⑨ 朱熹：《晦庵先生朱文公文集》卷五十二《答吴伯丰》，载《朱子大全》（二），中华书局 1949 年版。

释系统，找到了儒学抵御、反抗佛道出世主义思想新的突破口。朱熹之所以对“怎样读书”问题下如此大的功夫，是由于他要让人们在“规范性”要素的制约中重新理解经典。在朱熹的视域中，经典是一个充满思想性、逻辑性与体系性的“理”世界，认真的学习态度是掌握经典的入门前提条件。读书的最终目的是识得其中的道理，其相关的客观化技术活动其实也蕴含着主体性的修养操守。如果态度都不端正，何谈认知“天理”并践行于自身呢？

（二）理一分殊的本体诠释

朱熹发展了二程的理一元论，建立了一个完整的客观唯心主义体系。他说：“天地之间，有理有气。理也者，形而上之道也，生物之本也。气也者，形而下之器也，生物之具也。”[①]理在气先，是创造万物的根本。不过，“‘理一分殊。’合天地万物而言，只是一个理；及在人，则又各自有一个理”[②]。对于经典诠释而言，人们要做的就是“格物穷理”、“读书穷理”。此处的“理”既指“文理”——经典的结构、脉络，也指“义理”——经典内在的意义，抑或道德性、价值性的真理。

这里显然涉及了诠释形上学问题。文本诠释的终极指向是什么？朱熹的答案是“天理”。儒家经典中，德目无穷，理亦无穷，但它们的本源只有一个——天理。正是从此基点出发，朱熹将经学与理学熔为一炉，对经典中的概念进行哲学理论的创造与发挥，以“天理”为形上，贯通“道”、“性”的诠释本体论学说。对于问题：“《论语》不如《中庸》？”朱子在《四书章句集注》中答：“只是一理，若看得透，方知无异。《论语》是每日零碎问。譬如大海也是水，一勺也是水。所说千言万语，皆是一理。须是透得，则推之其它，道理皆通。”《论语》、《中庸》无别，“四书”亦无别，它们内含的均是一理，群经参得透，也只是此一理。所以，朱熹在解释“夫子之言性与天道”（《论语·公冶长》）一句时，说：“性者，人所受之天理；天道者，天理自然之本体，其实一

① 朱熹：《晦庵先生朱文公文集》卷五十八《答黄道夫》，载《朱子大全》（三），中华书局 1949 年版。

② 黎靖德：《朱子语类》卷一，中华书局 1994 年版，第 2 页。

理也。”[①]性即理，天道是天理自然之本体，其实也应是理。性、天道、天理三者可相通为一，都是哲学意义的本体；在解释《大学》“明明德”范畴时朱熹说：“明德者，人之所得乎天，而虚灵不昧，以具众理而应万事者也。……盖必其有以尽夫天理之极，而无一毫人欲之私也。”[②]其认为通过自明其明德，推己及人，去人之私，达于至善之地，以尽天理之极。

然而，“天理”虽然固有，但它落实到个别事物上又形成了个别具体的“分理”。朱熹指出，诠释经典同样要详解“分理”。学者要以平实的态度，步步考究，在每一具体事物上求其“分理”，最后才能证成文字中诸多“分理”皆是一个“天理”的表现。结合经典解释，朱熹进一步说：“圣人未尝言理一，多只言分殊。盖能于分殊中事事物物，头头项项，理会得其当然，然后方知理本一贯。不知万殊各有一理，而徒言理一，不知理一在何处。圣人千言万语教人，学者终身从事，只是理会这个。要得事事物物，头头件件，各知其所当然，而得其所当然，只此便是理一矣。”[③]此处的分，强调的是形上学、存有论意义上的“区别”。朱熹所要表达的意思是，如能于分殊的事事物物中，理会其所以然之理，就能知理本一贯，掌握本体之理。反之，不会从分殊的万物入手，只是徒言理一，那么理一就会无根，最终无法求得理一。

可见，理一分殊的本体诠释事实上讲究由个别到一般，由具体到抽象的类推思维方式。求“理一”是一个循序渐进的过程，需逐步积累，一事一物地穷究其理，从感性认识上升到理性认识，“且如《论》《孟》，须从头看，以正文为正，却看诸家说状得正文之意如何。且自平易处作工夫，触类有得，则于难处自见得意思”[④]。诠释经典要以正文为正，以诸家注疏为参考，注疏须符合正文之见，文本注解，从易到难，不断积累，以至贯通，并触有得，从已知推未知，在渐进积累的基础上，得到对天理透彻的把握。

朱熹还发明了“格物致知”的天理获得方法，“所谓致知在格物者，言欲致吾之知，在即物而穷其理也，盖人心之灵莫不有知，而天下之物莫不有理。

① 朱熹：《四书章句集注·论语集注》，中华书局 1983 年版，第 79 页。
② 朱熹：《四书章句集注·大学章句》，中华书局 1983 年版，第 3 页。
③ 黎靖德：《朱子语类》卷二十七，中华书局 1994 年版，第 677—678 页。
④ 黎靖德：《朱子语类》卷一百一十七，中华书局 1994 年版，第 2807 页。

惟于理有未穷，故其知有不尽也。是以大学始教，必使学者即凡天下之物，莫不因其已知之理而益穷之，以求至乎其极。至于用力之久，而一旦豁然贯通焉，则众物之表里精粗无不到，而吾心之全体大用无不明矣。此谓物格，此谓知之至也”（《大学》）。格物到了极致，便是达到“理一”。但学者必须“即物而穷其理”，物不可省，格物是通往致知的唯一路途。不经“格物”，人们便无法掌握“一理”存于“万殊”中，事物存在的最终根据在于“理”——“理一分殊”的真理性内涵精神。解读经典的目的，其实就是为了“致知”，明白万物一本为道之体，一本万殊为道之用的体味。

显然，“以理为体，以万物为用，理本体作为万物存在的根据，存在于分殊的万物之中，万物即是本体之理的体现”①，这些道理的明确是朱熹经典诠释学核心要义的指向。

（三）文本诠释原则与标准

朱熹认为，要以经典的原文和原义为文本诠释活动的出发点与依据。他说：“读书大抵只就事上理会，看他语意如何，不必过为深昧之说，却失圣贤本意。”（《朱子全书》）“读书且要虚心平气，随他文义体当，不可先立己意，作势硬说，只成杜撰，不见圣贤本意也。”（《朱子全书》）“惟本文本意是求，则圣贤之指得矣。”（《朱子全书》）解经者必须摆正自己与文本间的关系，不可舍本义而发明义理，不可超越于经文之上另立新说，穿凿附会。朱熹进一步强调：“大抵某之解经，只是顺圣贤语意，看其血脉通贯处为之解释，不敢自以己意说道理也。”②解经要从推究原文字义入手求其本义，不可以注文妨碍对经书本文的理解，对他人解经成果的取舍应以其是否符合原文本义为标准，“每常解文字，诸先生有多少好说话，有时不敢载者，盖他本文未有这般意思在”③。

朱熹注意到，许多流传下的经典由于年代久远，古今语言表达方式不同，产生了诸多后人难解之处，后人必须以今人易读的语言去解释古代难读

① 蔡方鹿：《朱熹经学与中国经学》，人民出版社2004年版，第533页。
② 黎靖德：《朱子语类》卷五十二，中华书局1994年版，第1249页。
③ 黎靖德：《朱子语类》卷一百五，中华书局1994年版，第2626页。

的文本。于是，他发明了“以易解难”的诠释原则，“解经当取易晓底句语解难晓底句，不当反取难晓底解易晓者”[①]。经典诠释的目的是为了“易读”，绝不可“以难解易”，“解经谓之解者，只要解释出来。将圣贤之语解开了，庶易读”[②]。要在明确解经以还原文本原义为前提的基础上，以明白易懂的语言将古代圣贤难读之语解析明白。具体的做法包括四个方面。一要“循序而有常”，“致一而不懈”。要下定决心，不懈努力，循序渐进，对文本下足功夫，由“量变”促“质变”。二要“从容乎句读文义之间”、“体验乎操存践履之实”，将文本要义付诸实践，在实践中反思“真理”。三要“通一书而后及一书”，由易到难。四要“从文字上做工夫”，解经不以传注为依据，应通过语言解释切实理解原义。

朱熹指出，在通明本义后，解经者接下来要以“义理”为标准诠释经典。“义理”是圣人思想的精华，诠释经典的目的即是为了领悟圣道，深造而自得之，“《论》、《孟》之书，学者所以求道之至要”（《朱子全书》）。但是，“大抵圣贤之言，多是略发个萌芽，更在后人推究，演而伸，触而长，然亦须得圣贤本意。不得其意，则从那处推得出来？”[③]故发明义理是每一个解经者必须完成的任务。人们要在弄清经文原义的基础上，进一步去推究文本中的义理，以义理解读圣人经典，并将经典与义理的时代精神联系起来。举例来说，《中庸》“天命之谓性，率性之谓道，修道之谓教”一句，朱注：“命，犹令也。性，即理也。天以阴阳五行化生万物，气以成形，而理亦赋焉，犹命令也。于是人物之生，因各得其所赋之理，以为健顺五常之德，所谓性也。率，循也。道，犹路也。人物各循其性之自然，则其日用事物之间，莫不各有当行之路，是则所谓道也。……盖人之所以为人，道之所以为道，圣人之所以为教，原其所自，无一不本于天而备于我。”[④]显然，通过解说命、性、道等概念范畴，朱熹将《中庸》主旨与天理原则联系在了一起，突出了理学的时代特色。又如，《论语·宪问》“不怨天，不尤人，下学而上达，知我者，其天乎”一

① 黎靖德：《朱子语类》卷四十七，中华书局 1994 年版，第 1176 页。
② 黎靖德：《朱子语类》卷十一，中华书局 1994 年版，第 193 页。
③ 黎靖德：《朱子语类》卷六十二，中华书局 1994 年版，第 1512 页。
④ 朱熹：《四书章句集注·中庸章句》，中华书局 1983 年版，第 17 页。

句,朱注:“下学只是事,上达便是理。下学、上达,只要于事物上见理,使邪正是非各有其辨。若非仔细省察,则所谓理者,何从而见之。”[①]“下学”没有特定的范围,人们需钻研具体的事物,“上达”则指“上达天理”。这样“理”的作用便被突出出来了。

朱熹还说,要以义理作为判断是非的标准来解释经书,“凡读书,先须晓得他底言词了,然后看其说于理当否。当于理则是,背于理则非”[②]。解经不可先设立“自家意识”,那样只能让经典诠释变得穿凿附会。要以“义理”为标准诠释经文,凡合理的便为是,不合理的就是非。当然,义理与经文本义相结合也是必须的。脱离了文本的义理,即使讲得再好,也难以令人信服。而把自己的意思强置于经文之中的做法,只能够损害经典的完整性与权威性,也是万万不可取的。

(四)经典诠释方法论

在具体的经文诠释中,朱熹主要遵循了语言解释和唤醒体验两条路线。他说:“学问,就自家身己上切要处理会方是,那读书底已是第二义。自家身上道理都具,不曾外面添得来。然圣人教人,须要读这书时,盖为自家虽有这道理,须是经历过,方得。圣人说底,是他曾经历过来。……大抵学者读书,务要穷究。‘道问学’是大事。要识得道理去做人。大凡看书,要看了又看,逐段、逐句、逐字理会,仍参诸解、传,说教通透,使道理与自家心相肯,方得。”[③]在其看来,解读文本时如果没有语言文献方面的学术探讨,那么会使探究道理、研讨学问变得没有根基。同时,若没有诠释者体验活动的出现,那么解经也就不可能与真正体认义理、探明学问相联系,“若不从文字上做工夫,又茫然不知下手处;若是字字而求,句句而论,不于身心上著切体认,则又无所益”[④]。

对于儒家原典,朱熹主张要通过语言解释对之进行全面、深入、透彻的

① 黎靖德:《朱子语类》卷四十四,中华书局1994年版,第1140页。
② 黎靖德:《朱子语类》卷十一,中华书局1994年版,第185页
③ 黎靖德:《朱子语类》卷十,中华书局1994年版,第161—162页。
④ 黎靖德:《朱子语类》卷十九,中华书局1994年版,第435页。

理解。具体来说，首先，立足特定语境，联通相关语境，“剖析名义”。经典中的词语常以单音字为主体，一词多义，一义常常浑融。因此，准确无误地揭示重要词语概念的内涵与外延，就显得十分重要了。朱熹认为，解释词语既要细致，使之意思清晰明了，又要通达，不可拘泥于一字；既要各随文本，立足具体语境，又要触类旁通。只有如此，才可能消除语言障碍，使读者与文本双方互通“视界”。所谓“看经传有不可晓处，且要旁通。待其浃洽，则当触类而可通矣。……凡读书，须看上下文意是如何，不可泥著一字”[1]。其次，沿着经典中的“文势语脉”，“逐层推捱”。“文势语脉”是包括了经典中词义、句意、逻辑结构在内的各种要素组合而形成的一种语意自然流注[2]。它是经典作者不经意间流露出来的理念和情感线索。朱熹说，对它的把握需要“自下而上”，认为应“字求其训，句索其旨，未得乎前，则不敢求其后”，又需要“自上而下”，“先见得大纲道理了，然后详究节目”[3]。这样从语言文字做起，逐层探明，上下互动，有机结合。最后，略释文义名物，引导学者自求。其认为要明确，语言解释只是一个“引子”，不可执着于语言，而忽略文中义理。在消除了语言障碍后，读者一定要回到探寻天理的道路上，体验圣人之道。

实际上，这样的诠释态度可归结为“学者必因先达之言以求圣人之意，因圣人之意以达天地之理”（《朱子全书》）一句，即先通过音韵、句读、训诂等方法追求经文本义，忠于经典、忠于历史，进而实现对经典文献的历史还原，再以“圣人之意”推导具有鲜明时代性的“天地之理”。朱熹竭力避免主体“成见”对于经典诠释的影响，认为那只能让学术“空疏”而变为“流弊”。“圣人之意”只存于文本中，所以解经需“本之注疏，以通其训诂；参之《释文》，以正其音读，然后会之于诸老先生之说，以发其精微。一句之义，系之本句之下；一章之指，列之本章之左。又以平生所闻于师友而得于心思者，间附见一二条焉。本末精粗，大小详略，无或敢偏废也”（《朱子全书》）。

---

① 黎靖德：《朱子语类》卷十一，中华书局 1994 年版，第 190—192 页。

② 参见周光庆：《中国古典解释学导论》，中华书局 2002 年版，第 425 页。

③ 黎靖德：《朱子语类》卷一百一十八，中华书局 1994 年版，第 2835 页。

对于经典之大义的挖掘，朱熹主张通过“以心比心”、“以意逆志”等方法进行唤醒体验。他说：“读书，不可只专就纸上求理义，须反来就自家身上推究。秦汉以后无人说到此，亦只是一向去书册上求，不就自家身上理会。自家见未到，圣人先说在那里。自家只借他言语来就身上推究，始得。”①理解经典需在章句训诂之外，加入文本要义与生活实践的统一。首先，解经者要着力去除诠释者与经典文本、历史性和时代性、概念性和现实性之间的矛盾，让它们彼此融通。要以诠释主体的生活经验与自我体证“体验”出经典中的义理。领悟经典，不是简单地被动接受，而是一种同古圣贤间跨时空的对话交流。当解经者与经典文本间真正实现对话时，那种因时间间隔久远而产生的时间障碍便会被彻底破除，诠释者与经典作者间会达成一种“浃洽于心”的境界。读者现实的情境、经验自然会与文本的历史情境、经验相重合。至此，诠释者方可真正学会“就自家身上讨道理”，通过阅读“唤醒”自身本已存在的“天理”。其次，解经者要学会统一自身的知、情、意等精神活动。“问存心。曰：‘存心不在纸上写底，且体认自家心是何物。圣贤说得极分晓。孟子恐后人不识，又说四端，于此尤好玩索。’”②“心”在诠释活动中起到体验、验证经典义理的关键作用。“心者，一身之主宰；意者，心之所发；情者，心之所动；志者，心之所之，比于情、意尤重；气者，即吾之血气而充乎体者也。”③主体在对经典的体验、实践中需要调动“心”的全部力量，去认知、践行圣言之大道，“圣贤千言万语，无非只说此事。须是策励此心，勇猛奋发，拔出心肝与他去做！”④最后，解经者要学会正确处理主客体活动的“共融”问题。与语言解释不同，唤醒体验是一种主客一体的客观活动。它强调主体体悟与真理的“共融”，思想中认知的“道”与实际生活中的“道”“共融”，“善在那里，自家却去行他。行之久，则与自家为一；为一，则得之在我。未能行，善自善，我自我”⑤。只有将经典中的义理付诸生活实践，方

① 黎靖德：《朱子语类》卷十一，中华书局 1994 年版，第 181 页。
② 黎靖德：《朱子语类》卷十二，中华书局 1994 年版，第 204 页。
③ 黎靖德：《朱子语类》卷五，中华书局 1994 年版，第 96 页。
④ 黎靖德：《朱子语类》卷八，中华书局 1994 年版，第 137 页。
⑤ 黎靖德：《朱子语类》卷十三，中华书局 1994 年版，第 222 页。

能真正实现体认之道与文本内含义理及现实生活中“天理”的融通。正所谓“圣门日用工夫,甚觉浅近。然推之理,无有不包,无有不贯,及其充广,可与天地同其广大。故为圣,为贤,位天地,育万物,只此一理而已”[①]。

(五)朱熹理学经典诠释学的特点与影响

总结朱熹理学经典诠释学的特点主要包括以下几个方面。

第一,义理阐发与章句训诂并举。朱熹解经在重视义理阐发的同时不忘强调章句训诂方法的重要性。在他对“四书”等经典的诠释中,努力将二者加以结合、统一,从而使自己在治学上汇通经学理学而冶为一炉[②],具有较强的兼容性。在经学发展史上,汉学章句训诂流行日久弊生,宋代儒家纷纷起身纠弊,大讲义理之学,结果却矫枉过正,全凭己意解经,常有穿凿附会现象发生。朱熹敏锐地发现了宋学的弊病,力主汉宋兼采,明确以传注解经,引导宋代经学向着新的方向发展。

第二,经典诠释与哲学体系建构相通。朱熹在文本诠释中,常常刻意地将文字含义与以天理论为中心的理本论哲学思想达成联系,努力以哲学的理解诠释经典。他将“一理”预设为诠释的目标,其形上学特质随处可见。朱熹还通过对《孟子》、《中庸》等注解与论述,丰富完善中国心性哲学的理论体系,在诠释中不断强化主体意识与主体思维,并提出了著名的“心统性情”论,使之富于哲学思辨性。朱熹还发明了自己的“格物致知”知行理念,让经典诠释上升至哲学认识论层面。其结果是,朱熹以注经的方式极大地推动了中国传统哲学的发展。

第三,运用逻辑思辨,讲究方式、方法。朱熹诠释经典十分注意逻辑分析方法的应用。虽然他也一再强调“唤醒”,提倡依靠自身生命切己体验的“直觉”方法,但不可否认的是,许多逻辑学的要义元素已融入其解经方法之中。如对于“理”,朱熹在诠释中就区分出“所以然”与“所当然”之理,“自然”与“本然”之理,生理以及“必然之理”等。其分层理论的意蕴,不言而喻。又如,他在诠释《孟子》时将“心”划分为体、用两个层面,以体用关系分

---

① 黎靖德:《朱子语类》卷八,中华书局1994年版,第130页。

② 参见钱穆:《朱子新学案》中册,巴蜀书社1986年版。

析文中之“心”,将经典文本的意义彻底“理学化”等。

第四,力辟佛说却又吸收、引入释家思想。面对佛学对儒学有的侵害,朱熹曾感叹:“天下有些英雄人,都被释氏引将去,甚害事!”①因而,朱熹特别注意当时学者经佛学向儒学渗透的做法。如他将张九成《中庸解》、吕本中《大学解》与苏轼《易解》、苏辙《老子解》一道视为以佛老说儒的“杂学”进行批驳。②“辟佛”亦成为朱熹解经思想的一条主线。然而,朱熹在对佛学批判的同时,又会有意地改造、吸收其学说中有益的理论思想。如“万理归于一理”思想、“人性皆善,气禀不齐”之说等,皆源自佛学理论。不过,朱熹有一原则,即对佛学的吸收、利用决不涉及道德伦常观念方面的内容。朱熹真正做的是,让儒学吸收、利用佛学,使之成为自身最终战胜佛学的工具。

毫无疑问,朱熹理学经典诠释学的建构对于中国经学史来说具有里程碑的意义。它的影响在于,首先,奠定了“四书”在儒学经典中的地位。朱熹著出理学经典诠释学名著《四书章句集注》,超子入经,彻底改变了经学中经典的结构,使“四书”成为中国封建社会中后期思想界的最高经典。他首创“四书学”之说,强调治经应以“四书”义理为主,其重要性在“六经”训诂之上,并将“四书”在治学次第上进行排序,建立起完整的“四书”体系论,最终在内容与形式上,逐步改变了经学发展的方向。其次,开辟出经典诠释学新的研究范式。其“理一分殊”的诠释本体论及兼采汉宋的诠释方法论,直接确定了日后经学发展之“正统”路径。朱熹以天理的形上学致思缓解了传统经学因缺少终极指向而备受释道学说“欺凌”的窘迫,又通过融会义理与训诂,让时代所流行的“宋学”去除了流弊。从他之后,解经时训诂→通经→求理的研究范式,逐渐成为元明清三代经学方法发展之“正宗”。再次,以对经典的“哲理化”诠释,提升了儒学的哲学思辨水平。朱熹以治经的形式,重点论述了儒学中“理”、“道”、“性”、“太极”等范畴与命题,全面系统地梳理出中国传统哲学概念的本体论内涵与外延,提高了儒学自身的理论深度。他借鉴佛教哲学心性论思想,在疏解先秦经典时拓展了孔、孟心性哲学思想,

① 黎靖德:《朱子语类》卷一百三十二,中华书局1994年版,第3183页。

② 参见朱汉民、肖永明:《宋代〈四书〉学与理学》,中华书局2009年版,第244页。

清晰地论证了“心即理”、“性即理”等命题，将儒家的伦理道德推至宇宙本体的高度。其“格物致知”思想的发明，以哲学思维的高度，让人们明确了认识论需内外结合的道理，使得知与行工夫的重要意义不断强化。最后，间接地影响了其后中国政治哲学的发展趋势。从道统论的角度看，朱熹的理学经典诠释学建构引发出统治阶层“天理治国论”与由“道统”转至“政统”的新的治国理念。从历史事实上看，元明清的统治者们纷纷致力于将内在于人心的天理，贯彻到外在的政治事务中去。他们将朱熹经学确定为“官学”，让儒者传道与王者统道紧紧联系在一起，道、学、政有机统一，实现了学术与政治真正连接。随着道统与封建专制主义的相互作用日益加深，讲究内圣的道统与重视外王的政统的承接关系，更为明确地成为中国政治哲学国家治理的基本原则。

四、儒家“以心释经”方法的确立与变迁

“以心释经”方法是儒家“以本心为学”思想在经典诠释中的具体应用，它强调“心”的解释形上学作用，注重“内向以求”的文本解读路途，高扬“以心传心”、“明心见性”、“以心体悟”的方法论致思，是儒家经典诠释范式的重要构成之一。从中国诠释学史视角观之，儒家“以心释经”方法的发展具有“过程性”、“起伏性”，其间经历了确立、停滞、鼎盛、式微与复兴等多个阶段。而其中，孟子、陆象山和王阳明是三个最为关键的奠基者与推动者，从他们对儒学典籍的注释与理解中，可以充分理解“以心释经”方法的内涵与特质。

（一）孟子“以意逆志”说与“以心释经”方法的产生

在孟子生活的时代，对于心性与人性的关注成为先秦儒家普遍思考的问题。根据体悟，孟子提出“人性善”论。他认为，“善”先验地存在于每一个体中，具体表现为“人皆有不忍人之心”（《孟子·公孙丑上》）。以此为基础可推出人有“四端”：“恻隐之心，仁之端也。羞恶之心，义之端也。辞让之心，礼之端也。是非之心，智之端也。人之有是四端也，犹其有四体也。”（《孟子·公孙丑上》）“四端”也是“四心”，“恻隐之心，仁也；羞恶之心，义

也;恭敬之心,礼也;是非之心,智也"(《孟子·告子上》)。心具有道德属性,内蕴善的萌芽,是个体一切价值观念和礼义规范的源泉,"仁、义、礼、智,非外铄我也,我固有之也"(《孟子·告子上》)。"心"是主体认识与行为的根据,"尽其心者,知其性也。知其性,则知天矣。存其心,养其性,所以事天也"(《孟子·尽心上》),人们对于外部世界与内在世界的理解都离不开"尽心",它并非一个外求的过程。

经过孟子的论述,"心"成为具有形上学性质的"本体",表现出内在性、超越性、绝对性及普遍性等特质。不过孟子也说,当"心"作为人的功能属性存在时,其也兼有形下特征——产生思维的作用和功能。通过对"心"的形上、形下双重属性的讨论,孟子逐步建构出一套道德哲学体系,"心"范畴随之成为"孟学"的中心话题。当孟子将自己对"心"的认知应用于对经典的解读时,"以意逆志"的诠释方法生成了。

"以意逆志"命题最早记载于《孟子·万章上》:"咸丘蒙曰:'舜之不臣尧,则吾既得闻命矣。《诗》云:普天之下,莫非王土;率土之滨,莫非王臣。而舜既为天子矣,敢问瞽瞍之非臣,如何?'曰:'是诗也,非是之谓也。劳于王事,而不得养父母也。'曰:'此莫非王事,我独贤劳也。'故说《诗》者,不以文害辞,不以辞害志。以意逆志,是为得之。如以辞而已矣,《云汉》之诗曰:'周余黎民,靡有孑遗。'信斯言也,是周无遗民也。"显然,"以意逆志"方法的提出主要针对咸丘蒙"断章取义"的诠释"谬误"。"此莫非王事,我独贤劳也"一句本出自《小雅·北山》一诗,相应的还有"大夫不均,我从事独贤",反映了作者对于社会中诸多不平等现象的抱怨。而咸丘蒙却不顾上下文衔接,孤立地提出该诗中的一句话,从王权的"普遍性"质疑瞽瞍之不以臣事舜。这样的做法其实是将经典割裂为片段,在不考虑诗人"心志"的情况下,武断地以文字的表面意义曲解其内在意义,结果只能"以辞害志",相应的文本解读自然也不会准确了。

孟子主张对经典的诠释必须立足语境,通观经文的整体意义,解经不应拘泥于文辞,诠释者需以自己的体认推知作者的原意,即以解释者之"意"逆经典作者之"志"。所谓的"意",特指诠释者自我的心意,是一种"先见"的意,是“逆志”的主观条件与活动起点,不同的解释者具有不同的“意”,所以其“逆志”的方式与效果也随之不同。所谓的“志”,特指作者的“心志”,其蕴含于经典的“辞”与“文”之中,有待于解释者的体悟与感知。也可以这样认为,“辞”与“文”是外在的语言,而“志”是内在的思想。孟子所言的“不以辞害志”意思就是不要拘泥于经典的言词义来理解作者的创作意图,要懂得语言的多义性,同一概念可能有多种含义,同一句话在不同的情境中运用可以具有不同的意义,作者的思想有时也会以隐喻的方式表达等。所谓的“逆”,特指“追溯”与“推测”,它强调通过主动性的融会贯通消除解释者与作者之间的心理距离与时代隔阂。“逆”意味着对经典的解读不仅要求解释者与作者之间达成心灵的接触,更在于前者需以“揣度”的方式在较深层次上探寻后者之“志”。概要地说,“以意逆志”预设了解释者与经典之间存在某种“互为主体性”关系:只有经过解释者“己意”的观照,文本中的作者之志方能得以彰显;经典也非是一个与解释者无关的客观实在,“志”可以超越时空进入读经者的精神世界之中,它的揭示有赖于解释者的主观推测。“以意逆志”要求人们不能以文本中只言片语的意义替代对经典整体意义的理解,不要因文字的表面意义妨碍自己对作者创作意图的领悟,要以体验测度的方法理解文本、理解作者以达到对经典本义的把握。

为了让“以意逆志”不成为一种“臆断”,孟子又提出“同类相似”、“人情不远”等命题。他说:“口之于味也有同耆焉,耳之于声也有同听焉,目之于色也有同美焉。至于心,独无所同然乎? 心之所同然者,何也? 谓理也义也。圣人先得我心之所同然耳。”(《孟子·告子上》)圣人与凡人、古人与今人实际上均具有心理同构性,而“心之所同然”的存在使得解释者对于作者原意的推测变得有效。“同然”源于表现为一般规律的“理义”,它为“以心揆心”提供了客观依据。

赵岐曾言:“意,学者之心意也。……以己之意逆诗人之志,是为得其实也。”[①]朱熹也讲:“‘以意逆志’,此句最好。逆是前去追迎之之意,盖是将自

---

① 赵岐:《孟子注疏》卷九上,上海古籍出版社 1990 年版,第 164 页。

家意思去前面等候诗人之志来。”[①]也就是说，“以意逆志”的理路其实就是“以心求心”，实为一种“以心释经”的方法。孟子曰：“仁，人心也。义，人路也。舍其路而弗由，放其心而不知求，哀哉！人有鸡犬放，则知求之；有放心，而不知求。学问之道无他，求其放心而已矣。”（《孟子·告子上》）在他看来，经典诠释之类的学问，实际上皆出自“心”的立场，是在人生实践中寻求“本心”的过程。“心”是学问的对象与目标，无论是解释者的“意”，还是作者的“志”，都是主体“心”的呈现形式。“尽其心者，知其性也。知其性，则知天矣”（《孟子·尽心上》），只有在本体论的高度理解“心”的本源性，才能真正体悟“以意逆志”的深层意蕴：解释者要以自己之“心”，透过文辞的表面，探究作者本心之志。孟子说，获得“志”的关键在于“自得”，“君子深造之以道，欲其自得之也”（《孟子·离娄上》）。“得”的终极目标是开启“仁义之心”，其要以“思”为工具，“心之官则思，思则得之，不思则不得也”（《孟子·告子上》）。简单地说，“以意逆志”的完整路径是：意→思→志→得。它最终要完成的任务是，主体对道德本心的“自觉”。这也是为什么孟子提出“尽信书不如无书”命题的要旨所在，其所谓“不以文害辞、不以辞害志”的说法也是一样的道理：“得志”乃是“求心”。

“以意逆志”可称得上是儒家“以心释经”的开山纲领。它以道德哲学为根基，以“求心”为目的，以“心性论”作为理解与诠释活动的依据，沟通了“尽心”以“知性”、“知天”与“知言”以“逆志”的内在联系，既强调了经典文本中“文”、“辞”等客观要素的结构组成，又突显了诠释主体的“意”、“志”的相互作用。它第一次在儒家经典诠释中无限放大“心”的作用，赋予“心”以解释形上学和具体诠释方法的双重意蕴。它开启了儒家学者理解经典新的思路，确立了儒家新的文本诠释原则与方法。

（二）陆象山心学诠释学中“以心释经”方法的运用

先秦过后，儒家“心学”的发展进入到一个“艰难”阶段：两汉神学的出现，魏晋玄学的诞生，隋唐佛学的大兴，让经学的发展逐渐陷入停滞，“以心

① 黎靖德：《朱子语类》卷五十八，中华书局1986年版，第1359页。

释经”的思维方式、分析方法及思想内容亦无法得到进一步的发扬。到了宋代，人们开始对儒家经学“不兴”进行反思，认为“六经之旨郁而不章也久矣”的原因是，后儒的注释章句不仅不能揭示儒学的精义妙理，反而常常“俾我六经之旨益乱”(《孙名复小集》)。其弊病是，拘泥于师法、家法，偏重于训诂考据，不能“以意逆志”，揭示义理。为了改变佛老之说主导“大道精微之理”的局面，宋儒们创造出“理学”，并发明出“善疑→心解→自得”的经典诠释新思路，为“以心释经”方法生命活力的焕发奠定了基础。

南宋的陆象山是此时推动儒家心学解经学说进步的首要人物。他以求“本心”为最高释经原则，认为圣人之心比经典更为重要，文字训诂仅是理解的初级阶段，解释者以心灵体察的方法领悟经典创作者的意图、了解圣人之心才是经典诠释最重要的目的。在其看来，读书就是“沉涵熟复，切己致思”①的过程，即要结合孟子“以意逆志”和佛家“心解”传统，通过心灵的碰撞，将诠释者与作者的心境相融，通过所谓的“不以辞害意”，力争超越文本“言”、“辞”的表象，获得圣人之心的原始用意和终极意义。概言之，其就是要“发明本心”。

何谓“本心”？陆象山认为“本心”是人心未受感性经验浸染时的本然存在，以“四端”、“四德”为内容而纯然至善，“问：‘如何是本心？’先生曰：‘恻隐，仁之端也，羞恶，义之端也，辞让，礼之端也，是非，智之端也。此即是本心’”②。从本质上讲，“本心”是具有统一性和普遍性的义理之心，其内涵非是认识论意义上的经验主体，而是价值论意义上的主体。它表示的是“一般”，不是“个别”。它不受时空局限，对于所有的人来说，心同理同，“心只是一个心，某之心，吾友之心，上而千百载圣贤之心，下而千百载复有一圣贤，其心亦只如此。心之体甚大，若能尽我之心，便与天同。为学只是理会此”③。人人皆有本心，但只有圣贤才能“发明本心”，一般人必须向圣贤学习，通过“做工夫”方可发明本心。要明确，经典只不过是“本心”的记载，读

① 陆九渊：《陆九渊集》卷三十四《语录上》，中华书局1980年版，第407页。
② 陆九渊：《陆九渊集》卷三十六《年谱》，中华书局1980年版，第487页。
③ 陆九渊：《陆九渊集》卷三十五《语录下》，中华书局1980年版，第444页。

者的任务即是发明其心；读书须知本，“本”即是圣人之心；知其本，掌握了圣人之心，经典则不必详细剖析了。但“今之学者读书，只是解字，更不求血脉”，这样的做法是不能内求于心的。“本心”原本“纯净”，但它会受外物的遮掩与利欲的侵害。人的欲望的多与少，与其所存的本心多与少直接相关。所以，经典诠释的另一个重要作用产生了——让人们通过对经典的研习掌握圣人之心、圣人之道，学会“养心”，以净化己心，破除各种欲念，从而达到保持“本心”的目的。

对于如何以解经来“发明本心”的具体方法，陆象山的设计是，从求心入手，以心解经。

首先，以“六经注我”为经典诠释定向。陆象山指出，“发明本心”实质是一种对义理的自我反省、自我认识和自我完成的过程，若想真正地“发明”，个体需要从三个方面进行修养：一是“易简工夫”，“圣人教人，只是就人日用处开端”[①]，存养、发现“本心”；二是“剥落工夫”，要解除“心蔽”；三是“优游读书”，用读书的方式陶冶性情、涵养道德。其中的读书环节至关重要，“此心之良，本非外铄……圣贤垂训，师友切磋，但助鞭策耳”[②]。既然读书，尤其是读经典的目的是以明理、立心，完善个体品德，那么圣人的典籍就应成为吾心的注脚，由之所做出的“学问”也要为增进读者的道德性善做出贡献。陆象山认为，经典的核心精神是崇善好德，学习经典的关键是要通过研读文本，成就完美的人性，实现生命的目的。这就要求个人以经典为媒介，发明本心，使自己人格完美，成为一个活生生的圣人，成就人生的“大学问”。与之相比，解经注疏式文字理解，只能称为“小学问”，不值一提。

依陆象山的说法，坚持“六经注我”必须有怀疑的精神，“学问之初，切磋之次，必有自疑之兆；及其至也，必有自克之实，此古人物格、知至之功也。己实未能自克而不以自疑，方凭之以决是非，定可否，纵其标末如子贡之屡中，适重夫子之忧耳，况又未能也。物则所在，非达天德，未易轻言也”[③]。

① 陆九渊：《陆九渊集》卷三十五《语录下》，中华书局 1980 年版，第 432 页。
② 陆九渊：《陆九渊集》卷五《与舒元宾书》，中华书局 1980 年版，第 66 页。
③ 陆九渊：《陆九渊集》卷一《与胡季随书》，中华书局 1980 年版，第 8—9 页。

为学的目的是为明人本心,本心与天理是一体的,只有自己领悟才是真正的得到。如果因循旧说,自己不思考,没有创造性,那么解经也就不是一种生命实践了。"学者之不能知至久矣!非其志其识能度越千有五百余年间名世之士,则《诗》《书》《易》《春秋》《论语》《孟子》《中庸》《大学》之篇正为陆沉"①,必须有人超越孟子之后的一千五百余年,以"己心"接续圣人之心,不去理会已有之"成见",以"六经注我"的形式解读"六经",这样经典方才不会"陆沉"。

同时,坚持"六经注我"需实现"知行统一"。陆象山特别强调主观能动性的作用,认为"宇宙便是吾心,吾心即是宇宙"②,所以解经要"收拾精神,自作主宰。万物皆备于我,有何欠阙"③。天理是一种先验的存在,解经就是要通过"存心"、"养心"、"求放心"的过程,让读者之心与圣人之心合一,让个体的心性合一,即由本心出发,达到人伦日用之间,从而扩大"心",并外化之。这实际上说的是认识与实践的统一问题。解经不须烦琐考辨,应直截了当,直指本心。六经注我,而非我注六经,其价值在于将人的先赋之心凌驾于六经之上,彰显了由内心到外行的道德实践意义。发明出的本心,必须向外推广至实践。知、行二种要素必须兼备,否则"六经注我"的经典诠释也就毫无用处了。

此外,坚持"六经注我"还要做到学会从"圣贤之意"中挖掘"道"、"理"。陆象山说,经典诠释的对象有二,一是文本,二是宇宙万物。解释自然要弄清文本含义和作者原意,不过体悟出圣贤对宇宙天地万物之"道"、"理"认知更为重要。而这样的体悟,很大程度上是需要通过文本之外的途径来明晰的。之所以要"六经注我",就是要扩大自己的视域,以理解宇宙天地万物的情怀感悟经典,因为"道"、"理"普遍存在于宇宙天地万物之中,文本之中的"道"、"理",不过是古之圣贤体悟到的"道"、"理"。经典诠释,就是要追寻圣贤原意,并以之为通道去把握宇宙天地万物之"道"、"理",而这

① 陆九渊:《陆九渊集》卷十四《与侄孙浚书》,中华书局1980年版,第190页。
② 陆九渊:《陆九渊集》卷二十二《杂著》,中华书局1980年版,第273页。
③ 陆九渊:《陆九渊集》卷三十五《语录下》,中华书局1980年版,第455—456页。

才是诠释的终极性和根本性目标。

其次，以“心即理”为诠释根据。陆象山认为：“宇宙便是吾心，吾心即是宇宙”[①]，“塞宇宙一理耳，学者之所以学，欲明此理耳”[②]，“道未有外乎其心者”[③]，心与宇宙等同，是无限的；理充塞了宇宙；道不离人心。故“道”、“理”、“心”之间具有等同性，所谓“心即理”。因为“心理相同”，所以发明了“本心”，也就是达到了“穷理”的目的。在此基础上，陆象山进一步指出：“为学有本末先后，其进有序”[④]，即先明“本心”之善，后立“弘道”之志向，最终通过“养心”而“寡欲”。

善良的“本心”是“为学”与“行道”的根基和立足点。经典中许多深奥的语言之所以不被读者把握，其原因在于读者不明其本，一旦明确“良心善性”乃是“为学”、“进德”之本，乃是“悟道”、“弘道”之本，那么蕴藏于文本中的“理”，自然也就易于展现在世人面前了。“《大学》言明明德之序，先于致知；《孟子》言诚身之道，在于明善”[⑤]，所以“尊德性”一定是“道问学”的根基和前提。明确“本心”之善性后，下一步即是“立志”，“道非难知，亦非难行，患人无志耳”[⑥]。“立志”是明白“道理”的必要条件，不确立正确的志向，不能够“志乎道”，那么“为学”必将迷失方向。所谓“养心”，也理解成为“存心”，就是要保存和养护“本心”之善性。如果不养“本心”，“本心”便可能变易，“理”也随之不明。“去吾心之害”的关键是去除“多欲”，不让“物欲”遮掩“本心”。

当然，“发明本心”还要经历一个“格物”、“格心”的“外求”过程。虽然“理乃天下之公理，心乃天下之同心”[⑦]，但这只说明二者之间具有本源意义上的潜在同一性，要让其转化为现实，“读书格物”是一个不可缺少的环节。

---

① 陆九渊：《陆九渊集》卷二十二《杂著》，中华书局 1980 年版，第 273 页。
② 陆九渊：《陆九渊集》卷十二《与赵咏道书》，中华书局 1980 年版，第 161 页。
③ 陆九渊：《陆九渊集》卷十九《敬斋记》，中华书局 1980 年版，第 228 页。
④ 陆九渊：《陆九渊集》卷七《与詹子南书》，中华书局 1980 年版，第 96 页。
⑤ 陆九渊：《陆九渊集》卷一《与胡季随书》，中华书局 1980 年版，第 7 页。
⑥ 陆九渊：《陆九渊集》卷一《与侄孙浚书》，中华书局 1980 年版，第 12 页。
⑦ 陆九渊：《陆九渊集》卷十五《与唐司法书》，中华书局 1980 年版，第 196 页。

“天下有不易之理，是理有不穷之变。……被之载籍，著为典训”[①]，经典是理与圣贤之心的记载，研读经典可以明理、求放心，复原心之本真。因为“心即理”，所以读经就是寻理明心，可操作转化为由“格物”而“格心”。“格物”是一个“外求”的过程。但它并不是对经典中文字做一物一事的“穷格”，而是在理解的基础上，体认“心”中已有之“理”，一切格物的经验知识活动最终还是要归结为向内的“格心”。这也决定了，读书不能只是“观”，而必须“思”。

最后，需克服“理解之弊”。由于要“发明本心”，因而“己意”会成为理解经典的核心，可如何能保证如此诠释的合理性及有效性呢？陆象山的解答是，因古今之人有共同的心理结构，故诠释者可以将自己与作者的思境合一，根据推想明白其中之理。但需区分“吾意”与“私意”一对范畴。“吾意”虽属诠释者个人的主观想法，但因与“作者之志”同构，故有客观性；“私意”则是不顾“作者之志”的个人随意理解，是片面的、需摒弃的。好的经典诠释，一定是排除个人主观成见、不带杂念、能使心如明镜一样客观呈现作者本意的理解，其不受诠释者个人情绪的干扰，即没有“理解之弊”。所谓“读经只如此读去，便自心解”，但“解书只是明他大义，不入己见于其间，伤其本旨，乃为善解书”[②]。这就要求一方面发扬“以意逆志”的心解，另一方面也要反对以“私意”解经的穿凿。陆象山不断强调让人心不受外物影响、保持纯净，以及解经须超越文字的字面意义直指本心的原因也正在于此。

与孟子之“心”相比较，陆象山的“心”显然复杂了许多。他将“心”看作是万物根源的实体，认为宇宙的万物之理即在心中，“心”不反映“物”，而是“物”浮现在“心”中。陆象山讲求“心”与“理”的同一，本体与主体的合一。同时，“心”又是一种伦理性实体，“仁义者，人之本心也”[③]，需要以一套心学方法论进行修养。“发明本心”既是为学的目标，又是哲学认识论指向，其强调生命的实践意义。可以认为，陆象山的“以心释经”方法已上升为体系化

① 陆九渊：《陆九渊集》卷三十二《学古入官议事以制政乃不迷》，中华书局 1980 年版，第 379 页。

② 陆九渊：《陆九渊集》卷三十六《年谱》，中华书局 1980 年版，第 503 页。

③ 陆九渊：《陆九渊集》卷一《与赵监书》，中华书局 1980 年版，第 9 页。

的心学诠释学。其产生的影响远远超越了单纯的学术化解经，人的主观能动作用和独立思考精神价值意义得到彰显。其宣扬的“收拾精神，自作主宰”、“自立、自重，不可随人脚跟，学人言语”等观念，对社会的启蒙影响深远而悠长。

（三）阳明心学对“以心释经”方法的改造

陆象山去世后，他的弟子杨简继续传播心学，提出整个宇宙是我之全身的观点，将陆象山心学发展至“唯我论”。但元代统治开始后，由于程朱理学成为“官学”，在思想界中一统天下，心学的发展又一次受到阻滞。直至明代学风转变，在吴与弼、陈献章、湛若水等学者的推动下，心学方得以重新振兴。明中晚期，心学发展终于迎来了又一次高峰——“阳明心学”诞生。随之，“以心释经”的诠释方法再一次与时代特质相结合，呈现出全新面貌。

王阳明年少求学于吴与弼弟子娄谅门下，慨然以圣人可学而至，后在龙场感悟格物致知之旨，又经“王学三变”，最终将心学改造为彻底的心理内部实践学。他强调实践行为的身体外部由心理内部所指导，思想主旨是“去人欲而存天理，进之以知行合一之说，其要归于致良知”①。王阳明发展了陆象山“心即理”说，提出“心外无物”、“心外无理”的观点。他认为，心所发便是意，“无是意，即无是物矣”②，又说理是“心之条理”，吾心无私欲之蔽就是良知。天下事虽千变万化，都不出“此心之一理”。他又拓展了陈献章的“明本心”说，提出致良知理论，认为心之理无穷尽，因此，人见父母自然知孝，见君自然知忠。人的良知要推及万物之上，使事物皆得其理。

在王阳明看来，“理无内外，性无内外，故学无内外。讲习讨论，未尝非内也；反观内省，未尝遗外也”③。内外一体，内重于外。内外可由“理”统合，以至于“心即理也，此心无私欲之蔽，即是天理，不须外面添一分”④。推论可知，“心学”是“内学”，是一种“己对己”之学。天理在心，故求学的方法

---

① 黄宗羲著，沈芝盈点校：《明儒学案》卷十《姚江学案》，中华书局 2008 年版，第 183 页。
② 王守仁：《王文成公全书》卷二《传习录中·答顾东桥书》，商务印书馆 1940 年版。
③ 王守仁：《王文成公全书》卷二《传习录中·答罗整庵少宰书》，商务印书馆 1940 年版。
④ 王守仁：《王文成公全书》卷一《传习录上》，商务印书馆 1940 年版。

只有直攻本心，即要做到“知行合一”，在直接探求本心的过程中，达到即时证悟的实效。

对于经典诠释，王阳明的态度是“经学即心学”。他说：“盖‘四书’、‘五经’不过说这心体，这心体即所谓道。心体明即是道明，更无二；此是为学头脑处。”解经一定要明白“心即是道”的道理，“圣人述六经，只是要正人心”[①]，正人心也是为了明道，“使道明于天下，则六经不必述。删述六经，孔子不得已也”[②]。显然，读经、释经的目的在于“明心”，而非简单弄懂文本的原义。王阳明又说，经典记载的“圣人之学”是匡扶人伦纲常的要义，解经不仅是诠释剖析特定的文字，更是主体通过感悟对自己进行自觉道德人格培育的过程。“经，常道也，其在于天谓之命，其赋于人谓之性，其主于身谓之心。心也，性也，命也，一也。通人物，达四海，塞天地，亘古今，无有乎弗具，无有乎弗同，无有乎或变者也，是常道也。其应乎感也，则为恻隐，为羞恶，为辞让，为是非；其见于事也，则为父子之亲，为君臣之义，为夫妇之别，为长幼之序，为朋友之信。”[③]“道”并非外在，而会具体存在于不同应用中，其外显的形式是多样的。但在“多样”中存在“共性”的东西——“常道”。世上的各种伦理规范的形成，本质上是“常道”的不同隐身而生。当“常道”与社会中的政治、人事、礼乐等相结合时，便产生了“六经”。故“六经者，非他，吾心之常道也”[④]，“六经”之道存于吾心，所以“六经”乃吾心之记籍，而“六经”之实，则具于吾心。

“凡看经书，要在致吾之良知”[⑤]是王阳明制定的解经路线。“致者，至也”[⑥]，“至”既是良知的一种圆满状态——以“至”训“致”，又是一个扩充的过程——良知为人人自有，但需“致知”来实现；“良知”是“吾心之良知”，其包含万物之理，是心与理的统一。因为人心无所不知，所以解经其实是一个

① 王守仁：《王文成公全书》卷一《传习录上》，商务印书馆 1940 年版。
② 王守仁：《王文成公全书》卷一《传习录上》，商务印书馆 1940 年版。
③ 王守仁：《王文成公全书》卷七《稽山书院尊经阁记》，商务印书馆 1940 年版。
④ 王守仁：《王文成公全书》卷七《稽山书院尊经阁记》，商务印书馆 1940 年版。
⑤ 王守仁：《王文成公全书》卷六《答季德明》，商务印书馆 1940 年版。
⑥ 王守仁：《王阳明全集·大学问》，上海古籍出版社 2014 年版。

去除外物对内心蒙蔽、恢复良知的过程。王阳明强调，若想正确理解经典，诠释主体必须将“人心”上升为“道心”。“人心”是感觉、想象等心理经验意义上的“心”，“道心”是内具天理条目的“逻辑心”，也可称为“本心”。只有具备“道心”者才能在现实的诠释活动中理解到“良知”。“圣贤垂训，固有书不尽言，言不尽意者。凡看经书，要在致吾之良知，取其有益于学而已，则千经万典，颠倒纵横，皆为我之所用。一涉拘执比拟，则反为所缚。”[①]以“致良知”为解经先决条件观之，圣贤所作经典之中有诸多言不尽意者，故诠释文本时不可拘泥于具体字词，要让经典为我所用，在“致良知”中发挥、引申经典思想。在王阳明看来，经学的价值在于治心存理，其实为身心之学，可用主观臆断方法解之，“默记旧所读书而录之，意有所得，辄为之训释。期有七月，而五经之旨略遍，名之曰《臆说》。盖不必尽合于先贤，聊写其胸臆之见”[②]。“良知”是主观臆断时判断是非正误的尺度，在它的指引下，解经又可成为一种道德修养的实践活动，人的独立人格与主体精神亦会随之展现出来。

以“致良知”为原则的“以心释经”方法在实践中着实颠覆了传统章句训诂方法。王阳明说“五经亦史”，“史以明善恶，示训戒”[③]，“圣人作经，固无非是此意，然又不必泥着文句”[④]，“史”不仅是对事实有记录，也是探索治世规律“道”的历史意识。经的主旨亦是言道，所以经史之间存在一致性。既然要“明道”，那么文字便不足为重，解经要去虚文以求明实道于天下，即所谓化繁就简，返朴还淳，去好文之风。烦琐的章句文字只能遮蔽道之大义。诠释经典要懂得“种德养心”的道理：心之体认是经典生命力存在之源，没有本心良知的“根本”，学习圣人典籍对收敛、净化、提升自身的生命没有丝毫意义。“为学须有本原，须从本原上用力，渐渐盈科而进”[⑤]，“德，犹根

① 王守仁:《王文成公全书》卷六《答季德明》，商务印书馆1940年版。
② 王守仁:《王文成公全书》卷二十二《五经臆说序》，商务印书馆1940年版。
③ 王守仁:《王文成公全书》，商务印书馆1940年版。
④ 王守仁:《王文成公全书》卷一《传习录上》，商务印书馆1940年版。
⑤ 王守仁:《王文成公全书》卷三《传习录下》，商务印书馆1940年版。

也；言，犹枝叶也。根之不植，而徒以枝叶为者，吾未见其能生也”[①]。为学者要“以德立心”，以内在的生命体验来读书，将有限的精力用在主干上，不必过分在意枝叶。

从某种意义上说，王阳明的观点也是对前代朱子“格物致知”解经思想的变革。众所周知，朱熹提倡泛观博览、博而后约，他对经典有着“敬虔”的态度。他虽在经典诠释中也强调“为学为己”，文本解释符合圣人之心，且经典之道应躬身“践履”，但其在具体释经时却贯彻着体悟到的仁心只能通过学习涵养才能逐次产生的路向。故他在解经时往往要赋予文本主要范畴命题以“知识化”的界定，以使得经典内含道德学说符合客观道理，并因此具有理性意义而保证自身的普遍有效性。与之不同，王阳明解经强调“顿悟”，将道德意识收归于心，并借情感的感通性让个人之心与圣人之心互通，体认万物一体。也就是说，朱子认为理为客观、绝对有效、天人合一，因此人心认识了理就会服膺；王阳明则认为天人合一、理在心内，力攻此心即可获理。朱子解经追求内外实践一体性，使之成为互为因果的验证，仅有内心感悟是不够的，还需以外在实践检验内在心志；王阳明解经以致良知为检验对象和最终目的，据此虽可自然通向外在实践目标，但已使后者成为第二位之事。从实际状况上看，王阳明解经显然比朱子解经离开经典文本更远。

与孟子、陆象山“以心释经”方法相较，王阳明的心学诠释在诸多方面做出了超越。“致良知”式的释经讲究“务外遗内，博而寡要”[②]，重内实践轻外实践，解经被认为是个体本心自我选择、自我认取的价值理念之实现。本来对于儒者而言，心志状态和学业功夫是相辅相成的，二者彼此互动，不分先后。学与思在孟子那里即为相互性存在，彼此互为因果关系。经典诠释本身既是目标，拥有自身的价值，又为伦理实践的路径。心志离不开义理，义理离不开知识。“以意逆志”式的释经其实是一种工具性的方法论，它的作用就是更好地理解圣人之言。而王阳明却运用了类似禅学的方法，让解经与探求本心相联系，以达即时证悟之实效。从本质上说，孟子解经涉及内外

① 王守仁：《王文成公全书》卷八《书玄默卷》，商务印书馆1940年版。

② 王守仁：《王文成公全书》卷二《传习录中·答顾东桥书》，商务印书馆1940年版。

多个领域，其相应的实践行为有着明确的外向性——诠释与外在政治现实相关。而王阳明通过“致良知”，让解经成为一种纯粹的向内实践，剖析文本获悉的伦理目标、修养原则均成为心志运作的边界或框架，所有的活动都是为了修炼主体心志本身。在孟子那里，良知本为实现儒学目标的手段，结果在王阳明这里儒学各种实践却成为良知学的手段。如果说，“以意逆志”是一种心术实践体验方法的话，那么“致良知”解经则是心自体之“纯化”的哲学致思，是一种最为彻底的“心学”释经论说。

前文提到，陆象山创造了心学诠释学，其与王阳明的区别何在？我们从二人对于“心”、“理”关系的认识及“以心释经”的目标区分上，可以找到答案。陆象山说，圣人与普通人“同心”，“理”是客观存在的公理。心理关系是，“理”是认识的基础，“心”是对“理”的体认，“求则得之，得此理也；先知者，知此理也；先觉者，觉此理也；爱其亲者，此理也；敬其兄者，此理也……此吾之本心也”①。“理”具有根源性，它规定了“心”。王阳明认为，“理”是“心之条理”，人之“理”不在心外，而是由“心”决定的，“理”无不备于“心”，是“心”的本能所规定的必然，求之于心而理可得，故“心外无理”。与“理”相比，“心”的地位在前。就解经而言，陆象山由求圣人之心出发，将经典诠释看作是发明其心而求其本的过程，其间应讲求体悟，在读书中求理，让文字与义理的疏证与自己的本心相印证，只要坚守“止于至善”之思想宗旨，完全可以让“六经注我”。王阳明认为，经典是吾心的记载，它记录的是内心的事物，经典的权威性附属于吾心，也从属于良知，心即是道，经的解析须在心体上用功，不可只停留在文字上，经典应为我所用，成为自己研修“为己学”的工具。

综上可知，陆象山与王阳明在“以心释经”上只具有形式上的相似性，从根本上说二者有着巨大的不同。这也是“致良知”解经不讲“理本论”、“格物致知论”、“心、性、情浑然同一论”的重要原因。如果说，陆象山之说主要秉承了孟子心性说的话，那么王阳明之说则是儒释道三家心性之说融合之大成者。王学释经气象恢宏，工夫周全，其整个心学体系圆融体用、本末、心

① 陆九渊：《陆九渊集》卷一《与曾宅之书》，中华书局1980年版，第5页。

物、知行等范畴,融存在论、认识论、境界论和工夫论为一体。这些是陆学无法比拟的。可以说,王阳明将儒家"以心释经"学说发展推至顶峰。

(四)对儒家"以心释经"方法特质的讨论

清代以来,儒家心学发展进入低谷。虽然,清末中国社会受日本明治维新的影响,以康有为、梁启超等人思想为代表的思潮让"心学"出现了一个短暂的复兴期;20世纪上半期在熊十力、牟宗三等现代新儒家的努力下,"心性之学"重又进入儒学研究的主流,但就经典诠释而言,"以心释经"方法却再未有质的提升。

反思以孟子、陆象山、王阳明学说为中心的儒家心学解经之说,可以发现"以心释经"方法内具两个重要的特质。

第一,高扬经典诠释者的主体性。孟子十分关心"仁"的实践可能性,他以人性自然经验中的"四端"为依据,创建了一整套关于人性的学说。"以意逆志"客观上起到了一种经验性心理刺激作用,即对主体"心志"潜能的激发。孟子赋予这一方法极为丰富的诠释学因子与广阔的弹性理论空间。一方面,他肯定作者的心志是一切诠释的目标;另一方面,他实现这一目标的手段却依赖于诠释者的主观推测,这意味着承认不同诠释者的推测都具有合法性,主体的意志得到了彰显。陆象山解经同样关注主体如何真实"立志"。由于立志的直接障碍是"功名心",所以他将心学诠释直指义利之辨问题,让解经与达到仁学立志目标相关。他的"以心释经"特别强调"直接有效运作"心志的必要性,心志磨炼不可仅以读书解经为止境,"求知"与"立志"不可混为一谈,"六经注我"自有其妙道的功效。王阳明在"以心释经"中更进一步将经典与诠释者的互动关系说得透彻明白:"古人言语,俱是自家经历过来,所以说得亲切。遗之后世,曲当人情。若非自家经过,如何得他许多苦心处。"①其认为经典诠释是一种体验之学,解经是以主体人格为中心而不是以文字解读为中心的活动。知识上的领略只是内化为经验,而将领悟与心志相结合付诸实践,才是经典诠释的关键所在。

① 王守仁:《王文成公全书》卷三《传习录下》,商务印书馆1940年版。

第二，纠缠于诠释者的历史性问题。所谓历史性是说，经典诠释者不会是一个完全独立的“空白”主体，他必然生活在日常复杂的社会、政治、经济、文化网络之中。他所做出的诠释必然会受到其所存在的场域影响。因为这些复杂的网络及场域大都是长期历史积淀所形成，因而他的解经活动也具有了“历史性”，包括思想系统形成的历史性、做出判断的历史性等。毫无疑问，“以心释经”是无法逃避诠释者将自己的历史性带入经典思想世界的一种活动。主体个体的张扬进一步铸就诠释者“历史性”的不可消解性，正因为主体的存在是一种历史的存在，解构了主体的历史性也就等于诠释者自我的肢解。虽然孟子说“不以文害辞，不以辞害志”，陆象山也提出要去除“理解之弊”，但“以意逆志”、“六经注我”的预先假设已注定牺牲了某些诠释的客观性。然而这样的“历史性”是否有害于诠释的有效性呢？以王阳明对“大学”的解释为例，“大学”本为古代学制，而王阳明却将之解释为“大人之学”，大学者，成就大人的品德之学也。其效果是他抽走了经典文本所使用概念的原有内涵，而赋予之以新的意蕴范畴，从而使其实现内涵转换而获得新的意义。

当然也要明确，“历史性”是一把双刃剑，它既可开发出经典中更深的潜藏之义，却也可以通过经典诠释造成不良后果——解释与文本的严重脱离。在这一点上，孟子、陆象山、王阳明也用实际行动给出了说明。孟子提出“知人论世”，陆象山与王阳明则提出，要回归原典，返本开新以消解诸多经典诠释间的冲突。上述做法，在一定程度上限定了诠释者的“历史性”，值得后人去体味、深思。

五、乾嘉时期的语言哲学问题

乾嘉时期，中国哲学出现了重要的“语言学转向”[①]——学者们借助广义

① “语言学转向”是用来标识西方20世纪哲学与西方传统哲学之区别与转换的一个概念，它意味着语言不再是传统哲学讨论中涉及的一个工具性的问题，而是成为哲学反思自身传统的一个起点和基础。在这里，乾嘉时期的学术重点转移亦称作“语言学转向”，但虽使用同一概念，含义却有很大差别。它所完成的任务是，一改前代对于语言文字研究过度拘泥于“心性”等形上学问题的羁绊，从音韵、小学（即文字学）入手，通过文字、音韵来判断和了解古书的内容和含义，以语言文字学为治经的途径，从而还原了语言自身实用性特质。

语言学中的字、词以及句法的训诂与分析等手段,对此前宋明传统的思辨哲学进行批判,力求恢复对古代经典原初意义的准确解释。戴震、钱大昕、段玉裁、阮元、王念孙、王引之等人在对儒家经典解释学的重建中,高扬"人文实证主义"方法,拓展以追求"真知"为目标的知识论研究理路,让中国哲学在形式上具备了与现代科学相接近的"求真"精神。虽然,这一语言学转向并未造就出中国近代的语言哲学,但它却引发了人们对语言本身的深切关注,尤其是系统地探讨了几个关键的语言哲学问题。

(一)字、词、心、道的内在关系

乾嘉学者对于字、词、心、道关系的论述是建立在准确理解经典"大义"基础上的。戴震说:"经之至者道也。所以明道者其词也,所以成词者字也。由字以通其词,由词以通其道,必有渐。"①"凡学始乎离词,中乎辨言,终乎闻道。离词,则舍小学故训无所借。辨言,则舍其立言之体无从而相接以心。"②在其看来,上古的经典文本分别由"字"、"词"、"心"、"道"四种要素分层组合而成;四种要素形成了语言与心理两个层面,彼此制约、相互发明。经典解释必须考证、分析文本语言,"夫今人读书,尚未识字,辄目故训之学不足为。其究也,文字之鲜能通,妄谓通其语言;语言之鲜能通,妄谓通其心志;而曰傅合不谬,吾不敢知也"③。要想获取经典思想的真谛必须从语言的组合规律与思维的运作规律出发,依照合理的程序进行,"必须尽可能与经典文本结构的'字→词→心→道'相对应,以'离词→辨言→以心相遇→闻道'四项工作相衔接、相贯通,层次分明,逐层上透"④。

戴震的言论可谓乾嘉时期学者对字、词、心、道内在关系论述的基本纲领,其他学者正是沿着这一思路对相关问题进行深入挖掘与拓展。钱大昕说:"六经者,圣人之言。因其言以求其义,则必自诂训始。谓诂训之外别有义理,如桑门以不立文字为最上乘者,非吾儒之学也。"(《潜研堂文集》)

① 戴震:《戴震集·与是仲明论学书》,上海古籍出版社1980年版,第183页。

② 戴震:《戴震集·沈学子文集序》,上海古籍出版社1980年版,第210页。

③ 戴震:《戴震集·尔雅注疏笺补序》,上海古籍出版社1980年版,第52—53页。

④ 康宇:《论清代朴学对儒家经典解释方法的重构》,《文史哲》2011年第2期,第42页。

"有文字而后有诂训,有诂训而后有义理。训诂者,义理之所由出,非别有义理出乎训诂之外者也。"(《潜研堂文集》)段玉裁讲:"圣人之制字,有义而后有音,有音而后有形。学者之考字,因形以得其音,因音以得其义。治经莫重于得义,得义莫切于得音。"[①]王念孙亦认为:"窃以诂训之旨,本于声音。故有声同字异,声近义同,虽或类聚群分,实亦同条共贯。譬如振裘必提其领,举网必挈其纲,故曰'本立而道生'。"[②]也就是说,"圣道"的"大义"存于经典文字之中,文字不仅记录着语言,同时亦兼有声音和意义。对经典文字的声音和意义考证,是"圣道"的必由之路。

为了深入揭示文字、语言、思想、真理之间的关系,乾嘉学者们研创出一套训诂理论。戴震指出:"士生千载后,求道于典章制度而遗文垂绝。古今悬隔,时之相去殆无异地之相远,仅仅赖夫经师,故训乃通,无异译言以为之传导也者。"[③]随着时间的推移和社会的发展变化,语言逐渐地发生变化,古时妇孺皆知的物和事,因时代相隔,后人已难以理解了,用文字记录在古书中的古人的生活习俗、名物典章制度、思想经验等,更是需要经师的训释,才能了解其义理,于是产生了训释古书的学问——训诂[④]。训诂的作用在于可以"由字达道",通过语言分析知晓圣人的思想,故"治经先考字义,次通文理,志存闻道,必空所依傍"[⑤],"由文字以通乎语言,由语言以通乎古圣贤之心志,譬之适堂坛之必循其阶,而不可以躐等"[⑥]。只有通晓了文字、词汇、语言,人们才能体悟到圣道之"大义"。阮元发展了戴震的观点,认为"圣贤之言,不但深远者非训诂不明,即浅近者亦非训诂不明也。就圣贤之言而训之,或有误焉,圣贤之道亦误矣。说在《论语》之一贯"[⑦]。显然,这里的训诂已上升到哲学方法论的层面,正所谓"圣贤之道存于经,经非诂不明";"汉

① 王念孙:《广雅疏证·段序》,中华书局1983年版,第1页。

② 王念孙:《广雅疏证·自序》,中华书局1983年版,第2页。

③ 戴震:《戴震集·古经解钩沈序》,上海古籍出版社1980年版,第191页。

④ 参见钱惠英:《戴震——中国语言学的一代宗师》,《社会科学论坛》2009年第5期,第128—129页。

⑤ 戴震:《戴震集·与某书》,上海古籍出版社1980年版,第187页。

⑥ 戴震:《戴震集·古经解钩沈序》,上海古籍出版社1980年版,第192页。

⑦ 阮元:《揅经室集·论语一贯说》,中华书局1993年版,第53页。

之相如、子云，文雄百代者，亦由《凡将》、《方言》贯通经诂，然则舍经而文，其文无质，舍诂求经，其经不实。为文者尚不可以昧经诂，况圣贤之道乎！"[①]而段玉裁、王念孙等则从语义学角度肯定了训诂的发生学意义。

至于训诂的方法，戴震提出了"从声原义"法，强调书面上由于文字掩盖着语言里"音"与"义"的复杂关系，因而学者读经务必以古音求古义，以声音通训诂，"字书主于故训，韵书主于音声，然二者恒相因。音声有不随故训变者，则一音或数义；音声有随故训而变者，则一字或数音……凡故训之失传者，于此亦可因声而知义矣"[②]。段玉裁发明了"寻求本字法"，"凡治经，经典多用假借字，其本字多见于《说文》，学者必于《尔雅》、传注得经义，必于《说文》得字义。既读经注，复求之《说文》，则可知若为假借字，若为本字，此治经之法也"[③]。乾嘉学者们还共同创造了，比此前任何学派都更注重文本诠释活动中因"距离"原因带来的语言意义阻隔问题的"语言还原法"等等。

在学者们的努力下，清代中前期的语言学得到极大发展：有声语言的先在性与第一性得到确认；语变的客观性，音变的相对性得到认可；语言的语法特性亦得以拓展。当然最重要的是，字、词、心、道的逻辑递进关系得到最终的明确。

从本质上讲，乾嘉学者对于字、词、心、道内在关系的讨论实为中国古代"言与道"关系问题理解的深化。自先秦起，中国古代哲学家们便十分关注形上之道与形下之言的关系。老子说："道常无名"（《道德经》），孔子曰："书不尽言，言不尽意。"（《周易》）因为道体本虚，故需实之。因此道是什么，意味着什么，如何把握道，有赖于言。进而，言与道的相通，使言获得了与道在哲学探讨上同等重要的地位。此后，无论是魏晋玄学家的探索，还是宋明理学家的争论，均体现出言与道的动态同一性，言已不仅仅是一种语句或讲说，在体用不离，知行合一思想的指引下，言、意、行、名、义皆可贯通，涵

① 阮元：《揅经室集·西湖诂经精舍记》，中华书局1993年，第548页。
② 戴震：《戴震集·论韵书中字义答秦尚书蕙田》，上海古籍出版社1980年版，第55页。
③ 段玉裁：《经韵楼集：附补编·两考》卷二，凤凰出版社2010年版，第29页。

盖了理论实践、道德实践和交往实践等诸多层面。不过,魏晋、宋明学者并不重视文字语言的障碍,常"略其玄黄取其俊逸"[①]。乾嘉学者则特别强调文字→训诂→义理(道)的先后关系。此外,他们关于言与道问题的研究还显现出一个突出特色——彰显主体性"心"的作用,"学者大患,在自失其心。心,全天德,制百行。不见天地之心者,不得已之心;不见圣人之心者,不得天地之心。不求诸前古贤圣之言与事,则无从探其心于千载下。是故由六书、九数、制度、名物,能通乎其词,然后以心相遇"[②]。学习语言、解释语言的目的在于"求心",学者应当以自己之"仁心"体会古圣贤之仁民爱物之情,进而体会天地之心,而古圣贤之心又隐藏在"六书、九数、制度、名物"之中,研究者当透过语言之陈迹而以"仁心"与古人之心相遇,并且只有提高自己的精神境界,即"大其心",才能体察出经典中的"精义",才能从经典文献中求得古圣贤留给我们的"道"。[③]

乾嘉学者通过对字、词、心、道关系的论述将对语言进行哲学思考的价值意义与追求"圣道"的崇高理想联系起来。这不仅创造出世人解经释典的方法论,而且又在价值指向方面确认了语言文字研究的意义。显然,乾嘉学者虽然力主消解解释形上学,但其并不反对人们追求形而上的"道",只不过强调人们应当通过广义的语言工具、以实证的方式去求道而已。这与西方20世纪语言哲学拒斥形而上学的思路有着本质不同,乾嘉学者要破除的是之前学者的"空言性道"之法,而强调的是必须依赖文字、语言的工具以达到对存留于经典中"道"的真正把握。

(二)语言的意义理论问题

乾嘉学者十分关注语言意义的理解问题,他们围绕字词内涵的解释和文献语言分析,形成了中国哲学独具特色的意义理论与问题研究理路。与西方语言哲学家不同,乾嘉学者往往将自己对意义问题的思索和理解渗透

---

① 刘义庆:《世说新语·轻诋》,中华书局2014年版,第390页。

② 戴震:《戴震全集(第五册)·郑学斋记》,清华大学出版社1997年版,第2592页。

③ 参见吴根友:《言、心、道——戴震语言哲学的形上学追求及其理论的开放性》,《哲学研究》2004年第11期,第30页。

在一些为具体问题而发的议论中。这些议论并不放眼在空谈意义的本质规定、意义的生成等抽象问题，而是实实在在地分析汉字符号在意义传递中所遇到的各种困扰，从而有效地避免了语言哲学研究常常遇到的“玄学”冲突。

首先，学者们分析研究了汉字符号的意义在时间和空间中的演变问题。众所周知，语言文字的出现让人们内在心理经验以外在的符号形式得以传播、留存。然而由于情境差异、阅读者主观偏好等原因，客体化的符号文本在主体阅读理解过程常常出现文字的原本意义与实时的表达意义不一致现象，即“本文”被以书写方式记录固定下来后，其意义作为理解和解释的对象，会发生因人而异的变化。这导致文字符号具有双重意蕴：一方面为人类的理解与解释活动提供了手段和工具；另一方面又因个体化倾向、时空变化等因素给理解和解释设置了人为、天然的障碍。乾嘉学者们显然对这一问题有着深刻认识，他们将汉字符号在传递过程中遇到的意义理解困难归类为时间障碍、空间障碍和语境障碍三个方面，逐一进行研究。

所谓“时间障碍”是说，汉字符号因时而变，其书写形式和读音随着时间的推移都会发生改变，所表达的意义自然也就会因时代的不同而不同。按照乾嘉学者的观点，克服这一障碍的首要办法是，尽可能返回距离“本文”形成时间最近的解释，即“欲识古训，当于年代相近者求之”①。因为汉代“古训”具有“去古未远”的优势，所以尤其应受到推崇。

“空间障碍”是指，由于空间间隔而形成的理解与解释障碍。中国土地幅员辽阔，而大众传播媒介相对落后，因地域差异而形成的方言便给意义的交流增添了不少麻烦。为了解决这一障碍，乾嘉学者详细地区分了标准语与地方语的关系。如阮元强调历代都城所在之地的语言是“正言”，即今天所说的“标准语”。各地方言都倾向于靠拢正言，因为只有正言才是文学、礼仪语言，“《尔雅》者，近正也。正者，虞、夏、商、周建都之地之正言也。近正者，各国近于王都之正言也。……雅言者，诵诗读书，从周之正言，不为鲁之方言也。……正言者，犹今官话也。近正者，各省土音近于官话者也”②。

① 卢文弨：《抱经堂文集》卷六《尔雅汉注序》，商务印书馆 1985 年版。

② 阮元：《揅经室集·与郝兰皋户部论尔稚书》，中华书局 1993 年版，第 124 页。

学者们进一步研究了汉语汉字与异族语言文字的差异，如钱大昕在《十驾斋养新录》卷九“蒙古语”一条下，对蒙古人的名字作了分类描述。对此当代学者张舜徽曾发表这样的评论：它证明“钱氏对蒙古语言文字研究较深，自非泛泛知其一二而已”①。

“语境障碍”是讲，“汉字是语素文字，因而与音素文字有显著区别。音素文字记录的是语言中最小的语音单位——音素，而语素文字记录的是语言中最小的意义单位——语素”②。这种不同导致了汉字符号的意义在使用中常常不是单一的、固定的，而是因语境即上下文关系的不同而相异。简而言之，字的意义既有“本义”，又有“余义”、“引申义”、“假借义”。对此要如何把握呢？乾嘉学者主张要考察语词符号在句子中的具体应用，注意文义文理，以揭示其真正含义。并且，其认为要坚持“由声音通训诂”的诠释学原则，“诂训之指，存乎声音。字之声同声近者，经传往往假借。学者以声求义，破其假借之字，而读以本字，则涣然冰释。如其假借之字而强为之解，则诘鞫为病矣”③。

其次，学者们建构出一系列理解与解释意义的具体方法。对于宋儒重“义理”的语言诠释方法，乾嘉学者提出严厉批评。他们认为，忽略名物、象数、声音、文字之学，脱离圣人经典时间段内的语言系统，采用“切己体认”式的文字解读是不可能真正探寻到语言的正确意义的。这样的语言解释，不是离“本义”更近，而是更远，虽然其在哲学中自有其独到且有益之处，但在文本诠释学上的有效性却大打折扣。为此，学者们潜心创造新的语言解释方法。其中最具代表性的是“假设求证法”与“归纳演绎法”。

作为乾嘉学派的领军人物，戴震以“回归原典”重新诠释儒家经典，以“不以人蔽己，不以己蔽人”为原则，遵循“由词通道”，创造了“假设求证”的语言解释方法。面对经典中有“疑问”的文字，戴震总是先搜集许多同类的例子比较参看，找出一个大致的通则。之后，其大胆提出结论，并通过“以经

① 张舜徽：《清儒学记》，齐鲁书社1991年版，第177页。

② 荀志效：《论中国古代训诂学的语言哲学意蕴》，《社会科学研究》1996年第2期，第81页。

③ 王引之：《经义述闻·序》，江苏古籍出版社1985年版，第2页。

考字,以字考经”,认真推敲“字义”解释的正确性。钱大昕、段玉裁等秉承了戴震的思路,他们强调“因声求义”,在为古文字设定“原义”后,总是“小心求证”,要以铁的事实论证相应假设的合理性。正如民国学者胡适总结的那样:“他们用的方法,总括起来,只是两点。(1)大胆的假设,(2)小心的求证。假设不大胆,不能有新发明。证据不充足,不能使人信仰。”①

“归纳演绎法”的创造者是王念孙。王念孙挖掘语言文字的意义时,总是揣摩特定文字在特定语境中的含义,据此寻找前人注释的可疑之处。发现疑问后,他会收集几个同类的例子进行初步归纳,以形成某个假定性的解释。随后,其会收集更多的例子,运用拟定的“假设”一一解释。他的要求是,每一个例子都能得到满意的解释。最终,王念孙会将所有的例证分类排列起来,突出它们的共性,进行深入的归纳推理,作出一个总的判断,从而将假设论证为“定理”,发表出来。王念孙之子王引之将其父开创的“归纳演绎法”成功地应用于对经典文字意义的追寻中。他主张:“说经者,期于得经意而已。前人传注不皆合于经,则择其合经者从之;其皆不合,则以己意逆经意,而参之他经,证以成训,虽别为之说,亦无不可。”②在此思路指引下,他揭示出众多古代语词被淹没的语义,如赵注“训‘为’为‘有’,足补经训之阙,而字书韵书皆不载其义”,挖掘出“为”可以训释为“有”的新意;贯释为“行”,并旁征博引以证明此词为“行”之意,等等。

需要指出的是,乾嘉学者在对语言文字意义的考证中极大地促进了中国古代声韵学的发展。汉代古文学家曾将文字的起源归为“依类象形”,认为其是对自然印迹的模仿。而后宋代王安石又作《字说》,以形取义,把字的产生看作“凤鸟有文,河图有画”的自然现象,所以“往往舍声而求义,穿凿傅会”③。对上述的观点,乾嘉学者明显持不同意见。他们坚信,字的创造

---

① 胡适之:《清代学者的治学方法》,载许啸天:《国故学讨论集·第二集》,国家图书馆出版社2010年版,第43—44页。

② 王引之:《经义述闻·序》,江苏古籍出版社1985年版,第2页。

③ 钱大昕:《潜研堂文集》卷二十四《小学考序》,商务印书馆1935年版,第351页。

应是音先于形,“文字起于声音”[①],“声与义同原”[②],文字不是直接标指概念的,而是先于文字的“声音”与意义同时产生。故“学者之考字”必须“本于声音”。不过,“文字者,终古不易,而音声有时而变”[③]。对此,乾嘉学者强调“就古音以求古义,引伸触类,不限形体”[④],尽可能楔入经典文体形成的时间段内的语音系统。“古今者,不定之名也。三代为古,则汉为今;汉魏晋为古,则唐宋以下为今”[⑤],其反映在语音方面,“古音”也就有了时间段的区分。因此超越魏晋隋唐,恢复汉代的语音系统,显然是一个可行的举措。此外,还要讲求“形声义综合观”,“小学有形、有音、有义,三者互相求,举一可得其二;有古形、有今形、有古音、有今音、有古义、有今义,六者互相求,举一可得其五”[⑥],所谓“三者互相求”,是要阐明形、音、义的内在联系;所谓“六者互相求”,是要考求形、音、义的历史演变。也就是说,在对语言文字的探求中,要一方面做平面的分析,另一方面做纵面的观察,并且将两个方面贯之以音韵,最终达到“以声为义”的目标。当然必须承认,乾嘉学者研究“声韵”的定位还是为了透过语音分析来解决古代经典文本解释中的疑难字词意义。但在客观上,它的确丰富了声韵学的理论方法,其对中国古代语音系统的详尽梳理,至今仍彰显出重要的学术意义。

最后,学者的研究触及关于“解释的循环”问题理解。“解释的循环”是现代语言哲学极为关注的问题,它是指“局部的意义决定于它在整体中的地位,而整体的意义则决定于它使局部境况化的方式”[⑦]。在汉语文字符号中,意义的部分和整体相互决定的特点是非常明显的。一方面,作为语素文字,汉语字符差不多都具有独自的意义,但另一方面,单个汉字符号相互组合后又会派生出新的意义来。乾嘉学者在语言分析与文字考证中,显然注

---

① 许慎撰,段玉裁注:《说文解字注》,上海书店 1992 年版,第 833 页。

② 许慎撰,段玉裁注:《说文解字注》,上海书店 1992 年版。

③ 钱大昕:《潜研堂文集》卷二十四《诗经韵谱序》,商务印书馆 1935 年版,第 343 页。

④ 王念孙:《广雅疏证 · 王序》,中华书局 1983 年版,第 5 页。

⑤ 王念孙:《广雅疏证 · 段序》,中华书局 1983 年版,第 1 页。

⑥ 段玉裁:《经韵楼集:附补编 · 两考》卷八《王怀祖广雅注序》,凤凰出版社 2010 年版,第 180 页。

⑦ R.J. 安德森:《解释学》,《哲学译丛》1989 年第 6 期,第 33 页。

意到了意义的整体性与字词考据方法片面性的矛盾，提出了汉字符号是音、形、义三者的统一体的看法。戴震说："字书主于故训，韵书主于音声，然二者恒相因。音声有不随故训变者，则一音或数义；音声有随故训而变者，则一字或数音。大致一字既定其本义……咸六书之假借。"①其进而归纳出假借有"义由声出"、"声同义别"、"声义各别"三种情况。② 乾嘉学者还认识到了符号意义的"整体与部分"相互决定的规律。其强调，字词作为表意的最小单位，是意义解释的最初对象。但是，词义一般都是以不同的孤立形态存在的，只有在由字词构成的语句系统中，字词的意义才能以明确的形式显示出来。单独存在的语词符号的意义是处于游离状态的一般性的抽象物。只有进入一定意义域，即进入一定句子系统中的词义才是固定的、具体的和可理解的东西。

（三）关于"六书"体用论

"六书"一词最早出现于《周礼·地官·保氏》，后经汉代许慎在《说文解字》一书中具体定义并系统论述，遂成为汉字造字用字的理论基础。有清一代，"六书"理论的研究达到鼎盛，其最杰出的成果即是"四体二用"说的形成。由于其中包含了许多有关语言与文字的辩证关系，因此它也成为乾嘉学者经常讨论的重要语言哲学问题。

在《答江慎修先生论小学书》中，戴震较早地提出了六书"四体二用"说，"大致造字之始，无所冯依，宇宙间事与形两大端而已：指其事之实曰指事，一二、上下是也；象其形之大体曰象形，日月、水火是也。文字既立，则声寄于字，而字有可调之声；意寄于字，而字有可通之意。是又文字之两大端也。因而博衍之，取乎声谐，曰谐声；声不谐而会合其意，曰会意。四者，书之体止此矣。由是之于用，数字其一用者，如初、哉、首、基之皆为始，卬、吾、台、予之皆为我，其义转相为注，曰转注。……依于声而旁寄，假此以施于彼，曰假借。所以用文字者，斯其两大端也。六者之次弟出于自然，立法归

① 戴震：《戴震集·论韵书中字义答秦尚书蕙田》，上海古籍出版社1980年版，第55页。

② 参见钱惠英：《戴震——中国语言学的一代宗师》，《社会科学论坛》2009年第5期，第129页。

于易简"[①]。按这一说法,文字的自然形成与宇宙万物的"事"和"形",以及哲学思辨中的"本体"与"器用"已然联系起来,即文字的产生和发展同宇宙万物的"事"与"形"一样,"次第出于自然,立法归于易简"。

戴震把指事、象形、会意、形声立为造字之法,为字之体;转注、假借立为用字之法的思想基础,为字之用。在其看来,"古人造字依据事与形,构造出指事字和象形字,而声与字又以可'通'之意与可'调'之声,推演出'取乎声谐'的谐声字与'会合其意'的会意字,此为'造字'的四种方法"[②]。而"六书之谐声、假借并出于声。谐声以类附声,而更成字,假借依声托事,不更制字",转注与假借并非是直接构造文字形体的方法,只是运用互训、引申、通用等手段"造成"字,所以只是"二用",与"四体"有着本质不同。根据文字的体用关系,戴震推论,自从产生了大量的形声字后,文字已经从原始形态的寓意于形发展成为寓意于声,文字的音义关系发生了质的变化。在书面上字义必须通过字音才能辨别,从文字形音义三者关系来看,声音才是识字的枢纽。

遵循戴震的思路,段玉裁在《说文解字注》中补充了"四体二用"说。其认为:"指事之别于象形者,形谓一物,事赅众物,专博斯分。故一举日月,一举上下。上下所赅之物多,日月只一物。学者知此,可以得指事象形之分矣"[③],"指事不可以会意淆,合两文为会意,独体为指事"[④],"有独体之象形,有合体之象形……独体之象形,则成字可读,附于从某者,不成字不可读……此等字半会意、半象形,一字中兼有二者。会意则两体皆成字。故与此别"[⑤],"形声合体,其别于会意者,会意合体主义,形声合体主声"[⑥]。在对转注与假借的阐释中,段玉裁提出了自己对词汇学的独到见解——同一词可有正反两义,可用反义词来对它加以训释;同义词分为两种形式,一是"有

---

① 戴震:《戴震集·答江慎修先生论小学书》,上海古籍出版社1980年版,第75页。

② 徐道彬:《论戴震文字学体用观的创新意义及影响》,《合肥学院学报》2008年第7期,第62—63页。

③ 许慎撰,段玉裁注:《说文解字注》,上海书店1992年版,第755页。

④ 许慎撰,段玉裁注:《说文解字注》,上海书店1992年版,第755页。

⑤ 许慎撰,段玉裁注:《说文解字注》,上海书店1992年版,第755页。

⑥ 许慎撰,段玉裁注:《说文解字注》,上海书店1992年版,第755页。

参差其辞者,如初下曰始也,始下曰女之初也。同而异,异而同也"[①],二是"有纲目其辞者,如词为意内言外,而矧为兄词"[②]。由于段玉裁在《说文》研究方面的大师地位和著述《说文解字注》的巨大成功,"四体二用"说很快风靡学界,为大多数学者所接受,相应研究成果不断丰富。

应该说,"四体二用"说对"六书"都是造字法的传统观念提出了大胆质疑,从而引发了学者对汉字构形的新思考。从"六书"中分化出转注与假借,认为二者是不同于前四书的用字之法,开辟了解决问题的新方法。"六书"体用说的提出,为清代以后的"六书"学研究开创了一个全新的局面。探究其内含的语言哲学意蕴,可以发现这样几个问题。第一,它形象地揭示了静态的文字形体与动态的语言运用间的有机统一。在中国传统哲学中,"'体'指宇宙的本质或本体,'用'指宇宙中的各种现象。具体到社会文化生活层面,'体'指根本原则,'用'指具体方法"[③]。乾嘉学者创造性地将文字学研究与古代哲学命题中的"体用一源,显微无间"思想有机地结合起来,认为"六书"既然是先人们使用文字的基本内容和表现,其理所应当包括文字形体的创造和文字使用的要求。所谓"四体"有限而"二用"无限,在根基上保证了汉字的创造和使用功能的不断拓展。这也正是其能超越前代学者文字体用观,如南唐徐楷"六书三耦"说、明代杨慎"四经二纬"说的关键所在。第二,它表明了"音"、"义"间的辩证关系。根据"六书"中的"假借"之说,乾嘉学者阐明了文字在使用过程中,书面上出现一字多义和一字两读或三读的原因。其认为由于假借,字音有不随字义的原义而稍有变化,因音而得义,义由声出,则一音或具数义,构成了音义之间的多值关系。正因为文字在书面上存在着因音而得义,文字的意义只能在声音上确定下来。这意味着文字的音义关系已经冲破了原始汉字一形一音一义的单一性。这样,他们从根本改变了之前学者把书面语言里的"音""义"的对应关系理解为单值关系的传统,从而明确了语言里的音义关系是一种多元关系。第三,从

① 许慎撰,段玉裁注:《说文解字注》,上海书店 1992 年版,第 756 页。

② 许慎撰,段玉裁注:《说文解字注》,上海书店 1992 年版,第 756 页。

③ 徐道彬:《论戴震文字学体用观的创新意义及影响》,《合肥学院学报》2008 年第 7 期,第 63 页。

"六书"造字方法出发,学者们在一定程度上推论出语言文字中的"物"与"则"的关系。对此造诣最大者当属戴震,他根据"体用"原理将语言文字中的"名"区分为两大类:"实体实事"之名与"称夫纯美精好"之名。"实体实事"之名是描述客观对象的名称与概念,不含价值判断,多出自"四体";"称夫纯美精好"之名是价值的称谓,内含价值判断的意蕴,多出自"二用"。名的二分与世界的物则二分有直接关系,"物者,指其实体实事之名;则者,称其纯粹中正之名。实体实事,罔非自然而归于必然,天地、人物、事为之理得矣"(《孟子字义疏证》)。实际上,这样的"二分"也把客观世界与人对客观世界内部蕴含的规律的认识这两者区别开来,从而在朴素的唯物主义的经验论哲学立场上,对先验的客观唯心主义思想进行了批判与解构,进而在肯定人的感性生活的基础上重新肯定理性道德原则的神圣性。①

长久以来,人们对中国古代是否存在语言哲学这一问题颇有争议。本章对于乾嘉时期几个重要语言问题的初步探讨,可看作对此现象的一个回应。必须指出的是,中国语言哲学思想并非仅存于先秦、魏晋,在历代学者对于经典解释的研究中其实均有所涉及。如何梳理这些问题在中国思想史中的延伸和演变,如何从语言文字实践中透视社会政治生活等,还需要一个系统的理论方法建构过程。不过,可以肯定的是,对语言问题"自觉"的研究,完全可以成为中国传统哲学研究的一个新的生长点,进而开拓进取、不断创新。

① 参见吴根友:《试论戴震的语言哲学思想》,《中国哲学史》2009 年第 1 期,第 73 页。

第四章 儒家诠释学中的两个基本向度

儒家诠释学，是儒家对文本意义的理解和解释的理论或哲学，可具体化为对儒家经典诠释的规则与方法的理论体系。在它的发展史中，有所谓的"汉学"与"宋学"两大解释传统。由此，也形成了"经由文字训诂及名物制度之学以解明经典中之义理"[①]与"诉诸解经者个人生命的体验或心的唤醒，而遥契经典中的'道'"[②]的两个诠释基本向度。若进行通俗的解释，即一为"解析文本词句以内的意思"，一为"读出文本词句以外的意义"。两种向度最根本的差异在于解经者主体性的彰显：经典诠释到底是一个挖掘与诠释者无关的客观存在"道"的过程，还是一个必须让文本经过解经者主体性意识浸染，凸现"义理"，强调经典与读者相互渗透的整体性过程。两种向度的存在，限定了儒家诠释学发展千年的走向。儒家经典解读者在其基础上建构出儒学多样化的诠释形上学、方法论及解经范式等。可以说，理解此两种向度即是理解儒家诠释学之匙。

郑玄与朱熹虽处两个不同的时代，但他们却是两个向度的奠基者与集大成者。郑玄一统汉代今、古文经学，将训诂式诠释发挥到极致；朱熹发明了"四书学"解经体系，以"格物致知"的方法，"理一分殊"的模式，让阅读和理解经典成为一门"体验的学问"。本章以郑、朱二者对经典的解读为中心，通过对其解经思路、释经方法、范式应用的系统考察，分析儒家诠释学中的两个基本向度。旨在弄清向度的"构架"同时，讨论中国思想史中诠释学特质及传统之品格。

---

① 黄俊杰：《中国经典诠释传统（一）：通论篇》，华东师范大学出版社 2008 年版，第 314 页。

② 黄俊杰：《中国经典诠释传统（一）：通论篇》，华东师范大学出版社 2008 年版，第 312 页。

一、“我注六经”与“六经注我”：儒家诠释学中的对子

南宋大儒陆九渊曾提出“六经注我，我注六经”的命题，其蕴义玄妙。“六经注我”讲究心解与自得，强调六经注解只是诠释者主观的自我表达，感悟经典应以读者个人的心灵体验为基本方法，以明了作者的创作意图为最终目的；“我注六经”注重客观与历史及对原典的忠诚，认为解释者的工作应是尽可能还原文本的“原义”，避免主体“成见”，认为应以纯学术研究的态度，揭示和解释经典及圣人之意。“六经注我”与“我注六经”既是中国古代对典籍解说的两种态度，也是儒学经典诠释学说基本向度最接近的理论表达。它们恰似一个对子，在经典注释中或交替使用，或相互借鉴，进而成为儒家诠释学拓展解释空间、激活生命正能量、向前发展的动力之源。

汉末的郑玄是“我注六经”的早期践行者。在他的理解中，经典不只是“天人感应”的神学预言或是“微言大义”的政治工具，更是古代历史、政治、哲学、思想的真实记录，因此解经要充分注意到学术的严肃性。他以经书为中心，以解释和通顺词义文句为主要目的，无论释词还是交代时代背景，都始终坚持着历史主义的阐释态度，或以今词释古词，或以雅语释俗语，或以本名释异名，或以详言释略言，试图通过解释经典文本在文字上所具有的意义，从而恢复处于前文本状态的原始话语。他开辟出以考证字词、讲解句义、论说典故和举指出处为主的经典解释理路，为儒家古代文化原貌的有效传承提供了最为有力的保证。

郑玄之前的汉代今文学者在注经时，注解与经文间彼此分离，分别成书。其名义上说是为了“尊经”，实际上却保持了解经著作的独立性，可以使作者更有发挥经义的自由空间。而郑玄注经突破了传统形式，他发明了随文释义法，讲究字词在特定的情境中表达的是特定的意思，解经者必须依照经文本字逐字逐句解释，不得任作发挥。此外，他还特别重视对由单个字词组合形成的整个句意的诠释，并总结出“概括提炼句意”、“揭示内在逻辑”、“阐明心理动机”、“指明喻义”的操作化方法。

与之相比，南宋的朱熹是“六经注我”的支持者。他认为，经典是载道之

书。解读经典,简而言之,就是由圣人之言通圣人之心,进而达天下之理。解经的目的是求道,但求道已不仅是纯粹见识方面的事情。从根本上讲,这是一种为己之学,须以身心作为根底,即研读经典应不仅止于文本字意的解读,而应以身体之、以心验之。个体要通过圣言的指引,按切己体察之道亲自去践行。因此,经典诠释应是一个思想再创造的过程,诠释主体要充分调动自己全部身心活动积极性,包括内心体验、身体力行,在理解、实践、体验中,让自我与经典融为一体,极大地彰显"心"在解经释典中的价值意义。

朱熹创造了"格物致知"的文本诠释方法。其认为诠释经典首先要"即物穷理",仔细对文本进行研究,在"格物"中达成理性认识,进而通过"豁然贯通"的方式大彻大悟,在"致知"中了然一切事物之理。具体来说,其就是在"格物"中以知识论外求的方式,探明文字语言的含义,即通过整理历史文献、阅读语言文字,还原经典中的历史经验,理解字词在经典中的历史意义。在"致知"中借践行性向内以求,由言及理,理解文本的原义只是义理的萌芽,其认为要学会捕捉文本背后的"真理",基于自身体验生发出一种超出经典文本文字表象的新的意义,铭记于心并付诸实践。

那么在不同向度约束下,郑玄、朱熹在实际解经过程中会表现出怎样的不同呢?举例来说,在对《大学》第一条纲领"在明明德"的解释中,郑玄注"明明德,谓显明其至德也"①,朱熹注"明,明之也。明德者,人之所得乎天,而虚灵不昧,以具众理而应万事者也。但为气禀所拘,人欲所蔽,则有时而昏;然其本体之明,则有未尝息者。故学者当因其所发而遂明之,以复其初也"②。显然,郑玄的解释十分简明,他用精练的语言说清楚了"明德"的意思,并未对"至德"进行特别的界定与发挥。与之相较,朱熹的解释则复杂得多。他先明示了"明德"的内涵意义,后又预设了"明明德""当因其所发而遂明之,以复其初也"的前提,并站在本体论"理"的高度体察"在明明德"所蕴藏的丰富道理,显然这已不单是语意的解释,更是一种哲学的发挥。并且朱熹对它的理解也绝不限于《大学》文本自身,儒家的"复性"、"心统性情"

---

① 郑玄:《礼记正义》,载《十三经注疏》,国学整理社1935年版。

② 朱熹:《四书章句集注·大学章句》,中华书局1983年版,第3页。

理论也被融入其中。

为何会有此差异？原来，郑玄在“我注六经”思想的影响下，始终以“述先圣之元意”[①]为己任，他以语言文字、名物制度为诠释对象。其认为，诠释学问题在某种程度上是与训诂学相通的，只要正确解释文本中字、词、句的含义即可完全破解经典内含圣言的“大义”。与之不同，朱熹遵循着“六经注我”的思路。他解释的重点不在于文字的含义，而着眼于对文本语言之外的“道之体用”、“理之精蕴”等的探索。他曾说：“道之体用，盈于天地之间。古先圣人既深得之，而虑后世之不能以达此，于是立言垂教，自本至末”[②]，解读经典即是“参以往训之指，反复推穷，以求其理之所在。使吾方寸之间，虚明洞彻，无毫发之不尽，然后意诚心正身修而推以治人，无往而不得其正者”[③]。其认为解释经典目的是“借经通理”，因此不必拘泥于具体字词、语句的理解，而应探究文本背后“深层旨意”。在其看来，儒家经典的内容其实就是“理”展现的道德世界，是理具体化于人伦世界所展现的理事交融的世界。

再举一例，在对《中庸》名句“天命之谓性，率性之谓道，修道之谓教”的解释中，郑玄注“天命，谓天所命生人者也，是谓性命。木神则仁，金神则义，火神则礼，水神则信，土神则知。孝经说曰：性者，生之质。命，人所禀受度也。率，循也，循性行之是谓道。修，治也，治而广之，人放效之，是曰：教”[④]。朱熹注：“命，犹令也。性，即理也。天以阴阳五行化生万物，气以成形，而理亦赋焉，犹命令也。于是人物之生，因各得其所赋之理，以为健顺五常之德，所谓性也。率，循也……人物各循其性之自然，则其日用事物之间，莫不各有当行之路，是则所谓道也。修，品节之也。性道虽同，而气禀或异，故不能无过不及之差，圣人因人物之所当行者而品节之，以为法于天下，则谓之教，若礼、乐、刑、政之属是也。盖人之所以为人，道之所以为道，圣人之

---

① 范晔：《后汉书》卷三十五《张曹郑列传》，中华书局2012年版，第1209页。

② 王懋竑：《朱子年谱 考异附录》，商务印书馆1937年版，第374页。

③ 朱熹：《晦庵先生朱文公文集》卷六十一《答曾景建》，载《朱子大全》，中华书局1949年版。

④ 郑玄：《礼记正义》卷五十二《中庸》，载《十三经注疏》阮刻本，中华书局1980年版，第1625页。

所以为教,原其所自,无一不本于天而备于我。学者知之,则其于学知所用力而自不能已矣。故子思于此首发明之,读者所宜深体而默识也。"[①]

郑玄的注解,语言比较浅显。他紧扣"性"、"命"、"率"、"修"、"教"等字,随文释义解释其在句中的具体含义。"他自觉地实践着古文经学准确把握经典本义的解释原则,把'稽考情实'作为其主要工作和解释方法的总的指导思想。"[②]他在对经典的诠释中,十分注重文本的"表层旨意",他相信语言文字可以传达作者的心意。经典实际上是载道之书,准确解释字词在不同语境中的不同含义即是领悟经典的最好方法。对此,朱熹是不认同的。他说:"凡吾心之所得,必以考之圣贤之书"[③],"读《六经》时,只如未有《六经》,只就自家身上讨道理,其理便易晓"[④]。经典与解经者之间关系实无主客之分,因为文本中承载的"道"与读者生命相融。经典诠释者需以心中的一套价值系统去探索典籍,让自己的生活体验或思想系统契入经典的思想世界。从具体解释上看,朱熹先是预设了"心统性情"、"人心道心"的理论,调动自我主观能动性,形成一种心理期待,进而以解经者个人生命的心路历程去体验经文的意义,形成相应的理解。他由天命之性,推论人所以为人、道所以为道、圣人所以为教的道理,并唤醒了读者对经典大义的深层体验。

通过上面两个例子,可以得出这样的结论:"我注六经"式的向度是一种对文字、语法、文本的解读,其以对象性研究为主,以经典为核心,注重文本的历史性,其解释目的在于还圣言、圣意之原貌;"六经注我"式的向度则是一种理论的、创造性的哲学建构,其以诠释者为核心,不断重塑经典的内容,其目的在于借经典解释表达个人见解,因而具有实践主体的时代性特征。而正是在这些本质差异的基础上,两种向度也衍生出两种截然不同的解经逻辑路线。

郑玄解经特别强调语言解释的作用,着力引导学者"就其原文字之声

---

① 朱熹:《四书章句集注 · 中庸章句》上册,中华书局 1983 年版,第 17 页。

② 匡鹏飞:《〈论语〉郑玄与朱熹解释之比较》,《孔子研究》2001 年第 4 期,第 109 页。

③ 朱熹:《晦庵先生朱文公文集》卷四十二《答吴晦叔》,载《朱子大全》,中华书局 1949 年版。

④ 黎靖德:《朱子语类》第 1 册,中华书局 1994 年版,第 188 页。

类,考训诂,捃秘逸"[①]。他指出,诠释经典首先要通过声训、义训、形训等方法训释词语,循文立训。其认为在解释中要十分注意术语应用的严谨性与科学性,如用"某,某也"来注释相同或近义的字词;用"曰"、"为"、"谓之"来下定义、立界说等。[②] 当遇到"辞"例时,郑玄提出了一种"引经证经"的方法。他将儒家经典看作是一个相互依存、相互发明的文献系统,其传达的"元意"也是一个相互关联、相互作用的思想体系。因此,其认为可通过经典对照,对"辞"例进行深刻解释。在弄清单个字词的意思后,要将它们连接起来,以揭示整个句子的意义。最终在不牵强附会的基础上,将自己的人格理想赋予经典诠释中,阐发一定的义理。不过,这其中虽有推验,但只是适可而止,决不过度引申。总的来说,其路线是"解释词语→分析'辞'例→揭示句意→阐发义理"。

比较而言,朱熹的解经要复杂得多。他将解经的过程分为三个阶段:寻求文本原义,理解作者原意,揭示读者所悟之义。寻求原义,是指除了文字训诂外还要学会"相互诘难",即若自己的见解与他人不同,就应与他人以相互诘难的方法,将各自的见解推论至极处,所谓"穷究其辞",如此在比较中找到最佳的解释。理解作者原意,需要人们对经典从"浅近平易处理会,应用切身处体察,渐次接续"[③],即在自己的日常生活中去理解圣人的原意。在朱熹看来,读者若能无偏见地阅读文本,顺着文本的脉络反思日常生活中发生的事,便能从平易中理解圣人的高远之意[④]。揭示读者所悟之义是说,诠释者可在文本原义与作者原意的基础上,通过观照自身体验而做出的进一步运用与发挥,而这也是解读经典的最终目的。朱熹指出,经典中的圣言大多只是对个别事件的描述,仅是"天理"的"萌芽"。诠释者要学会从个别中提炼出一般,并根据自己的生活在理解"义理"的同时,加入新的元素,在

① 郑玄:《周礼注疏》,上海古籍出版社2010年版。

② 参见王国强:《汉代文献注释模式研究》,《郑州大学学报》2006年第3期,第107页。

③ 朱熹著,郭齐、尹波点校:《朱熹集》卷四十五《答胡宽夫》,四川教育出版社1996年版,第2151页。

④ 参见潘德荣:《经典与诠释——论朱熹的诠释思想》,《中国社会科学》2002年第1期,第62页。

实践中体验“理”的真谛。

笔者认为，总结郑玄与朱熹在解经中所受到的约束，进而可以推导两个基本向度给儒家经典诠释学带来的本质影响。

第一，其决定了“解释形上学”在诠释学中的地位。“我注六经”式的向度，重在经典文本字词自身，认为通过文字训诂即可解明，它不会刻意追求所谓的言内之意、言外之意或言后之意的哲学思辨。所以其不必有解释形上学的预设。因为探求“元意”是诠释的重点，所以只要具有求真的精神、严谨的态度、务实的方法，即可完成相应的任务。甚至，解释形上学的存在还会在某种程度上影响其对经典诠释的“可靠性”。故我们很难在郑玄的文本注释中看到类似“天”、“仁”等的具有本体论意蕴的字词。相反，“六经注我”式的向度强调挖掘字词的深层意思，认为经典的理解是一种体认的过程，所谓的“得意忘言”的领悟而非训诂等“小学”可以实现，但必须对文本有着本体论层面的“升华”式的感悟。以朱熹为例，他在解经时总是大讲“理一分殊”，在具体注释中处处可见“理”之哲学痕迹。在他看来，德目无穷，理亦无穷，但理的本源同一。不同的经典所说的其实都是“理一”，而本质都是“一理”，所以解读经典就是一个“下学人事”、“上达天理”的过程，也是格物致知的最终指向。故没有“理”等解释形上学的存在，经典诠释只能杂乱无章、失去方向。

第二，其决定了不同诠释类型解经活动要件的构成。郑玄解经活动的基本构成是语言诠释方法以及“全经”、“义全”的理念。语言诠释是各种训诂方法与句意解释的综合以及“全经”与“义全”是说不可就某一句或某一段话肢解先圣的思想体系，断章取义，而要在整体上把握经典，从总体上理解“圣言”。朱熹解经活动的基本构成是解释主体、义理诠释及历史文本。他强调解释主体的能动性与创造性；解释方法与解释目的的统一；解经是理解与践行的统一；经典有不同的重点、不同的文本，因此在对其解读中应有不同的侧重，要“通一书而后及一书”等。显然，郑、朱在解释活动中的理念有着本质不同。由此推论，“我注六经”式的向度，其实将语言与“实在”视为同一，并且它要通过外在工具千方百计地证明这种“同一”的合法性；“六经注我”式的向度，并不承认语言与“实在”间存有必然关系，而只是把语言视为传达意义的工具，所以其要破除语言对主体的桎梏，在更深层面上理解语言。

第三，其决定了儒家诠释学必然与语言哲学发生诸多联系。“我注六经”式的向度注意圣言的“元意”，力图还原文字“原义”，因此必然会触及语言的意义理论问题。其相信，由于情境差异、阅读者主观偏好等原因，客体化的符号文本在主体阅读理解过程常常出现文字的原本意义与实时的表达意义不一致现象，即“本文”被以书写方式记录固定下来后，其意义作为理解和解释的对象，会发生因人而异的变化。为了让本文内容客观化，必须要想办法克服语言在传递中经常会遇到的时间障碍、空间障碍及语境障碍。这既涉及文字的书写形式和读音时间“位移”问题，即语言因空间间隔而形成的理解与解释问题，也涵盖了字的“本义”、“余义”、“引申义”、“假借义”等的区分问题。“六经注我”式的向度对于言与道的关系、言意问题、名实问题的关注更为直接。其认为，语言、文字与“理”、“心”等本体范畴间有着说不尽的联系，它们包含丰富的哲学思考对象，解经本身就是从经典文字中寻找意义的过程，语言与形上学、目的论具有内在的关联性。无论是郑玄还是朱熹，他们在解经过程中显然都未有激发读者对于中国语言哲学关注的愿望，但在客观上却不经意间引发了人们对语言哲学问题的思考，这可谓儒家诠释学发展的又一“特点”后果。

第四，其共同赋予了儒家经典工具性特征。郑玄以一种历史主义态度对待经典中的文字，因为在他的心目中，文字具有载道的功能。圣人其实是将“道”的内涵，以文字形式“器化”展现出来，经典只是一种载道的工具。朱熹自称研究经典乃是因为经典中承载着“理”，“经之有解，所以通经。经既通，自无事于解。借经以通乎理耳。理得，则无俟乎经”《朱子语类》。其认为经典只是工具，一旦得“道”，经典也可以抛弃了。众所周知，儒学以实用性著称。“我注六经”式或“六经注我”式的向度，如果失去了实用性，其实也就失去了在儒学中的存在价值。从这个意义上说，经典的工具化即是儒家诠释学发展的结果。即使向度不同，其也必然会在“实用性”的指引下

"殊途同归"。理解这一点,对于理解儒家诠释学甚至整个儒学都有着重要意义。

二、诠释不足与诠释过度:两个常见的"诠释之弊"

通过上面的分析可知,儒家诠释学的两个基本向度一个是语言的、历史的、实证式的,一个是理解的、领悟的、哲学式的。二者各有优长,但"诠释之弊"也由此而生。一般来说,"我注六经"式的向度总是期待经由名物制度、文字训诂的说明,来确认经典中"道"的原始的或真实的意义,甚至不惜将经典诠释学转化为训诂学。由于过于强调诠释是一种客观性历史叙述,所以其坚决地将诠释者的主观性排除在外。它反对成见、反对"前理解",试图建立一种诠释边界。然而,其忽略了一个重要事实——经典诠释始终是一种主体性参与的行为,人的意识不可避免地会渗入到文本的理解之中。诠释本身就是一个十分复杂的活动,单词、单句的解释,只能让读者对于经典的理解变得简单化、机械化。进而,其会使经典的解读产生一种未彻底完成之感,诠释随之也呈现出一种"不足"的样态。

以郑玄对《论语》的解释为例,《学而》有:"子贡曰:'贫而无谄,富而无骄,何如?'子曰:'可也。未若贫而乐,富而好礼者也。'"郑注:"乐,谓志于道,不以贫为忧苦"①;《子罕》有:"子在川上曰:'逝者如斯夫!不舍昼夜。'"郑注:"逝,往也,言凡往者如川之流也"②;《述而》有:"子曰:'我非生而知之者,好古,敏而求之者也。'"郑注:"言此者,勉人于学"③;《泰伯》有:"子曰:'巍巍乎,舜禹之有天下而不与焉!'"郑注:"美其有成功能择任贤臣。"④从对上面几句话的解释看,郑玄或是将解释的重点集中于单个词的意义上,或是以简洁的语言高度概括文本的主旨,其目的只是让读者更好、更快地把握经典的"元意"。从解释的文体形态上看,郑玄的诠释篇幅短小、表达方式单一、语言简明易懂,其大多是直接阐述经义,没有大量的材料罗

---

① 何晏、邢昺等:《四部要籍注疏丛刊 论语(中)》,中华书局 1998 年版,第 1109 页。

② 何晏、邢昺等:《四部要籍注疏丛刊 论语(中)》,中华书局 1998 年版,第 1665 页。

③ 何晏、邢昺等:《四部要籍注疏丛刊 论语(中)》,中华书局 1998 年版。

④ 何晏、邢昺等:《四部要籍注疏丛刊 论语(中)》,中华书局 1998 年版。

列和多元化的论证方法，结构简约。显然，郑玄是将经文视为一种被叙述的历史事实，尽力要排除叙述者的“主体性张力”—— 诠释者将自己的逻辑思想、主观意图带入诠释活动引发出的文本与“原义”的背离。然而从诠释的效果上看，郑玄这种注重字源学或训诂学的解释，对读者理解把握孔子所要阐发的政治、道德、教育等思想有多大的帮助呢？若通读《论语》可以知道，孔子想要建构的是一种“仁学”思想。《论语》中的每一段话，其实与整本书想要表达的伦理学、政治化、修养方法等均有着内在联系，或者说在意义上构成了一种循环。字、句、文、书之间相互关照，整体与部分之间联系紧密。虽然上文说过，郑玄实际上也注意到要从整体上理解经典，但在“部分”还没能剖析清楚和被参透意蕴前，其让读者直接理解义理实在有些勉为其难。

“六经注我”式向度强调经典中的义理与解经者的生命融为一体，经典诠释是“寻求意义”的活动。其主张，解经不可拘泥于字面，探索经典内部的意义结构才是诠释学的真谛。它超越了实证主义立场，让诠释者的主体性与经典交融，从而使经典不再成为纯粹“对象性”的存在。然而由于过于注重“主观”，其在实际操作中往往陷入“古为今用”的流蔽，刑求古人的现象不断涌现。并且，它还会将解经者的“主意”与“成见”加入诠释之中，可谓一种“诠释过度”。

我们知道，朱熹毕生研究经典，其本着“格物穷理”的宗旨，通过以“体”、“用”以及“理”等概念为核心的哲学系统，赋予儒家经传新的见解。这使其中许多见解或偏离原文颇多，或与经典原义不合，有时甚至相违背。举例子来说，《学而》有：“有子曰：礼之用，和为贵。先王之道斯为美，小大由之。”朱注：“礼者，天理之节文、人事之仪则也。和者，从容不迫之意。盖礼之为体虽严，然皆出于自然之理，故其为用必从容而不迫，乃为可贵。先王之道此其所以为美，而小事大事无不由之也。”[①]显然，朱熹是在自己所处的语境中解释这句话的。受释道的浸染，儒家始有体用之说，因此在孔子所处的时代将“体”、“用”之意融入经典是难以想象的。又如，《颜渊》有：“颜渊问仁。子曰：‘克己复礼为仁。一日克己复礼，天下归仁焉。为仁由己，而

① 程树德：《中华国学文库 论语集释 上》，中华书局 2013 年版，第 54 页。

由人乎哉?'"朱注:"仁者,本心之全德。克,胜也。己,谓身之私欲也。复,反也。礼者,天理之节文也。为仁者,所以全其心之德也。盖心之全德,莫非天理,而亦不能不坏于人欲。故为仁者必有以胜私欲而复于礼,则事皆天理,而本心之德复全于我矣。归,犹与也。又言一日克己复礼,则天下之人皆与其仁,极言其效之甚速而至大也。又言为仁由己而非他人所能预,又见其机之在我而无难也。日日克之,不以为难,则私欲净尽,天理流行,而仁不可胜用矣。"①在此句的解释中,朱熹引入了天理、私欲等名词,而这些是在《论语》原文中找不到的,可谓"义无所征"。再如,《学而》有:"君子务本,本立而道生。孝弟也者,其为仁之本与。"朱注:"仁者,爱之理,心之德也"②,并引程颐之说"德有本,本立则其道充大"③。但在《论语》的原文中,此句应为"本立而道生",生即内在价值。为了让孔孟与程颐的话能完全对接,朱熹实际上是在"人为"地改变原文。不难理解,他的做法实则是在化解由于解释与原典思想差距过大而产生的解释与文本之间的紧张。

从学术研究的严肃性上看,朱熹在诠释中冒着语境上、思想上紧张的风险,将先秦与两宋诸儒思想混为一体,实为一种"刻意"的混淆。他其实是从自己的哲学立场出发,提出问题,进入经典的世界,向经典要答案。他要做的是,让经典中的思想成为宋代学者可理解之纲。从本质上讲,朱熹诠释出的文本思想多半是原始经典中未曾思考的问题。其诠释的目的,是为了建构自己的理论体系而解读经典,并非为了经典本身。所以朱熹所作的《四书章句集注》,准确地说是一本完整系统的提高人道德境界的专著,而非一本对先儒经典进行文献追寻的理想教材。不过,朱熹这些"过度"的诠释,在某种程度上说却是必要的。因为从思想创造性上说,不如上所述,他的经典诠释便无法与其自身的哲学建构达成有机联系,其"寻找意义"的过程,也必然因为文字的阻碍受到桎梏。

从更深层意义上理解,"诠释不足"与"诠释过度"问题的出现同解经者

---

① 朱熹:《四书章句集注》,中华书局1983年版,第131—132页。

② 程树德:《中华国学文库 论语集释 上》,中华书局2013年版,第18页。

③ 朱熹:《四书章句集注》,中华书局2011年版,第50页。

的“历史性”特质有着直接关系。黄俊杰先生曾言,“历史性”分为两种:经典作者的“历史性”与解经者的历史性。其认为以“历史性”开发经典主要有两种方法:一是将经典作者的历史脉络加以突显化、具体化,使经典作者的意向昭然若揭;二是经典解读者以他自己的“历史性”照应经典文义,使经典中潜藏的含义成为外显的含义。① “诠释不足”是解释思想单面化下的产物,它保留了经典的原汁原味,却形成“只见一叶”的弊端;“诠释过度”是“以今释古”,它在有效开发经典潜在之意的同时,却让经典与原文、义理变得渐行渐远。那么有没有方法能够有效克服这两个常见的“诠释之弊”呢?或者说,能否实现两种向度的取长补短呢?

答案是肯定的,但必须弄清几个问题。第一,两种向度的产生基于解释者不同的解经目的、释经思想,各有其特定价值,不可从学术角度给予其主次排序。那种想要凭借“诠释不足”或“诠释过度”的后果来对两种向度进行抑此扬彼或褒贬评判的做法是立不住脚的。“我注六经”绝非简单的注释,其内涵深刻;“六经注我”也非不严谨的学术思辨,而是特定的理论建构与主体性的表达。它们是不同学术理路下的研究产物,不可强行比较高低。第二,两种向度结合的前提是区分,没有区分只能出现混淆或混乱。两种向度一个强调忠于文本,一个强调以自我为中心的建构与表达,二者并不具有同质性,难以合为一体。但从学术研究的角度上讲,研究者完全可以在对经典的诠释中先完成一个向度的工作,后再继续开展另一个向度约束下的研究。倘若想要将两个向度的工作同时进行,其结果只能是自欺欺人。如郑玄虽也涉及了义理研究,但他的发挥仅限于字词或句意的理解,他的目的是让人们了解经典到底说了些什么,其处处自觉地遵守文本客观、历史的向度规范。又如,朱熹虽然在他的经典诠释中不时地突显“注重义理阐发而不废章句训诂”的旨趣,但其在实际操作中却不时注入主观因素,尤以二程思想印迹为甚。他的训诂诠释实则是将所剖析出的经典思想融合到自身的处境之中,与真正的“文献语言”工作有着一定“距离”。诚然,每个解经者都无法摆脱自己所浸染的文化要素制约,形成所谓的“前理解”,但为何郑玄与朱

① 参见黄俊杰:《东亚儒学史的新视野》,华东师范大学出版社2008年版,第38—39页。

熹却有着不同的表现呢，其原因在于，他们二人从事的是两种不同性质的工作。郑玄必须时刻注意、反省自己“前理解”的恰当性，而朱熹对此却不必过分注意，或者说许多时候他是“故意”加入主观因素的。第三，两种向度的区分会不会让经典诠释学说变得“呆板化”？既然两种向度彼此界限分明，如果选择了一种向度就很难进入到另一个向度之中，这样的话是否会让经典诠释失去了“创造性”。对这一问题的解释是，两种向度的共存本身就注定了经典诠释学的“多样性”，况且即使在同一向度中，不同时代的学者提供的解释也有所不同，“六经注我”自不必说，“我注六经”同样如此，经典实际上并不存在唯一正确的解释。由此推之，向度其实只是一种努力方向，并非是一个固定不变的具体目标或唯一结果，这自然也为诠释学留下了无尽的发展与想象空间。

明确了上述问题后，我们可以尝试消解“诠释之弊”。对于“诠释不足”，诠释者可以从经典的内在“超越性”入手解决。经典之所以能够永恒，在于其自身具有“超时空”的特质，也可称为“常道”。为何儒学在每一次“返本开新”中都能挖掘出经典的“新意”？原因在于，开新者每每都能从经典中所记载的事件和情境的特殊性中抽离出具有普遍性的“真理”。“我注六经”式向度的诠释者，可以向着经典中具有“共性”的义理下功夫，在摒除了自身“历史性”的同时，也可以让自己不再成为经典的“旁观者”，进而对经典做出积极的反应。对于“诠释过度”，诠释者可以想办法让自己回归经典形成时的历史情境，在当时的时空中研究经典。“六经注我”式向度的诠释者应把经典置于时间脉络中阅读，从而回归原典。但这样的回归并不强调抛弃诠释者的话语权与心路体验，它所强调的是诠释者要让自己在消除主观成见与过度表达时代特殊性之间达成一种动态平衡。否则，其解释出的经典可能千篇一律，经典也就失去了自身的“魅力”。

三、两种向度与理解的类型：站在西方诠释学的视角

站在西方诠释学的视角上审视儒家诠释学的两个基本向度，可以断定：“我注六经”式的向度应为语义学的诠释学，“六经注我”式的向度实为哲学

的诠释学。语义学的诠释学讲究的是“照原意”的理解，它要求诠释者尽可能依照原本的历史情境和创作者的心态去理解文本，诠释要服从基本的历史客观原则，遵循既定的诠释规范与判定标准。在其导向下，文字学、语言学、训诂学研究成为经典诠释者必备的本领，诠释学理论的发展以如何避免误解和得到正确的理解为构思主线。如同被誉为西方诠释学之父的施莱尔马赫强调的那样，无论是文法学诠释、心理学诠释还是历史诠释，经典诠释的目的均是在主观和客观上尽可能地“照原意”理解文本，坚定不移地表现出客观主义的立场。然而这样诠释的后果，让解读经典成为一门方法论的学问。

20世纪上半叶，海德格尔让西方诠释学发生了转向，其开始注重自诠释者个人实际存在的历史情境之反省出发理解经典。其让诠释学跳出方法论思考的范围，从而与哲学的建构关联起来。随后，学者高达美明确主张诠释学工作如果只是一种避免误解的技术工具，那么其便无法进行更深层面的自我理解。理解活动不是某种让人能更好、更容易掌握特殊对象的方法学训练，而是人的有限性历史存在的最基础，也是构成人的最初性的存有方式。[①] 于是，西方诠释学脱离了方法论而进入到存有学的领域。经典诠释也成为一门达成“较好地理解”的学问。

所谓“较好地理解”是将诠释作为一种“再发现”的过程，是重新发现经典中某些原本并非完全不知道、但其意义业已因为年代久远而变得陌生的东西。它渗透着理解者的意向性，是获得意义的过程。它的诠释有效性在于，发明经典中的“真理”而非追究其原义或原样如何。其实，它就是儒学中“六经注我”式的向度。“较好地理解”要求诠释者挖掘出经典原作者想要表达但未充分陈述出的意思。相对于原作者，诠释者要以更广阔的视野、更充分的论据，以后来居上的姿态取得对文本内含“真理”的更佳掌握。这是哲学意义上的理解，也是诠释学意义上文本、作者、诠释者之间的“循环”，其效果是从经典中开发出具有实用价值的新意。

---

① 参见黄俊杰：《中国经典诠释传统（一）：通论篇》，华东师范大学出版社2008年版，第15页。

在西方,“较好的理解”已成为诠释学发展的主要趋势,它让人们相信经典诠释不只是一个知识论意义上的方法运作,其更具有使诠释者反省自身的意蕴。然而,“照原意”理解并没有因此消亡,相反却成为一个独立的分支,屹立于西方诠释学之林。其中的原因十分明显,它们代表着诠释学的两个方向,不存在谁在本质上优越于谁,以及谁在历史演进中会替代谁的问题。笔者认为,儒家诠释学中的两个向度彼此的共生与上述的道理是一致的。就像郑玄所诠释的义理,在宋学家的眼中十分的低级、简单;朱熹自认为自己注释的经典非常客观,但在汉学家眼中其注解却是“空虚”、经不起检验的。由于立场的不同,其自然会得出不同的结论。而向度的不同却又揭示了诠释学不同方向存在的合法性与功效性。简单地说,“我注六经”式的向度面向过去,彰显的是经典的独立价值,“六经注我”式的向度着眼于当下,突出的是经典的时代性价值。简言之,在两种向度共存的前提下,儒家诠释学既没有失去历史客观性,又能以活用的态度“活用”经典,从而让自身充满活力。其让读者在充分理解过去已有的思考与实践成果的基础上,开启新的诠释发明,让学科的进步持续发生成为可能。

第五章　儒家诠释学当代发展之路

20 世纪 80 年代以来，随着人们对儒学的存在意义和生存模式产生新的认识，一股重建儒学、重建经学的思潮在世界范围内涌动。学者们或是以“世界儒学”、“东亚经典诠释传统”视域重新审视儒家经典；或是主动将儒学思想与西方诠释学理论方法融合，对典籍“返本开新”；或是立足中国本土，大力建构“中国诠释学”等。在多种力量推动下，当代儒家诠释学发展之路呈现出多元化态势。

一、海外新儒家的构想

海外新儒家主要集中于两个阵地：以成中英为代表人物的夏威夷儒学和以杜维明为代表的波士顿儒学。成中英提出了“本体诠释学”的原则，从语言、概念、观念和本体上沟通中西哲学，对中国哲学进行“解构”，以达到“重建”和“创新”，使之现代化并走向世界。杜维明注重孟学，沿着思孟、陆王、牟宗三的系统，强调心性修养的重要性，着力于人文精神的重建。他对新时期儒家诠释学之解释目的与时代际遇、解释内容、解释方法进行了系统分析。

以诠释学视角观之，成中英建构的本体诠释学深受西方哲学的影响，特别是它的理性分析方法，应用了现象学、逻辑经验论、日常语言分析、过程哲学、实用主义以及社会批判理论等。但它的最终指向是在中国哲学，因为作为诠释的最高层级的哲学本体，是以一体二元的生命本体为依归的，其知识也统一于心性论，即所谓价值的知识论。成中英将诠释系统分为两个阶段，一是“本体意识的发动”阶段，二是“理性意识的知觉”阶段。前者包括了

"客体独立性"、"客体完整性"(理的原则)、"知的实现性"、"意义和谐化"(知的原则)四层。后者含具了"现象分析"、"终极意义"(本体),"逻辑与语言"(形式),"历史发生"、"效果分析"(经验)等六个方面。两者合起来共有十大原则。这些原则囊括了对形式与本体、经验与理性的整体思考,构成一个层级累进的有机网络系统。从具体的诠释进路来看,这些原则又呈现为现象分析、本体思考、理性批判、秩序发生四个阶段。"'现象分析'是对杂多的梳理,根据(阴阳)对偶性原理勾联关系、结织整体。'本体思考'是在现象分析的基础上,从本体来掌握整全,以达到完全性的要求。'理性批判'是掌握了本体和现象之后,用理性的方法重予呈现,包括语言的沟通、秩序的建立和综合的了解等等。这也是一个以理性来延展经验,又以经验来规范理性的双向过程。'秩序发生'是在理性呈现的状态下,调适、转化、发展合理性秩序,以使经验和理性的互动达到最大的有效性。一个阶段性(单元)本体就此实现,这为诠释的展开搭起了平台,建立了言诠的支点,使视域无限深广的诠释网络之架设成为可能。"①

在成中英的理解中,"本体"即是整体、本源与根源,它既具有西方哲学中客观实在的对象义,也兼括中国哲学中"体验的存在"或"验存义"。他的本体诠释学十分注重借助于中国哲学"和谐化辩证法"②的智慧,通过在整体意识的关照下对更完全的本体的洞见,从差异中发现同一,从而深刻地揭示对立面之间相互促进、相互转化的内在根据,在内在性与超越性的统一中揭明事物不断向更高阶段转化的动态过程。从本体诠释学的终极目标来看,它"既是一种本体哲学……更是一种分析和综合的重建(再建构)的方法。它作为哲学建构的方法,包含了哲学分析与其他思维性活动,具有重建和实现世界哲学目标的潜力"③。成中英指出,中国式思考是以本体体验理解和诠释现象与文字典籍的。儒家以对己与对人的心智潜能同德性根源的

---

① 景海峰:《解释学与中国哲学》,《哲学动态》2001 年第 7 期,第 15—16 页。

② 成中英:《迈向和谐化辩证观的建立——和谐及冲突在中国哲学内的地位》,载《知识与价值——和谐、真理与正义之探索》,联经出版事业公司 1986 年版,第 3 页。

③ 成中英著,李志林编:《世纪之交的抉择——论中西儒学的会通与融合》,知识出版社 1991 年版,第 70 页。

内外省知两方面来加以说明，二者形之为理解，就形成了一个中国人的道体或本体宇宙论与本体人性论的本体思考传统。二者用之为诠释，就形成了一套中国人的本体思考的本体诠释学。诠释是以理解为本源、为依归的，但却在文字上、概念上作意理发挥与解说功夫，即所谓言之成理、言之有物、自圆其说，等等。但只有基于本体的认知与解说才是本体诠释，故不论具体的或特定的本体何指，只要有本体的概念并纳方法于本体的思考之中即是广义的本体思考；如专就传统中特定的道家、儒家或其他诸子百家的本体立言则可谓之狭义的本体思考。儒家经典自《易经》始，历经春秋、战国、两汉、魏晋、隋唐、宋明、清明流传至今，衰而复兴。诠释的类型虽有多样，但万变仍不离其宗，亦即不离一个重视本体思考、纳方法于本体之中的易与道的本体思考方式，这也正是儒家诠释学精髓所在。

“在创立本体诠释学之前，成中英长期浸润于《周易》之中，玩易观象甚深，他的‘和谐化’洞见、某些系统观和思维原则，是直接地源自《周易》。在往后的思考中，中西比较哲学的视野一直是他的工作的特色。所以，尽管从表面上看本体诠释学的西化色彩较浓，但它的根是深植于中国哲学的观念之中的。”①就像成中英自称的那样：“我的哲学继承了儒学的传统，旨在把握现实人生，本体诠释学就是这样一种哲学，它以原儒的精神为基础，并不断地开拓其在当代的新的意义。它是一种创造性的、诠释性的、本体性的人文主义。它探求的是人的生命整体意义，是一种整体哲学。”②

杜维明对于诠释学问题的思考主要是站在全球文化大背景下进行的。他所关注的“解释”是整个儒学思想的现代性解释，而非执着于经典文本的新时期再诠释。杜维明将解释目的分为两个层次。一是“原儒”，即揭示儒家思想的真面目和真精神。这是实现儒学创造性转化的前提条件。二是在前者的基础上，让“儒学的活水流向世界”，使其“经过纽约、巴黎、东京，最后回到中国”③。杜维明十分欣赏雅斯贝斯提出的“轴心时期”的理念，并从

① 景海峰：《解释学与中国哲学》，《哲学动态》2001 年第 7 期，第 16 页。

② 潘德荣：《本体诠释学与当代精神——与成中英教授对话》，《中国社会科学》1995 年第 5 期，第 79 页。

③ 杜维明：《杜维明文集》第 1 卷，武汉出版社 2002 年版，第 563 页。

中找到推进儒学发展的信心，进而提出“儒学第三期发展”的主张。其认为要通过对儒家思想“新”解释，使之在现代思潮的发展进程中发挥重要作用。

杜维明指出，儒学是一种人文主义、一种哲学人类学，但此种人文主义既不排斥超越层面的“天”，也不排斥现实层面的社会与自然，所以说它是“一种涵盖性很强的人文主义”，“就儒学本身而言，它既是一个历史现象，又是一种哲学思考模式，一个生命形态”①。所以对于儒家思想，不仅要从历史的角度理清其发展脉络，还要从哲学的角度对其多样性和多层次性的内涵作深入的理解和挖掘。他还说，儒家思想由那些具有“群体批判的自我意识”的优秀知识分子所建造，具有深厚的批判意识，是中华民族“日新又日新”的源头活水，是塑造中国知识分子气度和胸襟的价值渊源，也是培育中华民族性格和素质的精神财富。因此，它需要肯定，也是值得进一步挖掘的。

在诠释儒家的《论语》时，杜维明从中抽出“道”、“学”、“政”三个概念，指出这三者相结合即架构成儒学的理论体系。“道”针对的是人存在的终极意义的问题。“学”包括经典注疏之学、礼仪之学与实现自我人格的修养之学。“政”是指儒家的道德实践。在论及儒家“内圣外王”问题时，他强调内圣之学是儒家全部理论的核心和出发点，认为“儒学人道主义最关心的基本问题之一就是如何通过自我努力而成为圣人”。儒家内圣之学的理论基础就是心性之学，因为“成圣（最可信、最真实、最诚实的人性）的理想的实现，依赖于对真实人性的本体论的理解”②，这种理解不仅仅把人看作一种生物的和社会的存在，而且把人的存在及其本质提升到道德宗教的层面加以探讨。

关于具体的解释方法问题，杜维明给出了如下的思路。第一，多元化的诠释立场。我们不仅要立足儒学本身，还可从释、道等视角重释儒家经典，甚至可以站在西方文化的视角进行审视。杜维明说，儒家至少应从三个方面吸收西方文化的优长：在超越的层面，吸收基督教的精华；在社会政治经

---

① 杜维明：《杜维明文集》第1卷，武汉出版社2002年版，第305页。

② 杜维明著，胡军、于民雄译：《人性与自我修养》，中国和平出版社1988年版，第102页。

济的层面，追踪理论的前沿，吸收最新的研究成果；在深度的心理学的层面，吸收弗洛伊德心理学的合理方面，弥补儒家关于人性的阴暗面认识不够的缺欠。第二，“掘井及泉”的思考模式。杜维明发挥了《孟子·尽心上》中“有为者辟若掘井，掘井九轫而不及泉，犹为弃井也”的内涵，指出“掘井及泉”的方式是哲学的正途，提出要在注重逆觉体证的直觉思维中，对传统、对经典挖掘不停且追问不止。第三，“同情的理解”。其认为应用“体知”的方式将客观分析与主观参与结合在一起。第四，注重诠释的整体性思路。“杜维明提出，他对儒家经典文本的研究‘是诠释性的而非注释性的’。他这种研究的出发点是：‘一个精神传统的中心文本，绝不是一种诸多孤立陈述的选编，而很可能有一种为其所特有的有机统一性。’也就是说，作为精神传统的中心文本，其中必定有一个深层次的完整结构。在杜维明看来，任何经典文本的内在逻辑‘是不可能仅仅通过对它的语词、句子、段落或章节作一些注释就能予以阐明的’。所以研究者必须从注释进到诠释，只有对文本加以诠释性的分析，方可获得对该文本主题的洞见，从而达到对其内在意义的理解。”①

总结海外新儒家的诠释学思想特点，可以看出，首先，他们建构的诠释学出自一种世界哲学的立场，摒弃了传统儒家经典解释中维护“道统”的心态。他们对传统思想的理解是以“开放的心灵”进行反思，在解释中既确立了儒家哲学的独特价值与地位又对其内在欠缺给予了批判性的检视。其次，他的解释思路蕴含着深厚的西学功底。诚如成中英所言：“深入西方哲学的核心”②，其诠释学说的思辨性、逻辑性彰显出突出的理论功力。最后，他们化解了前代现代新儒家经典解释中时常陷入中西矛盾瓶颈的尴尬。前代现代新儒家为了维护中国传统文化，一方面不断强调儒家文化的本位性、优越性，夸大西方文化的弊病，另一方面又主张从儒家文化中直接开出民主与科学。但这样的“开新”在本质上讲，实为对儒家文化加以“西化”的过

① 陆信礼：《略论杜维明的“儒家解释学”》，《天津社会科学》2004年第6期，第40页。

② 成中英著，李志林编：《世纪之交的抉择——论中西儒学的会通与融合》，知识出版社1991年版，第398页。

程。也就是说,他们的目的是要突显儒家文化的独特价值,但就运用的手段而言,则是以西学为重心。这种目的与手段的背离,自然会造成矛盾状况的产生。海外新儒家们的诠释学思想显然是对前代现代新儒家论说的纠偏,从根本上改正了将“现代化”等同于“西方”的认识,他们破除了那种只注意文化的通性而忽视文化个性的观念。其想要做的是,通过对儒家经典文化的个性特征作出研究,从而显现出儒家文化的独特价值。

二、港台学者的设计

傅伟勋、黄俊杰和刘笑敢是港台儒家诠释学研究者中的杰出代表。傅伟勋精通中、日、德、英四国语言,且皆能将之用于学术讨论和著述,这使他能够与许多世界哲学大师进行直接对话,他在实存哲学、经验论、佛学、伦理学、逻辑学、解析哲学等许多方面都有研究,其在中、西哲学领域皆有很深的造诣。在他看来,中国传统的经典注疏学说有着与西方哲学诠释学相似的特征,以儒道佛三家为主的中国思想史乃是一部依我所云创造的诠释学史,譬如儒家与大乘佛教的思想发展历程,可以分别说成是对早期儒家的原先观念(如仁义礼智、天命天道)与原始佛教的根本理法(如法印、四谛、缘起等)所作“解释再解释,建构再建构”的思维理论发展史。①

基于对儒家诠释学的理解,傅伟勋建构出“创造诠释学”学说。他认为,诠释学可分为五个层次。一是“实谓”层次,即探讨“原作者实际上说了什么”。需要诠释者具有考证、训诂版本等方面的功力。二是“意谓”层次,即探讨“原作者真正意谓什么”。诠释者要通过语义澄清、脉络分析、前后文意的贯通、时代背景的考察等工夫,尽量“客观忠实地”了解并诠释原典和原思想家的意思,探问其意向、意指如何。三是“蕴谓”层次,即探讨“原作者可能说什么”。这需要诠释者经过严格的哲学史训练,逐渐体会“批判地继承并创造地发展”原有思想的深意。四是“当谓”层次,即探讨“原作者本来应该说什么”。需要诠释者的洞见和诠释的力度完全穿透原有思想结构的表层,进而掘发出更为深刻的内涵、深层意蕴和根本义理。五是“必谓”层次,

① 参见傅伟勋:《中国大陆讲学三周后记》,《知识分子》1987 年冬季号。

即探讨“作为创造的诠释家,我应该说什么”。在这一层次上,诠释者不再只代表原思想家说话,而需要经由批判地继承开创新理路、新方法,即进行“创造的诠释”,诠释者亦上升为创造性的思想家。[①]

傅伟勋的贡献在于,他在诠释学本土化探索中,尤其是儒家诠释学体系架构方面,提出了自己独到的见解。上述贡献的意义不仅在于傅伟勋所制定的方法或“步骤”的诞生,而且还为我们提供了“新理路”。不过从严格意义上说,傅伟勋建构的还只是“诠释方法”,缺少“理解和生成意义”、“语言本体论”等更高层次的哲学思辨。

台湾学者黄俊杰长期从事以传统经典诠释为核心的“东亚儒学研究计划”,并主持完成“中国文化的经典诠释传统研究”、“东亚近世儒学中的经典诠释传统研究”、“东亚经典与文化研究”等重大计划项目,出版“东亚文明研究丛书”、“东亚文明研究资料丛刊”、“东亚文明研究书目丛刊”等几大图书系列。其目的是“以东亚为研究之视野,以儒家经典为研究之核心,以文化为研究之脉络,既宏观中西文化交流,又聚焦东亚各地文化之互动,并在上述脉络中探讨经典与价值理念之变迁及其展望”[②]。在他的推动下,大批东亚学者参与到儒家传统诠释学的讨论与探索之中,使得丰硕的研究得以涌现。

黄俊杰认为,中国学术史及思想史具有以经典注疏为中心形成的诠释学传统,而经典诠释更是儒学思想发展日新又新的内在动力,“儒家思想源远流长,传承繁衍,日新又新,其主因就是历代儒者皆能面对时代环境的变化而调整儒学旧规模,开创思想的新局面”[③]。在其看来,通过数量庞大的经典注疏文字,梳理出中国经典解释学的特质及“未经明言的”方法论基础或解释策略是开发中国经典诠释学传统的一个较为可行的方法。[④] 但是,中

① 参见傅伟勋:《从西方哲学到禅佛教》,生活·读书·新知三联书店 1989 年版,第 51—52 页。

② 黄俊杰:《儒学与东亚文明研究丛书》总序,载《中国经典诠释传统(一):通论篇》,华东师范大学出版社 2008 年版,第 1—2 页。

③ 黄俊杰:《中国孟学诠释史论》,社会科学文献出版社 2004 年版,第 366—367 页。

④ 参见黄俊杰:《中国孟学诠释史论·简体字版序》,社会科学文献出版社 2004 年版,第 1 页。

国经典众多,凭一人之力遍研群经也是不可能的,所以我们可以选择一两个经典为核心进行研究,将成果推而广之,进而论及“儒学诠释学”与“中国诠释学”等。

黄俊杰自己选择的核心经典是《孟子》。他在《孟学思想史论》中指出,当代“孟学”的研究可分为哲学研究与思想史研究两大理路。前者研究的是孟子哲学体系内的重要范畴观念,如性善论、身心论等思想;后者则重视历史或文化史的脉络,将孟子思想放在历史发展的线索中,探讨其在思想史上的地位及意义。这两种理路实际上可以在诠释学中得到融会、相得益彰。在儒家约两千年的孟学诠释史中,形成了三种解释传统①。第一,作为解经者心路历程的诠释学。如朱熹注《孟子》,解释“知言养气”,以表达个人对生命的体认;王守仁在经历了“百死千难”的生命历练之后,对孟子心性、良知说的发挥等等。黄俊杰认为,这样的方法使得儒家经典诠释学成为一种以“人格”为中心而不是以文字为中心的活动,它的中心问题不在于“如何了解文本”而在于“如何受文本感化”,亦即儒家的经典诠释活动,是经典作者与经典诠释的人格境界的对话活动②。第二,作为政治学的儒家诠释学。儒学经典的解释者经常试图通过重新解释经典,对他所面临的社会政治问题提出解决方案。因此,儒家诠释学具有经世致用的特征,“实学”含义特别明显。同时,由于漫长的君主专制政体扼杀了民主因素的成长,儒家以民为本的价值理想难以在现实中落实,所以经典注疏之学就成为其寄寓经世济民思想的通道,尤以《孟》注为突出。黄俊杰说,在作为政治学的中国儒家诠释传统中,“是什么”与“应如何”是深刻地合而为一的;“事实判断”与“价值判断”也是通贯而为一体的;“回顾性的”儒家经典诊释行动与“展望性的”对未来的提案,也融合无间③。第三,作为护教学的儒家诠释学。儒学自产生流传以来,时常受到其他思潮尤其是佛、道思想的冲击。中国儒学诠释学作为“护教学”的其中一个面向,就是针对“非正统思想”的“二氏之

① 参见黄俊杰:《东亚儒学史的新视野》,台湾大学出版中心2004年版,第6页。
② 参见黄俊杰:《东亚儒学史的新视野》,台湾大学出版中心2004年版,第45—46页。
③ 参见黄俊杰:《东亚儒学史的新视野》,台湾大学出版中心2004年版,第17页。

学”,进而为儒学辩护。[①] 而在儒家诠释学发展过程中,其自身内部也常出现异端,所以许多解释者为了彰显他所认同的思想系统的正统性,也会通过重新诠释经典的方式,来排挤“非正统”思想,激浊以扬清。[②] 如韩愈撰《原道》,王守仁讲“尽心”与“集义”,黄宗羲透过重新解释《孟子》达到反朱学的目的,戴震作《孟子字义疏证》等。上述做法均有此意。黄俊杰认为,作为“护教学”的诠释学,最常出现的是以“回归原典”作为驳斥异端或同门而不同流之思想的有力武器。因此我们可以说,这一类特质的中国诠释学不仅可以创新经典,而且可以使经典诠释者的历史地位得到重新评价。

黄俊杰进一步指出,在经典解释中实则存在两个难题,即“语言性”和“历史性”的问题。他提议以概念史研究方法解决“语言性”的难题,他说:“所谓‘概念史研究方法’是指:扣紧东亚儒学史的重要概念如‘心’、‘性’、‘道’、‘教’、‘天命’等,深入分析这些概念在中日韩儒者的经典诠释中获得何种新解释,并分析这种对相同概念的诠释之差异,在思想史或哲学上的意涵。从概念史研究方法入手,我们可以以某些特定概念在经典诠释史的发展作为主轴,从点滴观潮流,分析经典之‘旧瓶’如何在历代东亚解经者手中被装入‘新酒’,并品尝‘新酒’之滋味。”[③]“历史性”的难题影响因素有二:一是经典解读者的时代背景和思想氛围;二是诠释者个人的思想倾向。诠释者的“历史性”一方面可以被用来通过经典解释者与经典作者和经典文本的对话开发经典中潜藏的含义,“读入”前人所未见的意义;另一方面也可能会使诠释者迫于时代背景下的政治压力而曲解经文,不免以今释古或强古以就今,其流弊所及,或不免唐突经典,“刑求”古人,甚至有“今”无“古”,使“古”意泯灭,经典肢解。[④] 在黄俊杰看来,解释者的“历史性”不能也不应被解消,“人的‘历史性’的解构就等于人的‘自我’之肢解。人的‘历史性’

① 参见黄俊杰:《中国孟学诠释史论》,社会科学文献出版社 2004 年版,第 286 页。
② 参见黄俊杰:《东亚儒学史的新视野》,台湾大学出版中心 2004 年版,第 7 页。
③ 黄俊杰:《东亚儒学史的新视野》,台湾大学出版中心 2004 年版,第 11—12 页。
④ 参见黄俊杰:《中国孟学诠释史论》,社会科学文献出版社 2004 年版,第 222 页。

之不可能被解消，正如人自己不能跳出他的皮肤之外一样”①。

黄俊杰通过对孟学诠释史的研究，推论出儒家诠释学的一些特点。如作为诠释者心路历程表述的注经活动，充分体现了儒学是一种“为己之学”，其使经典解释与个人生命交织为一。通过个人的生命体验来解读经典，使诠释学成为一种体验的学问，这恰恰代表了儒家“生命的学问”之精神方向。体验的诠释使注解经典成为一种具有实存意义的活动，该活动与个人的生活实践打成一片，超越了解释的技巧性操作之层面。

香港中文大学哲学系教授刘笑敢自2006年起主编《中国哲学与文化》辑刊，每年出版一刊。他以刊物为阵地，组织诸多学者对儒家传统典籍诠释之说展开激辩。他不断地提醒人们要区别三个概念，即“非哲学性的注解”、“哲学性的诠释”以及“诠释性的哲学著作”。他建议，首先应该“把那些完全不能纳入中国哲学史研究范围的注释或诠释性著作看作非哲学性的诠释，即文献学的诠释、历史学诠释、文学诠释等等，这些大体可以和西方的语文诠释学、神学诠释学、普通诠释学、历史诠释学相对应、相发明”；其次应该将“那些在通行的中国哲学史论著中涉及的注释性著作”看作“哲学性的诠释著作”，而“其中那些有完整体系、有重要地位的思想家的诠释性作品”则属于“诠释性的哲学著作”②。

刘笑敢以诠释与定向为突破口，对中国哲学诠释传统、注释形式、内在定向、外化实例，进行深入探究，并系统总结了中国哲学之身份与诠释学理论，尤其是创造性地勾勒出儒家诠释学方法论“学术导向示意图”。按刘笑敢的观点，西方哲学诠释学为儒家诠释学研究提供了新的理论指导和推动力，但西方哲学诠释学是存有论，不是方法论，在肯定其理论功绩和深刻性的同时也应看到其局限性；对“视域融合”理论的简单化和庸俗化理解纵容了对哲学经典的主观随意解说，严重地瓦解和冲击着中国哲学研究作为现代学术的严肃性，这并非哲学诠释学家的本意；以现有的西方哲学概念解释

① 黄俊杰：《从儒家经典诠释史观点论解经者的“历史性”及其相关问题》，《台大历史学报》1999年第24期，第8—9页。

② 刘笑敢：《经典诠释与体系建构：中国哲学诠释传统的成熟与特点刍议》，载李明辉：《儒家经典诠释方法》，华东师范大学出版社2008年版，第27页。

中国古代哲学中的概念很难恰切;西方诠释学理论并不能充分解释儒学的诠释传统;中国哲学对于经典诠释有着自己独特的研究方法和思维形式。

显然,刘笑敢所言的立足于中国哲学诠释传统的儒家诠释学与西方“存在论转向”之后的哲学诠释学并不具有可以汇通的内涵。他并没有将儒家诠释学拉入海德格尔“基础存在论”或“诠释学的现象学”的理论视野中。他在儒家诠释学研究中表现出明显的“根”意识。而这也正是当代港台学者在开展的相关研究中所具有的共同特质。

三、大陆学者的主张

大陆第一位明确提出创建“中国诠释学”问题的学者无疑是汤一介(他采用的是“诠释学”的译法)。20 世纪末,汤一介先后出版了《郭象与魏晋玄学》、《魏晋南北朝时期的道教》、《中国传统文化中的儒道释》、《儒道释与内在超越问题》、《在非有非无之间》、《佛教与中国文化》、《和而不同》、《我的哲学之路》等著作,发表了《能否创建中国诠释学》、《再论创建中国诠释学问题》、《三论创建中国诠释学问题》、《关于僧肇注〈道德经〉问题——四论创建中国诠释学问题》、《“道始于情”的哲学诠释——五论创建中国诠释学问题》等论文,在对中国传统文化进行了系统的梳理、反思后,提出了建立“中国解释学”的构想。

汤一介倡导把西方的诠释学理论运用到中国经典的现代解释方面,并且归纳总结中国经典解释史上的特征和规律,以创立中国自己的“诠释学”。他说,中国有很长的解释经典的历史传统,有非常丰富的解释经典的文献资源,如何发掘这一传统和有效利用这些资源,是中国哲学在新时代谋求发展的重要课题。与西方相比,中国文化传统更重视经典的解释,在具体的“诠释问题”上,中国的诠释学往往随时代而发生变化,而且常常与当时的哲学潮流相配合,甚至在同一时期会有对同一经典的不同解释派别。在当代,中国诠释学的建设应朝着以下几个方向努力。第一,应该很好地研究西方解释经典(特别是《圣经》)的历史、施莱尔马赫和狄尔泰的诠释学理论以及该理论在西方的发展。第二,中国有很长的解释经典的历史,对此至少有两个方面的事要我们花功夫去做：一是对中国注释经典的历史要作一系统的梳理，二是对中国经典的注释有“传”、“记”、“说”、“解”、“注”、“笺”、“疏”等不同的形式，我们如何把这些不同形式的注释弄清楚。第三，要创建“中国诠释学”先要运用西方诠释学理论来研究一番中国解释问题。因为新的现代中国哲学的建立离不开西方哲学，现代中国哲学必定是经过西方哲学的冲击的洗礼，经过“改造”（或新的解释）才有可能从“传统”走向“现代”，发展成为适应中国（作为世界一部分的中国）现代社会生活要求的“中国哲学”。真正的“中国诠释学理论”应是在充分了解西方诠释学，并运用西方诠释学理论与方法对中国历史上注释经典的问题作系统的研究，又对中国注释经典的历史（丰富的注释经典的资源）进行系统梳理之后，发现其同西方诠释学理论与方法有重大的甚至是根本性的不同，并自觉地把中国解释问题作为研究对象，这样才有可能使其成为一门有中国特点的诠释学理论（即与西方诠释学有相当大的不同的、以研究中国对经典问题解释的理论体系）。

汤一介更为推崇施莱尔马赫与狄尔泰的诠释学，因为在他的视野中，中国诠释学尤其是儒学诠释学内部存在更多的是诠释学问题，而非海德格尔、伽达默尔所言的诠释学“存在论”。他最为关注的是中国传统经典诠释的技术或者方法，并将之视为中国之“特色”。

作为海归学者，李幼蒸对于儒家诠释学的理解更贴近于现代西方诠释学思维方式。2009 年，他以《儒学解释学——重构中国伦理思想史》为题，站在中西比较人文学术的立场上，融哲学诠释、文献学的诠释、历史学诠释、文学诠释为一体，全面梳理儒家诠释学。李幼蒸指出，现实中对诠释学有一种偏离其哲学背景的“通俗的”理解。他注意到，许多国学界与比较文学学者认为诠释学与考据学是颇可直接相通的东西，而这种认识则出自将诠释学当作“释经学”的观念；在这种观念的引导下，中国经学也就被换称为所谓“中国古代解释学”，“如果把古典注经学换称为中国解释学，就像把易经学换称为中国符号学一样，都是炎黄子孙‘古已有之’的自大心态的产物”。为了扭转这一现象，李幼蒸认为，中国解释学和中国符号学的提出是要求全面推进中西学术理论的对话，为此首先要强化西学准备，而且这个西学要比一般西方博士阶段的正规课业深广得多，是须下大力气用功的。[①]

李幼蒸在《儒学解释学——重构中国伦理思想史》一书中，将诠释学视为"中西学术比较的认识论基础"，认为要"在中西学术传统比较研究过程中"为诠释学设计方法程序，因而诠释学的本质是多元化的中西"结合"。他认为，儒家经典诠释学中蕴含着儒家学术思想和仁学的伦理精神方向，对其的理解要广泛综合当时的政治学、历史学、语言学、社会学等学科知识。按他的说法，诠释学"不应归结为任何具体的学说、流派和理论"，而应"视之为一个思考方向的泛称"。应该说，李幼蒸的儒家诠释学充满了海德格尔基础存在论的意味。正因其浓郁的"西学"特色，故他在大陆诠释学研究中独成一派。

四、对儒家诠释学未来发展的思考

儒家诠释学在当代的多样化发展是与世界范围内出现的"儒学复兴"运动分不开的：以研究历代儒家人物的思想、阐扬儒学思想为主题的学术会议遍及国内外，连绵不断，影响深远；以儒学为主旨成立的学会组织、研究院、研究中心，如雨后春笋遍布中国；各种名目的儒学与国学讲坛、论坛风起云涌，蔚然成风；大量儒学论文、专著的问世，标志着儒学理论的普及与提升等。而这场运动的核心主题之一即是"经学复兴"。受其带动，在东亚，甚至欧美某些华人聚集区内，成人、儿童读经活动普遍开展，童学馆、读经班、讲经会纷纷开张。

然而，经学毕竟曾是时代的"弃儿"。随着社会发展的日新月异，传统经学对于"现代性"的不适应日益明显。我们知道，作为学术体系的经学分为两个层面：囊括文字、文献学、诠释方法的知识层面和涵盖价值体悟的信仰层面。在现实生活中，原本服务于经学研究的知识系统，已在现代学术体系建构中逐渐摆脱经学的语境，成为独立的知识门类；经学价值信仰的权威性不复存在，成为"封建落后"的代名词。显然，以传统的思维意识、学术理念

① 参见李幼蒸：《忆往叙实》，重庆大学出版社2009年版，第180—187页。

重新发展经学，进而推动儒家诠释学发展已然是不可能的事了。所以，学者必须给儒家经典诠释学说注入新的时代要素，使之适应新环境，在新的土壤中生根发芽。由于学者各抒己见，意见不相统一，许多论题的解决还处在尝试、探索阶段，所以诸多观点不一致甚至相矛盾现象的出现，也就不足为怪了。

从另一个视角观之，上述情况又为儒家诠释学的发展提供了新的机遇：在经典诠释研究中出现的知识系统独立化和去价值化的倾向，可为中国“实证化”诠释学发展奠定基础；引入西方诠释学理论知识，将之套用于儒家诠释学的做法，可以使中国固有的一些成熟的学术领域更加规范，如哲学、史学等，并可以从不同的角度重新打量儒学，从而带来某些“意外”的结论；尤其重要的是，上述情况的发生扩大了知识的范围，在中西比较中、在新旧交替中，为经学、经典研究建立了一个更高的起点。机遇已经显现，关键在于如何对之运用。

首先，处理好“诠释”与“诠释学”、“诠释学”与“诠释学史”、“儒家诠释学”与“西方诠释学”间的关系。长期以来，对于儒学中是否存在“诠释学”的争论一直不断，其主要的原因之一即是相应概念范畴的纠缠不清。要明确“诠释”强调的是方法，“诠释学”强调的是理论体系，二者相互依存，不可分割。儒家诠释学的特点是经史密切相关，经典诠释在历史学科的研究中积淀了非常丰富的成果，这些成果又再次成为后世诠释学者研究的重要内容。也就是说，研究儒家诠释学断不可割裂其与诠释学史的关系。要明确儒家诠释学与西方诠释学生长的场域不同，不能照搬、套用西方诠释学理论方法，或完全以西方的视角评判儒家诠释学优劣。我们对西方学说借鉴、吸收的前提条件是，保持儒家学说的独立性，要对西方学说采取适当的“扬弃”。

其次，结合时代特征，对儒家经典进行新的“返本开新”，适时重建儒家经典典籍系统。众所周知，儒家典籍是一个无尽的“宝藏”。历代学者通过对儒学原典的挖掘、再挖掘，总能找到其在当世社会中的价值。恰如西方施特劳斯学派的观点，经典诠释不是探讨苏格拉底、柏拉图讲了些什么，而是像苏格拉底、柏拉图那样去思考，去寻找历史上一个个的柏拉图时刻、苏格拉底时刻。① 基于此，当代学者必须做出相应的努力，对儒学原典进行新一轮创造性的诠释，从而彰显其实践价值。儒学生命力延续两千余年的另一个奥秘是，每当时代变换前代经典不适于现实生活时，它亦会迅速做出调整与改变。例如，魏晋时期，道学盛行，儒家诠释学的重心随之改为“三玄”；宋代“五经”社会权威性丧失，儒家经典诠释文本随即变为“四书”等。中国社会在21世纪进入了一个新的发展阶段，儒学诠释学想要继续生长，变换某些核心经典、重建相应典籍系统，已迫在眉睫。如可以考虑适当加重《荀子》、《礼记》等典籍的重要性，让其与当代社会中的“法治”建设联系起来。

再次，准确定位当代儒家诠释学者的任务与使命。不可否则，儒家诠释学在当代社会发展过程中，面临重重困境。困境产生的原因是复杂的，但想让儒家诠释学真正能在当代延续发展下去，至少要让世人明确两个问题：一是此学说能为当代国人提供有价值的精神资源，二是传统儒家诠释学能为当代儒家诠释学的发展提供学理基础。而这也正是当代学者必须担负起的任务与使命。要知道，想让现代人完全在尊经重道的意义信仰中进行经典诠释，已无法实现。由于人们对于科学理性的崇尚，使得儒学传统的思维方式已经“悬置”，儒学通经致世的效果早已今非昔比。那么我们该做些什么呢？笔者认为，至少要做出如下的努力。一要努力重建经学“根底”——让经典在社会中普遍传播开来。这一方面需要学者让典籍话语变得“通俗易懂”，并让读者很快地感受到经典价值，另一方面需要营造一种氛围——儒家经典其实是与民族文化认同、价值认同联系在一起的。二要让儒学传统“活”过来，让经典诠释学说在脱离古代社会后，依然有生命力。要借助现代知识论的认知逻辑，重构儒家诠释学自身的理论框架，使其在中华文化复兴的大背景中，扮演更为重要的角色。

最后，妥善安置儒家诠释学与马克思主义学说的共存。虽说儒家诠释学根源于中国传统文化，曾是中国封建社会中长期占统治地位的意识形态，而马克思主义学说来自西方文化，是当代中国的主导意识，表面上二者似乎

---

① 参见梁涛：《“新四书”与当代经学的重建》，《江苏行政学院学报》2014年第4期，第13页。

格格不入，但仔细剖析后可发现它们彼此者间其实亦有共通之处，如均强调人的主体价值，都有学术“包容性”的特质等。儒家诠释学想要在当代社会顺利发展，处理好自身与马克思主义学说的共生关系至关重要。经过中国社会数十年的实践，马克思主义中国化与儒学现代化相结合，已成为人们普遍认可的事实。儒家诠释学会把握这一机会，与马克思主义达成“有机联系”，以取得其在社会发展中的有利地位。不过“有机联系”需要遵循学科独立性原则，着眼于实践与发展，在结合中有“扬”有“弃”，尤其要处理好极易出现的学说“变形”与“失真”问题。

下篇
个案研究

儒家诠释学在不同的历史时代有着不同的发展特点。不同的政治制度、社会思潮、价值信仰、个体安身立命原则,直接影响了不同时代儒家诠释者们的知识体系构造、解经意旨指向。尽管后世会对某一时期儒家诠释学的发展质疑或批评,但他们不能否认的一点是:正是这种多样化的诠释学说特点分布,才铸就了儒家诠释学丰富的学说内容、完备的学说理论与方法范式。也正是此种"多样化",使得儒家经典诠释空间不断扩大,诠释学生命力不断增强,整体学科方得以深深扎根于中国古代社会之中,社会影响力久远而绵长。

两汉时期,儒家经典的样态发生了重要改变。《乐》亡佚,《春秋》经传相合,《论语》地位升迁,"五经"等文本由秦汉之际多见的口头传递变成了竹帛"书写"形式。"文本的距离"成为理解活动的前提条件。由于年代间隔,经典作者与现世读者间达成"吻合"已不可能,故作者的意图和读者如何阅读成为诠释学所探索的对象。在今文经学与古文经学经历了百余年的对峙后,郑玄作为汉代经学的总结者,发明出新范式,让今古文经得以融合,形成"小一统"局面。

经历了魏晋玄学的刺激,进入南北朝时期后,儒家诠释学以地域为界出现了南北对立的形态。皇侃、徐遵明等以自身之努力,使得经典诠释从内容到形式均变得异彩纷呈。实际上,南北朝诠释学的发展互为补充,并为日后隋唐时代的新"大一统"局面形成,打下了坚实基础。中唐时期,"新春秋学"出现,儒者纷纷渴望诠释学的变新。他们开创"舍传求经"流派,力促解释形上学诞生,为儒学得到对抗佛、道的"根基"做出了贡献。宋代的邵雍可谓理学诠释学家中的一个特例,他建构先天象数学,以自己对《易》的诠释,另辟蹊径,不仅显示出儒家诠释学一种新的样态,而且间接影响了北宋自然科学的发展。金代诠释学的发展与北朝类似,其崇尚汉代经学,不过儒者们凭借可贵的批判精神与创新意识,依然推动了学说向前发展。元代"四书学"大兴,融会"朱、陆"成为这一时期的基本趋势。明代"江门心学"的兴起,首促明代理学向心学转向,其与王阳明开创的"姚江心学"一道,成为影响明代诠释学思潮的重要力量。生成于晚明的泰州学派开启了儒家诠释学

“后理学”模式，他们以“身本论”替代“心本论”，以“淮南格物”替代“正心”、“穷理”，以重“践行”的方式使得儒家诠释学日益“平民化”。清代儒家诠释学的发展出现了“回归”样态。考据学家们力主汉学考证，通过对焦循注释孔孟经典的研究，可以清晰地看到乾嘉经学发展的特质。但在考据学极度兴盛的背后，其内在的积弊也日益显露：考据难寻“义理”；时常陷入“泥古”泥潭；解经学说琐碎、空疏；发展走向有悖于儒家经世致用传统等。面对此种情况，清中期的经学家们开始反思，并尝试以新的思路重新解释经典。常州学派对今文经学的复兴，正是这场反思运动的结果。

要说明的是，儒家诠释学在历史发展中出现的大师级人物绝非只有“孔子、孟子、朱熹、王阳明”等人。所以，笔者在下篇个案研究的描述中特意选择了上述四人之外(孔、孟、朱、王的论述可见上篇内容)的个案，以便让读者对儒家诠释学有更为全面的了解。

第六章　郑玄对汉代注释范式的整合与创新

郑玄是著名的东汉经学大师，他遍注群经，兼采今、古文，集儒家经典诠释学说之大成。据《后汉书》记载："凡玄所注《周易》、《尚书》、《毛诗》、《仪礼》、《礼记》、《论语》、《孝经》、《尚书大传》、《中候》、《乾象历》，又著《天文七政论》、《鲁礼禘祫义》、《六艺论》、《毛诗谱》、《驳许慎五经异义》、《答临孝存〈周礼〉难》，凡百余万言。"[①]其学"述先圣之元意，思整百家之不齐"[②]，冲破师法和家法的藩篱，于今、古文经学之外再现了一个全新的景象，甚至一度让经学等同于"郑学"。所以清代学者在论及经学时，每每将郑玄与宋代朱熹并称，尊其为"汉学"之源。而他所注的《周易》、《尚书》等经典，大多被后世统治者立为"官学"，成为仕人研读的"模板"。

就对中国经学史发展的贡献而言，郑玄取得的伟大的成就是统一了两汉期间错综复杂的解经范式，建构了系统的诠释方法论体系，创新了经典解释逻辑思维理路，开辟了文本解读新的理解空间。其影响，深远而悠长。

一、郑玄对汉代经典诠释范式的"一统"

自汉武帝设置"五经博士"，使儒家经典取代黄老之学而处于官方学术的主流地位后，汉代经学著作便层出不穷。学者们从各自的立场出发，对《诗》、《书》、《礼》、《易》、《春秋》等典籍进行解读，形成了三个主要的经典

① 范晔：《后汉书·张曹郑列传》，中华书局1965年版，第1212页。

② 范晔：《后汉书·张曹郑列传》，中华书局1965年版，第1209页。

诠释范式——神学诠释、政治诠释及语言诠释。

神学诠释范式的出现源自董仲舒对儒学的神学改造。他在名作《春秋繁露》中,以"天人感应"、"阴阳五行"、"大一统"、"张三世"、"通三统"等学说大力推阐《公羊传》的"微言大义",建构起天人一统的神学理论图式,为相关经学典籍的解读确定了基调。董仲舒塑造出一个有意志、道德、能主宰世间万物命运的人格化的"天",将经典中的文字看作是"天意"的表达。他以阴阳五行观念将三纲五常等儒家的伦理道德规范、原则进行神化,并从经典中寻找依据,确立了伦常的神圣地位,论证了封建等级制度的合理性、必然性及绝对意义。[①] 在董仲舒的诠释学体系中,经典是"圣人所发天意",即是"天"授意给圣人,由圣人言说给世界的内容。这里的"天意"不依存于人的意识存在,并具有令人敬畏的神圣色彩。通过对五经文本的阴阳五行解释,董仲舒发明了"灾异说"。他将异常天象作为上天的"谴告",经过五行术数的推导,将之与五经思想达成内在联系,让人们在揣度理解圣人心意时达到警示社会的目的。可以说,董仲舒的神学解经范式打通了现象世界、语言世界、观念世界的界限,将万物统统纳入阴阳五行的宇宙系统中,从而让经典解读具有了令人敬畏、不容置疑的权威性。

西汉末年,谶纬兴起,儒家经典诠释的神学范式增加了新的内涵。所谓的"谶"指应验的预言,"谶书"则是预言吉凶得失,尤其是预言改朝换代这件大事的文字、图记。所谓的"纬"是对"经"的解释,但这种解释因与谶的结合和后人的神秘附会而显得宗教神学色彩颇为浓厚。而"纬书"则大多以图谶比附儒家经文,托天意预言治乱兴废。谶与纬的结合,让儒家经典的神秘性色彩大增。尤其在王莽统治时期,谶纬几乎成为世人解经的唯一方法,《易纬》、《书纬》、《诗纬》、《乐纬》、《春秋纬》、《孝经纬》等七纬盛行于世。其结果,经学成为儒学神秘化与宗教迷信相杂糅的产物。在谶纬的影响下,一时间社会中形成了"言五经者,皆凭谶为说"[②]的景象。汉代经师或主动或屈从地依附于"谶",修改其解释性著作系统,并以纬书为纲,对于原有经

① 参见朱玉周:《汉代儒学神化历程探析》,《北方论丛》2008 年第 2 期,第 71 页。

② 魏徵等:《隋书 · 经籍志》,中华书局 1973 年版,第 941 页。

书义理另辟解读新意，让“经之支流，衍及旁义”，大大加强了经典解释中的臆说成分，“六经”甚至完全成为推度灾异、测算阴阳的术数之书。

不难看出，神学诠释范式的特点是在儒学的框架中杂糅神学元素，以适应现实政治的需要。其对经典的解析具有很大的主观性，它设计了一种对文本的理解和解释的多元化态度，客观上对文本的确定性意义进行了解构。除去其内在的迷信思想，神学诠释在很大程度上迎合了儒学“经世致用”的需要，让今文经学家“六经注我”的灵活经典诠释方式发挥到极致。

政治诠释范式产自那些秉持儒家正统礼乐精神而不耻谶纬的汉代学者注说中。这些学者相信，调节人伦关系比尊崇天命更能建立理想社会，讽喻君王比推演五行更能干预现实政治。① 他们使经典解释的目的直指成为纲纪人伦的教材或针砭时政的谏书，让文本诠释成为政治教化的工具。“齐诗派”学者匡衡解“诗”，将宣传纲纪人伦、教化性情作为主要内容，如他认为，孔子编纂《诗经》之所以把《国风》放在首位，是因为其中的《周南》、《召南》表现出来的情性是笃实坚贞的。匡衡之所以要“放郑卫，进《雅》《颂》”②，是因为前者放荡不羁，情性不正，后者礼义温恭，可以效法。另一学者韩婴注“诗”，分《内传》与《外传》两个方面解析。其中，关于教化、正风俗、行讽谏的论说，比比皆是。

与神学诠释的盛行相比，政治诠释在汉代经学中所占比重相对较小。这主要由于神学诠释得到了统治者的认可与公开推行，而政治诠释更多地保留原始儒家教化思想的“原味”，与现实社会的政治需要尚有一定“距离感”。并且由于学者们过度专注于对经典“古义”的挖掘，同时又夹杂了许多指斥君王、批评时政的要素，因而统治者并未给予政治诠释太多的支持。故政治诠释一直未能成为汉代经学诠释的主流，它的接受人群始终被框定在有限的范围内，难以有更大的“作为”。

汉代真正能与神学诠释相抗衡的解经范式是语言诠释。东汉古文经学的兴起让训诂式的语言诠释解经方法得以兴盛。随着人们越来越清楚地认

---

① 参见周裕锴：《中国古代阐释学研究》，上海人民出版社 2003 年版，第 79—80 页。
② 班固：《汉书 · 匡张孔马传》，中华书局 1962 年版，第 3337 页。

识到,所谓的依经文而阐发"微言大义"做法实质上是在解经的幌子下对圣言文本原义进行的穿凿附会;大量"烦言碎辞"的加入只能让经文的本义被吞食;而日益增多的谶纬解经方式,只能让经典成为宗教迷信的载体,社会中反对今文经学的呼声不断高涨。学者们自发地对神学诠释产生了"反对",他们开始探索新的经典解释范式。

如果说,神学诠释是要更多地读出文本词句以外的意思的话,那么由古文经学创造出的语言诠释则更多的是要读出词句以内的意义。根据语言诠释的理念,文字的起源独立于语言,文字具有载道的功能。所以,训诂文本,解决经典中因时间上的古今差异、空间上的各地方言不同造成的阅读困难,从而尽可能接近经文的原典意义,便成为解经最重要的任务。就范式特点而言,语言诠释注重经典的文字语言,强调释词解句。它认定解释不可脱离原文而自由发挥,对于字词的解析必须坚持历史主义的态度,或以今词释古词,或以雅语释俗语,或以本名释异名,或以详言释略言,要通过诠释经典文本在文字上所具有的意义,最终恢复处于"前文本"状态的原始话语。值得一提的是,古文经学大师马融开创了"以传附经"的先河,即把自己所作注文夹杂在经文当中。这与之前今文经学所作章句均独立成书有很大不同。它使得经注与经文更加贴近,是古文经学对经典原文尊重的必然结果。与神学诠释将儒家经典当作天命的预言或政治批判的武器不同,语言诠释将经典看作是古代政治、哲学、伦理及历史的真实记录,因而其对经典的诠释更为注意保持学说的学术严肃性,不敢轻越雷池一步。

应该说,神学诠释与政治诠释强调的是经典解释的主观性,语言诠释注重的是经典解释的客观要求。强调主观性让解经释典加入许多前人未见的思想,扩展诠释空间,但不免有随意、臆断的缺憾;注重客观要求则彰显和保持了经典的基本精神,但却忽略了解释自始至终都是一种主体活动、与人的意识须臾不可分离的真理。其三者间有着基本理念上的巨大差异。随着汉代今、古经文斗争的加剧,三种诠释范式互相对峙,互不相让。显然,这对于汉代经典解释学说的发展是不利的。融合今、古文经学,且一统神学、政治、语言诠释范式的社会呼声日益高涨。正是在这样的背景下,郑玄开始了其对汉代经典诠释范式的整合。

首先，他打破今、古文经学门户之见，且杂糅诸家。根据皮锡瑞在《经学历史》中的记载，郑玄注《易》用费直的古文《易》，其以爻辰相配合说《易》；其注《尚书》用古文《尚书》，但或从今文，或从古文，与其师马融多有相异；其笺注《诗经》，以古文《毛诗》为主，但也间或改易《毛诗》中的字；其注《仪礼》，今、古文说并存；其注《论语》，用今文《鲁论》篇章，参之今文《齐论》和古文《古论》而作《论语注》；其注《孝经》则多本于今文。[①] 郑玄对这些经典版本的选取原则是今、古兼采，这注定了郑玄不可能用唯一的范式解经释典。从经典解读的操作上看，郑玄虽自称坚守语言诠释，但明显沿袭了"神学"思想与政治诠释的内涵。如他相信人格化的天，笃信谶纬，接受天人感应遣告说，把阴阳五行学说与人事、政治普遍联系起来；而在对《三礼》、《毛诗》的训诂中又宣扬义理，夹杂了丰富的道德伦常教化的意蕴。显然，郑玄在解经中并未恪守家法、师法的限制。他要消除经学内部纷争，实现文本的统一，在寻找经典文本"元意"的基础上，让各家的诠释方法范式变得不再各自独立，彼此会通，以求让经典诠释既能保持严肃的学术性、让世人信服，又不违背自己的政治信仰，使得通经可以致用。

其次，他发明了"笺注"的诠释方法，确立了"精审详博"的诠释要义。"笺"是对前人文意的注解、补充，具有"表"和"识"的意思，郑玄解诗称"笺"，是以为"毛学审备，遵畅厥旨，所以表明毛意，记识其事"《毛诗正义》；"注"是"著"，是对古籍原典的直接注释，郑玄以为解"诗"之外的其余诸经均应称"注"，是"言为之界说，使其义著明也"(《毛诗正义》)。"笺注"出现的意义在于，它使得注释的文字更紧密地依附于经书，是马融"以传附经"方法的进一步拓展。在其规则的约束下，解经者必须依照经典文本的文字逐字逐句解释，不得任意作"六经注我"式的发挥。郑玄解经既不严守家法，也不罗列众多经说歧义，而是自己有所判别，诠释严谨精当，以渊博的学识为儒学经典注解。以《三礼注》为例：《三礼》可谓考证古代典章制度的渊薮，涉及的内容非常广博，包括了社会政治制度、礼乐兵刑、文教赋税、宫室

① 参见康宇：《儒家解释学的产生与发展》，黑龙江大学出版社2012年版，第75页。

车服、酒膳饮食、农商医卜等诸多方面，大至天文历象，小至草木鱼虫，有关当时社会生活的各个方面，几乎无所不及；然而其中许多记载，必须借助于前人注释，方能清晰原文的含义。[①] 郑玄以精审的态度，对原文的语言文字进行解读，无论是剖析名物制度还是交代时代背景，始终坚持以历史主义阐释态度、以博学的知识对每一个细节均给出清楚的解释。正是由于他的努力，为常人读懂《三礼》搭建了桥梁，甚至某些诠释直接弥补了《三礼》内容的不足，使其容量范围更加宽泛。

虽说“笺注”与“精审详博”讲究训诂原义，但仔细看来，郑玄的诠释始终是义理并重的。如在诠释《周易》时，他通过分析卦象认为，离代表光明，故为圣人君子，坤为阴，代表小人；在宣讲爻辞时，将“艮”与山作类比，引申出君臣关系应上通下达、君明臣顺的义理等。在郑玄对“经”的注解中，随处可见忠君思想，如“臣下以顺道承事其君，说德居上待之。上下相应，有事而和通”[②]，其认为君与臣的关系应该是相顺相通的关系，臣者要义勇兼备，要能够为君王尽忠而死，“死君之难为尽忠”[③]，“见义，谓见君有危难，当致身授命以救君，是见义而为，故勇、义兼言。若朋友推刃，是不义而勇”[④]等；还有许多孝道观念与个体修身规范，如“人之行莫大于孝，故为德本”（《孝经·开宗明义章》），“善父母为孝，善兄弟为友”（《尔雅·释训》），“小人闲居为不善，无所不至也。君子则不然，虽视之无人，听之无声，犹戒慎恐惧自修正，是其不须臾离道”[⑤]等。

最后，他设计出“解释词语→分析‘辞’例→揭示句意→阐发义理”的“综合式”解经范式。郑玄认为，经典诠释的目的有二：一是探索先圣在经典中寄寓的“元意”，揭示文本本义；二是在“国家将有大事时”，把从经典中学习到的圣贤智慧应用进来，以古代经验解决现实问题。要做到这两点，除了破除今文经学的“累惑”，整合百家之“不齐”外，还要学以致用，在有文本依

① 参见梁宗华：《郑玄的人格与经学》，《孔子研究》1996 年第 3 期，第 26 页。

② 李鼎祚：《周易集解》，上海书店 2012 年版，第 82 页。

③ 皮锡瑞：《孝经郑注疏》，上海古籍出版社 1993 年版。

④ 郑玄：《周礼注疏》，中华书局 1989 年版。

⑤ 郑玄：《礼记正义 5》，山东画报出版社 2004 年版，第 1550 页。

据的基础上阐发义理,将先贤的经验、智慧实践于社会中。为了去“累惑”、“不齐”,必须以“全经”、“义全”的理念解读经典,即从整体上把握经典,以便完整的理解先圣的思想体系,不肢解、不曲解先圣的观点与说法,以求真的精神、严谨的态度,全面、准确地领悟经典中特定的观念、具体人物的言语表达。

在实际操作中,郑玄解经先要“解释词语”,通过训诂解释字意,通过考证介绍典制,通过有依据的研究,对原文字词进行补充性说明等。在这里,他特别强调,要随文释义,利用语境与上下文来解释经典的字词意义;要注意术语应用的严谨性与科学性,如用“某,某也”来注释相同或近义的字词,用“曰”、“为”、“谓之”来下定义、立界说等。当遇到“辞”例时,郑玄提出了一种“引经证经”的方法。他将儒家经典看作是一个相互依存、相互发明的文献系统,其传达的“元意”也是一个相互关联、相互作用的思想体系。因此,可通过经典对照,对“辞”例进行深刻解释。随后,要将单个字词连接起来,揭示整个句子的意义。其具体方法有四种:概括提炼句意;揭示内在逻辑;揭示心理动机;指明喻义。最终,在不牵强附会的基础上,将自己的生命体验与人格理想赋予经典诠释之中。不过虽有体验、推验,但只是适可而止,绝不过度引申。由此可见,郑玄其实并非不要“微言大义”,而只是反对那种没有文本依据的空发议论及没有历史凭证的“证古改制”。

郑玄设计的“综合式”解经范式的本质是将神学诠释、政治诠释融入语言诠释中,以语言诠释引导神学诠释、政治诠释,使三者有机结合、相互发明。当然,这也为其在经典解释中沾染谶纬等消极因素提供了可能。但瑕不掩瑜,郑玄解经范式的方法进步性、科学性,无疑值得肯定。正是它的出现,让汉代解经范式形成“一统”的局面,“盖以汉时经有数家,家有数说,学者莫知所从。郑君兼通今古文,沟合为一,于是经生皆从郑氏,不必更求各家。郑学之盛在此,汉学之衰亦在此”[①]。

① 皮锡瑞:《经学历史·经学中衰时代》,中华书局1959年版,第142页。

二、郑玄解经特色及创新之处

郑玄解经范式的形成有着深刻的背景原因。众所周知,汉代儒家经典诠释学说的发展与王朝统治者的施政理念有着极强的相关性。西汉神学诠释的大兴,与统治者要维护自身统治稳定性,达到“统纪可一而法度可明,民知所从矣”[①]的政治目的有着直接的关系。东汉语言诠释的势强,与统治者力图避免由于人们对谶纬的不信任导致对“君权神授”不信任的负面效应,有着直接关系。随着世人对烦琐的章句之学日益厌烦,统治者开始有意识地削弱神学诠释、政治诠释在国家意识形态形成中的作用及影响。然而,统治者又不能让经典诠释完全学术化、专业化。所以,其需要寻求一条兼顾多种诠释方法的新式解经范式,以使人们在众家学说中找到共通的“道”,即王朝政治需要从不同经说中广泛吸取治人治国的圣王之道,而经说之歧义、矛盾又需要通过相互交流、讨论、平衡异说来实现求其通义的目的。[②] 实际上,从东汉章帝时起,三种范式融合的趋势便已初现。郑玄对之的“统一”更准确地说,是对前人融合经验的总结与创新,是长期以来王朝政治统治需要使然。

东汉末年,社会动荡,政治秩序遭到巨大破坏,外戚、宦官交替专权,使得王权名存实亡,今文经学所要制约、指导的“对象”在经学家的眼里模糊了,其“屈君而伸天”的功能也无从得到发挥。而相对严肃的古文经学,虽然在社会中的影响力不断增大,但其与现实政治关联性较弱的“先天不足”,注定让其无法成为真正的“官学”。儒家经典诠释学说迫切需要统一,需要以强大生命力应对外界的质疑,及在社会中影响日益加大的佛道思想带来的挑战。从某种意义上说,郑玄对经典诠释范式的统一,正是儒学为重塑学说内聚力、凝聚力,以进一步拓展诠释空间、学说生命力的时代要求。它的产生具有一定的历史必然性。

总结郑玄解经特色,可以归纳为如下几个方面。

---

① 班固:《汉书·董仲舒传》,中华书局1962年版,第2523页。

② 参见史应勇:《郑玄经学三论》,《四川大学学报》2004第3期,第86页。

第一，以语言文字、名物制度为解释对象，凸显文本“原义”的重要性。郑玄解经讲究务实作风，不尚空论，又兼收今文学派的经世精神。为了求实，郑玄将大量历史比较方法要素引入经典诠释之中，如在考证经典中记录的中国古代礼乐制度时，其要求以汉朝的礼乐典章制度与经典中的礼乐典章制度互相比较，以不同的经典中所记载的同一项礼乐典章制度互相比较；为准确解释经典文本的字词范畴，郑玄加入了诸多当时先进的自然科学知识，利用天文历法等知识解释经典上记录的天体运动等，这样又大大加强了自身解经范式的知识论倾向。为了更好地“述元意”，郑玄解经往往采用随文释义的方式，指明单个词语在句中的具体意义。虽说这样的做法，从外貌上主要借鉴了语言诠释的框架，但从本质上，其也具备了神学诠释与政治诠释的某些特质。如郑玄将纬书列入儒家经典之中，在“以经证经”的过程中，常引用纬书的例证来考量解释对象，其中不乏神学色彩。在对《毛诗》当中“比”、“兴”的诠释中，郑玄强化了孔子所说“《诗》可以怨”的一面，表现出了一定的针砭时弊、愤世嫉俗的主观情感因素。

第二，在儒家典籍注释中融入道家理性精神。郑玄解经在注重挖掘经中固有之义的同时，也流露出许多其对宇宙自然及社会人生的哲学思考。而在由这些思考引发出的义理中，道家理性主义元素在其中发挥了重要作用。从郑玄对《周易》、《易纬》注解中可以看出，他吸收了一些道家元气说与宇宙生成论思想，并大量使用了“无”、“有”、“自生”、“自成”、“自彰”、“自得”、“理”、“本体”等概念范畴。而这种理性精神映射到郑玄所发明的“综合式”解经范式上时，即是儒道互补，通过将道家思想的融入，改造、完善儒家经典诠释学说。

前文提到，“综合式”解经范式是对神学诠释、政治诠释、语言诠释的综合创新。因此，郑玄在以道家理性精神训诂字词、诠释文本语言义理的同时，自然不能缺少对神学诠释、政治诠释的关照。例如，郑玄以老子天道形上学为根据，把“太易”解释为寂然虚无清静的本体。并据此强调物性自得，天道自然无为。其目的是在一定程度上突破神学范式对新范式发展的羁绊。又如，郑玄在诠释《周易》时，反复强调，每当阴气极盛之乱世，君子就会遭到当道小人的迫害，生逢此时，有德君子应避世不出，无干政事。[①] 这明显是以全身远祸思想改造政治诠释范式思维。当然，在郑玄的理念中，宇宙间还是存在着人格化的“天神”，人世间“天子”的利益和地位还是必须要维护。所以，郑玄一直在统一、改造而非摒弃传统的经典解释范式。

第三，简约的“平民化”特征。郑玄解经十分注意“删繁就简”。这一方面，是其对传统“章句”之学注经烦琐、冗长的反叛；另一方面，也是其希望经学能进入寻常百姓生活、能够为更多数人所接受。郑玄出身于贫苦农民家庭，曾做过厮役小吏，而他的弟子虽遍及朝野，但其中许多也是贫民子弟。这样的经历，促成了郑玄解经具有许多那些出身于贵族的经师所不具有的“亲民性”。无论是神学诠释的“深奥”、政治诠释的“复杂”，还是“语言诠释”的“专业”，经过郑玄的融会创新，均已变得简约、直白，易于理解、领悟。这也是“郑君徒党遍天下”，经学“小统一时代”局面来临的又一重要原因。

从对经典诠释“新发明”的角度上说，郑玄解经的创新之处体现在以下几个方面。

首先，开创了“因声求义”的训诂方法。郑玄认为，懂得字的“古义”并不一定能读懂“古经”，因为字的意思可能有多种，如“本义”、“余义”、“引申义”等。因此，在训诂实践中要“就其原文字之声类，考训诂，捃秘逸”，不受字形的拘泥，因声而求义。[②] 在郑玄看来，那些读音相同或相近的字，彼此之间会有某些特定的联系。所以，可依据字的音义线索推求语源。经典文本中诸多“假借”现象的出现，与字的同音有着直接关系，对此要仔细辨析。此外，还要关注经典中的“同字异言”、“同言异字”等语言现象，其出现的原因，郑玄归之为方言跟通语有对应关系而发生的语音变化，即“转语”。

郑玄之前，汉代实则已存在“声训”的传统。随着《尔雅》、《方言》、《说文解字》等典籍问世，让古今语言得以沟通，逐渐成为经学家们解经释典时必须完成的任务。然而由于缺乏科学的方法论及合理的训诂原则，汉代早

---

① 参见梁宗华：《论东汉后期的儒道融合》，《东岳论丛》2010 年第 12 期，第 131 页。

② 参见马君花：《郑玄“因声求义”的训诂实践及其训诂原则》，《宁夏大学学报》2005 年第 2 期，第 29 页。

期的声训常遭遇“声义脱离”的尴尬。“因声求义”训诂方法的出现，恰可弥补声训的不足。其通过探求语源、破读假借、明方言和语转等做法，让古代声韵训诂学说上升到全新的层次，可谓郑玄对训诂学的一大重要贡献。

其次，促成易学中象数之学与义理之学的统一。象数与义理是易学研究中两种截然不同的治易方法，象数是指《周易》卦爻符号和数字及此相关罗式所象征的世界上各种事物及其呈现的形态、属性；义理是指《周易》卦爻辞所蕴含的自然、社会、人生之理。[①] 西汉时期，象数易学大兴。孟喜、京房的卦气说，《易纬》等著作中的奇偶八卦之数的复杂运算，风靡社会。东汉时期，学者治易形式虽与西汉有所不同，但从治易的方法上看，仍然继承了西汉崇尚象数的思路。不过，由于象数之学过于强调自然之理，蔽于天而不知人，不能全面透视《周易》的大义，两汉易学因此进入了无法突破的发展怪圈。[②]

面对此种情况，郑玄在解《周易》中大大加强了义理之学的成分。他以五行说解释《周易》中的象数，进而将之归于人事，尝试以易学义理之法弥补象数治《周易》的不足。在解易中，郑玄对许多卦的训解只限于使用本卦卦象，其意就在于借象以明理。有时，他更直接以义理注解《周易》的卦、爻辞，而完全脱离开卦象。显然，郑玄已然意识到，《周易》系辞除了同象存在联系以外，还与当时的文字、社会风俗习惯、生产生活及历史事件相关，这些以人事为内容的易辞，单用象数的方法是不可能完全揭示其内容的，必须借助人文知识和由人文所提供的方法加以诠释。正是由于郑玄的努力，汉代的象数与义理在象数之学鼎盛的时候走向统一，为当时的学界乃至后世易学研究提供了典范。

最后，确立了“比兴”论的方法体系。“比”是比喻，“兴”是联想，“比兴”合在一起即是在经典解释中积极地运用比喻、类比等方法手段，将诠释者的感悟融入其中。不可否认，郑玄之前的汉代学者毛苌、郑众等已经对“比”、“兴”等范畴做出了一定阐发。然而，开创将“比兴”之说上升至理论

① 参见姜广辉：《中国经学思想史》第2卷，中国社会科学出版社2010年版。
② 参见姜广辉：《中国经学思想史》第2卷，中国社会科学出版社2010年版。

层面并付诸经典诠释实践的学者，毫无疑问地当属郑玄。

郑玄在其名作《周礼注》中提出了“取义比类”的“比兴”论。他认为：“比，见今之失，不敢斥言，取比类以言之。兴，见今之美，嫌于媚谀，取善事以喻劝之。”[①]比、兴同是借助外物“比”、“喻”言志的方法，不过“比”更多地应用于当作者意识到政教的失误，但又不敢直接批评时，“兴”则更多地实践于用美好的事物来比喻美好的人和事。在功能上讲，“比”、“兴”间存在善恶美刺等内容上的区分。在另一名作《毛诗笺》中，郑玄进一步丰富了“比兴”论的“象”、“义”等内涵。他指出，喻体和被喻体间应具有性质上的共同点。在对经典的解读中，“比”、“兴”应用时所取的“象”，同所喻的“义”之间应有“类”的关联。在实际应用中，可以采用“象义明显类”注释，“象”、“义”关系清楚，不必做特别说明；“义存象性类”注释，象与义不存在于喻体和被喻体的表面关系中，人们必须认识兴象之物的品性，方能理解它的喻义；“反义兴象类”注释，在一些特殊的情况下，可以采用“反义”的方法，让读者从象的特征、品性相反的方面，或否定性方面理解诗的取义等。[②]

郑玄确立“比兴”论方法体系的意义在于，为“比兴”赋予了经典性形态，通过对兴象取义复杂性的揭示，让人们形象、直观地理解经典，进而激发理性思考，从而在更深刻的层面上理解圣贤经典的“元意”。

三、对后世的影响及评价

郑玄对汉代经典诠释范式的统一，让其取得了巨大的经学成就。越来越多的学者开始效法郑玄，不拘泥于今、古文经的家法，以实事求是为原则，依据经学的好坏来取舍选择经典诠释。郑玄的经说遂流行于天下，并传于后世。然而，三国时期王肃却高举“反郑”的旗帜，并设计出一套以道家“无为”思想为核心的经典诠释方法。不过在南北朝时期，郑玄的解经范式重新获得社会的认可，“南北朝议礼者，尤多引郑说。见诸史及《通典》者，不可

---

① 阮元：《十三经注疏》影印本，中华书局 2009 年版。

② 参见杨允：《郑玄对“比兴”论的阐释与发展》，《社会科学战线》2011 年第 1 期，第 256 页。

胜举也"[①]。进入隋唐后,郑玄的学说一度成为"官学"。孔颖达多次强调"礼是郑学,今申郑义"[②]。即使在理学盛行的宋明时期,朱熹、林希等大儒们仍对郑玄对经典的诠释方法给出极高的评价,经典"及得郑氏注,精微通透,钩联渎会,故古经益以明世,学者皆知求而易入,识为人之道者。汉诸儒之功,而成之者郑氏也"[③]。到了清代,伴随汉学的复兴,郑玄的学说被推崇到极致的地位。在皮锡瑞的《经学历史》、陈澧的《东塾读书记》中,郑玄的解经理论学说、方法范式得到详尽的说明与较高的评价,所谓"自魏晋至隋数百年,斯文未丧者,赖有郑君也"[④]。

如果站在今日的视角对郑玄设计的经典诠释范式进行评价,可以得出以下几点结论。

第一,它是汉代经典诠释学说发展达到成熟的标志,其出现也宣告了今古文经学争论的终结。之所以说"成熟",是因为它杂糅诸家解经方法优长,让经典解释兼顾神学、政治、语言等多层面审视的需要。从学术性上讲,郑玄的范式以简明精审训诂还原了经典的"元意",以历史性的客观态度详尽整理校注了儒家文献。从实践角度上看,它又紧密地与社会政治相联系,让经典诠释与王朝政治关联在一起,正如陈澧指出的那样:"郑笺有感伤时事之语。"[⑤]难能可贵的是,这一范式还注入了道家思想,体现了融合儒道的思路,为儒家解经范式日后的发展指明了方向。

之所以说"终结",是因为此范式出现后人们对之纷纷效法,原有各守门户的今文经学和古文经学,自此不再为人们所遵信,逐渐被摒弃、淘汰。今古文经学的纷争随之也失去了意义。郑玄的范式因其闳通博大,简明义精,不囿于门户陋见的特点深受学者的欢迎,"众论翕然归之,不复舍此趋彼"[⑥],"郑君康成,以博闻强记之才,兼高节卓行之美,著书满家,从学盈万。

---

① 陈澧:《东塾读书记(外一种)·郑学》,生活·读书·新知三联书店1998年版,第282页。
② 阮元:《十三经注疏》,中华书局1980年版,第1550页。
③ 陈澧:《东塾读书记(外一种)·郑学》,生活·读书·新知三联书店1998年版,第281页。
④ 陈澧:《东塾读书记(外一种)·郑学》,生活·读书·新知三联书店1998年版,第282页。
⑤ 陈澧:《东塾读书记(外一种)·诗》,生活·读书·新知三联书店1998年版,108页。
⑥ 皮锡瑞:《经学历史·经学中衰时代》,中华书局2011年版,第101页。

当时莫不仰望,称伊、洛以东,淮、汉以北,康成一人而已。咸言先儒多阙,郑氏道备。自来经师未有若郑君之盛者也”①。

第二,范式中虽加入了谶纬等迷信色彩,但并非不可理解。后人在诟病郑玄经学时,往往以其经典诠释中含有谶纬思想作为依据。然而仔细想来,“援纬入经”方法的出现确有其必然性。“五经”等儒家经典本是上古三代文献的汇编,经历秦末战争后,流传下来的文献已残缺不全,而若坚决执行“注不违经”原则的话,诠释出的经典内涵是无法满足时代对于系统意识形态建构要求的。谶纬本身所具有的神秘性、复杂性,恰可弥补经典中某些说法的“欠缺”或“不足”。实际上,在汉代学者对经典的诠释中谶纬思想已大肆流行。谶纬所建构的宇宙观、神话体系等尤其丰富了神学诠释中的阴阳灾异和象数理论。特别是当东汉光武帝宣布图谶于天下后,经典诠释学说想要在政治上获得认可,已必不可少地要接纳谶纬注经了。当然与以谶纬为中心,并使之成为诠释经典的权威思想的今文经学相比,郑玄则是只在古文经说不完善的地方加入谶纬解说的元素,实事求是,以史证经是其范式的主要构成。所以,可以得出结论,郑玄范式中加入谶纬是当时宗教、政治、文化等多方面原因综合作用的结果,这样的做法并非不可理解。

第三,它为日后清代乾嘉学者解经树立了“模板”,实为“汉学”发端。清代乾嘉时期,大批学者为了让经典诠释的合理性得到有效验证,使理解和解释有学术规范可行,进行了“返经汲古”文本复原工作、“通诂明道”的经典本义确立的探索,以及“实事求是”的文本诠释的验证。进而创造出儒家经学史中极为重要的学派——“汉学”。从汉学家们具体的经典诠释方法上看,显然他们吸收了郑玄“综合式”解经范式的因子,如戴震解经特别强调文字→训诂→义理的顺序;段玉裁、钱大昕等校勘时,强调“以史为证”;王念孙、王引之父子在“由声音通训诂”的过程中,大讲“因声求义”等。只不过在清代学者的诠释视域中已彻底抛弃了范式中的神学成分。而语言诠释与政治诠释的内涵却被大部分保留下来。一种范式能在千余年后仍然得到发展的机会,郑玄经典诠释范式的生命力之强,由此可见一斑。

---

① 皮锡瑞:《经学历史·经学中衰时代》,中华书局1959年版,第141页。

第七章　南北朝时期的经学

东晋以后,南朝、北朝政治上互相对立,南北地区在文化上存在明显差异,两地经学家们对儒家经典的诠释方法、解释风格亦出现很大不同。恰如清代经学家皮锡瑞所言,这是一个"经学分立时代"。《北史·儒林传序》云:"大抵南北所为章句,好尚互有不同。江左,《周易》则王辅嗣,《尚书》则孔安国,《左传》则杜元凯。河洛,《左传》则服子慎,《尚书》、《周易》则郑康成。《诗》则并主于毛公,《礼》则同遵于郑氏。南人约简,得其英华;北学深芜,穷其枝叶。"[①]此段话可谓南朝、北朝经学分立情况真实的注脚。这样的"分立"对于儒家经学而言,既意味着传统解经论说权威性的枯竭,也昭示出其新的解经理路、方法范式、诠释空间等即将形成。

一、经学在南、北二朝的发展

在南朝,儒家经学深受魏晋学风感染,又受佛学的影响,解经兼采众家之说,善谈玄理。刘宋元嘉年间,南朝立四学:儒、玄、史、文。雷次宗、朱膺之、庾蔚之主持儒学,开馆授徒。刘宋最重《礼》学:雷次宗明《三礼》,对其进行广泛深入的考订;何承天将先前《礼论》八百卷删减合并为三百卷,传于世。齐代经学兼重两汉魏晋,"时国学置郑王《易》,杜服《春秋》,何氏《公羊》,麋氏《穀梁》,郑玄《孝经》"[②]。到了梁代,梁武帝兼容儒、释、道三家,尤重儒术。天监四年,武帝下诏建立国学,总以五经教授,置五经博士各一人,并亲注经学典籍,又祭祀儒家圣人,将儒家经学的影响推至南朝的极致。

① 李延寿:《北史·儒林传上》,中华书局1974年版,第2709页。

② 萧子显:《南齐书·陆澄传》,中华书局1972年版,第683页。

随后的陈代，经学家们多喜老庄，能玄言，但并不排斥儒学，如沈文阿、沈侏、贺德基均是解释《礼》经的专家。

皇侃是南朝最著名的儒家解经学者，其对《三礼》、《孝经》、《论语》等的解释颇有心得。皇侃解经讲究义疏，兼采玄学，并杂以佛学，略于名物制度。其文辞骈俪整齐，受到当时南朝华靡文风的影响。他在具体释经时，以阐释义理为主，间引文献互证；运用科判体式，划分节段，使之层次分明，重视总结段义；在疑难聚讼问题上勇于断案，推出自家新说。

皇侃的个案特点，其实也是南朝儒家经学总的特点。南朝学者解经，往往综合采纳以往经学各派方法学说，郑玄、王肃、王弼的经学都颇为受重视，学风较为开放，其中以玄学影响最大。与前代相比，其更加重视经学在宗法礼制方面的应用，对于《礼》学解释的成就繁多。在经典解释方法上，义疏体最为流行。其兴起，初缘于讲经之风，效佛教升座说法，讲论经义，然后形诸文字，便是"义疏"。费甝《尚书义疏》、皇侃《论语义疏》等，均是代表。义疏方式不同于汉代传注或集解，略于设释经文名物，而重在疏通经文大意；又不同玄学经学，一般不离开经义纵情自我发挥，而是守一家之注，或旁征博引诸家之说，加以选择、融会，用来阐明经文的旨意。① 所以它是介于义理经学与训诂经学之间的一种经学著作形式。

在北朝，儒家经学受汉末郑学影响较大，主要传播的是训诂典章制度，玄谈并非其重点。其原因是，北方少数民族以军事力量入主中原后，面临着改变游牧民族习俗、建立新的统治秩序与生活方式以获得广大汉族人民认同及适应文化积累深厚的中原封建社会的任务。他们倡导儒学，注重经术，希望用儒家传统文化来提高本民族的素质，又借以笼络汉族的人心。而且还要根据经典的记述和要求制定、建立国家各种封建典章制度，所以北朝特别重视对儒家经典的训诂考释，较多地继承了汉代训诂章句的传统。

据《魏书·儒林传》记载："魏道武初定中原，虽日不暇给，始建都邑，便以经术为先。立太学，置《五经》博士，生员千有余人。天兴二年春，增国子太学生员至三千人"，"太和中，改中书学为国子学，建明堂、辟雍，尊三老五

① 参见牟钟鉴：《南北朝经学述评》，《孔子研究》1987 年第 3 期，第 65 页。

更,又开皇子之学。及迁都洛邑,诏立国子、太学、四门小学。”孝文尤好儒典,“刘芳、李彪诸人以经书进”,后“燕齐赵魏之间,横经著录,不可胜数”。孝文帝时经学最盛,文化上的汉化也最迅速。他倚重王肃改革旧制,“朝仪国典,咸自肃出”[①]。又自作《职员令》二十一卷,严肃典制。作为北朝第一个朝代的北魏,其儒家经典解释的目的十分明确,即熟悉儒典,按照内地旧有纲常名教的模式建立国家制度和培养贵族子弟。所以其并不急于对儒家理论创新,故训诂经典和实用经典最为常见,也因此南朝玄风的影响自然不大。

徐遵明是北魏儒家经学的代表人物,他师承多门,遍通《孝经》、《论语》、《毛诗》、《尚书》、《三礼》、《春秋》,其讲学方法,“先持经执疏,然后敷讲”,乃章句之学,“遵明见郑玄《论语序》云‘书以八寸策’,误作‘八十宗’,因曲为之说”[②],成为千古笑谈。他最大的贡献是传经,培养了一批熟悉训诂经学的门生,如李业兴、李铉、熊安生、马敬德等。后来北方诸经的传授,多来自徐遵明一脉。

北齐经学延续了北魏经学。《北齐书·儒林传序》云:“魏天平中,范阳卢景裕同从兄礼于本郡起逆,高祖免其罪,置之宾馆,以经教授太原公以下。及景裕卒,又以赵郡李同轨继之,二贤并大蒙恩遇,待以殊礼。同轨之亡,复征中山张雕、渤海李铉、刁柔、中山石曜等递为诸子师友。及天保、大宁、武平之朝,亦引进名儒,授皇太子诸王经术。”由于当时的解经者多为徐遵明的弟子,所以郑玄的经学在北齐大行其道。

北周文帝在位时,“及太祖受命,雅好经术。求阙文于三古,得至理于千载,黜魏、晋之制度,复姬旦之茂典。卢景宣学通群艺,修五礼之缺;长孙绍远才称洽闻,正六乐之坏”[③]。周武帝在位时,更重儒学,他在儒释道三教中确定以儒教为先,道教次之,佛教为后。于天和元年,“五月庚辰,帝御正武殿,集群臣,亲讲《礼记》”(《周书》),天和三年八月再次在大德殿“集百僚

---

① 李延寿:《北史·王肃传》,中华书局1974年版,第1540页。

② 李延寿:《北史·儒林传上》,中华书局1974年版,第2720页。

③ 令狐德棻:《周书·儒林传》,中华书局1971年版,第806页。

及沙门、道士等亲讲《礼记》"[1]。经文、武二帝提倡，北周儒家经学达致隆盛，《北史·儒林传序》云："是以天下慕向，文教远覃。衣儒者之服，挟先王之道，开黉舍，延学徒者，比肩；励从师之志，守专门炎业，辞亲戚，甘勤苦者，成市。虽通儒盛业，不逮魏、晋之臣，而风移俗变，抑亦近代之美也。"[2]

总的来说，北朝的儒家经学发展讲求"兼容并蓄"。由于少数民族入主中原后，尚不能从多元经学学派中做出选择，统治者出于对中原文化的向往与仰慕，实行了兼容并蓄、多元共存之政策。反映在经典解释中，即体现为除正统的郑学解经外，王肃之学同样长期存在。东汉谶纬之旧，在北朝依旧常见。皮锡瑞对此评价："北人笃守汉学，本近质朴；而南人善谈名理，增饰华词，表里可观，雅俗共赏。故虽以亡国之余，足以转移一时风气，使北人舍旧而从之。"[3]可见，比照南朝，北朝儒家经学的创新发展的确有所逊色。

二、南朝、北朝经学之异同

从学术体系构成上看，南北儒家经学的地域性差异特征明显，具体体现在如下几个方面。

首先，经学文本重心不同。《隋书·儒林传》说："南北所治章句，好尚互有不同。江左《周易》则王辅嗣，《尚书》则孔安国，《左传》则杜元凯；河洛《左传》则服子慎，《尚书》、《周易》则郑康成，《诗》则并主于毛公，《礼》则同遵乎郑氏。"《魏书·儒林传》也讲："汉世郑玄并为众经注解，服虔、何休各有所说。玄：《易》、《书》、《诗》、《礼》、《论语》、《孝经》；虔：《左氏春秋》；休：《公羊传》；大行于河北。"可见，南朝继续了魏晋以来玄学化了的经学，而北朝基本上承袭了东汉的传统经学。表现在解经时参照的文本重心上，即南朝重王弼、孔安国、杜预的注本，北朝重郑玄、服虔等人的注本。

即使面对儒学的元典——"五经"原文，南北二朝学者解说的重点也不尽相同。如南朝经学特别关注《仪礼》，重视其中涉及朝廷的一切礼乐舆服

① 令狐德棻：《周书·武帝纪上》，中华书局1971年版，第75页。

② 李延寿：《北史·儒林传上》，中华书局1974年版，第2706—2707页。

③ 皮锡瑞：《经学历史·经学统一时代》，中华书局1959年版，第194页。

仪注,尤重《丧服》一篇,"宋元嘉十五年……又征诣都,为筑室于钟山西岩下,谓之招隐馆,使为皇太子、诸王讲《丧服经》"[①]。其对于《周礼》则不甚在意,"凡圣贤所讲之书,必以《周官》立义,则《周官》一书,实为群经源本。此学不传,多历年世。"[②]。与之相反,北朝经学却偏重《周官》而忽视《丧服》。《北史·儒林》对于《丧服》的记载寥寥,只在本传记载:"天和三年,周齐通好,兵部尹公正使焉。与齐人语及《周礼》,齐人不能对,乃令安生至宾馆,与公正言。"熊安生是北朝大儒,齐人语《周礼》时必以熊安生出场,可见北朝对《周礼》的重视。

南北二朝对于儒家经学文本重心的不同选择,源于经学传播者自身的政治立场与释经目的不同。南朝学者多为晋室南渡而来的世家大族或曰"新出门户",受魏晋玄学的熏陶极深。北朝学者多为经学世家或曰"旧族门户",其世代秉承儒学并未断绝。"新出门户"来到南朝后,面对的是满眼门第制度渐衰、世族大家庭日渐涣散的现实,迫切需要利用《丧服》等经典重申大家庭内亲疏远近关系的重要性,维护门第中人的向心力,来营造作为自身存在基础的世族凝聚力。而"旧族门户"留在北朝,他们面对的主要任务是帮助少数民族统治者尽快提升文明程度,确立建国之基,构架国家政权的建制、运行和管理的正常秩序,因而《周官》一书受重视也就不足为怪了。

其次,治经方式不同。南朝学者重视义理阐发,不重论证过程,言简意赅,且善谈名理、兼长文史,解经专注文采[③];北朝学者重视章句训诂,言不虚发,翔实可据,且笃守汉学,不讲音辞。从内容上看,南朝经学深受玄学与佛学的影响,讲究儒、佛、道三教合流,雷次宗、伏曼容、严植之、太史叔明、周弘正、梁武帝等经学大家皆兼善儒、道。他们治经既习正始之余论,又纳释家之义理;既能基本解说书本原义,又不迂腐比附、拘泥保守;既博取众家之长,又别出新意,表现出一种"言约旨远"的治学方式。[④] 这与其秉承两晋传统,彻底破除汉儒固守师法与家法的风尚有着直接关系。对于经典文本,他

---

① 李延寿:《南史》卷七十五,中华书局1975年版,第1868页。
② 李延寿:《南史》卷七十一,中华书局1975年版,第1741页。
③ 参见胡晓丹:《徐遵明经学初探》,《文史杂志》2011年第3期,第38页。
④ 参见孔毅:《魏晋南北朝时期南北经学异同论》,《云南社会科学》1993年第1期,第78页。

们多以“讲”、“谈”的形式对经文的阐释演绎，常常“解放思想”将之与时世相连。同时，又以义理之学指导政治实践，高扬变通，任其自然，充分融入了玄学追求“不拘一格”境界的指向。所以南朝注疏出的经典，自然多如“皇侃之《论语义疏》，名物制度，略而弗讲，多以老、庄之旨，发为骈俪之文，与汉人说经相去悬绝”①。北朝经学重汉代解经旧习，受道学影响甚微，且总是力图在训诂上寻求儒、佛二者的契合点，“北朝当夫东魏、北齐之际固有一二谈玄之儒，宇文周亦曾礼聘沈重讲三教义于长安，而均未能广衍成风，盖缘于北方儒生之保守汉、魏旧统，其与僧侣契合之机缘不在义学而为训诂，所谓北学深芜穷其枝叶，即由于是”②。学者治经严谨遵循师法、家法，以章句训诂为宗，学风纯朴、不杂玄风。

探究南北二朝治经方式之差异，明显的原因是，南朝治经者多为“迁移”士族，生活安逸，在长期受“清谈”之风浸染后，好尚讲辩经文，逐渐抛弃汉儒烦琐旧注理念。北朝治经者多为名家后人，直承汉代经学，解经传授各有师承，如徐遵明传《周易》于卢景裕，卢景裕传之于权会、郭茂，河北诸生能言《易》者多出郭茂之门等，学生负笈从师，笃守师说，师生传授颇有系统可循。当然，北朝也存在一些留守中原未迁走的士族。不过虽然这些经学者也受过魏晋玄风熏陶，但他们身处北方，寄人篱下，颠沛流离，朝不保夕，那种原有的空谈名理的悠闲风尚，早已被金戈铁马的现实一扫而光了。故其做学问时亦开始务实，转向不讲音辞、学风质朴的汉儒旧说。

最后，释经风尚不同。南朝经学家释经，几乎人人皆有注疏，如雷次宗的《略注丧服经传》，庾蔚之的《礼记略解》，何胤的《礼记隐义》等；北朝经学家则多“述而不作”，可谓重传授而不重著述，如徐遵明虽博通群经，但唯著《春秋义章》一种。此外，南朝学者在经典解释中，广征博引，内容兼及文史；北朝学者虽也讲博涉，但所涉内容绝对不出经书。

究其原因，“得意忘言”思想在南朝影响甚大，解经者释经态度大多崇尚

① 皮锡瑞：《经学历史·经学分立时代》，中华书局1959年版，第176页。

② 牟润孙：《唐初南北学人论学之异趣及其影响》，载《注史斋丛稿》，中华书局1987年版，第394页。

清通简要，融会内外，通其大义，不愿执着文句而自害其义。同时，南朝经学不断被玄化与佛化，儒家经学家们在三教合流的影响下多已非纯儒，释经所凭材料种类繁多。如皇侃，明《三礼》、《孝经》、《论语》，为国子助教，却笃信佛教，"常日限诵《孝经》二十遍，以拟《观世音经》"[①]，张讥通《孝经》、《论语》，笃好玄言，"出士林馆，发《孝经》题，讥论议往复……于围城之中，犹侍哀太子于武德后殿讲《老》、《庄》"[②]。故学者们解释儒家经义时，"多以老、庄之旨，发为骈俪之文"[③]。当然这也与南朝学者"尚辩"有关，他们需要有不同他人的观点、独特解释视角、华丽辞章以服众人，因此解经愈发不专注文本，屡建自家新说，"创新"不断。如袁淑"不为章句之学，而博涉多通，好属文，辞采遒艳，纵横有才辩"[④]；周舍"义该玄儒，博穷文史"[⑤]，所以"辞理遒逸，由是名为口辩"[⑥]。

与之不同，北朝解经者摒弃清言玄风，他们竭力通过释经，用儒家思想培养统治集团及其子弟，帮助他们尽快地熟悉和接受汉文化，掌握封建统治阶级的思想武器，从而"以夏变夷"、"致君尧舜"。因而，北朝经学不重文采，重在说明经文"原义"，杜绝对文本的任意发挥。这一特质，大大加速了少数民族统治者对儒家经典思想的认知与要义的把握，为北朝社会秩序的稳定、人们文明程度的提升，做出了积极的贡献。从文章能否传世的角度讲，除文字内涵外，文采也是要紧的，因为文字是思想的载体，有好的载体当然更有利于思想的传播。[⑦] 所以南朝儒家经学从本质上讲虽没有北朝系统完备，但对后世的影响却比北朝大，其将文采与义理结合是关键一点。

南北二朝儒家经学虽存在诸多差异，但并不意味着二者没有共通之处。如它们皆是继承两汉、续接魏晋而来，其治经范围与所研习的经注具有明显

---

① 李延寿：《南史》卷七十一，中华书局 1975 年版，第 1744 页。

② 姚思廉：《陈书》卷三十三《儒林传》，吉林人民出版社 1995 年版。

③ 皮锡瑞：《经学历史·经学分立时代》，中华书局 1959 年版，第 176 页。

④ 沈约：《宋书》卷七十《袁淑传》，中华书局 1974 年版，第 1835 页。

⑤ 姚思廉：《梁书》卷二十五《周舍传》，中华书局 1973 年版，第 376 页。

⑥ 姚思廉：《梁书》卷二十五《周舍传》，中华书局 1973 年版，第 375 页。

⑦ 参见严耀中：《试说玄学对南朝经学之影响》，《上海师范大学学报》2009 年第 1 期，第 112 页。

的同源性:南北经学都以《易》、《书》、《诗》、《三礼》、《三传》、《论语》、《孝经》等为研习范围;所习经注,南北《毛诗》、《三礼》均宗郑注,《公羊传》均为何休注,《穀梁传》为麋信与范宁注等。《隋书·儒林传》有:“考其终始,要其会归,其立身成名,殊方同致矣”,即揭示了南北朝儒家经学同源异流的实质。更具有代表性的是,南北诸儒都自出义疏,不仅南朝有皇侃《论语义疏》、贺玚《礼记新义疏》等,北朝也涌现出一大批“义疏”之作,如沈重《毛诗义疏》、熊安生《礼记义疏》、刘焯《尚书义疏》等。对于经典解释而言,注以释经文,疏则演注义。在南北朝的解经者共同努力下,义疏成儒家经典解释的重要方法之一,经注兼明的义疏体从此在经学中大行其道。

如果从得失的角度上看,南朝治经阐发义理,兼采众说,别开生面,其得在于逻辑思辨性强,其失在于任意发挥,欠缺务实;北朝治经固守汉儒师说,杜绝浮华,其得在于兼通博考,笃实敦厚,其失在烦琐拘泥,以致不得经书要义,少有创新。① 实际上南北经学得失恰为互补,正是这种互补性为儒家经学在日后隋唐时代的统一,打下了坚实基础。

三、经学在南北朝分立的经学史意义

从表面上看,相对于“统一”,“分立”似乎为儒家经学带来更多的是“损害”。但如果从儒家经学发展史总的演进历程上讲,南北朝经学的分立更确切地说是儒学一次新的经典解释空间拓展与创造生命力迸发酝酿过程。众所周知,两汉以训诂与阐释为基础的“训释”式经典解释方法体例高度成熟,不过当其发展至魏晋时期时,经学内部文本疏解的烂熟和垄断化所导致的枯竭与终极感,已然使经学倍感压抑与沉重。而佛、道二教的挑战,更让儒家经学疲于迎战。面对自身生命力日渐枯窘、社会权威性逐渐丧失的境遇,儒家经学必须发生革新。实际上,南北朝儒家经学的分立正是这场“革新”的序曲。

其一,“分立”为儒家经学革新提供了一个良好的实验场与对比平台。前文曾说过,南北二朝儒家经学的发展走上了两条不同的路途。南朝不断

① 参见吴雁南、秦学颀、李禹阶:《中国经学史》,福建人民出版社 2001 年版,第 217 页。

将佛学、道学思想注入经学,在修正与尝试中,让名教与自然结合在一起,使得儒者"都无不遵守魏、晋经师之说,侈谈新理"①,义理之学大兴,并开始初步探究天人之际,阐发具有本体论寓意的哲理;北朝则恪守东汉经学传统,未有太多创新,走训诂典章制度、遵章句之学、笺注的"老路",无法从根本上实现"变新"。对二者发展的对比,体现了儒家经学"变"与"不变"的后果,让经学的发展最终确定了方向,"天下统一,南并于北,而经学统一,北学反并于南"②,"故天下统一之后,经学亦统一,而北学从此绝矣"③。后来的社会事实证明,义理诠释与解释形上学渐渐成为经学之宗。因为阐发经文义理,不仅能够从中发明新意,更可使儒学贴近时代,进而让经学的社会和政治价值得到提高,使之在统治阶级心目中的重要性得到加强。而儒家经学也只有自身形成本体论,才能拥有与佛、道对抗的根基。

其二,"分立"为儒家经学下一次"统一"做好了准备。南北二朝学术上的分立,产生于南北政治分裂、地域相对隔绝的特殊时代。当社会分裂局面结束、天下复归统一时,儒家经学统一的时代亦会到来。不过"统一"前,经学内部也需有一个良好的铺垫。南北经学各自发展,分别取得不同层面的经学成就,后来的隋唐经学家正是在对这些成就进行相互借鉴、相互补充的基础上,建构出儒家经学在新时代的学术体系。考察《隋书》及新旧《唐书》之《儒林传》,可以发现隋唐学者治经特别注重包融古今、会通南北的学术风尚,如《旧唐书·徐文远传》云:"文远所讲释,多立新义,先儒异论,皆定其是非,然后诘驳诸家,又出己意,博而且辨,听者忘倦。"在经典注释方法上多为"义疏",如孔颖达所著《五经正义》,所谓"正义",即正前人之义疏。其注本,《周易》主王弼注,《尚书》主伪孔注,《毛诗》主郑笺,《礼记》主郑注,《春秋左氏传》主杜预注,实际上综合南北二朝所循注本。其释经原则——"疏不破注",认为专为传注而作的疏解,一旦选定了某一注本,就必须维护原注,哪怕是原注解释错了,也不加纠正,而是为之辩解,曲徇注文,从而更"原

① 杨东莼:《中国学术史讲话》,江苏教育出版社2005年版,第119页。
② 皮锡瑞:《经学历史·经学统一时代》,中华书局2011年版,第135页。
③ 皮锡瑞:《经学历史·经学统一时代》,中华书局1959年版,第196页。

汁原味”地保存了南北二朝经学的风貌。值得一提的是,《五经正义》是儒家经学在隋唐时期得以统一的标志性著作,其主要学术目的为传述而非创造,它所做唯存是去非、削繁增简而已。它建构出了一个以南朝经学为本,兼取南北之长,即南、北经学共存的“解释学”体系;通过对传统章句的省简,“去其华而取其实,欲使信而有征,其文简,其理约,寡而制众,变而能通”[①],为儒士传习经典提供了一个简明的文本;为国家建立起统一的意识形态起到了基奠作用。

除去“革新”意蕴外,南北朝儒家经学的分立也在一定程度上丰富了经学自身。如它极大地推动了“礼学”与“易学”的发展。“礼”的核心在于“分”,分尊卑,分贵贱,分上下,礼学即是对“分”的理论化。在南朝,礼学不仅继承汉代学说维护君权的传统,而且加入了巩固族权新的命题。通过杜预、贺循、裴松之、周续之、何佟之等人的论说,三礼之学既迎合了士族炫耀门户的需要,又顺应了社会宗族内部实施约束的需要。在北朝,礼学迅速在统治阶级中传播开来,它成为少数民族加速自身的汉化、使自己进入正统的主要手段。相应的,经学家们也尽量让三礼之学变得通俗易懂,无疑让礼学中的务实特质大大增强。

“易学”主要是对天人关系的探究,南朝学者在接受王弼玄学化了的易学同时,又引佛入《易》,以佛说《易》,让易学与宇宙本体论的联系愈加紧密。北朝学者言《易》,多承袭汉代谶纬化了的学说,并将其占筮之说不断扩展。如北魏崔浩使用筮吉凶方法,使之迎合北朝胡族帝王需要,由此奠基北朝《易》学特色。王夫之对此曾痛斥到:“皆汉儒依托附会、逐末舍本、杂谶纬巫觋之言,涂饰耳目,是为拓跋宏所行之王道而已。尉元为三老,游明根为五更,岂不辱名教而羞当世之士哉?”[②]其实,如果考虑到当时鲜卑氏文明程度较低,占卜预言式易学更容易被其接受,且《北史》之中屡有儒士献良策而托以谶纬而得行的实际情况,前述对易学发展产生的负面影响实则已大大降低。

---

① 王弼等:《周易正义》,载《十三经注疏》影印本,上海古籍出版社 1990 年版。

② 王夫之:《读通鉴论》卷十六,中华书局 1975 年版,第 1237—1238 页。

总之，在学者的努力下，南北朝学说的分立，非但未让儒家经学发展停滞，反而加速了其解经方式、释经理念的进步。它使得儒家经学传统的话语权与权威性得以重新凝聚，让经学与多元文化得以连接。“分立”只不过是最终回归“统一”的变奏序曲。正是这次“分立”为儒家经学的“汉学”模式和“唐学”乃至“宋学”模式间架起了一座连通桥梁。

第八章　中晚唐时期儒家解经思想之变新

唐初,《五经正义》颁行天下后,科举"每年明经令依此考试"①,形成了经学注文和义疏统一的局面。儒家经学由此得以确认在唐代的话语中心地位,不过其经典解释也被限定了一个相对封闭的诠释边界,章句训诂与"疏不驳注"式的解经原则让学说的发展陷入停滞。儒家经典的解析空间日益缩小,文本的内涵与外延在"官学化"的理解中被牢固地限定。加之,来自佛教的挤压以及儒学内部经典传递过程中所积累下的诸如"作伪"、"辨伪"等复杂问题不断暴露,进入中晚唐后,儒家"经"的权威性渐渐失落,相应的经典诠释思想在僵化中丧失了"至高无上"的社会地位。儒家解经思想的变新,成为时代留给儒家最迫切需要完成的任务。

一、疑经之风与"舍传求经"流派的形成

从中唐开始,社会中的疑经风气兴起。越来越多的儒家认识到以《五经正义》为代表的传统经学远离社会现实,通经致用的儒学传统的丧失只能让经典解释走入死胡同。为了重振儒学,必须对其进行又一轮的"返本开新",首要的工作即是重新确认儒家的经典。《史通》的作者刘知几著《疑古》、《惑经》二篇,对儒家经典中的《尚书》、《论语》、《春秋》进行大胆且尖锐的批驳。他认为,《尚书》、《论语》所记之事有十条是虚假的;《春秋》有"十二未谕",即十二处使人难以理解和明白的地方;"虚美者有五",即后学孟子、

① 刘昫:《旧唐书·高宗本纪上》,中华书局1975年版,第71页。

左丘明、司马迁和班固为推尊孔子而脱离事实;“谈过其实”的穿凿附会之论,专指《春秋》矛盾百出,曲辞隐讳之弊。诚然,刘知几的《史通》是一部史学理论著作,主要是论史而非谈经典。但其正是站在史学角度,通过对儒家经典《尚书》、《论语》、《春秋》讳恶失实和褒美过当等问题提出怀疑、批判,从根本上动摇了儒家经学的基础,在一定程度上打破了“经”的神圣性。

随后出现的啖助、赵匡、陆淳三人对“春秋三传”继续驳诘。啖助,撰有《春秋集传》,其考核三传,对三传从总体上加以比较和把握。他指出《春秋》经文简易,先儒治《春秋》,各守一传,各不相通,三传互攻,产生流弊。其主张舍弃师法、家法,以三传互通为宗旨。赵匡,自撰《春秋阐微纂类义疏》,补订啖助的《春秋集传》。他以为《春秋》文字隐讳,不易明了,乃举例阐释,发挥“微言”;又怀疑《春秋》经文有误,开学者怀疑经传之风气。陆淳,从师于啖助、赵匡,著有《春秋集传纂例》、《春秋微旨》、《春秋集传辨疑》。这三本著作,是陆淳综合了啖助、赵匡的成果而成。因此,书中不仅有陆淳观点,同时也包括啖助、赵匡的见解。

啖、赵、陆解释《春秋》讲究“舍传求经”,即不死守传注,而依自己的理解直接去解释经文。他们批评注疏之学,考量先哲解经得失,建构出新解《春秋》宗旨之诠释学范式。《新唐书·啖助传·赞》对之总结道:“啖助在唐,名治《春秋》,摭讪三家,不本所承,自用名学,凭私臆决,尊之曰‘孔子意也’,赵、陆从而唱之,遂显于时。呜呼!孔子没乃数千年,助所推著果其意乎?其未可必也。”[①]可见,啖助等人是对经典作了发挥性的解说,将原有的范畴、命题,赋予新的含义,从而阐述自己的思想观点。他们的经典解释已不是“我注六经”,而是“六经注我”,是代圣人立言而已。其体现了一种不同于注疏之学的新的方法范式——舍传求经,以经为本,而不以传注为本。这是唐代儒家诠释学的一次重要革新,预示了儒家经典解释的发展方向,“舍传求经,实导宋人之先路”[②]。

啖助等人开创的“舍传求经”之风,逐渐发展成一种解经流派。中晚唐

---

① 欧阳修、宋祁:《新唐书·啖助传》,中华书局1975年版,第5708页。
② 永瑢等:《四库全书总目》,中华书局1965年版。

时期大批学者，如韩愈、冯伉、韦表微、卢仝等均为此流派一员，就像韩愈《寄卢仝》诗中所说："春秋三传束高阁，独抱遗经究终始。"此外，柳宗元也是集"舍传求经"解经之说大成者。他严格区分经传，对"传"坚持以理性的原则区别对待，强调传体本身在流传过程中有失真附会的现象，所以要学会对"传"以批判的视角辨识。

疑经之风和舍传求经流派盛行，与当时的社会状况存在千丝万缕的联系。中唐以后，唐王朝开始衰落，中央政府与地方藩镇势力之间、中央内部之间、唐与周边少数民族之间的矛盾交织在一起，日益尖锐。这在一定程度上限制了唐王朝统治思想在社会中的影响力，使得儒家经学拥有了跳出《五经正义》所设定的义疏解经思路的可能。与此同时，佛教以系统完备的本体论与人生观严重冲击着儒学的权威性。义疏式解经已无法让儒学从根源性上消解佛教所带来的紧张，从而应对种种挑战，使儒学在系统的合法性上取得压倒性的优势。调整自身体系，重建价值解释系统，建构新的权威性，成为儒学"社会存在"的关键性问题。"安史之乱"爆发后，唐王朝加速衰微更激发了士人对政局的关注和思考，"正人心、淳风俗、美教化"成为社会共识。经过理性选择后，儒学又一次成为统治者与社会有识之士根治社会弊病的首要选择。当然人们也知道，儒学要振兴，其重中之重是从儒家古典原创性著作中吸取力量，要用新的解经思路"返本开新"，在对经典的重新诠释中，确立儒学新时期的权威性。基于上述原因，儒家经典诠释学说中的变新力量出现了：在"疑经"中，《论语》、《孟子》《大学》、《中庸》"四书"开始受到青睐，成为儒家解经学新的兴奋点与思想增长点；在"舍传求经"的指引下，儒家经典解释之说开始营造自己的解释形上学、诠释方法论；怀疑精神与渴望突破的意愿，一时间成为儒家解经学最具代表性的特征。

二、解释形上学的萌生

"古文运动"的倡导者韩愈一生主张排佛、崇儒，他以经学为依托，为儒学创立了与佛教本体论相对抗的"道统说"。在其看来："博爱之谓仁，行而宜之之谓义，由是而之焉之谓道，足乎己，无待于外之谓德。仁与义为定名，道与德为虚位。”[①]“道”是一种精神价值，也是一整套原则。具体而言，“道”即是“仁义之道”、“孔孟之道”。儒家有着传道世系，“尧以是传之舜，舜以是传之禹，禹以是传之汤，汤以是传之文、武、周公，文、武、周公传之孔子，孔子传之孟轲。轲之死，不得其传焉”[②]。之所以“不传”，是由于“周道衰，孔子没，火于秦，黄、老于汉。佛于晋、魏、梁、隋之间，其言道德仁义者，不入于杨，则入于墨；不入于老，则入于佛”[③]。在现世的社会危机中，儒家“道统”应由自己发扬光大，“释老之害过于杨墨，韩愈之贤不及孟子，孟子不能救之于未亡之前，而韩愈乃欲全之于已坏之后，呜呼，其亦不量其力且见其身之危，莫之救以死也！虽然，使其道由愈而粗传，虽灭死万万无恨！”[④]

韩愈认为，在日常实践中对于“道统”的传承有赖于从儒家经典的解释中挖掘“道”之核心价值观念，“读书，讲古人所谓求其道之至者以相励也”[⑤]。他特别推崇《大学》、《中庸》等典籍，并以《大学》中重在“有为”的“正心诚意”说，批驳佛教中重在“无为”的“正心诚意”，通过解释《中庸》中关于性与情的论述，提出“性三品说”，教导人们要经过学习教育，把握“道”之要义。通过对经学中“道”之大义的论述，韩愈完成了封建名教礼法与个人自觉性间的协调，并让唐代儒家的经典解释之说初步拥有了本体论意蕴。

与韩愈不同，柳宗元崇尚佛教，极力主张“统合儒释”。他将佛学的思维方式和子学的论辩精神融入儒家经学思想体系，丰富和扩充了儒学。[⑥] 在柳宗元看来，儒家经典中蕴含“中道”，它是人们日常言行的基础，“圣人之为教，立中道以示于后。曰仁、曰义、曰礼、曰智、曰信，谓之五常，言可以常行者也”[⑦]。“中道”可具体为“仁义”，“圣人之所以立天下，曰仁义。仁主恩，义主断。恩者亲之，断者宜之，而理道毕矣。蹈之斯为道”[⑧]。对“中道”的

① 韩愈：《韩愈全集 · 原道》，上海古籍出版社 1997 年版。
② 韩愈：《韩愈全集 · 原道》，上海古籍出版社 1997 年版。
③ 韩愈：《韩愈全集 · 原道》，上海古籍出版社 1997 年版。
④ 韩愈：《韩愈全集 · 与孟尚书书》，上海古籍出版社 1997 年版。
⑤ 韩愈：《韩愈全集 · 送从弟谋归江陵序》，上海古籍出版社 1997 年版。
⑥ 参见贾名党：《论柳宗元的经学思想》，《山西师大学报》2005 年第 1 期，第 88 页。
⑦ 柳宗元：《柳宗元集 · 时令论》，中华书局 1979 年版，第 88 页。
⑧ 柳宗元：《柳宗元集 · 四维论》，中华书局 1979 年版，第 78 页。

领悟,关键在于对"六经"的正确理解,"及长,乃知文者以明道……本之《书》以求其质,本之《诗》以求其恒,本之《礼》以求其宜,本之《春秋》以求其断,本之《易》以求其动,此吾所以取道之原也"①。简而言之,本诸六经以取道之原。

柳宗元进一步指出,通晓本原之"道"并非意味着经典解读的结束,还要将"道"之真谛"辅时及物",经世致用。"辅时",指要适应社会发展的需要,有益于世;"及物",即要切合实际事物的客观存在,既非"穷异以为神",更无须"引天以为高"。② "道"虽无形,但却可以以指南的形式服务于实际生活。让经典中的"道"施于为政,有益于世,是柳宗元毕生追求的目标。

李翱是中晚唐时期促成儒家经典解释形上学萌生的又一重要人物。他一面极力排佛,另一方面又吸收佛教的心性学说,其思想的特点是以儒为宗,融合儒、佛,试图建立起以"复性"说为核心的心性论思想体系。对于儒家经典,李翱一再强调对其理解的重要性,"六经之旨也,浩乎若江海,高乎若丘山,赫乎若日火,包乎若天地"(《李文公集·答朱戴言书》)。因为儒家之道内在于文字中,"文以载道",道与文具有一定的等同性,"性于仁义者,未见其无文也"(《李文公集·寄从弟正辞书》),"仁义与文章,生乎内者也"(《李文公集·寄从弟正辞书》)。

李翱十分重视《中庸》这一典籍,认为它是载"道"之书,主张通过领会《中庸》之书的精神实质,来复兴孔子之道。李翱尤其对《中庸》中的"诚"进行了系统的阐述与发挥。他认为,诚是沟通天人、实现孔子中庸之道的途径。通过对"至诚"与"复性"关系的论述,李翱以经学为基础,复兴了儒学的心性理论。他指出,孔子之道就在于"教人忘嗜欲而归性命之道也"(《李文公集·复性书上》)。通过"诚",李翱贯通了"性"和"道"两个概念,并以此不断挖掘先秦儒家思孟一系的心性之说,成为唐代经学内向性探索的承启式人物。

在韩愈、柳宗元、李翱等人的努力下,儒家"道"的本原意义被不断加深,

---

① 柳宗元:《柳宗元集·答韦中立论师道书》,中华书局1979年版,第873页。

② 参见贾名党:《论柳宗元的经学思想》,《山西师大学报》2005年第1期,第88页。

学者们渐渐认同经典中内含的“道”,是一种需依靠理性的推理和逻辑去研究、不能直接透过感知所得到答案的形上之物。经典解释的最终指向,是让人们学会依“道”正确处理人与自然、个体与社会间的关系。然而,这时的“道”虽被赋予了形上学意蕴,但相应的经典解释却并非是一种“基于本体的诠释”或“寻找本体的诠释”。“道”更多地充当工具性“符号”,发挥对抗佛教本体论、重塑儒学根源性意义的作用。从本体诠释框架应具备的思想性、逻辑性、体系性上讲,韩愈等人只是做出建构解释形上学的基础性工作,只是简单地将经典解释与自身哲学体系构建结合在一起,从而使儒家解经学中新的意义解释系统粗略地出现了“原型”。不过必须承认,虽然这时的儒家解释形上学只是一种萌芽,但是它毕竟摆脱了汉唐以来研究经学重训诂章句的传统思想方法,开辟了新的风气。它为儒学重新奠定了社会“权威性”根基,找到了与佛老遁世之说对抗的武器,恢复了经典解释发展的动力。当然,其更重要的意义在于对宋明经学的启示作用。“理”、“心”等本体诠释学说的出现,“四书”替代“五经”在解经话语系统中占据重要地位,义理、心性成为日后解经围绕的中心问题,亦均来源于此。

三、解经思维范式的创新

儒家经学发展到了唐代中后期,面临着一系列问题。由于传统经学方法面临着严峻的挑战,儒家学者开始自觉摆脱两汉以来的章句训诂、义疏等解经模式,寻找经典解释新的方法范式。啖助等人认为“圣人有心,由我而得”,主张突显主体之“我”,以“义理”为解经的主旨,突破章句体例的限制,甚至可以更改经传字句以求义理的通顺,力主变章句训诂为义理阐发。[①] 这一主张既包含对前代章句学的批评和解构,又表现为对儒家经典的重新“解释”——探求微言大义,以此“建构”自己的思想体系。

柳宗元继承了啖助等人思想智慧,明确表达了对前代儒家经学重训诂、循章句、守经疏、习经仅以记诵见长等现象的不满。他说:“近世之言理道者

① 参见李伏清:《中唐解经范式变革发微——以新〈春秋〉学派为中心》,《华东师范大学学报》2008 年第 3 期,第 116 页。

众矣,率由大中而出者咸无焉。其言本儒术,则迂回茫洋而不知其适;其或切于事,则苛峭刻核,不能从容,卒泥乎大道。甚者好怪而妄言,推天引神,以为灵奇,恍惚若化而终不可逐。故道不明于天下,而学者之至少也。"①其认为,章句学离道不识宗本之弊影响了儒学在唐代的发展,解经不必向东汉的章句大师们学习,有"马融,郑玄者,二子独章句师耳。今世固不少章句师,仆幸非其人"②,做学问,要"略章句之烦乱,采摭奥旨,以知道为宗"③。对于名家的经典,即使记载明确,但若所言违背常理,也要勇于批判;对于寻常百家之作,即使某些方面与儒家经传条文规则不相一致,只要所言在理,也要积极借鉴吸收。需要指出的是,柳宗元虽批判章句学,但并非全盘否定章句,相反地他也主张穷章句,但"穷章句"的目的在于"探奥义",或者说穷章句作为手段为探明经文大义而服务。

在反对章句、义疏解经的基础上,柳宗元提出"义理"解经的思维范式。他推崇陆质、吕温之说,认为解经不要拘束于后世师说,要以治世道为本。进而强调"君达其道,卓焉孔直。圣人有心,由我而得"④。他认为对经典文本的解释,关键在于冲破禁锢思想的章句训诂,体会文字背后的微言大义,掌握儒家"道"的要义。解经要以"我"为准则,以"我"之思想为出发点,在对经典的引证中,突出"我"的思想,最终以"我"所得之"道"为归宿。实质上,这即是"六经注我"式的义理阐发,完全背离了旧有谨依经传原文之"疏不破注,注不破疏"的章句之学。

柳宗元"义理"释经的思路,在韩愈、李翱等人的解经论说中均可找到呼应。韩愈释经典力主从己意出发,突破传统章句说的束缚,抒发己见以自立学说。他曾言:"愈昔注解其书,而不敢过求其意;取圣人之旨而合之,则足以信后生辈耳。"⑤"抒意立言,自成一家新语"(《旧唐书》)而"能自树",

---

① 柳宗元:《柳宗元集·与吕道州温论非国语书》,中华书局1979年版,第822页。

② 柳宗元:《柳宗元集·答严厚舆秀才论为师道书》,中华书局1979年版,第878页。

③ 柳宗元:《柳宗元集·故银青光禄大夫右散骑常侍轻车都尉宜城县开国伯柳公行状》,中华书局1979年版,第181页。

④ 柳宗元:《柳宗元集·唐故衡州刺史东平吕君诔》,中华书局1979年版,第218页。

⑤ 韩愈:《韩愈全集·答侯生问论语书》,上海古籍出版社1997年版。

"能者非他,能自树立,不因循者是也"[①]。李翱释经典关注"文章之道",其中文之质即在于义理的阐发,不同于章句训诂,"文、理、义三者兼并,乃能独立于一时而不泯灭于后代,能必传也"(《李文公集·答朱戴言书》)。

在韩愈与李翱共著的《论语笔解》中,二者冲破了"疏不破注"的戒律,大言义理的解经特点表现最为明显。在书中,韩、李批驳了以往学者在《论语》文本解读中,对诸多字词训诂、文意剖析方面的不当之处,指出以往学者为了让《论语》经文解释顺畅、突显义理,而神化孔子及其弟子,以达"圣人之道"的问题。韩、李对《论语》的文字、经文次序等进行了大胆改动。仅举二例。其一"子所雅言,《诗》、《书》执礼,皆雅言也"(《论语·述而》)一句,韩说"音"作"言"字,误也。李曰:"孔、郑注皆分明,但误一音字后人惑之。盖一时门弟之所记录。云:'子所雅言',即下云:'《诗》、《书》执礼,皆雅言也'云尔。其义焕然无惑。"(《论语笔解·述而》)什么是雅言,后人说不清楚。所以,为了让人不对经典解释提出质疑,韩、李二人以"言"作"音"。其二"子曰:'回也其庶乎,屡空。赐不受命,而货殖焉,亿则屡中'"(《论语·先进》)一句,韩曰:"一说,屡犹每也;空犹虚中也。此近之矣。谓富不虚心,此说非也。吾谓回则坐忘遗照,是其空也。赐未若回每空,而能中其空也。'货'当为'资','殖'当为'权',字之误也。子贡资于权变,未受性命之理。此盖明赐之所以亚回也。"(《论语笔解·先进》)李曰:"仲尼品第,回、赐皆大贤。岂语及货殖之富耶!《集解》失之甚矣……即回之亚匹,明矣。"(《论语笔解·先进》)何晏在《论语集解》中直解子贡曾经商,而韩、李却改动原文,否认子贡经商,用意显然十分明确:只有树立起教主孔子与其护法弟子的形象,才能恢复儒家的权威。

相对于自汉代以来,人们唯经典是从,即使有文义不通、文句重复之处,也强为之说,不敢有一字之逾越的实际情况,韩、李改易经文的做法无疑是一次大胆的尝试。"虽然他们对《论语》经文有所更张,但他们对孔子及《论语》还是非常崇敬的,所为只是匡正流传中出现的在他们看来所谓字替义乖的'谬误',申《论语》之大义,使'洙泗心源得以不绝于有唐一代'而已。为

① 韩愈:《韩愈全集·答刘正夫书》,上海古籍出版社1997年版。

达此目的，他们疑经破注，改易经文，以期使《论语》释放出具有新质点的东西，改变旧有的学风和文风。”①

中晚唐时期，儒家“义理”解经之风的形成在儒家解经学史中有着不同寻常的意义。首先，真正解构汉学传统解经模式，重建儒学经典解释体系，促成“宋学”的产生。由主体的“我心”探究经典之“道”的“六经注我”解经范式，逐渐为世人所认可。儒家重新定位了解经的指向：解释既要真实反映对象，又要符合现实社会生活的客观实际和内在逻辑，重点在于要从经典文本中创造出合乎现实政治要求的、高于经文原义的思想观点。其次，确立了经史合一思想，让史学与经学紧密关联在一起。为了更好地说明经中义理，儒家们常采用以史证经的方法突显经之“微言大义”，而许多经典自身即是重要的史学资料。到了中晚唐时期，“六经之内，有经有史”的思想广泛传播开来。儒家赋予经典以哲学、文学、史学多重含义，着力强调“史”通经义。尤将《春秋》、《国语》等典籍中史学叙事以探究“义理”的形式重新审视。如陆龟蒙认为，史蕴含于六经之中，如同经一样，是“圣心”、“王道”的载体，圣人因事而见义，将“道”寄托于行文之中；柳宗元认为应以“道”非《国语》，以求其中“圣人之道”，应在从“义理”的角度对文本的批评中，大讲“中道”之大旨。实际上，经史合一是将对“事”的关注与“道”自身的探究联系在一起，也可谓将经典之外在“章句”与内在“义理”相统一的具体形式。通过“义理”分析，史与经共有了“大义”为本的特征。显然，这在很大程度上拓展了儒家解经学的诠释空间。最后，“四书”升格运动，得到了极佳的发展机会。前文曾提到儒家经典有着经、传之分。《论语》、《孟子》、《中庸》、《大学》等传记之作虽不是古代文明的遗典，但实属“轴心时代”大儒所创造，亦属于古典文明原创期的作品。在人们对“五经”大义挖掘日益枯竭、由于真伪问题对经的信认度下降的情况下，“四书”显然更易为人们所接受，且可发挥出义理分析的优势。随着韩愈《原道》对《大学》的引申、李翱《复性书》对《中庸》的弘扬，加之《论语》、《孟子》在统治者推动下“升经”后，时人再提儒家经典，日渐不举“周礼”而代之以“孔孟”。可以说，“义理”解经与“四

① 唐明贵：《论韩愈、李翱之〈论语笔解〉》，《孔子研究》2005 年第 6 期，第 106 页。

书”升格相互促进，在儒家大倡“义理”中，言学必先传记而后遗经的新局面出现了，儒家解经学一个转折的时期来临了。

四、诠释学发展步入平民化、心性化路向

从发展路向上看，中晚唐时期的儒家解经学明显具备了平民化与心性化特征。所谓的平民化是说，儒家解经学更多地做出了人文主义解释，经典文本不再高高在上，孔子不过也只是个凡人，经学中的神秘主义因素被大大消除。儒家们充分注意到，作为社会教育范本的经学必须具有简约化、世俗性、实用性特质。因而在他们对经典的注释中，不断剔除那些脱离实用的纯学术议论，努力将解经学从“专学”变为“通学”，讲究从文本中阐发现实义理。其结果是，许多儒家经典思想被条文化，成为社会民众普及儒学理念的通俗化读本。这种平民化解经路向的发生，主要原因有二。一是社会教育的需要。虽说连年战乱，让唐朝统治的根基发生动摇，但科举仍然是当时世人改变身份与存在状况的重要手段。明经科仍具有传统性权威，诵读儒家经典、传习儒学知识在社会教育体系中的基础地位并未改变。不过，随着“疑经”之风日盛，如果再固守传统，让经典解释指向“神圣化”、“精英化”，势必会出现信仰与知识相背离的状况。因而还儒家经典以平民属性，让世人在充分信任基础上学习儒学知识，便成为不二的选择。二是“辟异端”的需要。佛教在唐代迅速传播的一个重要原因在于，其学说贴近平民生活。佛教旨意通常以浅显明白的道理向世人传达内在的“大义”。中晚唐时期的儒家显然注意到了这一点，无论是“排佛”说，还是“统合儒释”说，实际上都汲取了佛教思想与平民生活相融的特质，如韩愈解经即强调要对现实生活中的人与理想中的圣人之间关系进行考察，要让经典中的“道”帮助个体在现世生活中追寻人格完善从而臻于圣境；柳宗元在入世与出世中寻找儒释理论上的交汇点，通过经文诠释让儒释会通，成为人们日常生活实践的指导。可见，“平民化”也正是让儒学不脱离群众，进而避免留给佛教思想乘虚而入机会的手段之一。

所谓“心性化”是指，经典解释的重点落实在文本所蕴含的心性问题上，

强调内圣之学。自汉代经学政治制度化以来,儒家在解经中重视的是外王之学,以至忽视了对心性、个体、人生的现实关怀,这也是唐前期以前"义理"解经不兴的重要原因。至唐中晚期,儒学家们认识到僵化的经学需要注入新的元素,心性理论上的薄弱已让儒学不能再适应当时的形势,阐发经学中的"义理"符合当时社会现实向儒学提出的要求,也是儒家解经学依照自身逻辑发展的必然。于是,韩愈重讲孟子心性说,创造了"治心论";柳宗元引佛教心性理论入儒,在入世与出世中寻找儒释理论上的交汇点;李翱认为儒家之道就在于"教人忘嗜欲而归性命之道也",其在解经中大讲"觉悟",认为觉则明,明则可以复性,提出"视听言行,循礼而动,所以教人忘嗜欲而归性命之道也。道者,至诚也。诚而不息则虚,虚而不息则明,明而不息则照天地而无遗。非他也,此尽性命之道也"(《李文公集·复性书上》)。

中晚唐时期的儒家解经学上承两汉、下启宋明,它实为儒学学术思想重大转向的酝酿发端。其"平民化"、"心性化"的解经路向,正是"宋学"不同于"汉学"最重要的精神气质。同时,它也让经学变得世俗化、个体化,主观色彩大大加深,更为注重时代前沿意义。经过一番调整和升降后,儒家经学的解释重心、方法范式大为改变。新的话语权力萌生,新的价值意义彰显。这些,为后来宋明理学的诠释系统的建构做好了充足准备,宋明理学基础亦被夯实。

第九章　邵雍先天象数学的建构

邵雍，字尧夫，号康节，北宋著名的易学家。他与周敦颐、张载、二程一道被称为“北宋五子”，是宋明理学的重要开创者之一。邵雍著有《皇极经世书》（内含《观物内篇》与《观物外篇》）和《伊川击壤集》，在他诸多学术成就中，最引人关注的是那套“包括宇宙，始终今古”的“先天象数学”学说。[①]这一学说以易图为基础，以易数推演为形式，建构了庞大的数理哲学体系，它的出现不仅为北宋初年儒学的复兴奠定了坚实的基础，更为后来自然科学的发展做出了积极的贡献。

一、“先天象数学”体系的架构

何谓“先天”？按朱熹的解释：“据邵氏说，先天者，伏羲所画之《易》也；后天者，文王所演之《易》也。伏羲之《易》初无文字，只有一图以寓其象数，而天地万物之理、阴阳始终之变具焉。文王之《易》即今之《周易》，而孔子所为作传者是也。”[②]即“先天”是伏羲所画的《易》，没有文字，只有一图以寓象数；它与“后天”孔子据以作“传”的文王之《易》是不同的。所谓“象”，是指道教依托《易经》所编制的八卦图像；“数”指万物的始终均由“数”规定。“先天象数学”就是根据对易图根本的体认，以神秘的数字来推算天地成物和人事社会命运的学说。

在邵雍的“先天象数学”中，世界存在的基本形式是“神生数，数生象，

---

① 参见黄宗羲：《宋元学案·百源学案上》，商务印书馆 1933 年版。

② 朱熹著，郭齐、尹波点校：《朱熹集》卷三十八《答袁机仲》，四川教育出版社 1996 年版，第 1638 页。

象生器”(《皇极经世书·观物外篇下》)。“神”潜藏于天地,是创造万物的原动力,“潜天潜地,不行而至,不为阴阳所摄者,神也”(《皇极经世书·观物外篇下》)。由“神”创造了“数”,推衍出“象”,它是一切事物运行的最高法则。宇宙发生的过程实际上就是“数”与“象”的演变过程。由于“道与一,神之强名也”(《皇极经世书·观物外篇》),“道为太极”(《皇极经世书·观物外篇下》),所以“神”、“道”、“太极”概念同一。“生天地之始太极也”(《皇极经世书·观物外篇下》),“太极”产生天地,生成天的日、月、星、辰“四象”,地的水、火、木、石“四象”,再由这八种“象”错综复杂的变化而产生万物。至于“象”变化的规律性,可用天干、地支的“十”和“十二”两种“数”的加减与相乘求得,称为“天地万物之理”。作为“无体”“一”的“太极”,通过“数”派生出了“有体”的“器”,“一分为二”有了天地,如此不断分化最终有了世间的万事万物,“是故一分为二,二分为四,四分为八,八分为十六,十六分为三十二,三十二分为六十四。……犹根之有干,干之有枝,枝之有叶。愈大则愈少,愈细则愈繁。合之斯为一,衍之斯为万”(《皇极经世书·观物外篇上》)。

邵雍的先天世界模式构筑直接而简约,一切事物的发展都是按其主观设想的固定框架变化的,并依照象数的数量关系推演、进行的。虽然有着明显的客观唯心主义印记,但其却生动地揭示了宇宙万物运行的数理规律。它融阴阳家、道家、儒家思想于一体,以“类推”、“数推”的方式创造了中国早期的数理逻辑与主观符号式逻辑推论。邵雍之前,战国末期的邹衍曾提出形式齐整的世界模式论——“五德始终说”,其以五行生克为基础,将水、火、木、金、土作为世界的本原,认为“五行生胜”是事物运动变化的普遍规律。然而,邹衍混淆了自然和社会之间的质的差别,在“天人感应”问题上他的学说迷失于神秘化的唯心主义中。汉代扬雄之《太玄》、董仲舒的“三统”说,本质上也是一种世界模式。它们以卦象为指导,将自然现象与社会现象混合,让阴阳二气的运动与天道、人事相结合。然而由于衔接的生硬性,让其不免陷入了机械形而上学的误区。与之相比,邵雍将世间万物的生成、发展归结于“天地万物之理”,又把这些“理”符号化,整齐地化为“象数”序列。

他的理论比起前代的天命决定论、神学目的论等更具有客观性、科学性,因而"先天象数学"体系显然更为精致,更易为人信服。

在邵雍看来,天地万物之"本"是"道",或曰"太极"。"太极"是"无穷无际"的,它凌驾于万物之上并支配万物,但又是虚无的"无极",既包括一切,却又什么也没包括。"太极"兼具本体论与宇宙论双重意蕴,既有超越于万物的具体性,却又存在于万物之中。他进一步论述说:"心为太极","先天学,心法也。故图皆自中起,万化万事生乎心也"(《皇极经世书·观物外篇上》)。"太极"与"心"也是等同的。"心"在这里有着多重的含义。一方面,"心"是"天地之心","天地之心者,生万物之本也"。"心"是宇宙的本原,能派生万物。易图之"中"就是心,"图皆自中起"正表明了"万化万事生乎心"。另一方面,"心"又可理解为"人心"。不过,它是超越天地万物而同时呈现出生生之德的"人心",即"圣人之心"。"太极"与"心"的概念融合让"心"成为了一种本体,"太极本体论"自然也转化为"心本论"。在这一转化中,客观的天道与主观的生命,在最根本意义层面得到了相通,个体的繁衍与自然的生生不息达成了统一。

在具体的象数推演中,邵雍从太极衍化开始,指出太极一分为二,是为两仪;两仪再分,是为四象;四象再分,是为八卦;八卦再分下去,可成六十四卦。这一系列的"一分为二"可以通过"先天四图",即《伏羲八卦次序图》、《伏羲六十四卦次序图》、《伏羲八卦方位图》、《伏羲六十四卦方位图》表示出来。通过"四图",宇宙演化的规律以及万物背后的道理,都可以清楚地阐发出来。简而言之,天生于动,地生于静,天地之道也就是一动一静交感不息。自然界中的基本事物、现象和功能特征,可以用"四象"来解释。"天之四象"对应暑寒昼夜,"地之四象"对应雨风露雷;暑寒昼夜和雨风露雷的进一步变化,分别对应着性情形体和走飞草木;性情形体和走飞草木互相交融,又代表了十六类事物或生命存在,这十六类事物或生命存在又表现出色声气味和耳目口鼻的特征。"四象"的变化体现了自然界的系统性。自然界中的一切还存在着数量特征,可以通过"动植通数"发现其数目规律。根据易图,"天之四象"可解释为太阳、太阴、少阳、少阴,其体数皆十,"地之四象”可解释为太柔、太刚、少柔、少刚，其体数皆是十二。“天之四象”体数和为四十，“地之四象”体数和为一百九十二。一百九十二减去“天之四象”体数之和四十，得一百五十二，为“地之四象”的用数；“天之四象”的用数乘地之四象的用数，得一万七千二十四，称为“月星辰之变数”，也称为“动数”；“地之四象”的用数乘“天之四象”的用数，也得一万七千二十四，称为“水火土石之化数”，也称为“植数”；而日月星辰之变数再乘水火土石之化数，得二万八千九百八十一万六千五百七十六，称为“动植通数”。

邵雍不满足于“先天象数学”仅可运用于对自然世界的理解中，秉持“弥纶天地，出入造化，进退古今，表里人物”（《皇极经世书·观物篇》）的目的，他为人类从盛到衰的历史循环依据易图与“象数”编制了一套详细的年谱和规律。他指出，宇宙的历史由无数个“元”组成，但是人们所知道的人类历史仅仅是这“一元”之内的事。“一元”代表天地万物的一个产生、发展、兴盛和灭亡的过程。在“一元”之中，存有会、运、世等其他时间单位，它们均与易图中的卦象相关，卦象的意义决定了时间单位的历史特征和基本事件。“一元”等于十二会，“一会”等于三十运，“一运”等于十二世，“一世”等于三十年。所以，一元是十二万九千六百年，也就是天地万物的一个时间历程。在这一历程中，第一会（子会）中产生了天，第二会（丑会）中产生了地，第三会（寅会）中产生了人。人类产生后发展到第六会（巳会）为唐尧盛世，发展到第七会（午会）为盛极而衰的夏商周到唐宋时期。从此以后，发展到第十一会（戌会），万物将归于消亡，最后到第十二会（亥会），天地也随之陨灭。“一元”过后，新的“一元”将会开始，历史就是这样按既定的阶段循环往复，以至于无穷。

除了“元会运世”外，人类的历史还可以通过“皇帝王伯”的形式来划分。“善化天下者，止于尽道而已。善教天下者，止于尽德而已。善劝天下者，止于尽功而已。善率天下者，止于尽力而已。以道、德、功、力为化者，乃谓之皇矣。以道、德、功、力为教者，乃谓之帝矣。以道、德、功、力为劝者，乃谓之王矣。以道、德、功、力为率者，乃谓之伯矣。”（《皇极经世书·观物篇》）“皇、帝、王、伯”代表着历史发展的不同阶段，“道、德、功、力”是不同历史阶段的伦理特征：三皇时代以道化民；五帝时代以德教民；三王时代以功劝民；五伯时代以力率民。历史在邹雍看来就是一个倒退的过程，“皇”是最好的政治形态，之后依次倒退，“霸以下，则夷狄，夷狄而下，是禽兽也”（《皇极经世书》）。

综上可见，邵雍以“先天”易图为基础，以“太极”为本体，通过象数的演变，最终建构了融自然与历史于一体的宇宙论哲学体系。在这一体系中，邵雍为人们对易学、宇宙的认知提供了一系列全新的概念组合与逻辑结构严谨的思维理路。他破除了“后天”《周易》对人们真正认知“先天”“易”造成的局限，透过对先天卦图的勾勒给予宇宙之层次结构、历史演变的立体展示。在其论说中自然万物均是有限与无限的统一，世界及其规律性在象数的变换中得以获悉、理解。邵雍的“先天象数学”蕴含着丰富的朴素辩证法思想，如其学说的核心的方法论即是“阴阳、动静”的辩证关系，“天生于动者也，地生于静者也，一动一静交而天地之道尽之矣，动之始则阳生焉，动之极则阴生焉，一阴一阳交，而天地之用尽之矣。静之始则柔生焉，静之极则刚生焉，一柔一刚交，而地之用尽之矣”（《皇极经世书·观物篇》）。又如“太极”实为本体不动的一面，它要“从时而顺”，“知来者逆”，而不能滞于一方，其存有时空对立的矛盾。当本体在妙用时，便以“神”的形式出现，由神衍化出的“象”、“数”、“器”在“一分为二”中，坚持的亦是“一”与“二”的矛盾对立统一关系。邵雍的历史观虽有着倒退、循环论思想，但他是从“数”的矛盾变化中来推知整个世界的，并由此发现了世界是有自身的变化发展规律的，是一个发生、发展与灭亡的过程。这不仅让人们认识到万物都非一成不变，更为重要的是动摇了自汉代传承下来的“天不变，道亦不变”思想。其思想中的辩证思维，可见一斑。即便是在已被后人定性为“唯心主义”的认识论中，人们依然可以看到“先天象数学”中的朴素唯物主义论意蕴。邵雍主张有“道”必有“象”，有“象”必有“数”，这些是符合事物变化的规律的。此外，他强调在观察事物中应剔除观察者的主观成见、臆想之类的东西，其唯物的内涵可更明见。

北宋初期，在佛道“空”、“无”观念的冲击下，以儒学为核心的中国传统

"正统"思想根基被极大地动摇。在缺少了"本体"支撑的情境下,前代儒学已渐渐失去了说服世人信守的根源性意义。邵雍"先天象数学"的建构对于北宋儒学"正统"地位恢复,无疑是积极的。它不仅发展了兴起于汉代的象数易学,更为其找到了立足的本体论依据。邵雍通过具有形上意义的"先天"之说,挺立了儒家的天道本体,彰显了天道生生之德。其将"心"等同于"太极",等同于天道本体,更为后世"陆王心学"的建构奠基了指向。通过"象""数"与宇宙生成、发展关系的论证,邵雍以庞大的哲学体系,将天道自然观从"佛"、"道"的视域中重新"拉回"至儒家世俗的视野中。当然不可否认的是,"先天象数学"中存在着浓厚的臆想性、神秘性、先验决定论色彩。然而,其对中国易学发展的贡献,对于北宋儒学复兴的贡献是不可抹杀的。尤其是其对后世自然科学发展的促进作用,更为值得一提。

二、"先天象数学"中的"物理之学"

除去"先天象数学"中的本体论说与哲学思辨,可以发现其中蕴含最多的思想是关于"物理"的运算、推理与阐释的方法学问。邵雍说:"《易》曰:穷理尽性以至于命。所以谓之理者,物之理也。"(《皇极经世书·观物篇》)学问的目的在于求道,"道为天地之本,天地为万物之本"。物之大者,莫过于天地。天之大,可概括为阴阳;地之大,可概括为刚柔。天地之道包含于万物之中,只有掌握阴阳、刚柔的交合方能体认"道"之精义。为此,他创造出"加一倍法",以明确"物"之发展趋势。邵雍指出,"太极"为本,经过一分为二,二分为四,四分为八,直到三十二分为六十四的变化,物之"数"呈几何级数增长。实际上,这是一种典型的"逢二进位"式二进制数学算法。

在此基础上,邵雍又将"数"学算法进一步拓展。在其诠释的"易"之《六十四卦方图》中,从"乾"开始每八个卦为一排,由下而上排成八排,形成了一个八乘八的图式,隐约透露出"八阶矩阵"的意蕴。在《皇极经世书》中邵雍更以"四象"为核心设计出一个十六进制的文字编码。由"四象"分"太少"成为八卦,八卦成日、月、星、辰、水、火、土、石,进而又派生出暑、寒、昼、夜、性、情、形、体、雨、露、雷、走、飞、草、木等十六种物质,物质间彼此相交组成了一个由二百五十六个两位数构成的物之编码系统。以飞、走、木、草为例:飞飞之物一之一,飞走之物一之十,飞木之物一之百,飞草之物一之千,走飞之物十之一,走走之物十之十,走木之物十之百,走草之物十之千,木飞之物百之一,木走之物百之十,木木之物百之百,木草之物百之千,草飞之物千之一,草走之物千之十,草木之物千之百,草草之物千之千……一一之飞当兆物,一十之飞当亿物,一百之飞当万物,一千之飞当千物,十一之走当亿物,十十之走当万物,十百之走当千物,十千之走当百物,百一之木当万物,百十之木当千物,百百之木当百物,百千之木当十物;千一之草当千物,千十之草当百物,千百之草当十物,千千之草当一物。①

对其的理解,简而言之,飞、走、木、草四种物质可以发生下列的组合:

	飞	走	木	草
飞	飞飞	飞走	飞木	飞草
走	走飞	走走	走木	走草
木	木飞	木走	木木	木草
草	草飞	草走	草木	草草

依邵雍所述,“飞飞之物一之一”和“一一之飞当兆物”,即一之一乘兆(1/1 ×1 兆 =1 兆);“飞走之物一之十”和“一十之飞当亿物”,即一之十乘亿(1/10 ×1 亿 =1 千万);“飞木之物一之百”和“一百之飞当万物”,即一之百乘万(1/100 × 1 万 =1 百);“飞草之物一之千”和“一千之飞当千物”即一之千乘千(1/1000 × 1 千 =1)。以此类推,飞、走、木、草按每四组编码一排而排成四排,又将得出四组结果。邵雍设计出的这一数码组合,是明显按十六进制编码结构进行运算的,其数值跨度大,输入的数目越大,数值的变化亦越大。不过由于其编码的最大数值被限定为二百五十六,所以邵雍的数值计算还不能称为完全的十六位进制算法,然而其对后来数字运算发展的启发性昭然若揭。

此外,邵雍还用他精心设计的六十四卦顺序和方位图,运用“一分为二”的等级比数抽象概念对宇宙万物进行了数的比附说明,建构了“数推”的逻

① 参见邵雍:《皇极经世书·观物篇》,文渊阁《四库全书》本。

辑思维。他说:“天一,地二;天三,地四;天五,地六;天七,地八;天九,地十……一者数之始,而非数也,故二二为四,三三为九,四四为十六,五五为二十五,六六为三十六……七七为四十九,皆用其变者。大衍之数,其算法之原乎是以算数之起,不过乎方圆曲直也。乘数生数也,除数消数也,算法虽多,不出乎此矣”(《皇极经世书·观物外篇》),“天数五,地数五,合而为十,数之全也”(《皇极经世书·观物外篇》),“三四十二也,二六亦十二也,二其十二,二十四也,三八亦二十四也,四六亦二十四也。三其十二,三十六也,四九亦三十六,六六亦三十六也。四其十二,四十八也,三其十六亦四十八也,六八亦四十八也。五其十二,六十也,三其二十亦六十也,六其十亦六十也。皆自然之相符也。”(《皇极经世书·观物外篇上》)邵雍在这一系列“数”的论说中给出了推求连续奇数之和、连续偶数之和以及连续奇偶数之和的含义和方法。当然“先天象数学”绝不是个纯数字的游戏,邵雍的“类推”、“数推”也绝非单纯的逻辑推演。其真正的目的是由“数”建构宇宙的生成。万物的数字推衍,“动植通数”,“元会运世”,实际上都是在一个抽象的体系内逻辑类推,只不过“类”被“神化”而拥有了神秘色彩罢了。

邵雍在“先天象数学”中亦给出了许多天文历法方面的“物理”学问。他说:“日为暑,月为寒,星为昼,辰为夜,暑寒昼夜交而天之变尽之矣。水为雨,火为风,土为露,石为雷,雨风露雷交而地之化尽之矣。”(《皇极经世书》)为了说明日月星辰与寒暑昼夜之间的变化关系,邵雍把“气”引入到历法之中,认为一元有十二会,受乾、坤、坎、离四卦统摄,每会有两个节气,四卦各统六个节气,共二十四个节气。不同的节气中,日月星辰、寒暑昼夜的变化随之改变,从而确定了“以二十四节气定历的原理”,这给中国古代农业历法带来了极大的创新。另外,邵雍对自然界中生物物种进行了推算,并依据“四分法”对物种给予了分类,《皇极经世书》有:“暑、寒、昼、夜交而天之变尽之矣……雨、风、露、雷交而地之化尽之矣,暑变,物之性;寒变,物之情;昼变,物之形;夜变,物之体,性、情、形、体交而动植之感尽之矣。雨化,物之走;风化,物之飞;露化,物之草;雷化,物之木,走、飞、草、木交而动植之应尽之矣。”“二者一而已矣,六者三而已矣,八者四而已矣……有一则有二,有二则有四,有三则有六,有四则有八。”(《皇极经世书·观物外篇下》)显然在这段论述中,邵雍已注意到了生物发展会经历由“低”到“高”的进化过程,“有一则有二,有二则有四,有三则有六,有四则有八”,同时“高”的进化形式必然包含着“低”进化的形式于自身,“二者一而已矣,六者三而已矣,八者四而已矣”。不可否认,其思想中已具有了某种生物进化论的韵味。

应该说,邵雍“先天象数学”中的“物理之学”是北宋初期自然科学发展的一个高峰。他将数字系统与卦象形式相联系,用数的推演说明了天地万物及人类社会的全部秩序。其创造出的用于推算的数字和规则,将加减乘除的四则运算与逻辑数理相融,从而生成了“大衍之数”的算法之源,“大衍之数,其算法之源乎!是以算数之起,不过乎方圆曲直也。乘数,生数也;除数,消数也。算法虽多,不出乎此矣”(《皇极经世书·观物外篇上》)。邵雍之前,中国古代数学在发展中曾出现勾股、方田、割圆、开方之类的辉煌成就。单就对“数理”分析发展的贡献而言,邵雍的业绩似乎并不突出。但不可忽视的是,依古人看来,勾股之类的定理解决的只是自然界中极小的问题,而“先天象数学”解决的是“天人”的大问题。正是邵雍的贡献让“数”学在社会中获取了极高的荣誉,从而引起更多人的关注。

邵雍对于宇宙规律的理解同样令人称道。他提出的万物发展的十二万九千六百年大周期,相较于中国古人发现的以五为周期的“五行”模式、以七为周期的“七曜”模式、以十为周期的“天干”模式、以十二为周期的“地支”模式等视野更为广阔,从而让世人在宇宙的视域中把握社会的演进的周期。在邵雍的历法观念中,他高扬了“易”中“时”的范畴。“先天象数学”中的六十四卦和三百八十四种爻之象,不仅可表示当下特定的时空点,更可标识由近及远的时空段。这样自然史和人类史的整体气象,便生动、直接地展示在人们眼前。历史规律和自然规律一道,从此易于被世人获悉了。

与邵雍同时代的胡瑗建构了“自然而然”的自然观;刘牧提出了“象由数设”的宇宙生成观;李觏创造了“功用主义”科学观,他们的学说均促进了当时社会中自然科学的发展。然而与邵雍相比,其在具体的“物理之学”研究中,或是偏于哲理论说,或是沉浸于“数”的“物象”,或是强调科技的务实。

在“象”“数”的具体运算、推演上下的功夫,略显不足。从这一点上说,邵雍实际上开辟了北宋初期研究自然科学的“新”的走向。

三、“先天象数学”对北宋自然科学发展的促进作用

邵雍“先天象数学”的建构对于北宋自然科学的发展起到了积极的促进作用。具体来说,体现在以下几个方面。

第一,“象数”与宇宙、历法、人事相连,让天人相为表里,推天道以明事理,通晓“物理”与获悉“人事”得到了同一,极大地彰显了自然科学研究之于人类生活的重要意义,科学研究与“义理”研究间的矛盾得到化解,“物理之学”于是获取了更多该学科存在的合法性价值意蕴。

《宋史·李之才传》记载(之才见邵雍)之才曰:“君非迹简策者,其如物理之学何?”他日则又曰:“物理之学学矣,不有性命之学乎?”《宋史·邵雍传》也有记载,(之才)闻邵雍好学,尝造其庐,谓曰:“子亦闻物理性命之学乎?”雍对曰:“幸受教。”可见,无论是世人还是邵雍自己都十分明确“先天象数学”是以物理之学为基础而进一步理解性命之学的。邵雍从天地阴阳的象数规律推及社会的治乱兴衰,从物理卦象推测历史周期,虽然他对自然万物的理解多为概括叙述,在具体问题的研究中并未有太多创见,但正是由于他的努力让人们懂得了性、心、身、物的联系——性是道的形体,心是性的郛郭(城堡),身是心的区宇,物是身的舟车。这样性命之学就完全置身于宇宙大系统中,自然与人性内在关联的人文主义内涵不言自明。

前文曾提到邵雍之前,邹衍、扬雄、董仲舒等亦通过“一阴一阳,五行生克”的论说,将自然现象与人事问题相连接。然而由于其内在的与“鬼神”相关的“迷信”色彩,理论研究中的解释性真空,为了自圆其说不断地牵强附会,使其在神秘天命观的视野下产生了只求知人而不求知天的弊端,从而造成了其发展至唐代便日益呈现出僵化的状态。到了北宋初,在外来佛教的日、月运行新学说日得人心的形势下,中国古代的自然科学因缺少与之抗衡的本体论依据,发展不免陷入了窘境。当五行说已经漏洞百出、阴阳作为科技思想的范型亦已丧失发展空间时,邵雍“先天象数学”的出现营造了“物

理之学”与“太极”、“道”等形上本体间相通的路径，让“象”“数”成为宇宙中形之上下联结的中介，于是北宋自然科学拥有了自身足以对抗外部挑战的根源性意义。至此，“先天象数学”在社会实用性及理论权威性上给予了“象数”学等科技思想发展的多重价值意义。

第二，邵雍“先天象数学”是以“本体论”为根基，发扬理性主义精神，融合朴素辩证思维，在经验基础上探索自然和社会最一般规律的方法论，其初步构建了北宋自然科学研究的基本范式。邵雍从先天易图出发，对传统易学进行改造与创新，其将象和数作为宇宙形成和发展的根源，让每一个“物理”学问都与宇宙“生化”问题相关，从而使其拥有了本体意义上的依据。邵雍秉承客观认知理性态度，反对无任何经验基础的单纯思辨，重视经验的作用，提出“人之耳所闻，不若目亲照，耳闻有异同，目照无多少。并弃耳目官，专用口舌较，不成天下功，止成天下笑”（《伊川击壤集》）。虽然以今日之视角考察其学说，其中的确充斥着主观臆想，但是其研究结论中的数据与观点是通过逻辑推理得出的事实却毋庸置疑。即使在被认为最具神秘设想色彩的“元会运世”说中，其所选取的具体数字，也都有着一定的经验基础，元、会、运、世之间的进位方式同样完全可以经受住客观规律的检验。

为了更真实地认知宇宙自然，邵雍发明了“以物观物”、“以理观物”、“环中”等科学研究方法，其实质即是以宇宙间万物发展变化的根本规律为指导去观察万物。“以物观物”强调理性的直观，它讲求人的认识过程不能仅仅停留在感性认识的阶段，还要透过现象把握事物的本质。“以理观物”是一种“直觉思维”，要求意识主体应先进入“物我一体”的精神境界之中，然后在这样的精神境界中去体悟客观事物的本质，也就是所谓的“至理之学，非至诚则不至”（《皇极经世书·观物外篇下》）。“环中”是沟通自然与人类社会的桥梁，“先天图者，环中也”（《皇极经世书·观物外篇上》），只要懂得了《先天图》，就能体察出天地万物之理，即由物理研究洞悉人事关系。

邵雍建构的自然科学研究方法范式在北宋得到诸多学者的推崇，并将之应用于自身的理论学说中。二程以“天理”为本体，在其视域下解释世界万物的运动和变化。他们解释人与自然关系的“五运六气”说，实为“四象”

的拓展;其"穷尽物理"的科学观,理论的直接渊源便是邵雍的"观物"思想。北宋著名"数"学成就——"贾宪三角",其形成的"开方作法本源图"每一横行都是$(a+b)^n$展开式各项系数,其原理也就是邵雍"一分为二"的1、2、4、8、16、32、64,即2^0、2^1、2^2、2^3、2^4、2^5、2^6等比级数及相应朴素辩证思维的改良与创新。① 沈括在《梦溪笔谈》中传承邵雍"天人"思想,运用观察法来探求自然现象的发生,其"十二气历"的构想,与邵雍的象数类推有着异曲同工之妙。

如果将视野放置更远,可以发现"先天象数学"的影响绝不止于北宋。南宋朱熹对于宇宙生成的认识,有"太极之判,始生一奇一偶,而为一画者二,是为两仪,其数则阳一而阴二"(《易学启蒙》)。并由此推之,"四象"之上各生一奇一偶,而为三画者,便是"八卦",这明显受到了邵雍象数推演的影响。他对宇宙时间观的解释有:"'四方上下曰宇,古今往来曰宙'。无一个物似宇样大,四方去无极,上下去无极,是多少大。无一个物似宙样长远,亘古亘今,往来不穷,自家心下,须常认得这意思。"(《朱子语类》)其与邵雍指出的时间无限性、"元会运世"之数的无限亦有着内在的相通。南宋数学大家秦九韶所著《数书九章》包含九章八十一个问题,其第一章即是"大衍类",探讨的就是"先天象数学"中的"大衍之数"。对于"大衍之数"阐释的学问——"三式"甚至成为宋代科举考试的内容之一,《宋史·选举三》记载了南宋理宗淳祐十二年令:"诸局官应试历算、天文、三式官……一年试历算一科,一年试天文、三式两科,每科取一人。"

长期以来,学术界对于邵雍学说的认识存在某些误读。在唯心主义、神秘主义的标签下,"先天象数学"的科学意义受到了遮蔽。更有人认为,其理论只是"空中楼阁",进而成为北宋自然科学发展的羁绊。笔者认为,如果以"价值中立"作为标准,解读邵雍之学术,其内在的科学性无疑便会彰显出来。邵雍"先天象数说"建构有着自己的语境,不应完全以现代视域对之衡量,若能以"追体验"的解释学方式理解——在历史史料的考证基础上,研究者通过主观的移情与想象,回到历史的现场,重建历史的情景,切身体验历

① 参见张岂之、董英哲:《宋明理学与自然科学》,《人文杂志》1989年第4期,第70页。

史人物的情感与思想的发生，从而更深刻地理解研究对象观点产生背后的历史人物与事件的影响[1]，那么结论便可能发生变化。元代许衡说："象数，莫过于邵先生。"[2]这也许是对邵雍之于北宋自然科学发展促进作用更为客观的评价。

① 参见康宇：《论儒家解释学的产生与发展》，山西师大学报2007年第6期，第34页。
② 许衡著，王成儒点校：《许衡集・语录下》，东方出版社2007年版，第26页。

第十章　从知行与读书的关系看朱子诠释学中的工夫论

置身儒学的视域,“工夫”由实践与涵养两个部分组成。其是性善的自然展开,是主体“成德”的践行路径。它让主体在生命实践中扩充道德、提升自我,在“修己治人”中,完成“内圣外王”的终极理想。就经典诠释而言,“工夫”即是解经者对经典内容的践履——在体认圣言、圣意中,主体内化经典之义并努力使之转化为自身品格,以身心实践落实经典的学问并证成其文义的真实。朱子解经,十分关注知行与读书的关系,进而引发出关于诠释与实践问题及知行与涵养学问的讨论。在其建构出的诠释学中,“工夫论”已然成为体悟经典的核心理论与解读文本的必然手段,诠释与工夫互为前提、彼此关照。

一、知行、读书与体验之学

朱子对于知行问题的总的认识是,“知、行常相须,如目无足不行,足无目不见。论先后,知为先;论轻重,行为重”①。其要点:一是“知行相须”,知与行相互依赖,互为因果,不可分割;二是“知先行后”,先得知、后得行,“致知”为先;三是“行重于知”,躬行、实践的重要性要胜于“认知”。“知与行,工夫须著并到。知之愈明,则行之愈笃;行之愈笃,则知之益明。二者皆不可偏废。”②透彻的认识与笃实的实践,彼此相互支持、相互证成。一方面,

① 黎靖德:《朱子语类》卷九,中华书局 1994 年版,第 148 页。

② 黎靖德:《朱子语类》卷十四,中华书局 1994 年版,第 281 页。

“行以证知”、“知化于行”，另一方面“知明而行笃”，“行笃而知明”。如此，知与行之间形成如下的规定性：有效的认识必须建立于切实践履印证的基础上，道德实践的方向性则来自道德认知的建立。进而使得认知的清晰让实践更加笃实，笃实的实践反过来又可加深认识的清晰性，知行相互依存，呈现“一体化”倾向。

在朱子看来，“知”的主要形式为“致知”，它是主体通过探究物理的过程而得到知识扩充的结果。“致知”源于“格物”，目的在于“穷理”，其借由对外认知返求己知，并凭此推广到未知。“致知”由内心而发，其效果的检验来自“力行”。“致知、力行，用功不可偏。偏过一边，则另一边受病。如程子云：‘涵养须用敬，进学则在致知。’分明自作两脚说，但只要分先后轻重。论先后，当以致知为先；论轻重，当以力行为重。”[①]“涵养”是品格的养成，实践是知识的应用。对于将“力行”分为“涵养”与“实践”两部分的观点，朱子是认同的。并且在论及“穷理”与“致知”的关联时，朱子更喜欢将“行”定位于“涵养”。如“涵养中自有穷理工夫，穷其所养之理；穷理中自有涵养工夫，养其所穷之理，两项都不相离”[②]。在知行的框架下，“涵养”与“致知”的关系是“致知先于涵养”，“古人自小皆以乐教之，乃是人执手提诲。到得大来涵养已成，稍能自立便可”[③]。此外，“涵养”还与“察识”存在联系。“察识”是先天体证式的“顿功”，“涵养”是后天培养的“渐功”，“初不曾存养，便欲随事察识，窃恐浩浩茫茫，无下手处”[④]，主体需以致知之功、涵养自身，以量变积累促成“察识”质变。

作为“涵养”意蕴的“行”，修炼之功为“存心之要”的“主敬”。通过“主敬”，主体之心体不断得到滋养，并在与“致知进学”的不断交相发明中，知益明、行更笃。“涵养、穷索，二者不可废一，如车两轮，如鸟两翼。”[⑤]穷理的

---

① 黎靖德：《朱子语类》卷九，中华书局 1994 年版，第 148 页。

② 黎靖德：《朱子语类》卷九，中华书局 1994 年版，第 149 页。

③ 黎靖德：《朱子语类》卷七，中华书局 1994 年版，第 127 页。

④ 朱熹著，郭齐、尹波点校：《朱熹集》卷三十二《答张钦夫》，四川教育出版社 1996 年版，第 1405 页。

⑤ 黎靖德：《朱子语类》卷九，中华书局 1994 年版，第 150 页。

致知与主敬的涵养缺一不可,“主敬、穷理虽二端,其实一本”①。“学者工夫,唯在居敬、穷理二事。此二事互相发。能穷理,则居敬工夫日益进;能居敬,则穷理工夫日益密。”②

简言朱子对“知行”关系的界定:对于“理”的“知”必须结合实践与涵养共同完成,“致知穷理”是保证“行”发展方向正确的关键。“真知必能行”是一种客观效果,其存在基础在于真正的认识源于同质于心的“已知”。而此认识的扩充,一方面会涵养本心,另一方面又会唤起主体实践的可能。更进一步,朱子将此理论推广至人伦万事之中,尤其在诠释经典时,他将知行问题的论述引申为对文本的诠释与实践关系的探讨。所以,涉及如何“通过理解强化实践”和怎样“经由实践证成理解”问题的“工夫论”,在朱子诠释学中占据了重要位置。

朱子好读书,并为之注解。因为读书对他而言不是简单的阅读,而是对文本内容的体悟与内化。他说:“书只是明得道理,却要人做出书中所说圣贤工夫来。”③读书必然牵涉诠释——读者要把从经典中获得的意义明确表达出来,而任何阅读均需在具有诠释性的“先见”引导下进行。在此意义上说,读书与诠释有了“同一性”。作为知行工夫的读书,不仅要揭示经典文本中的“文理”,还要诠释出字词背后的“义理”,要将对具体文本内含意义和意向的理解、实践与对“普遍真理”的理解、实践结合在一起。朱子诠释学的真谛亦在于此,其不仅要彰显经典的意义与真理,而且还要以充实的理论论证主体如何对之去体会、追求、内化、实践。

举例来说,朱子在《读书法上》说:“盖人生道理合下完具,所以要读书者,盖是未曾经历见许多。圣人是经历见得许多,所以写在册上与人看。而今读书,只是要见得许多道理。及理会得了,又皆是自家合下元有底,不是外面旋添得来。”④阅读经典的主旨是认识道理、启发主体原本具有的“性理”,诠释理解的作用在于唤醒人心、鼓舞实践。读书只是一种手段,学会做

① 黎靖德:《朱子语类》卷九,中华书局 1994 年版,第 150 页。
② 黎靖德:《朱子语类》卷九,中华书局 1994 年版,第 150 页。
③ 黎靖德:《朱子语类》卷十四,中华书局 1994 年版,第 249 页。
④ 黎靖德:《朱子语类》卷十,中华书局 1994 年版,第 161 页。

人才是目的。在《力行》中，他讲："事事都用你自去理会，自去体察，自去涵养。书用你自去读，道理用你自去究索。……书册中说义理，只说得一面。今人之所谓践履者，只做得个皮草。"[①]在读书中，自身的理会十分重要，但切实的践履也必不可少。当然也要明白，对经典的践履并非只是将"后理解"的文本内容实践出来，也应包括以圣言要义涵养自家身心，切己地应用于理解者身上，"凡日用工夫，须是自做吃紧把捉。……须平日多读书，讲明道理，以涵养灌培，使此心常与理相入，久后自熟，方见得力处"[②]。

关于如何读书，朱子给出了详尽论述。

首先，要有明确的意识。经典是载道之书，记录着圣贤思想，"圣人之言，即圣人之心；圣人之心，即天下之理"[③]。读者要遵循"圣言→圣心→圣意→天理"的理解路径，所谓"读书以观圣贤之意；因圣贤之意，以观自然之理"[④]。主体须以虔诚之心，感悟经典，以求道的目的，剖析文本。要知道，阅读经典决不可止于明白文义，而要深入挖掘感悟圣言内含之"道"，"以身体之"、"以心验之"，"古人读书，将以求道。不然，读书何用？今人不去这上理会道理，皆以涉猎该博为能，所以有道学、俗学之别"[⑤]。圣言只是个引子，想要真正理解经典，读者必须亲身去理会、去践行，"今读书紧要，是要看圣人教人做工夫处是如何"[⑥]，"自家须自去体认、始得"[⑦]。

其次，要有正确的态度。"学者读书，须要敛身正坐，缓视微吟，虚心涵泳，切己体察。"[⑧]体会文义时，要学会"以物观物"——由字词出发，把它视为"对象"，读者身处此对象之外，以"主客分见"的立场理解文本，"放宽心，以他说看他说。以物观物，无以己观物"[⑨]。读书不可先立已见，不强求理

① 黎靖德：《朱子语类》卷十三，中华书局 1994 年版，第 223 页。
② 黎靖德：《朱子语类》卷一百一十八，中华书局 1994 年版，第 2849 页。
③ 黎靖德：《朱子语类》卷一百二十，中华书局 1994 年版，第 2913 页。
④ 黎靖德：《朱子语类》卷十，中华书局 1994 年版，第 162 页。
⑤ 黎靖德：《朱子语类》卷十一，中华书局 1994 年版，第 181 页。
⑥ 黎靖德：《朱子语类》卷十，中华书局 1994 年版，第 162 页。
⑦ 黎靖德：《朱子语类》卷十一，中华书局 1994 年版，第 188 页。
⑧ 黎靖德：《朱子语类》卷十一，中华书局 1994 年版，第 179 页。
⑨ 黎靖德：《朱子语类》卷十一，中华书局 1994 年版，第 181 页

解而压迫文意。不要“以己观物”,以“我”的观点替代文本的原义,也不可在未真正理解文本之前便轻下结论。读书要“虚心”,以文本为主导,不因突显“己意”而遮蔽圣贤“原意”,“看文字须是虚心。莫先立己意”①。读书还要“切己”,人们之所以读书,目的在于认识道理,认识道理即在于了解自己,故“虚心切己。虚心则见道理明;切己,自然体认得出”②。“虚心”可以见道,“切己”则能体道,若不把书中的“理”与读者自身的修养实践关联起来,那么经典的内容只是“虚幻”无用。

再次,要有合理的次第。四书、五经皆是经典,读者应从哪一本书开始读起呢?朱子说:“凡读书,先读《语》、《孟》,然后观史,则如明鉴在此,而妍丑不可逃。”(《朱子语类·读书法下》)在《答黎季忱》中,朱子规定出《大学》→《论语》→《孟子》→《中庸》→《诗》→《书》→《礼》→《乐》→《易》的顺序③,倡导由“大本”入手,按次第读经典的序列之说。在具体研读一本书时,“次第”依旧存在,“先其近而易知者,字字考验,句句推详,上句了然后及下句,前段了然后及后段,乃能直实该遍,无所不通。使自家意思便与古圣贤意思泯然无间,不见古今彼此之隔,乃为真读书耳”④。读书的次第要求不仅是解经者自身参与理解经典的需要,也是经文结构与义理系统展示的客观要求。只有如此读书,深入钻研进去,方能为主体彻底力行经典夯实基础。“读”和“做”紧密相连,“读书,且去钻研求索。及反覆认得时,且蒙头去做,久久须有功效”⑤。

最后,要有科学的方法。经典需要“熟读”,“读书之法,先要熟读。须是正看背看,左看右看。看得是了,未可便说道是,更须反覆玩味”⑥。读书需下苦功夫,但又不可“死读”,它是个诠释与理解的过程,文义需证之于心的体验,借由主体反省体验方可品觉出经典内在的韵味,“熟读了,自精熟;

① 黎靖德:《朱子语类》卷十一,中华书局1994年版,第179页。

② 黎靖德:《朱子语类》卷十一,中华书局1994年版,第179页。

③ 参见朱熹著,郭齐、尹波点校:《朱熹集·答黎季忱》,四川教育出版社1996年版,第3240页。

④ 朱熹著,郭齐、尹波点校:《朱熹集·答林退思补》,四川教育出版社1996年版,第3223页。

⑤ 黎靖德:《朱子语类》卷一百一十六,中华书局1994年版,第2799页。

⑥ 黎靖德:《朱子语类》卷十,中华书局1994年版,第165页。

精熟后,理自见得"[①]。经典还需"循环阅读","逐字逐句、一一推穷,逐章反复,通看本章血脉;全篇反复,通看一篇次第……令其通贯浃洽,颠倒烂熟"(《朱子读书法》)。朱子强调,阅读经典需要注意在整体与部分之间来回切换,在通晓血脉与次第间将文本视为"有机体"。说到底,他是让读者从经典整体所朝向的统一意义中理解文本所有的细节。

综观朱子论及的读书活动,其包括阅读前的心态、阅读中的方法、阅读后的体证与力行。"前"、"中"、"后"三个环节有机连接,形成一个完整的阅读过程。如此,读书已然不只是理解活动,亦为实践活动与"存养之功"。可见,读书是个"工夫",它与主体自身修行、道德成长密切相关——通过诠释阅读所体认的道德知识,必须在实践中检验,实践亦提供一不断深化此知识的可能;而此道德实践同时包含了涵养的修养论,即实践不断涵养心体,召唤主体身心一同投入。在这里,文本的阅读诠释技术向着人性修养与主体实践工夫发生了转化,"读书"问题已等同于"知行"问题。

在贯通读书与知行的联系中,"切己"最为重要,因为它是表现"义理"和"性理"的应用形态。"切己"本质上是一种"体验"——读者由身心的体知过程,对经典大义达成"心解",进而内化与实践。从这个意义上说,朱子诠释学也可称为"体验之学"。在"学"、"知"、"行"的彼此互动中,"工夫"的效果得以彰显。依伽达默尔的说法,"'体验'一词的构造是以两个方面的意义为依据的:一方面是直接性,这种直接性先于所有解释、处理或传达而存在,并且只是为解释提供线索、为创作提供素材;另一方面是由直接性中获得的收获,即直接性留存下来的结果"[②]。"体验"一方面构成了经验,另一方面又让"被体验物"沉淀于体验之中,从而获得了一个使其自身具有创造性的意义。

以"体验之学"视角审视朱子诠释学特征,可以得出如下几方面结论。

第一,讲究"身"、"心"融为一体。朱子解经十分注意让主体的身心体

---

① 黎靖德:《朱子语类》卷十,中华书局1994年版,第167页。

② 汉斯-格奥尔格·加达默尔著,洪汉鼎译:《真理与方法》上卷,上海译文出版社1999年版,第78页。

验契入经典意涵之中。在其看来,主体在经典中所获得的无论是作为认知语言的“知”,还是作为道德语言的“知”,都需以身心对世界的思考为基础——所谓“体知”。但身体的存在会受相应时间与空间的制约,所以“体知”是一种具体性的思维方式。在“体知”中,人通过“心”的扩充完成对“身”的统摄而达到“身心如一”的境界。其关键的环节是,在“心解”中由“知”而“行”,并返身扩充“知”。身心彼此渗透:“心”对世界的认知必有其“身体之基础”,“身”对外界感知自有其心体的规定。

第二,“先知后行”与“即知即行”相关联。朱子所制定的解经原则、方法,不仅是对所有解经者皆为有效的要求与途径,同时也是他们体察自我、规范自我的工夫。在经典诠释中,“理解”与“力行”是统一的整体,不可分割。从工夫的程序来看,主体需要先懂得道德义理的要求,然后才能做出符合伦理规范的行为,即先“道学问”(致知),再“尊德性”(实践)。但从主体修身养性层面来说,读书与涵养同步,对经典义理的探索与德性践履的养成平行而互摄,知与行彼此“不离”。也就是说,在经典诠释中,知行不离而不分先后,二者交互渗透,又在一定程度上保持了自身的独立性。“切己应用”与“主敬涵养”不只是单纯彰显经典义理的手段,更是一种经典内容与诠释者自身之间的联系。

第三,兼具“诠释学循环”特质。朱子认为,一切解经活动都是为了揭示、传承、力行经典“大义”。探究文本是为了挖掘其内含的“常道”、“天理”,传承理、道即表现为经典中道统的存续与流传,而力行“大义”则是经义的应用。在经典诠释中,解经者需要让圣人、经典与义理三者间表现出近乎融合的效果。这必然会要求“文本”的见解与“诠释者”的见解二者达成有机的联系。也就是说,经典是圣人的言说,而记录圣言的文本具有被不断诠释的可能性。但诠释不可脱离文本,又不能完全拘泥于文本,要在“有效诠释”与“可能诠释”间达成理性的“循环”。此观点近似于西方诠释学中关于诠释者视域与文本视域的循环论述。但朱子又进一步指出,经典诠释还需应用方法论与伦理学的双重向度并进:按知行工夫的要求,客观化技术解经层面中亦存有主体性修持操守,方法与德行间同样存在循环。由此自然推得结论:解经的态度、原则、方法,不仅适用于诠释,更要推及个人修身之上,这些是“工夫论”的本质要求。

二、作为工夫论的“诠释学”:朱子的设计

在朱子的视域中,经典意义的实现需要在实践中完成。实践既是一种相对于理论的“实践”,又是一种实践与理论相合一,并融入“修养”的“广义实践”。具体到经典诠释中,实践既指某一经典内容切实地应用,亦指主体需用经典内容修养本性、涵养本原。但无论是何种类型的实践,按朱子的意思皆可称之为“工夫”。基于“工夫论”的视角,朱子诠释学实为一门教会人们如何理解实践“文本义理”,及习得“普遍义理”使之涵养自身,并弘扬该义理的学问。它牵涉到方法论、存有论、认识论、修养论等多方面论说。

为了突出“工夫”,朱子对经典诠释理路进行了精心设计,具体来说包括了以下几个方面。

首先,他转换了经典体系架构。朱子剥离经传,提升传记地位,使得《大学》、《论语》、《孟子》、《中庸》“四书”典籍的重要性逐渐超过“五经”,成为新的诠释中心。因为在其看来,“四书”中讲授的“工夫”较之“五经”更具简易效用原则。学“工夫”先要读懂《大学》,“道学不明,元来不是上面欠却工夫,乃是下面元无根脚。若信得及,脚踏实地,如此做去,良心自然不改,践履自然纯熟。……大学是修身治人底规模。如人起屋相似,须先打个地盘”[①]。《大学》是学问之先,它提出了可视为“修己治人之方”的格物、致知、诚意、正心、修身、齐家、治国、平天下等德目。这些德目是儒家工夫论的序列与体系,只有将之贯通浃洽,才能良心不放、践履成熟。《论语》和《孟子》能够教会人们如何“做工夫”,“《论语》之书,无非操存、涵养之要;《七篇》之书,莫非体验、扩充之端。……孟子言性善、存心,养性,孺子入井之心,四端之发,若火始然,泉始达之类,皆是要体认得这心性下落,扩而充之”[②]。《论语》是就事上教人做工夫,要人学会“上学下达”,“孔子教人只从中间

① 黎靖德:《朱子语类》卷十四,中华书局1994年版,第250页。
② 黎靖德:《朱子语类》卷十九,中华书局1994年版,第444—445页。

起，使人便做工夫去，久则自能知向上底道理，所谓‘下学上达’也”[①]。下学的是“事”，上达的是“理”。主体只有普遍的钻研具体的事物，自身下功夫，方可有一天豁然开朗，通晓“天理”。《孟子》则是就心上教人做工夫，让人学会“心性”工夫，“孟子始终都举，先要人识心性著落，却下功夫做去”[②]。其给出的方法有：养气、持志、知言、知义、尽心知性、存心养性等。至于如何习得孔孟经典，朱子说：“须以此心比孔孟之心，将孔孟心比作自己心。”[③]通过“将心比心”的工夫，与圣人“心心相印”，让经典大义在主体间得到印证、传承，以达“成人成圣”的境界。《中庸》的特点是，将“工夫”提升至“本体”的层面。朱子认为，“中者，天下之正道，庸者，天下之定理。此篇乃孔门传授心法，子思恐其久而差也，故笔之于书，以授孟子”[④]。《中庸》最重要的思想，当属“中和”问题。“中”是天下万物得以和谐共生的根本，“和”乃天下万物所行之正道。“中和”是一种精神修炼的技艺和方法，教会了人们对生活实践的“过”与“不及”两端如何寻求适度、合宜的行为方式，是一门上升为“理”的本体工夫。致中和，则天地万物各得其所，各安其位，化育生长，而主体更知借此可修成格物致知、正心诚意等工夫。朱子言：“如读《中庸》求义理，只是致知工夫；如慎独修省，亦只是诚意。”[⑤]可见，《中庸》中的工夫论与“修己治人”同样有着密切联系。

值得一提的是，朱子还曾指出修“四书”工夫论之前主体还需学好“小学”，“致知、格物，《大学》中所说，不过‘为人君，止于仁；为人臣，止于敬’之类。古人小学时都曾理会来。不成小学全不曾知得”[⑥]。显然，“小学”中的工夫与“四书”中的工夫，属于两个次第，“小学”工夫明乎善，要求人成为一个好人；而“四书”工夫则是在小学工夫基础上，教会人如何止于“至善”，在知行修养中成就圣人品质。“小学”工夫与“四书”工夫前后相继，不可彼

① 黎靖德：《朱子语类》卷十九，中华书局 1994 年版，第 429 页。
② 黎靖德：《朱子语类》卷十九，中华书局 1994 年版，第 429 页。
③ 黎靖德：《朱子语类》卷十九，中华书局 1994 年版，第 432 页。
④ 朱熹：《四书章句集注·中庸章句》，中华书局 1983 年版，第 17 页。
⑤ 黎靖德：《朱子语类》卷六十二，中华书局 1994 年版，第 1479 页。
⑥ 黎靖德：《朱子语类》卷十四，中华书局 1994 年版，第 252 页。

此两分,实为“一道”。

其次,他建构出一套系统的诠释体验之法。朱子认为:“读书,不可只专就纸上求理义,须反来就自家身上推究。”①读书是“第二事”,必须将书中的道理落实于生活实践,以实践体验的方式去理解、诠释经典。这样做,一方面可以确认经典中“道”的真实性内涵及其普遍必然性,另一方面又可让主体透彻地体悟经典,提升自身道德修养。所以解经者要将经典中的义理(或曰“理”),融入自己生命之中,以心的唤醒、行动的践行同经典达成互为主体性关系,让读经成为一种浸透身心的读者与文本间的互渗过程。此种“互为主体性”的解经方式可称为“诠释体验”之法,它既可使经典中的“理”由于获得新的解经者主体性渗入而增加新的时代元素,又可使读者在生命的知行实践中不断受经典大义的熏陶,日益扩充自我。

如何操作该诠释体验之法呢?朱子说,读书需要学会“唤醒”——以经典内容激活解经者“先在”的认识图式,以稳定的思维方式和情感态度对待经典,“道理固是自家本有,但如今隔一隔了,须逐旋揩磨呼唤得归。然无一唤便见之理……不若且虚心读书”②。随后,解经者须与作者心灵相通,设身处地进入作者表述的心境,在身心体验中达到二心“浃洽”,“读书须是以自家之心体验圣人之心”③,“读书,须要切己体验。不可只作文字看”④。最终,解经者志意感发,自觉地将经典要义化为自身行动的动力与指南,在主体“心践”历程中努力实践、修己治人。

要明确的是,“体验”不同于一般的理性认识,其是包含深刻解经者意识的自我体证。它能使经典中的历史经验与解经者现实经验融合,并进一步诠释出常在的“天理”。“体验”还是与“力行”相关的活动,它包含了知、情、意等心理活动,及理解、体悟等诸多认知行为的“效检”。它突出了经典诠释中的现实性、主体性与实践性。体验诠释方法的功效在于,它让诠释主体感到“自由”。解经者并非是被动地接受经典中的道理,而是主动的参与同圣

① 黎靖德:《朱子语类》卷十一,中华书局 1994 年版,第 181 页。
② 黎靖德:《朱子语类》卷一百二十,中华书局 1994 年版,第 2913 页。
③ 黎靖德:《朱子语类》卷一百二十,中华书局 1994 年版,第 2887 页。
④ 黎靖德:《朱子语类》卷十一,中华书局 1994 年版,第 181 页。

贤进行思想交流。解经者主体性与经典文本客观性间的矛盾得到有效化解,经过了生活中体认的义理,其真实性更易令人信服。它能够充分调动主体以全身心的方式投入诠释活动之中,让解经者以"心"体察、验证义理,锻炼主体心、性、情、意、志等的协调功夫,让"心体"与"身体"得到更多的涵养,从而对知行关系有了更为深入的体认。它强调"主客一体",彰显了"行"在经典诠释中的价值意义,以至让文本中抽象的"天理"得到现实生活中的立足点,让"一理"贯通天地的思想得到普遍认可,"圣门日用工夫,甚觉浅近。然推之理,无有不包……故为圣,为贤,位天地,育万物,只此一理而已"①。

最后,明确了"知"、"行"在诠释中的定位。在朱子看来,"四书"等经典所记载的都是圣贤关于知行结合的"工夫"论说,如正心诚意、操存涵养、存心尽性、极高明、道中庸等。这些工夫既是先贤在自身修养实践中体悟的总结,又是儒家上升为理性认识的义理。不明知行,读书也就失去了方向。但"知"与"行"在经典诠释中应以什么样的顺序解读呢?朱子说,"行"为"第一义"。因为工夫虽也包含主体对于形上学的追求,但终归要落实于生活实践之上,并且要在践履中扩充提升。为了实现儒家"内圣外王"的目标,主体必须将体悟到的道德良知、原则规范,以具体的手段,贯彻于生活实践之中,不可局限于头脑之内,即所谓"道德的本质是实践的"。朱子在诠释经典时特别重视立志、涵养、居敬等由内而外工夫的重要性,主张以精神涵养约束主体的德行。其操作化的方法即前文提到的"主敬","'敬'字工夫,乃圣门第一义"②。"主敬"是一门心上的工夫,是此心的凝聚专一,亦是心之"唤醒"的必要修行。当然从另一角度上说,它又是一门身上的工夫,让主体时刻保持谦恭的态度,影响身体收敛,从而达成由外而内的锻造。与"行"相比,"知"为"第二义"。朱子将之具体化为"格物致知","物格者,物理之极处无不到也。知至者,吾心之所知无不尽也。知既尽,则意可得而实矣,意

① 黎靖德:《朱子语类》卷八,中华书局1994年版,第130页。
② 黎靖德:《朱子语类》卷十二,中华书局1994年版,第210页。

既实，则心可得而正矣。修身以上，明明德之事也”①。通过对经典的“格物致知”，可以“明明德”，为随后的进德工夫奠定基础。要明确“格物致知”并非以知识的增长为最终目的，而是指向成就“至善”，是一种修身工夫。通过它，最终所得是主体自我内心的体认，以万物之理“唤醒”心中之理。而穷理致知与涵养操存相即不离：“涵养中自有穷理工夫，穷其所养之理；穷理中自有涵养工夫，养其所穷之理，两项都不相离。”②故读书格物也是一个“尽心”的过程，是一个客观的知识认知与主体的德性修养的双向过程，“工夫论”意蕴明显。

虽然朱子以“第一义”、“第二义”界定知行，但这里所说的“一”、“二”并非是一种先后排序，而是“本原义”与“派生义”的表述。“经典诠释”是一门能从“自身推究”的学问，读书从本质讲就是践行工夫，而践行的经验需要经典来记录，“知与行，工夫须著并到”③。朱子诠释学的关键亦在此，其要复兴儒学的人文关怀与实践品格，努力在修己治人的身心实践中建立一个“天下有道”的理想世界。④

从朱子的设计中可以看出，“工夫论”在诠释学中的应用，旨在将知行、读书等问题由现实层次推进至超越层次（本体）。其核心理论是由“参中和”而来的“涵养用敬”说，主要方法是“格物穷理”。“参中和”来自《中庸》首章中“观喜怒哀乐未发前气象”一句，它强调身心内敛而未发前作为天下大本之“中”。心之涵养是重要的，读书获取的知识必须在“主敬”的态度下涵养本原，以便在格物穷理、圣义实践后，为“心与理一”的“豁然贯通”做好准备。“格物穷理”在本质上讲，是一种“返身”工夫。它不是要增加，而是要恢复“本心”原本具有的万理。在形式上，它借由对外认知之后返证已知，并以此推广到未知，其重点不是突显“应用”，而在于将应用收归于认识视域中而成为“应用的认识”。所以“格物穷理”不是认识论中对新知的探索，而是最终归于心之所发并能够涵养心体的某种内省静观。朱子引程子所言

---

① 朱熹：《四书章句集注·大学章句》，中华书局 1983 年版，第 4 页。

② 黎靖德：《朱子语类》卷九，中华书局 1994 年版，第 149 页。

③ 黎靖德：《朱子语类》卷十四，中华书局 1994 年版，第 281 页。

④ 参见朱汉民：《朱熹〈四书〉学与儒家工夫论》，《北京大学学报》2005 年第 1 期，第 12 页。

“涵养须用敬,进学则在致知”(《二程集》)的道理正在于此。

朱子诠释学的一个路向是,将广义的知、行过渡到具体的经典理解、力行之上。他认为,格物与读书存在着某种对称性——对文本义理的诠释理解、实践修养即是对于万物事理的知与行。“圣人作个《大学》,便使人齐入于圣贤之域。若讲得道理明时,自是事亲不得不孝,事兄不得不弟,交友不得不信。”[①]读《大学》等经典的目的,在于让普通人明道理、事孝亲、事兄弟、交友信,将经典之理落实于实践,让知行得以统一。经典的启发效用源自其“文本内容”与“人性内容”间的一致性,但人们想要真正实践书中义理尚需与自身联结,“须平日多读书,讲明道理,以涵养灌培,使此心常与理相入,久后自熟,方见得力处”[②]。实际上,朱子在此又提出了两个命题:“诠释即践行”与“诠释即涵养”。知与行既有先后的形态(先诠释后工夫),又有同步关系(诠释与工夫平行发展)。先后形态说明了儒学经典诠释与工夫论的影响和作用,而同步关系则真正指导着诠释的进行与确保诠释的可能性。[③]

三、朱子难题及“解释的张力”讨论

朱子将“工夫论”纳入诠释学直接强化了儒学中的“主体实践学”,即儒家学术和学习事业的具体化实践。这在更高层次上体现了伦理意志力的深化,它提升了主体认知和实践的自觉与强度。从某种意义上说,它完成了理学的“内向化”——从外经学向内仁学的转向以及从外学术向内心志的转向。通过对知行与读书关系的探讨,朱子不断强化儒家经典的诠释活动是“实践的”而非“认知的”意识。“认知”只是一种手段(或曰诠释学的外部形式),而“广义实践”才是它的本质:作为“外在”的实践,是解经者努力将经典内含要义,及自身的体验与理解,落实于外在的世界中;作为“内在”的实践,是解经者在体悟圣言、圣意的过程中涵养自身,将经典注疏与个人的精神体验相联系,并落实至个人身心上的“为己之学”与修为工夫。故朱子

① 黎靖德:《朱子语类》卷九,中华书局 1994 年版,第 152—153 页。

② 黎靖德:《朱子语类》卷一百一十八,中华书局 1994 年版,第 2849 页。

③ 参见林维杰:《朱熹与经典诠释》,华东师范大学出版社 2011 年版,第 180 页。

不断讲,读书应有践履工夫,对于经典的理解绝非是“一词一义”的问题,而应付诸实践,使之在人伦日用承接处下功夫,涵养德性本原,以实现“踏着实地”。这赋予了解经者以更广阔的诠释空间,确认了儒家诠释学不是一种以文字解读为中心的活动。

但也应看到,在深化“工夫”意识的同时,朱子诠释学在应用中亦遭遇到了难题。其一,作为工夫理论的“体知”,难以从“分殊”迈向“理一”。无论是怎样的阅读诠释,其目的均是让主体在具体而特殊的实践中,体认、抽离出抽象而普遍的“理”。但读者所受社会文化浸染不同,其诉诸个人经验的“体知”往往带有特定时间性与空间性条件的制约,致使在身心实践后“知解”出的“理”常有不同,彼此难以沟通。从“分理”走向“一理”,朱子只能期待一种豁然贯通式的理解“跳跃”。但问题在于每个人都能“跳跃”吗?其二,哲学建构与经典诠释间的“紧张”。朱子诠释学的一个特质是文本解说要为哲学体系建构服务,在“体用”、“理气”等概念范畴的统摄下,儒家原典被赋予了“新解”,知行关系被添加了新的内涵。这些直接导致朱子诠释阅读的语境与经典原始语境间出现“断层”,典籍文本与诠释者思想间常因后者欲对前者进行支配性解说,出现较大“裂痕”。如何弥补该裂痕成为一个重要问题。其三,朱子为认识论与实践论设定的关系是:由读书认知获取的知识,必须在实践中加以验证,实践又进一步加深主体对知识的深化理解。但这样的实践也包含了涵养主敬的修养论——以读书为基础的实践总是以体知的理涵养身心,并在客观上要求主体时刻存养净化以期达到心静而理明。如此一来,读者要么是个“认知主体”,要么是个“修养主体”。其道德养成,似乎受道德“他律”的影响更深,主体的被动性问题逐渐表露出来。这显然与朱子一直强调、深化的“主体性实践”论断有了区别。

对于上述难题的剖析,我们可以从“解释的张力”视角出发,进行讨论。“解释的张力”一般来自“普遍性”与“特殊性”之间的分野。“普遍性”代表着“常道”,“特殊性”代表着特定的历史情境与人物行为。具体于经典诠释中,即是文本中的普世价值与解经者身处的特殊时空条件下想要表达思想间的张力。[1] 诠释者不是抽象的存在,其会不断感受到理想性与现实性之间的拉锯。他们需要判断、选择,是否需要超越经典的原始语境。朱子是"积极的"儒者,他不仅有心于诠释经典,更想要改变世界。他之所以要冒着方法论个体论倾向的风险,认为"整体"只能透过"部分"才能被正确地掌握,让"格物"成为向外以求客观之理的知识活动,而非返照心体的内省工夫,是因为,他要让实践、涵养、察识等内容融为一体,并互为因果,要让读书与修养不可分割,让道德提升不能脱离作为主体的身体之"体知"、"体验"。当通过读书,义理浸透身心,身心受其感化逐渐走向"成圣"状态时,"体知"、"体验"便成为"体现",即孟子所说的"践形"。朱子本于理学的哲学体系之建构而诠释经典,甚至不惜让自己的解说无法与原典密合,目的在于以经典义理解释自己的哲学问题。就"工夫论"而言,无有"体用",何以"工夫"?正是由于身体与心体在主体层面的两分,方使得工夫之用有了存在价值。工夫层面的存养需要涉及认识层面的格物致知,所以气性主体与修养工夫有了一致性,而德性主体与修养工夫却出现了分离。这也是朱子诠释学中的伦理原则只能成就道德实践的"他律",而无法实现道德立法的"自律"的原因。

西方学者施莱尔马赫曾将诠释学提炼为一门理解的技艺。他说,诠释者的任务首先要"同样好的理解",然后要"更好地理解",并由此推论出解释即是将作者之无意识提升到有读者的意识的解读过程,阅读经典时语言与心理应交替跨越,从而达成在客观面进行语言整体的"语素"重构,以及在主观面进行精神事实的"心理成素"重构。以之类观朱子诠释学的确可以发现一些问题,如朱子在经文解读中缺乏语言的"知识脉络"疏解。在"理一分殊"的原则下,朱子将更多的力气花费在义理而非文理的整合上。又如施莱尔马赫强调"语言"与"心理"间存有一种"循环支援"的效果,在一定程度上可以同化知识与精神间的异质性。而在朱子的经典诠释中,常就圣言义理大加发挥,而忽略对文本文义的梳理、贯通,使得经文解说易于走向"空洞"。尤其在他不断深化"工夫"意识情形下,"诠释主体"往往与"道德主

① 参见黄俊杰:《东亚儒学:经典与诠释的辩证》,华东师范大学出版社2012年版,第94页。

体”等同,以至对经典文本文理脉络的打通任务,只能靠后一主体的“感通之效”来完成。

笔者认为,瑕不掩瑜,朱子以诠释学中的工夫论,强化了儒家“心志之学”,让“道学问”与“尊德性”都成为达成伦理实践学的手段。其在一方面强调伦理心志的自发性同时,另一方面又指出理解实践能力对于伦理意志力产生的必要性。他将儒家实践工夫和修养工夫成功地转化为德性目的之品格,拓展了诠释方法论,并使之回归于人文领域之中。若能准确地把握朱子释经时的“历史性”问题,其“工夫论”的妙用必将更好地得以展现。

第十一章 金代经学的建树与特质

史臣在《金史·文艺传》中指出金代儒家思想“无专门名家之学”。诚然，作为北方少数民族建立的国家，受多重因素的影响，金代社会为儒学向前发展提供的空间有限。而且，此间儒家学说由于自身形态和内容的驳杂，无法建构出完整的学术系统体系，与同时并存的南宋理学相比，其所取得的成就也不可同日而语。但金代是否真的“无专门名家之学”，还应存在疑问。至少就经学而言，它接续了汉唐儒学在北方的微弱命脉，使之衰而不绝，并在后期有所发展。站在儒家经学发展史的维度上看，金代经学绝不应为后世学者所轻视。因为，其在实践上同样有着出色建树，并且创造出自身鲜明的特质。

一、金代经学的产生与发展

金灭辽、北宋，统一北方后，随着女真族统治封建化的加深，儒家思想也逐渐成为占统治地位的思想。金熙宗在位时，孔教正式被确定为治世之道。天眷元年，上谕“诏以经义、词赋两科取士”（《金史》）；三年“以孔子四十九代孙璠袭封衍圣公”（《金史》），并在上京建孔子庙；金熙宗常读《尚书》、《论语》，同时也令宗室子弟学习儒学典籍。[①] 不过经学在这一时期并未充分得到发展。其一，靖康之变中，大批儒士南迁避乱，北方经学无法在短时间内恢复。其二，金初的经学家面临的主要任务是帮助北方少数民族统治者快速学习儒家经典以改变原有“质而不文”的落后面貌，改变游牧民族习俗，进而建立新的统治秩序与生活方式，还要根据经典的记述和要求制定、

---

① 参见脱脱等：《金史》卷四，中华书局 1975 年版，第 72 页。

建立国家各种封建典章制度，以获得广大汉族人民认同及适应文化积累深厚的中原封建社会。所以他们更多的是“述”而非“作”。其三，重词赋轻经义的科举导向，也使金代经学发展受到严重阻碍。如海陵王天德三年曾罢经义、策试二科，专以词赋取士。直至金世宗大定二十八年才恢复经义科，但重词赋轻经义的风气仍然很浓。

金代经学真正的发展是在世宗、章宗时期。世宗时，《易》、《尚书》、《论语》、《孟子》等儒家经典由官方组织译成女真文字，正式颁行于世。章宗统治期间，大批南宗经学著作流入北方，程朱理学中“格物致知”式的解经一时成为北方儒士追逐的对象。尤其是，赵秉文、王若虚、李纯甫——北方经学三大家的出现，将金代经学发展推向极致。

赵秉文，字周臣，大定二十五年进士，史料记载其“自幼至老未尝一日废书”①，“其学一归诸孔孟，而异端不杂”②。他著述颇丰，有《易丛说》十卷，《中庸说》一卷，删集《论语解》、《孟子解》各十卷，《象数杂说》等著作。其认为，孔子之道，孟子之后不得其传，“独周程二夫子，绍千古之绝学，发前圣之秘奥”③。因而在解经时，赵秉文高举“道”、“理”、“诚”等范畴，并指出为学之道，应致知与力行并重。

王若虚，字从之，承安二年进士，著有《尚书义粹》三卷、《慵夫集》若干卷、《滹南遗老集》四十五卷(含《五经辨惑》、《论语辨惑》、《孟子辨惑》等)。他认为，传注六经之蠹也，以之作《六经辨》；《论》、《孟》，圣贤之志也，以之作《论孟辨》。④ 与赵秉文不同，王若虚的经学之说多为辩驳朱熹而成。他认为以朱熹为代表的宋儒解经有“三过”：过于深也，过于高也，过于厚也，“学者求之太过，则其论虽美，而要为失其实，亦何贵乎此哉！”(《滹南遗老集·论语辨惑序》)王若虚主张，“圣人造经，上本之于天理，下质诸人情，若

① 脱脱等：《金史》卷一百十，中华书局 1975 年版，第 2428 页。
② 赵秉文：《闲闲老人滏水文集·引》，商务印书馆 1937 年版，第 1 页。
③ 赵秉文：《闲闲老人滏水文集》卷一《性道教说》，商务印书馆 1937 年版，第 2 页。
④ 参见永瑢等：《四库全书总目》卷一六六《集部·别集类十九》“滹南遗老集”条，中华书局 1965 年版，第 1422 页。

不近人情,即非君子之道,也非经之本意"[①],所以要以"人情解经",走以己解经的路向,并需对前人旧说提出质疑。

李纯甫,字之纯,承安二年进士,著有《楞严外解》、《鸣道集说》、《中庸集解》、《老子解》、《庄子解》等。他在《重修面壁庵记》中曾自我表白:"屏山居士,儒家子也……深爱经学,穷性理之说。偶于玄学似有所得,遂于佛学亦有所入。学至于佛,则无可学者,乃知佛即圣人,圣人非佛。西方有中国之书,中国无西方之书也。"可见,他的经学思想融会了儒、佛、道三家学说,并最终将其统摄于佛学之下。李纯甫看到了儒、道吸收佛学的事实,得出"大道将合"的结论。在具体的经典解释中,他大讲"人心"与"道心",关注圣人之言中对于"性与习"、"性与气"、"性与情"的论述。

在赵、王、李等人的努力下,金代经学发生了质的跃迁,无论是解经的理论深度,还是方法论的科学系统性,都得到极大加强。同时,赵、王、李三人又代表了金代经学发展的三个思想趋向,对金代后期的经学面貌影响颇深。

金代后期,洛学的回流和闽学的北上使理学的影响有所扩大,经学的发展也逐渐走向尊程朱一脉。麻九畴、王郁、李俊民等尊崇理学,以"道学"释经,对《易》、《中庸》等儒家经典进行详细解说。特别是在金宣宗被迫南渡、蒙古人侵占了金朝大部分地区后,学者们有感于另一个异族统治时期即将开始,更加坚定了他们维护儒学正统的信念,理学在解经中的核心地位进一步加强。与此同时,家学之风日盛。通过代代相传的方式,金代经学基本的理念与精神延续下来。突出的代表即是郝震→郝天挺→郝思温→郝经一系。而金亡后,作为遗民的郝经正是凭借家传之学,为金代经学保存了火种。

郝经,字伯常,金亡,徙顺天,著《易春秋外传》、《太极演》、《玉衡贞观》、《陵川集》等书。其经学思想主要集中于他的《经史论》和《五经论》中。郝经认为,自汉朝以来经学发生了"三变","训诂于汉,疏释于唐,议论于宋"[②]。训诂易流于穿凿,疏释难以发挥,议论太过高远非常人可触及,所以

---

① 吴雁南、秦学颀、李禹阶:《中国经学史》,福建人民出版社 2001 年版,第 419 页。

② 郝经:《陵川集》卷十九《经史论》,山西古籍出版社 2006 年版,第 674 页。

都不足为训。六经乃是经世之学,故治经应有利于治国修身。六经与“道”同一,是“万世常行之典”,道在六经,六经即道,舍六经则无以言道。同时,“六经自有史”,“古无经史之分。孔子定六经,而经之名始立,未始有史之分也,六经自有史耳”[①]。郝经分别论述了《易》是“史之理”,《书》为“史之辞”,《诗》即“史之政”,《春秋》实为“史之断”,《礼》、《乐》乃“经纬其间”。这些论断不仅为后代开辟了“六经皆史”的通道,而且让儒家经典解释具有历史学研究的意蕴,大大拓展了其诠释空间,并加重了其实用性色彩。

随着郝经等金代遗民的老去,“赵复北上”又缔造出北方姚枢、许衡、刘因等著名理学家,之后金代经学发展最终画上了句号。总结它的学术影响与历史作用可见,它让经学在全新的社会环境中得以继续发展,获得新质,促发生命活力;让北方少数民族快速了解汉族文化,接受先进文化的洗礼;为后世留下大批值得研究与学习的经世之作。

二、金代经学的建树

金代经学虽然整体存在时间不长,学术影响也远不及南宋经学,但是这并不意味着其经学研究一无是处。相反,由于生长在北方特定社会环境中,其所取得的造诣在经学史中具有独特意蕴,为儒家经典解释学说发展做出了重要贡献。

首先,金代经学以多重视角建构解释形上学。赵秉文解经深受南宋理学影响,认为经典解释即是通过学习文本中的义理,感悟存天理、去人欲,以达成对“吾之心乃天地之心”的终极体认。这种终极体认具有本体意蕴,是对“道”的真切感悟。“夫道何谓者也。总妙体而为言者也”[②],经学实际上就是通过学习经典,体悟“道”这个“总妙体”的学问。赵秉文说,经典中蕴含“道”,但“道”有着“天道”、“人道”之分。“天道”是一种绝对精神实体,“人道”则贯穿于日用。表面上看,“天道”、“人道”似有体用之分,但实无内外之别。具体到经典解释中,人们正是通过对文本中所展现出的君臣、父

① 郝经:《陵川集》卷十九《经史论》,山西古籍出版社 2006 年版,第 672 页。

② 赵秉文:《闲闲老人滏水文集》卷一,商务印书馆 1937 年版,第 1 页。

子、夫妇、兄弟、朋友等关系的理解，对于仁、义、礼、智、信等内涵的把握，来获知“道”的。解经就是“明道”，在明道过程中要自觉恪守“天理”，天理不夹杂一丝一毫的人欲，人欲过盛会损害天理，所以要遏人欲、存天理，解经时“务学以致其知，先明乎义理之辨，使一事一物，了然吾胸中”①。明道的目的是“行道”，“行道”的前提是“诚”，诚分“不欺”、“无妄”、“无息”、“赞化育”、“性与天道合一”五个由低到高的层次。② 诚由学始，“惟学乃明，惟明乃诚”，同样需要从经典学习中获取，通过博学、审问、慎思、明辨、力行，由近及远，由浅及深，最终得“诚”。③ 这样，赵秉文建构了“道”、“理”、“诚”“三位一体”的解释形上学。

王若虚治经，讲究“为文不事雕篆，唯求当理”④。在他的视域中，“理”可分为从朴素到精深的三个层次，即自然之理、社会之理和“天人合一”、无所不包的“妙理”。不过，与理学家们认识的“理”不同，王若虚的“理”与人情相通。他说：“礼者，人情而已”⑤，“不近人情，便非君子之道”⑥。类似郑玄、孔颖达等不重人情式的解经，王若虚将之批为“其说甚陋”，甚至还宣称“一切异说不近人情者，虽托以圣贤，皆当慎取不可轻信也”⑦。与赵秉文秉持的“道”相比，王若虚的“理”显然已退守到形而上的边缘，其所言的“天理”、“事理”、“物理”者，无不与“人伦”、“情”等范畴相连。因此可以认为，王若虚建构的是平实、贴近人道的解释形上学。

李纯甫在经典解释中，高扬“心”的本体地位，“夫道生天地，以为气母，自根自本者，即此心也”（《鸣道集说》）。他以心为宇宙万物的本原、客观世界的本体，指出解经的目的是要通过圣人之言探求圣人之心，“圣人之心如日月焉，但以尘念蔽之，如浮云之翳，阴气之蚀耳。……而天光始发，初无增损，其有灭乎？”（《鸣道集说》）“心”在李纯甫看来，可以分为“道心”与“人

① 赵秉文：《闲闲老人滏水文集》卷一，商务印书馆 1937 年版，第 2 页。

② 参见魏崇武：《金代理学发展初探》，《历史研究》2000 年第 3 期，第 36 页。

③ 同上

④ 王若虚著，胡传志、李定乾校注：《滹南遗老集校注》，辽海出版社 2006 年版，第 4 页。

⑤ 王若虚：《滹南辨惑》卷二《五经辨惑》，上海大东书局 1931 年版，第 6 页。

⑥ 王若虚：《滹南辨惑》卷二《五经辨惑》，上海大东书局 1931 年版，第 1 页。

⑦ 王若虚：《滹南辨惑》卷二十《诸史辨惑》，上海大东书局 1931 年版。

心”,不过区分两者的标准不应该是天理人欲,而应该是“知”与“无知”,“道心惟微”在于“无知而知”,“人心惟危”在于“知而无知”。基于金代儒学不断吸收佛学、道学思想的现实,李纯甫睿智地提出“大道将合”的命题,进而将“心性”、“有为”、“无为”等释道学说范畴引入儒家经典解释中。所以,他建构的是杂糅儒释道思想的解释形上学。

众所周知,南宋儒家解经大多奉行两种思路:朱熹发明的借形式化加以拓展的知识论路向与陆九渊秉持的借践行性予以证成的实践论路向。[①] 其对应的是,“理”与“心”两个经典本体诠释范畴。虽然在范畴形式上金代经学的解释形上学与之类似,但是实质上二者有着诸多差异。

一是南宋经学贯彻的是真正哲学意义上的解释形上学,金代经学则更多的是套用“道”、“理”、“心”等本体范畴形式,应用的是贴近生活的“实用性”解释形上学。南宋儒家治经十分注重内心对道的体验及心性的修养,其认为通过解释“性道微言”、“心性义理”,阐明圣人千年不传之学,上对圣学,下对万世,均是巨大贡献。对于文本中本体意蕴的抽象思辨,更能符合圣人的“原意”。而金代学者学术空疏,只能空谈误国,郝经曾回忆他父亲对其的教导:“世之人好高慕远,以欺世盗名,未能洒扫应对,而便说性与天道,紊理逾分,枉探速成,戕本根,坏伦类,示不以常,而重为之诳,败德孰甚焉。”(《郝文忠公陵川文集》)并且引欧阳修的话“颜状未离于婴孩,高谈以及于性命”[②]。他们解经主实,注重世用。因此总是将“道”分为“天道”、“人道”,将“心”分为“道心”、“人心”,与南宋儒家务求深奥不同,他们竭力要阐释清楚抽象的“本体”,让解释形上学在一定程度上与实学精神达成相通。无疑,这大大降低了解释“本体”的思辨意义。即便是貌似全盘接受理学熏陶的赵秉文,后人也对其有这样的评价:“先生以道学发其本源,涵泳既久。妙入圣人之心法。及乎得志。思与天下共之。遂取前贤笺注有力于圣教者。以清俸刊行之。俾雕章绘句之流知所归宿。庶乎士风丕变。薄俗复

① 参见康宇:《论元代“四书学”之经典解释特色》,《哲学动态》2011 年第 11 期,第 30 页。
② 郝经:《陵川集》卷三十六《先父行状》,山西古籍出版社 2006 年版,第 275 页。

厚。此先生之望也。”[①]因此,他更多的是传播理学的实践,而非创造发展理论。

二是南宋儒家的解释形上学有着系统配套的思维模式,如朱熹提出体用一源、显微无间的“理一分殊”说,分殊体认的方法论与格物致知的认识论;陆九渊提出“心即理”的认识模式,“发明本心”的内求路径等。与精致的南宋经学解释形上学相比,金代经学的解释形上学便显得非常粗糙了。他们对于本体论的理解与表达基本停留在常识和经验的层面,没有上升到哲学和理性的层面,更没有形成自己完整的哲学思想体系。对于文本中内圣之道的探求方法,他们大多只是简略涉及,鲜有具体的论述。因而相关的经典本体诠释思想显得松散而难以把握。其实,金代的经学家们也清楚地认识到这一点,所以即使是那些不习理学的学者,对南宋经学也都给予极高的评价。其典型代表便是王若虚,虽然坚持批驳宋儒解经方法,但又强调“宋儒发扬秘奥,使千古之绝学一朝复续,开其致知格物之端,而力明乎天理人欲之辨,始于至粗,极于至精,皆前人之所未见,然后天下释然,知所适从”(《滹南遗老集》)。

其次,金代经学公开确立儒释道三教合流式经典解释方法论。自隋唐以来,儒、释、道“三元共存”成为中国文化的基本结构。三者既相互矛盾和斗争,力争各自的主体地位,又相互影响和渗透,进而出现了以调和三者关系为实质的三教合一论。不过为了维护儒学的正统地位,南宋理学在解经时,多出力排佛老的言论。对此金代经学家们有着自己的看法,如李纯甫认为佛、儒、道三家其教形式有三而道实则一,因而他批评司马光对于佛学“同则以为出于吾书,异则以为诞而不信”的态度[②],对二程的“异端害教论”深恶痛绝。[③] 他明确指出程朱虽号称深明性理,但实际上他们的学说都由剽窃

① 方亨:《赵闲闲游草堂诗跋》,载(清)张金吾:《金文最》卷四十七,中华书局1990年版,第680页。

② 参见李纯甫:《司马温公不喜佛辨》,载(清)张金吾:《金文最》卷六十,中华书局1990年版,第859页。

③ 参见李纯甫:《程伊川异端害教论辨》,载(清)张金吾:《金文最》卷六十,中华书局1990年版,第860页。

佛学思想而来，三教合一成为解经基本方法已是大势所趋，“道家之说与儒者之言，其相合如左右券”（《鸣道集说》），“吾自读金刚经，可以径破二家之误”（《鸣道集说》）又如赵秉文，他认为“天下殊途而同归”，主张三教合一。《归潜志》载，赵秉文“晚年自择其文”，“其为二家所作文，并其葛滕诗句另作一编，号《闲闲外集》”（《归潜志》）。不过，赵秉文内心又是矛盾的，他喜好佛老，却又“颇畏士论，又欲得扶教传道之名”（《归潜志》）。因此他又区分了佛教之性、老氏之性与吾圣人之性的不同，“佛则灭情以归性，老氏则归根以复命，非吾所谓性之中也”（《金文最》），辨析了儒释道三者之中道的不同，“不断不常，不有不无，释氏之所谓中也；彼是莫得其偶，谓之道枢，枢始得乎环中，以应无穷，老庄之所谓中也，非吾圣人所谓大中之道也”①。

从金代学者解经的具体方式上看，他们尚好玄谈，关注性理，公开宣讲三教思想的会通，表现出与南宋经学家隐晦借用佛老之说完全不同的思想指向。其实，任何学术思想的形成都有其内在的积累与发展脉络，宋代儒家融释道思想之精华，实现了经学自身的内在超越，但却未对之“正名”。金代经学生长于北方少数民族政权统治的时代，不必太多介意儒学是否“正统”的问题，它可以名正言顺地让三教合流。这一方面避免了宋儒隐晦借用佛道方法比附于儒学，易于陷入无法说清来源的尴尬；另一方面也让以佛道释儒、以儒证释老的新式解经思想发展壮大，从而让北方学者名正言顺地在学理上把握释道之精髓，扩充儒学。

当然，也有少数持不同意见者。经学家刘祁曾说，“予尝观道藏书”（《归潜志》），“又观佛书”（《归潜志》），“因思吾道，天地日月照明，山河草木蕃息，其间君臣、父子、兄弟、夫妇，礼文粲然，而治国治家焕有条理。赏罚绌陟立见，荣辱生死穷通，互分得失，其明白如此，岂有惑人以不可知之事者哉？而世之愚俗，徒以二氏之诡诞怪异出耳目外，则波靡而从之，而饮食起居日在吾道中而恬不自知，反以为寻常者，良可叹也。呜呼，愚俗岂可责邪？而士大夫之高明好异者往往为所诱，不亦悖哉！”（《归潜志》）王若虚也讲：“按《论语》《中庸》《系辞》所载，盖夫子之于颜氏博之以文，约之以礼，使欲

① 赵秉文：《闲闲老人滏水文集》卷一《中说》，商务印书馆 1937 年版，第 5 页。

罢不能。而彼其所从事者，皆迁善改过，服膺克己之实。若乃隳支体，黜聪明，心斋坐忘等语，此出于庄周之徒。而吾党引之以为美谈，诬先贤而惑后学，其风殆不可长也。”①这些言论虽激烈，但却无法改变金代学者融合三教式的解经方式，只反证出金代三教合一思潮的盛行。

再次，金代经学将“尚中”意识发挥到极致，大大提升了《中庸》在儒家经典中的地位。宋代，《中庸》虽位列“四书”之中，但非最根本的经传。按朱熹为四书排列的逻辑结构：《大学》是入德之门，《论语》讲“仁”，《孟子》讲“心”，《中庸》讲“理”。因而，要以《大学》定规模、《论语》立根本、《孟子》观发越、《中庸》求微妙。显然，《大学》是基础。在金朝，《中庸》与其他“四书”相比，受到了特别关注。

赵秉文著出《中庸解》，以“中”为核心建构了儒家经学思想体系，其他学者纷纷效法，进而让“尚中”意识成为金代经学家共有的基本精神。赵秉文认为，“理”是本体，“中”是以“理”为本体的核心内容。他提出了著名的“大中说”：大中乃人性所固有，是天下正理，又是天命之性，纯是天理。“大中”无所不在，无所不有，“以言乎体，则谓之不动；以言纯一，则谓之赤子；以言禀受，则谓之性；以言共由，则谓之道；以言其修，则谓之教；以言不易，则谓之庸；以言无妄，则谓之诚。中则和也，和则中也，其究一而已矣”（《黄宗羲全集》）。大中之道，即尧舜禹汤文武周孔之道，是天道。它的形成“自尧舜禹相授受，以精一大中之道，历六七圣人，至孔子而大备”②。在解经中，要以“中”为原则与标准，只有这样才能诠释出儒家圣人的原意。

王若虚对以“中”释经，做了进一步的明确。他认为：“夫圣人之意，或不尽于言，亦不外乎言也。不尽于言而执其言以求之，宜其失之不及也。不外乎言而离其言以求之，宜其伤于太过也。盍亦揆以人情而约之中道乎。”（《滹南遗老集》）衡量解经是否“约之中道”，首要的标准是不能“太过”，不可对经文任意发挥，做过分之论。同时，“约之中道”还应“揆以人情”，“圣人之言，亦人情而已，是以明白而易知，中庸而可久”（《滹南遗老集》）。“大

① 王若虚：《滹南辨惑》卷五《论语辨惑二》，上海大东书局1931年版，第6页。

② 赵秉文：《闲闲老人滏水文集》卷十三《叶县学记》，商务印书馆1937年版，第186页。

中”与人性相通，解经原则应以不违反人性、人情为前提。再者，“约之中道”在经典解释中要“事有缓急”、“权其轻重”，根据不同情况，对经文进行不同的应对和解释。即将《中庸》中提倡的有经有权（经即原则，权即权变）的灵活处理事情的方式方法贯彻其中。

李纯甫的经学思想为儒释道三者兼容，他同样以中庸为解经主旨。他曾说：“举足而入道场，低头而成佛道。洒扫应对，得君子之传；饮食应用，知中庸之味。孰为儒者？孰为佛者？孰为老者？又孰能辨之哉！”（《鸣道集说》）也就是说，“中庸之味”是儒释道三种学说的本质。

除关注《中庸》外，金代经学家的“尚中”意识还表现在汉宋兼采的治学理路上。虽然金代科举制度和教育制度的基本内容以汉唐经学为基础，但是赵秉文等人治经义理与考据并举，既未完全恪守于汉唐经学的义疏理念，也未盲从于宋代疑经改经、富于思辨的新学风，其走的是汉宋兼修的中间路线。在其影响下，儒家经学研究与儒学理论探索均得到一定的发展。

最后，金代经学沟通了经学、史学，让“经史一体”成为可能。在此方面，王若虚与郝经的贡献最大。王若虚认为儒家经典与现实不可分离，因此正确理解文本少不了对历史的考察。反过来，治经必须具有史学分析的态度，以“平淡纪实”的文字进行表述，用字用语要力求准确，体例应严谨而有规范。王若虚主张解经要“守其本文”，不可信“传记不根之说”①。对于具体经文的理解要先辨真伪，再判高下。在他看来，经史实为同源，进而形成了立足经学，以历史真实为经，纬之以众理、人情，疑而能辨，辨则释疑，在继承前人真知灼见的基础上，参之以独到见解，通过“是非”、“当否”、“得其中”等评判，将经学、史学研究有机联结，融为一体的治学风范。

金遗民郝经提出“六经自有史”的论断，他说：“古无经史之分。孔子定六经，而经之名始立，未始有史之分也，六经自有史耳。故《易》，即史之理也；《书》，史之辞也；《诗》，史之政也；《春秋》，史之断也；《礼》、《乐》，经纬于其间矣。何有于异哉？至马迁父子为《史记》，而经史始分矣。其后遂有

① 王若虚著，胡传志、李定乾校注：《滹南遗老集校注》，辽海出版社2006年版，第85页。

经学,有史学,学者始二矣。"[①]因为,六经是对特定历史时期社会生活的反映,其自然在某种意义上具备史的性质。只不过,汉代之后经主阐发义理,史主记载事迹,这时经史才出现了分流。虽如此,但经史依然互相渗透、互为依存,它们是不可分割的统一体。所以解经必须有雄厚的历史知识作为后盾。

自隋唐以后,经史关系一直是经学上的一个重要命题。前有王通、刘知几,后有王守仁、王世贞、章学诚,王若虚、郝经作为承上启下者,无疑也是重要一环。他们关注了经史性质异同、源流分合以及经书文体与史书文体的联系和区别等问题,从而把"六经皆史"命题的研究向纵深推进。[②]

三、金代经学的特质

有金一代,经学在金女真统治的北方地区长期受到金源地域特有的文化传统浸染,受到金朝政治、经济、文化政策的影响,并不断融入北上程朱理学的学说,历经百余年的发展演变,形成了金代所特有的、不同于中原地区的特质。

特质之一:经学与"象数学"常交织。入宋之后,邵雍建构先天象数学,将易学中的象数之学进一步系统化。但作为儒家正统的二程却对其不断抨击,认为:"有理而后有象,有象而后有数"[③],"得其义,则象数在其中矣。必欲穷象之隐微,尽数之毫忽,乃寻流逐末,术家之所尚,非儒者之所务也"[④]。因而在他们的解经注说中,竭力避免象数学说的影响,对邵雍观点常持否定态度。但在金代经学家的心目中,邵雍与二程占有同样的地位。他们在解经中非但不排斥先天象数学,相反却尽量寻求二者的共融之处。如麻九畴"初因经义学《易》,后喜邵尧夫皇极书,因学算数,又喜卜筮射覆之术"(《归潜志》),"房皞也熟谙邵雍学说,其《扣牛角歌赠史吉甫》诗以通俗浅显的语

① 郝经:《陵川集》卷十九《经史论》,山西古籍出版社2006年版,第672页。

② 参见何诗海:《经史一体与文体谱系——郝经文体学思想初探》,《学术研究》2007年第8期,第141页。

③ 程颢、程颐著,王孝鱼点校:《二程集》,中华书局1981年版,第615页。

④ 同上

言阐发、宣扬了先天象数学,以大儒著称的赵秉文、杨云翼也都曾撰《象数杂说》"[①]。郝经著《先天图说》、《五经论·易论》、《先天图赞》、《太极演总叙》、《周易外传序》等文,大力阐扬象数之学。在《周易外传序》中,他明确批评当时学者解经"言义理者不及象数,言象数者不及义理"。认为两者都是"杂入偏驳小数、异端曲学"[②]。他甚至相信变异事应,著《变异事应》一书,将经学与象数学杂糅,显然这是为二程之学所不能容忍的。

为何象数学在南北境遇相差如此之大?原来,宋代儒家的主要任务是拨乱反正,要为被佛老二教严重冲击后社会权威性摇摇欲坠的儒家学说,重新扶正社会核心基石的地位。他们大力宣扬儒家经典中的义理,倡导易学研究偏重取"义",进而将《周易》的原理高度哲理化,这与偏重取"象"、大讲易之数理化的邵雍象数学说自然形成了矛盾。随着二程之说在社会中占据统治地位,象数之学在经学中的渐去渐远也就不难理解了。在北方,当时少数民族统治阶级的文明程度不高,那种能够占筮吉凶、感应天道式的论说更易受到人们的欢迎,将经学与具有占卜预言式功能的象数学相结合更容易被人们所接受。加之,北方学术没有力排释道,不存在重振儒学的负担,思想理路相对自由,所以学者们才会更多地将经学与象数学交织在一起。

特质之二:经学论述中常关注夷夏关系。赵秉文在《蜀汉正名论》中指出:"仲尼编《诗》,列《王》、《黍离》于《国风》,为其王室卑弱,下自同于列国也。《春秋》诸侯用夷礼则夷之,夷而进于中国,则中国之。"其认为王室衰微则等同于列国,夷狄入主中国,用中国的礼仪就应以中国视之。在其看来,如果中原王朝衰乱,夷狄在此建国,只要有利于大一统,有利于民生,就应给予肯定。夷狄和中国地位是可以互换的,中国也可以退而为夷狄,他举刘备的例子来进一步说理,"乘中原无主,遂即尊位,以系远近之望,宜矣"[③]。当时,宋朝的儒士在解经时也多次论及夷夏关系,但多强调中原对夷狄的防范,并从地理和文化多个方面区分夷夏之别,表现出典型的民族主

① 刘达科:《金朝儒学与文学》,《江苏大学学报》2008 年第 5 期,第 58 页。
② 郝经:《陵川集》卷二十九《周易外传序》,山西古籍出版社 2006 年版,第 1008 页。
③ 赵秉文:《闲闲老人滏水文集　附补遗》卷十四,中华书局 1985 年版,第 196—197 页。

义心理。赵秉文天下一家、不分内外的思想显然更利于民族融合。

赵秉文的夷夏观在郝经那里得到了继承。郝经说:“夷而进于中国,则中国之,苟有善者,与之可也,从之可也,何有于中国于夷?故苻秦三十年而天下称治,元魏数世而四海几平,晋能取吴而不能遂守,隋能混一而不能再世。以是知天之所与,不在于地而在于人,不在于人而在于道,不在于道而在于必行力为之而已矣。”(《陵川集》)即朝廷不论是宋还是金、元,民族不论是汉族还是蒙古族,区域不论在中原还是在草原,只要能够行中国之道,善用儒士,则可为“中国之主也”。所谓“中国之道”,就是华夏典章制度及儒家伦理精神。可见,郝经在夷夏观的表述中要保护的是华夏文化,而非一姓朝廷;认为国家安身立命的根本是儒家仁义文化,而非某一汉姓政权。

赵秉文、郝经等的夷夏关系论说反映在经典解释实践中,即是高扬华夏文化的优越性,让文本中记载的政治建制、典章礼仪制度、伦理文化等变得通俗易懂,便于少数民族理解与领悟。同时还暴露出了某些“用夏变夷”思想,期待华夏文化在北方少数民族政权统治下得以发展延续。

金代经学家提倡夷夏平等,传扬中国之道等观念的形成有着特定的历史原因。当时,民族融合加快,统治者大力倡导对汉族文化的学习,而大多数经学家本身就在少数民族组建的政权中任职。一方面,他们要为自己效力的朝廷寻求社会存在合法性,使其成为正统;另一方面,又要为自身入仕少数民族政权找到理论上的依据,以求心理上的慰藉与平衡。所以他们必须通过解释儒家经典,阐发义理,以突破汉族夷夏观的话语霸权,让人们形成包括民族、文化、政权三位一体的思维方式,努力化解夷夏之别。

特质之三:批判精神与创新意识并存。金代经学家虽多为汉族,但由于长期受金源文化的影响熏陶,所以儒家思想和文化对于他们而言,缺少了南宋学者那种与生俱来、根深蒂固的内在推崇性与权威性。他们常常会不自觉地站在旁观者的角度审视和批评儒学。这样的批判精神既难得、又可贵,它让儒家经典解释学说接触到更多“价值中立”式的评判,可以更客观地修正、补充、发展。如赵秉文多次力批宋代经学中的空疏抽象;刘若虚对历代学者曲解经文、违反人情和常理式解经深恶痛绝;李纯甫不遗余力对宋儒排佛道之论进行驳斥等。

在勇于批判的同时，金代学者又显示出优良的创新意识。他们一边批判以往儒家之说，一边又在自己的学说中深入理解消化吸收前人的成果。赵秉文提出的“大中说”，王若虚提出的“揆以人情约之中道”解经方法，李纯甫提出以佛为主、三教合一的基本主张，无一不是在“破”前人之说后所“立”的新说。正是通过学者们不懈的努力，较为圆满地践行了学术研究中“不破不立”的原则，才使得金代经学富于批判精神与创新意识的学术形象挺立起来，这也成为其最为重要的学术特质。

第十二章　元代“四书学”之解经特色

南宋大儒朱熹合并《大学》、《论语》、《孟子》、《中庸》四书，并著《四书章句集注》为之注解，标志着“四书学”的确立。然而，由于朱熹卷入了南宋末年的“庆元党禁”，使得“四书学”随着朱熹本人受到的政治压迫一道遭遇重创，始终无法进入官学领域。自南宋理宗起，朱熹及其“四书学”逐渐为统治者所推崇。不过，“四书学”一直未被官方以一种制度的形式加以认可。直到元代仁宗、英宗、文宗三朝，孔子的封号不断提升，国家恢复了科举制度，并以《四书章句集注》作为士子科考的主要依据，“四书学”的发展与国家权力制度实现了有效链接后，“四书学”才正式拥有了至高无上的社会地位。它促使元代越来越多的学者开始将“四书”作为自己毕生研究的对象，出现了以许衡为代表的鲁斋学派，刘因为代表的静修学派，吴澄为代表的草庐学派，金履祥、许谦为代表的北山学派，陈栎、胡炳文、朱升、倪士毅为代表的新安学派等诸多“四书学”学派。学者的“四书”解释思想虽呈现多元化态势，但其中也不乏共性。元代“四书学”之解经特色，正是从这些共性中演化而来。

一、融会“朱、陆”学说

宋代的理学家朱熹与陆九渊曾提出过两种风格迥异的“四书学”解经思路：朱熹主张借形式化加以拓展的知识论路向，陆九渊秉持借践行性予以证成的实践论路向。朱熹认为，“读书”是认知者借助于圣贤的言论间接把握事物之“理”的方式，他以四书的原文和原义作为其经典解释的出发点和依据，强调义理的阐发须是建立在探明经文本义的基础之上。陆九渊认为，圣人之心比经典更为重要，在经典的具体解释中，应以己意说经，走体证式的道路，对于圣贤典籍，最重要的是从中窥见圣贤之心，得其精神旨趣，而不是字释句解，依傍附会。[①] 朱、陆二人的经典解释学说影响深远，不过至元代由于朱熹学说的尊崇地位，除史蒙卿、程端礼等少数学者宗陆一系外，各“四书”学派基本都是宗朱学派的延伸。如鲁斋学派的许衡、静修学派的刘因均是赵复北上[②]传授程朱之学的传人。《宋元学案·鲁斋学案》上说：“自石晋燕云十六州之割，北方之为异域也久矣。虽有宋诸儒叠出，声教不通。自赵江汉以南冠之囚，吾道入北，而姚枢、窦默、许衡、刘因之徒，得闻程朱之学以广其传，由是北方之学郁起，如吴澄之经学，姚燧之文学，指不胜屈，皆彬彬郁郁矣。”据记载，许衡在研习了赵复所授的程朱之学后，大有“今是昨非”之感。他要求弟子尽弃前日之学而重新开始学习，并称：“《小学》、《四书》，吾敬信如神明，能明此书，虽他书，不治可也。”（《宋元学案·鲁斋学案》）许衡以“性即理”的理本体论为解释形上学，力主以“格物至知”的方法解释经典，以“四书”阐发义理。与之相似，刘因早年学习的是训诂疏释之学，后接触到理学传注之学曰：“我固谓尚如是也”，遂主张读书“必先传注而后疏释，疏释而后议论”（《宋元学案·静修学案》），必须以“求实”的精神对经典进行解释，不可对经典本文不得正解而妄发议论。

又如元代南方“四书学”大成者吴澄，其直承朱熹、黄干、饶鲁一线，强调治经要辨别真伪，重经传之分，注疏要发挥义理。他曾言：“朱子训释《四书》，微辞密意，日星炳如。”（《吴文正集》）又劝金溪陈洪范“当以朱子所训释之《四书》，朝暮昼夜，不懈不辍，玩绎其文，探索其义”（《吴文正集》）。金履祥、许谦师徒解经恪守朱学理气论，发扬“理一分殊”，主张“求孔孟之道者不可不读《论》、《孟》，读《论》、《孟》者不可不由《集注》，《集注》有《考证》则精朱子之义，而孔孟之道章，章乎人心矣”（《四库全书》）。而盛行在

---

① 参见康宇：《宋代儒家经典解释方法的建构》，《哲学动态》2009 年第 7 期，第 31 页。

② 赵复：宋元之际理学家。1235 年元军攻陷德安，赵复成为俘虏被送到燕京。为了传承民族文化，赵复同意留在北方以所学教授学生，并将程朱之学笔录授予在元朝中被重用的几位名儒。总的来说，赵复北上的贡献有三：把程朱理学系统介绍到北方；开北方书院讲学之风；建立了元代北方理学的传授体系。据《元史》载：“北方知有程朱之学，自复始。”

徽州地区的新安学派更公开宣称:"其学所本,则一以郡先师子朱子为归。凡六经传注、诸子百氏之书,非经朱子论定者,父兄不以为教、子弟不以为学也。是以朱子之学虽行天下,而讲之熟、说之详、守之固,则惟新安之士为然。"(《东山存稿》)

然而,如果仔细剖析元代各"四书学"学派的解经意旨,可以发现,其"和会朱、陆"学说的思想倾向是十分明显的。

许衡解经在强调朱熹式求实知识论路向的同时,又说治学之道要"慎思"和"践履"。所谓"慎思",即"视之所见,听之所闻,一切要个思字"(《宋元学案》),对于经典中的义理要思考,要吸收,不能盲从或食而不化。所谓"践履",就是要实践,圣人之道不在训诂章句,而在真知践履,就是要把义理实践于伦理纲常从而有益于民生,"苟生理不足,则于为学之道有所妨"(《宋元学案》)。尤其在对《大学》的解释中,许衡明确提出读者要用心体验义理,并将其付诸行,所谓"齐家、治国、平天下的道理,若文人、武人,都是这个道理。圣人千言万语,不过是说这几件的道理,这几件的道理,须索用自己心一件件体验过,依着行呵,便有益"[①]。

刘因解经虽未直陈象山"心学"路向,但他在评价儒家经学发展史时充分肯定汉唐的注疏之学,认为它们对经典的解释"十得其六七",而对宋代的议论之学提出了批评,认为它好新奇,好辟异,好诋讦,穿凿附会,不能探索出经典大义的究竟。刘因主张治经必须从传注入手,然后再"以己意体察,为之权衡",避免主观臆断。显然,他的说法中已加入了象山学说"自求本心"的倾向。

吴澄虽为朱熹的嫡传,但在具体解经中对于"朱、陆"学说的差异却明显持有着折中态度。他认为:"朱子于道问学之功居多,而陆子静以尊德性为主,问学不本于德性,则其蔽必偏于言语训释之末,故学必以德性为本,庶几得之。"(《宋元学案》)他又说:"徒求之五经,而不反之吾心,是买椟而弃珠也,此则至论。不肖一生,切切然惟恐堕此窠臼。学者来此讲问,每先令其主一持敬,以尊德性,然后令其读书穷理,以道问学;有数条自警省之语,可

---

① 许衡:《许衡集》,吉林文史出版社 2010 年版,第 37 页。

拣择数件书，以开学者格致之端，是盖欲先反之吾心，而后求之五经也。"（《宋元学案》）从上述的言语中可以看出，吴澄是主张先尊德性后道问学的，他把"反之吾心"放在了首位。不过这并不意味着他抛弃朱学而主张陆学，因为他所理解的"尊德性"方法是朱熹所坚持、陆九渊所反对的"主一持敬"。但吴澄解经既要格物致知，又本之吾心，把读书穷理与内省相结合的事实是不可否认的。

作为朱学正传的金履祥、许谦等人，一直强调朱学解经的不容置疑。但其在言论中也涉及"心"的作用。金履祥解经常谈到"天地之心"的问题，他将"天地之心"定义为"仁"或"生生之道"。对于格物致知的解经方法，他说："格物者，知之始，诚意者，行之始。故格物致知者，道学之首，而诚意者，自修之首也。知及之而行之有不实，则终不能有诸己矣。故自修者必以诚意为首务焉。"（《大学疏义》）对于孔子的文、行、忠、信"四教"，他说："文者，诗书六艺之文，所以考圣贤之成法，识事理之当然。盖先教以知之也。知而后能行，知之固将行之也，故进之于行。既知之，又能行之矣，然存心之未实，则知或务于夸博，而行或出于矫伪，安保其久而不变，故又进之以忠、信。忠、信，皆实也。"（《论孟集注考证》）这些都是典型的"先知后行"理论。许谦解经重视"圣人之心"，他以为："学以圣人为准的，然必得圣人之心，而后可学圣人之事。圣贤之心，具在《四书》，而《四书》之义，备于朱子。"《宋元学案》在"非尊德性，则不能道问学"问题上，许谦更明显地表现出朱陆合流的思想倾向。他指出："非尊德性则不能道问学，既尊德性又不可不道问学。既尊德性之后，有所不知不能，则问而知之，学而能之。既知，既能……所谓道问学也。"（《读中庸丛书》）也就是说，不"尊德性"就不能"道问学"，既"尊德性"又不可不"道问学"。这样，许谦把"尊德性"和"道问学"结合起来，融合了朱陆。

新安学派对于"朱、陆"学说的融会突出的体现是倪士毅对于"尊德性"与"道问学"的论述，他说："尊德性者，存心之事，静时工夫也；道问学兼致知力行而言，动时工夫也；致广大而尽精微，存心而致知也；极高明而道中庸，存心而力行也。"（《全元文》）由此可见，倪士毅极为注重"尊德性"即心灵主体的统摄作用，以“尊德性”统摄“道问学”，即“存心而致知也”、“存心而力行也”。

当然，元代陆九渊学说的传人也将朱熹学说引入经典解释中。如史蒙卿及其弟子程端礼都兼采朱学的格物致知和笃实下学①，以变心学之“理在吾心不须外求”，程端礼提出“岂可不以读书为先？而读书又岂可不守朱子之法？”史蒙卿说：“一心之中，虽曰万理咸具，天叙天秩，品节粲然，苟非稽之圣贤，讲之师友，察之事物验之身心，以究析其精微之极至，则知有所蔽，而行必有所差，此《大学》之诚意，正心、修身所以必先格物、致知，《中庸》之笃行所以必先博学、审问、慎思、明辨也。”(《宋元学案》)

应该说，元代“四书学”各派产生融会“朱、陆”学说的原因是多方面的。

首先，朱、陆学说间在本质上的共通性是其可以相融会的最主要原因。毫无疑问，朱熹以“理”为本体解读经典，是以理学解释“四书”的大成者。而从形式上看，陆九渊以“心”为本体解读四书，朱、陆学说似乎存在本质上的不同。但陆九渊的“心”与“理”之间有着千丝万缕的联系。陆九渊说：“心只是一个心，某之心，吾友之心，上而千百载圣贤之心，下而千百载复有一圣贤，其心亦只如此。”②“心”是圣贤与普通人共同具有的“同心”。“理”是一种客观存在的“公理”，其是宇宙运行规则，亦是人类活动的最高法则，“塞宇宙一理耳”③。“心，一心也，理，一理也，至当归一，精义无二，此心此理，实不容有二。”④虽然“无二”，但两者的内在关系应该是，“理”是认识的理性原则，“心”是对理性原则的体认，“求则得之，得此理也；先知者，知此理也；先觉者，觉此理也；爱其亲者，此理也；敬其兄者，此理也……此吾之本心也”⑤。所以，“理”是最终的根源与依据，它规定了“心”，“心”是“理”的表现而已。“心”的道德感知，来源于自身固有的“理”，它只是“理”的先在

---

① 参见夏传才：《元代经学的社会历史背景和程朱之学的发展》，《贵州文史丛刊》1999 年第 4 期，第 8 页。

② 陆九渊：《陆九渊集》卷三十四《语录下》，中华书局 1980 年版，第 444 页。

③ 陆九渊：《陆九渊集》卷十五《与吴斗南书》，中华书局 1980 年版，第 201 页。

④ 陆九渊：《陆九渊集》卷一《与曾宅之书》，中华书局 1980 年版，第 4—5 页。

⑤ 陆九渊：《陆九渊集》卷一《与曾宅之书》，中华书局 1980 年版，第 5 页。

规定和表现,是“理”所规定必然如此的产物罢了。所以在陆九渊解经中,人们总能看到某些程朱理学解经思路痕迹。如其对《易》中“一阴一阳之谓道”命题的解析,他虽反对朱熹将道与阴阳分别归类于形上、形下,认为两者同为“形上”,本体与主体应合为一体载于“心”中,但他却并不否认“道”存在的客观性,强调“道”既普遍存在于天地之间又存在于人心,“《易》之为道,一阴一阳而已”[①]。同样在解释《说卦》“昔者圣人之作《易》也,将以顺性命之理”时,他强调“此道充塞宇宙”[②]。正是因为朱、陆学说在本体论上的共通性,因而其在元代的融会便不存在基础上的障碍。

其次,程朱理学发展的需要促成了融会“朱、陆”学说局面的形成。以《四书章句集注》为代表的程朱理学是元代官方推崇的统治思想,具有最高的权威性。朱子之书实际上被抬到了经典的位置,成为士子竞相诵习和效法的对象,也是判别正谬、辨别是非的唯一标准。这种极度尊朱所造成的后果是,朱子学逐渐取代了经学,而一步步走向程序化和僵固化,将儒家经典的范域缩小到了一个狭窄的圈子里,文本诠释的视野受到了很大限制,诠释空间也极度萎缩。朱子的解经之说虽得到了统治者的大力提倡和科举制度的强有力支撑,但在被严重教条化后,其生命力日渐枯窘,很难确立起普遍的具有说服力的权威来。而陆九渊学说高扬“以心穷理”,将主体的个性色彩融入经典解释之中,这无疑是对已渐枯燥乏味的朱学解经的有益补充,如元末学者郑玉所言:“陆子之质高明,故好简明;朱子之质笃实,故好邃密。……朱子之说教人为学之常也,陆学之说才高独得之妙也”《宋元学案·师山学案》,“学者自当学朱子之学,然亦不必谤象山也”(《宋元学案》)。加之,朱、陆学说之争自南宋便一直持续,且观点各走极端,到了元代,朱子门人把格物致知的笃学工夫流为训诂之学,偏离了专事义理的朱学家法;陆学门人则把象山的“发明本心”极端地发展为以明悟为主、不起意为宗,以致朱、陆各自的学统都变得不景气。而元代的中央集权统治极需要一个以中原文明为基础的、统一的理论体系,理学内部为获取统一,不至因为

① 陆九渊:《陆九渊集》卷二《与朱元晦书》,中华书局1980年版,第29页。
② 陆九渊:《陆九渊集》卷十《与黄康年》,中华书局1980年版,第132页。

意见不一而影响其官方学术地位，朱陆学说相互补充、相互融会也自然成为必然趋势。

最后，元代"四书学"学者博采众长的学术风范为"朱、陆"学说融会提供了必要条件。以刘因为例，"初学经学，究训诂疏释之说，辄叹曰：'圣人精义，殆不止此。'及得周、程、张、邵、朱、吕之书，一见能发其微，曰：'我固谓当有是也'"①。其后广猎各家学说，兼综各家学术，在所著《书太极图后》的文章中曾明确引用了陆九渊观点②，因此其读过陆学的文章便显而易见。元代其他的"四书学"学者同样具有兼采众家的学风：许衡年轻时求学于姚枢，后得朱子之书，虽标宗朱学，但兼取陆学，坚持朱学致知、笃实的"下学"工夫，兼取陆学反求自悟的本心论，既避免了朱学的支离泛滥，也摆脱了陆学的谈空说妙，为程朱理学的官方化奠定了理论基础；吴澄是朱熹四传弟子，但他与陆九渊是同乡，同为江西抚州人，对象山学说的兴趣及对本乡先贤的推崇，均是其"和会"朱、陆的原因；许谦幼年时即由生母陶氏口授《孝经》、《论语》，后受学于金履祥之门，在他的学说中虽多以朱注解释四书，但《四库全书总目提要》指出许谦并不"株守（朱熹）一家"；史蒙卿师承陆学，但其对朱学研究造诣亦颇深，甚至被《宋元学案》称之为与黄震一道，在浙东四明一带振起朱学的代表人物，"四明之学，祖陆氏而宗杨、袁，其言朱子之学，自黄东发与先生始"（《宋元学案》），等等。

二、对宋学经传注疏进行补充发明

宋学中的经传注疏克服了前代经典解释停滞不前的缺陷，批判、融会、吸取了佛、道精致的思辨哲学形式，开创了阐发义理的诠释方法；不以圣人及经典本身为最高权威，而是代之以"理"、"心"为终极价值，强调解释经典的目的是为了求道、明理、致良知，用诠释的形式把经学理学化、哲学化，将经学、理学、哲学三者贯通。它造就了经典解释的人文精神，既表现在儒学

① 宋濂等：《元史·刘因传》，中华书局1976年版，第4008页。

② 参见张帆：《关于元代陆学的北传》，载《邓广铭教授百年诞辰纪念论文集》，中华书局2008年版，第175页。

整体的解释构想上，又表现在儒家具体的解释实践中，使得文本的解释更具思想性、逻辑性与体系性。然而，由于“四书学”在发展过程中受到的限制，其自身的解释注疏在一些细节问题的处理上还不够精细。到了元代，“四书学”蓬勃发展，学者们对上述细节问题进行了卓有成效的补充说明。

第一，将《小学》列入“四书学”之中。其主要的倡导者是许衡。《小学》是朱熹讲的关于洒扫应对的日常工夫，该书集录了古代圣贤的“嘉言善行”，分为内外两篇。内篇包括“立教、明伦、敬身、稽古”四部分，外篇包括“嘉言、善行”两部分，共285章。该书以“立教”、“明伦”、“敬身”和“稽古”为纲，以“父子、君臣、夫妇、长幼、朋友、心术、威仪、衣服和饮食”为目，除了进行直接的道德教育以外，还引用了一些格言、故事、诗歌、家训、书信等。许衡认为《小学》是“四书学”的入门和要津，因而十分重视。他曾对弟子说：“昔所授受，殊孟浪也。今始闻进学之序，若必欲相从，当悉弃前日所学章句之习，从事于《小学》，洒扫应对，以为进德之基。不然，当求他师。”[①]在其看来，治经的次第乃先《小学》而《大学》、《中庸》、《论语》、《孟子》等。许衡在对学生讲解“四书”时，提出“其教也，入德之门始惟由《小学》而‘四书’，讲贯之精而后进于《易》、《诗》、《书》、《春秋》。耳提面命，莫不以孝弟忠信为本”（《鲁斋遗书》）。在他看来，《小学》的重要性不亚于四书，“《小学》、《四书》，吾敬信如神明，自汝孩提，便令讲习，望于此有得，他书虽不治，无憾也。……言论意趣多出《小学》、《四书》，其《注语或问》与《先正格言》诵之甚熟，至累数万言犹未竭，此亦笃实自强，故能尔。我生平长处，在信此数书；其短处，在虚声牵制，以有今日。……万宜致思。且专读《孟子》，《孟子》如泰山岩岩，可以起人偷惰无耻之病也”[②]。在许衡以及后来者的努力下，《小学》与“四书”紧密联系在一起，成为“四书学”体系中不可或缺的要素之一。

第二，加大“四书学”中历史考证与文字训诂的比重。在这点上，北山学派的金履祥与许谦贡献最大。许谦曾在为其师金履祥《论孟集注考证》作序

① 苏天爵：《元朝名臣事略》卷八，中华书局1996年版，第167页。
② 许衡：《许衡集》，吉林文史出版社2010年版，第127页。

时说过这样一段话:“子朱子深求圣心,贯综百氏,作为《集注》。竭生平之力,始集大成。诚万世之绝学也。然其立言浑然,辞约意广,往往读之者或得其粗而不能悉究其义,或一得之致,自以为意出物表,曾不知初未离其范围。凡世之诋訾混乱务新奇以求名者,其弊正坐此。此《考证》所以不可无也。”(《论孟集注考证》)正是因为发现了上述问题,所以金履祥“举凡书中事迹之舛错,名物之异同,山川都会之区,典要音义之训,朱子所未详者,靡不引经据史,博采诸子百家,考核详明,折衷至当”(《论孟集注考证》)。对朱熹因删改日益精密的《四书章句集注》而使其与《四书或问》不同者,疏通之;对朱熹忽视的古今名物,修补之;对词约意广者,引群言以证之。大到道德性命之精微,小到训诂名义之释,都博采考核,弥补朱子的缝隙。许谦在自己所著的《读四书丛说》中又详著了金履祥补充朱熹训诂名物有所欠缺及不完备处,其《诗集传名物钞》对朱熹《诗集传》中涉及的礼仪、典制、史实、名物、律吕、历算等,在考证、训诂的基础上尽量做了补充,“正其音释,考其名物度数,以补先儒之所未备,仍存其逸义,旁采远引,而以己意终之”(《宋元学案》),因而呈现出许谦本人以训诂解经、以史证经的“求其是”解经方法,从而有别于理学家“求其意”的解经路数。① 金、许在研究中对于历史考证、名物制度、训诂比重加大,使得元代“四书学”中的义理之学“由空转实”,更加令人信服。

第三,完成了与“四书”关系密切的儒家其他经典的解释。在此点上,吴澄最具代表性。吴澄以接续朱熹为己任,著《五经纂言》,其中,《易纂言》十卷,《书纂言》四卷,《仪礼逸经传》二卷,《礼记纂言》三十六卷,《春秋纂言》十二卷。后人对此的评价是,“朱子门人多习成说,深通经术者甚少。草庐《五经纂言》有功经术,接武建阳,非北溪诸人可及也”(《宋元学案》)。其中的三《礼》,“盖本朱子未竟之绪而申之,用工最勤”(《宋元学案》)。朱熹生前曾考订传注诸经,晚年曾欲叙正三《礼》,但只编辑了《仪礼经传通释》的草稿,未及完成便离世。吴澄以《仪礼》十七篇为经,模仿朱熹《仪礼经传

① 参见高云萍:《扩展中异化的后朱熹时代的道学话语——以北山学派为例》,《浙江学刊》2009 年第 5 期,第 32 页。

通解》体例，将《礼记》分类编次，纂成《仪礼逸经》八篇，又将《大戴礼记》、《小戴礼记》中的《冠義》等八篇和《礼记》中的《大射義》、《小射義》二篇，合而辑成《仪礼传》十篇，这样就把《礼记》重新编次，使《仪礼》有了传注。吴澄完成了朱熹生前未来得及做完的工作。同时他对经典疏解时所挥的义理，具有主观探讨的精神，不拘泥于文字训诂。虽其中也有一些穿凿臆断的内容，但其所展示的思想解放却在一定程度上促进了宋代以后伦理思维的发展。这在客观上也丰富了“四书学”的解释视野与理解空间。

第四，对于“四书学”中的“尊德性”与“道问学”问题进行了系统论证。其主要的完成者是吴澄、新安学派学者及许衡等。“尊德性”与“道问学”语出《中庸》第二十七章：“苟不至德，至道不凝焉。故君子尊德性而道问学，致广大而尽精微，极高明而道中庸。”《中庸》认为，君子不仅要发扬天赋的善的德性，而且要努力学习道德知识，只有把二者结合起来，固有的道德天性才能发扬光大，才能达到“中庸”的至德境界。到了宋代，朱熹强调“道问学”，陆九渊强调“尊德性”，由此产生分歧，“道问学”与“尊德性”便演变成为方法学上的对立。前文已提到，吴澄等融会“朱、陆”之说的表现即是对“道问学”与“尊德性”关系的重新认识。应该说，他们的认识不仅是对“朱、陆”之说的折中表述，更是对“四书学”重要思想的详尽论证。吴澄把“尊德性”称作“进德”，把“道问学”称作“进学”，认为学习“四书”当以“进德”为本。在他看来，四书之学并不仅限于求知，而更是道德体验、实践的过程，是成就理想人格的途径。为学体验贵在有得于己，自得于心是处理“尊德性”与“道问学”关系问题的关键。吴澄认为，“自得”非一日之功，需以“道问学”的格物致知为基，以“尊德性”的正心诚意为崇，在知行合一中完成“尊德性”与“道问学”的统一。

无独有偶，新安学派对于“尊德性”与“道问学”关系的论证同吴澄有着诸多相似之处。倪士毅、朱升等相当看重四书为学中主体的统摄作用，倪士毅以“尊德性”统摄“道问学”，而朱升则进一步将“道问学”与“尊德性”的关系比作寒、暑、昼、夜之更迭，一动一静，缺一不可。在朱升的心目中，“尊德性”即以心为统领，其贯注在“格物致知”的全过程里。

许衡在解经时虽未提到“尊德性”与“道问学”等词语，但他一直强调治经重在求理以行道。许衡说：“凡立论必求事之所在，理果如何？不当驰骋文笔，如程试文字，捏合抑扬。且如论性说孟子，却缴得荀子道性恶，又缴得扬子道善恶混，又缴出性分三品之说。如此等文字，皆文士驰骋笔端，如策士说客不求真是，只要以利害惑人。若果真见是非之所在，只当主张孟子，不当说许多相缴之语。”(《鲁斋遗书》)求理是立论的依据，不当驰骋文笔。从求理出发，许衡重视将所求之道理贯彻于行，付诸践履，而反对将四书所言视为空言而不力行。由此为学之道须体现在行上，治经求道以躬行为先。通过治经而体现为己之学，凡有所未能，则当勉而行之；而有所未合，则须改之。

元代四书学者对于宋学经传注疏进行补充发明，是“四书学”向着纵深发展的必然结果，吴澄下面的这段话道出了部分的原因：“近世家藏朱子之书，人诵朱子之说而曰其学失，何也？非复圣贤博文约礼之学也。夫以约礼为事者，诚不多见，以博文为事者，未尝无也，而曰非复圣贤之学，何也？穷物理者多不切于人伦日用，析经义者亦无关于身心性情，如此而博文，非复如夫子之所以教、颜子之所以学者矣，而真能穷物理析经义者抑又几何人哉?”(《吴文正集》)之所以出现“家藏朱子之书，人诵朱子之说”而朱学反失的情况，原因在于理学家关注德性，其解经析理的最终归宿必然落在德性之知上。元代盛行以朱熹四书学解释为主的宋学之说，它强调格物致知，知识论的趋向更多地容纳了对外界知识的追求，造成格物穷理的具体活动与理学的初衷有违。因而，元代的四书学家对之不断深化修正也就是必然的了。考证与训诂的拓展，“四书”相关经典解释新领域的开辟，让“四书学”更为系统与精致，而《小学》的加入，“尊德性”与“道问学”问题的论证，则充分表现出元代学者对于经典解释向着理学“本义”回归的渴望。

三、“四书”诠释多有创新

创新之一：四书注释用词开始向着“直解”方向发展。典型的例子是许衡对于《大学》与《中庸》的解释。在许衡所著的《大学直解》与《中庸直解》

中，传统的训诂术语，如曰、为、谓、谓之、犹等很少被涉及，反而判断词“是”及其相关判断句式被大量使用；传统的单音词注释，如本、末等，越来越多地被双音词，如根本、末梢等替代；一些文言词语，如庶人、好乐等，广泛地改用通俗化词语，如众民、欢喜等。所谓的“直解”即直接的解释，其重要的特征就是口语化的表述。这种直解式的四书解释主要流行于北方四书学，元代统治者推行“汉化”，让蒙古贵族为主体的上层官僚子弟学会“晦涩难懂”的四书，为“直解”的发展创造了最为便利的条件。“直解”的出现对于四书学在元代中国北方的普及与传播做出了积极贡献，为儒家四书学解释创造了口语训诂等新的形式。四书中众多晦涩的古语词在“直解”中变得平实简易、充满活力，其文献学价值与语言学价值亦不可忽视。

创新之二：出现了新的概念范畴。刘因提出了“经史”思想，他说：“古无经史之分，《诗》、《书》、《春秋》皆史也。”（《刘静修先生集》）这为清代章学诚提出“六经皆史”思想开启了先河。刘因把六经作为明镜和历史的借鉴来论及“古无经史之分”，虽关注的是六经，但在客观上的确影响了元代学者对于四书等传记解释的理解。许衡提出了“治生”之说，他认为：“学者治生最为先务。”（《宋元学案》）学者应先把个人和家庭的经济生活安排妥当，否则就会影响为学之道。这是从现实主义角度指出“生理”的安排对人们学习四书之学的重要性。从表面上看，“经史”与“治生”等范畴似乎与“四书学”解经间的关系连接并不密切，实则不然。刘因的“经史”说，在一定程度上剥开了附着在儒家经典上的神圣光环，让人们以新的视角审视经传，同时治经与治史的联系也扩大了历史学的研究范围。而许衡的“治生”论，“把具有贵人气象的理学和盐米细事的民生结合起来，把治学与治生、治世结合起来，‘道’不再是隐僻之理，而转变为体现务实精神的治世之用，使宋代空谈心性的理学具有了实际的内容”[①]，它开启了四书学向实学发展的转向。

创新之三：开四书学“疑经”与“批评”之风。宋人通过“疑经”之风，质疑前代“六经”学说，且衍生出后来的“四书学”。元代“四书学”学者保留了

---

① 李景旺：《论许衡对宋明理学理论的创造性发展——兼与许衡理学无“进境”说商榷》，《河南师范大学学报》2006 年第 4 期，第 28 页。

这一传统,对宋代四书学说不断改进。如金履祥讲朱熹《四书章句集注》,不讲性理,而广涉史籍和诸子,对朱熹注疏不苟异同,“《论》《孟》考证,发朱子之所未发,多所抵牾”(《宋元学案》),并且在中国哲学史上第一次提出了“知而能之,知行合一”的命题,将中国古代的知行观向前推进了一步。许谦虽服膺朱子,但又集广博的知识,以天文、地理、典制、食货、刑法、文字、音韵、医、术数诸学进行考释,补朱子的缺漏,而且不讳言佛、老。刘因在经典解释中重排了宋儒对于“六经”与“四书”的为学次弟,强调“六经”的首要地位。此外,伴随“疑经”之风亦有少量“批评”的声音。吴澄曾批评朱子“问学不本于德性,则其敝必偏于言语训释之末”①,马端临在所著《文献通考》中批判朱熹的《诗集传》,而元末的郑玉更直言朱、陆学说之弊:“陆氏之学,其流弊也如释子之谈空……朱氏之学,其流弊也,如俗儒之寻行数墨。”(《师山文集·送葛子熙之武昌学录序》)

对于元代经学的成就,人们一般评价不高。皮锡瑞称:“宋儒学有根柢,故虽拨弃古义,犹能自成一家。若元人则株守宋儒之书,而于注疏所得甚浅。”②这当然与元代属少数民族政权、儒学基础相对薄弱不无关系。但元代四书学并非一无是处,其具有宝贵的独立学术品格,上述的创新即是最好的例证。

元代四书学解经学说上承宋代理学,下通明代心学,其过渡性质十分明显。它使得《四书》及《四书章句集注》的地位空前提高。经过元代的一番调整和升降后,儒家经典在理学盛行年代的格局最终确定。“六经”系统的话语权力让位于“四书”等传记系统。时人再挟古自重时,不必举“周礼”,而是称“孔孟”。站在解经学的视角上,元代“四书学”学者在关于解释的方法、目的与有效性、语言与意义关系问题上都提出了不少颇有建树的观点,虽说可能是只言片语,但亦有精彩动人之处。

---

① 宋濂:《元史·吴澄传》,中华书局 1976 年版,第 4012 页。

② 皮锡瑞:《经学历史·经学积衰时代》,中华书局 1959 年版,第 283 页。

第十三章　明代"江门心学"的经典解释思想

"江门心学"是由明代哲学家陈献章与其弟子湛若水等创建,以宣扬"心学"思想为宗旨的理论学派。《明史·儒林传》曰:"学术之分,则自陈献章、王守仁始。宗献章者曰江门之学,孤行独诣,其传不远。宗守仁者曰姚江之学,别立宗旨,显与朱子背驰。门徒遍天下,流传逾百年,其教大行,其弊滋甚。嘉、隆而后,笃信程、朱,不迁异说者,无复几人矣。"①显然,"江门心学"的出现促成了明代理学转向心学,并与以王守仁为代表的姚江心学一道,成为影响明代学术思潮的重要力量。

在"江门心学"的学术思想中,最为人称道的是其对儒家经典解释学说的著述。陈献章、湛若水等衔接陆九渊"以心解经"之说与王守仁解经以"致良知"之论,建构出一套颇具时代特色的经典解释形上学与方法论,为明代经典解释诠释空间的扩展,阐释生命力的增长做出了极大贡献。

一、"江门心学"经典解释思想的建构历程

"江门心学"经典解释思想的出现有着特定的历史原因。首先,元代及明前期统治者对程朱理学的极度推崇,使得社会中出现人人唯程朱理学是尊的局面,朱子传注的"四书"在儒家经典中的地位已然取代并超越孔子删定的"六经"。其次,经典解释被严重地官衙化与教条化,诠释视域日益狭小,日益丧失创造性,生命力不断枯竭,徒有解释的虚名,完全为书本所拘

① 张廷玉等:《明史》卷二百八十二,中华书局1974年版,第7222页。

泥，很难再建立起普遍的具有说服力的权威性。再次，明中叶资本主义生产关系的萌芽带来了新的价值观，使得程朱理学有关“天理”、“人欲”关系的道德理性价值失灵，加速了社会价值系统的崩溃。世人开始关注与个性伦理相融的“心”的价值。最后，传统的儒家解释学方法体系在经历了宋、元二代蓬勃发展后，正一步步走向程序化和僵固化，方法范式与理论架构的创新，已势成必然。

明中叶，居住在江门的陈献章有感于程朱将义理与训诂相结合，以“四书”为主、遍注群经的尚博学风，在被科举八股解经套路模式化后，日渐失去活力，遂大力倡导走以己意解经、以义理相尚的体证式经典解释之路。他说：“学者苟不但求之书而求诸吾心，察于动静有无之机，致养其在我者，而勿以闻见乱之，去耳目支离之用，全虚圆不测之神，一开卷尽得之矣。”①要让经典解释富于充分的主体精神和创造性，读者要从书本中解放出来，回到生活意义世界自身，还原经典著述与解释活动的本来意义。

陈献章强调设学立师的目的是为了传仁、学仁，因而汉唐经学中那些奉行注不违经、疏不破注的解经原则是应批评改正的，“仁，人心也。充是心也，足以保四海；不能充之，不足以保妻子。可不思乎？圣朝仿古设学立师，以教天下。师者传此也，学者学此也。由斯道也，希贤亦贤，希圣亦圣，希天亦天。立吾诚以往，无不可也。此先王之所以为教也。舍是而训诂已焉，汉以来陋也。舍是而辞章已焉，隋唐以来又陋也”②。与之相对，宋学抛开传注疏释，直接从经书中寻求义理的“六经注我”式方法值得肯定，“圣人与天本无作，六经之言天注脚。百氏区区赘疣若，汗牛充栋故可削。世人闻见多尚博，恨不堆书等山岳……读书不为章句缚，千卷万卷皆糟粕”③。

在“贬汉扬宋”的基础上，陈献章提出“读经以求诸吾心”的经典解释思想。他认为，为学当求诸心，读经的目的在于求吾心，要以我观书，不必“以书博我”，“《六经》，夫子之书也；学者徒诵其言而忘味，《六经》一糟粕耳，

① 陈献章著，孙通海点校：《陈献章集》卷一《道学传序》，中华书局1987年版，第20页。

② 陈献章著，孙通海点校：《陈献章集》卷一《古蒙州学记》，中华书局1987年版，第28页。

③ 陈献章著，孙通海点校：《陈献章集》卷四《题梁先生芸阁》，中华书局1987年版，第323页。

犹未免于玩物丧志。今是编也,采诸儒行事之迹与其论著之言,学者苟不但求之书而求诸吾心,察于动静有无之机,致养其在我者,而勿以闻见乱之,去耳目支离之用,全虚圆不测之神,一开卷尽得之矣。非得之书也,得自我者也。盖以我而观书,随处得益;以书博我,则释卷而茫然"[①]。儒家"六经"所阐述的道理,即是我"心"的内容,读经在于明了文本的精神实质,使我"心"与"六经"契合,而不是为了博闻强记,增加"心"的负担。如果只是记诵经典的文字而忽视掌握经典的思想意蕴,那"六经"也不过是糟粕而已,这样读经难免走向玩物丧志。

陈献章主张"以静求心",要通过深思自得、内省体验的方法把握经典的内涵,"为学当求诸心必得。所谓虚明静一者为之主,徐取古人紧要文字读之,庶能有所契合,不为影响依附,以陷于徇外自欺之弊,此心学法门也"[②]。此外,他还提出解经需"贵疑"的思想,指出对经典中的圣贤之言,要敢于提出疑问,敢于提出不同的见解,"前辈谓'学贵知疑',小疑则小进,大疑则大进。疑者,觉悟之机也。一番觉悟,一番长进"[③]。这种贵疑之说显然倡导了不盲从圣贤、轻信经典,而要独立思考的精神。

湛若水是陈献章最著名的弟子,他继承了其师心学思想,以"随处体认天理"为宗旨,"所谓随处体认天理者,随未发已发,随动随静,盖动静皆吾心之本体,体用一原故也"[④]。在对儒家经典的解释中,湛若水考订了《四书训测》、《古本小学》、《春秋正传》、《尚书问》、《诗经厘正》、《古乐经传》等著作,完成了正古人之谬的任务。在具体的理论方法论述中,湛若水在一定程度上修正了陈献章的心学解经方法,如他提出"圣学功夫,至切至要、至简至易处,总而言之,不过只是随处体认天理"(《湛甘泉先生文集》)的观点,将"天理"归结为经典中所蕴含的封建伦理道德规范,强调通过内省工夫,认

① 陈献章著,孙通海点校:《陈献章集》卷一《道学传序》,中华书局 1987 年版,第 20 页。

② 陈献章著,孙通海点校:《陈献章集》卷一《书自题大塘书屋诗后》,中华书局 1987 年版,第 68 页。

③ 陈献章著,孙通海点校:《陈献章集》卷二《与张廷实主事》,中华书局 1987 年版,第 165 页。

④ 黄宗羲著,沈芝盈点校:《明儒学案》卷三十七《甘泉学案一·论学书》,中华书局 1985 年版,第 885 页。

识伦理道德,是人之本心所固有,读经的最终目的是把这些伦理道德规范贯彻到自己生活的各个领域中。又如,在对待朱熹理学与象山心学的态度上,他认为:“在心为性,在事为学;尊德性为行,道问学为知,知行并进,心事合一,而修德之功尽矣。”(《格物通》)朱熹强调“道问学”,陆九渊强调“尊德性”,这是“各得其一体……朱语下而陆语上”(《湛甘泉先生文集》),皆有所偏蔽。所以他对朱、陆都表现出不完全信赖的态度。显然,这与陈献章也有很大的不同。

陈、湛之后,江门心学的发展逐渐走向衰落,最终融入了“姚江心学”。究其原因:一是因为学派主旨多变,且对心学理论与经典解释论说主题缺乏一贯的、连续的提法和论证,致使学说思想的承接与发扬极为困难和薄弱;二是由于“姚江心学”随其创建者王守仁“事功”日渐卓著,影响不断壮大,深入人心,成为明中后期具有统治地位的思想体系。不过,陈、湛的弟子们还是创造出一些关于经典解释的新思想,如吕怀提出学宗旨“只在变化气质”,他以易学象数理论的“河图”之理比附人心,让解经的宗旨超越了“心学”的范围;何迁指出为学宗旨以“知止”为要,“止者,此心感应之几,其明不假思,而其则不可乱……道有本末,学有先后,《大学》教人,以知止为先”①,大讲经典体认时的寂然不动之心,等等。

二、“江门心学”之经典解释框架与内在特点

从学说构成上看,“江门心学”在解经中以“心”为解释形上学,建构的是“心理同一”的本体诠释论。陈献章解经时一直坚持,“以虚为基本,以静为门户,以四方上下、往古来今穿纽凑合为匡郭,以日用、常行、分殊为功用,以勿忘、勿助之间为体认之则,以未尝致力而应用不遗为实得”②。他说:“终日乾乾,只是收拾此理而已。此理干涉至大,无内外,无终始。无一处不到,无一息不运会,此则天地我立,万化我出,而宇宙在我矣。”③显然,陈献

① 黄宗羲著,沈芝盈点校:《明儒学案》卷三十八《甘泉学案二》,中华书局1985年版,第922—924页。

② 黄宗羲著,沈芝盈点校:《明儒学案》卷五《白沙学案上》,中华书局1985年版,第79页。

③ 黄宗羲著,沈芝盈点校:《明儒学案》卷五《白沙学案上》,中华书局1985年版,第84页。

章遵循从“心”到“理”直至“心理合一”的思维路向，理内在于心，在心与理的关系中其主导方面在心不在理。心为世界的主宰，天地皆由我立，万事万物的变化皆由我出。因而经典解释的最终目的是体认“我心”，所谓解经“不累于外物，不累于耳目，不累于造次颠沛，鸢飞鱼跃，其机在我”[①]，因而“夫子之学，非后世人所谓学。后之学者，记诵而已耳，词章而已耳。天之所以与我者，固懵然莫知也。夫何故？载籍多而功不专，耳目乱而知不明，宜君子之忧之也。是故秦火可罪也，君子不讳，非与秦也，盖有不得已焉”[②]。

湛若水解经进一步发扬了“心理同一”的解释形上学思想，他说：“天理二字，圣贤大头脑处，若能随处体认，真见得，则日用间参前倚衡，无非此体，在人涵养以有之于己耳。”[③]在他这里，心一方面是主体之心，“吾所谓天理者，体认于心，即心学也”[④]。主体之心，体认天理，它是主体自我，是内在的。天理是主体自我的体认对象。心的另一方面又是本体之心，“盖万事万变皆本于心，千圣千贤皆是心学。……故心也者，万事万化之大原乎”（《格物通》）。这样的心是万事万化之大原，它既是外在的，它存在于天地万物之外；它又是内在的，它贯穿于天地万物之中。“理”在湛若水看来主要含义是指道德意识、社会规范和道德本体。至于心与理的关系，他认为，主体之心在体认天理的过程中上升到本体之心，与主体之心紧密联系的主体层面的理也上升为本体层面的理，本体之心是无内外的，因而本体层面的理也是无内外的。“心理同一”运用于经典解释，即是强调理与事、体与用的合一，强调知与行的并进，对于圣人言说的理解向内要提升主体自我的涵养，向外要讲求致知方法。通过经典的研读既要培养主体自我自主选择、自觉认同社会规范的能力，又要加强主体自我对有关外在社会普遍规范知识的学习和获取。只有这样才能真正找到心与理的同一之处。

---

① 黄宗羲著，沈芝盈点校：《明儒学案》卷五《白沙学案上·题跋》，中华书局1985年版，第89页。

② 陈献章著，孙通海点校：《陈献章集》卷一《道学传序》，中华书局1987年版，第20页。

③ 黄宗羲著，沈芝盈点校：《明儒学案》卷三十七《甘泉学案一·论学书》，中华书局1985年版，第885—886页。

④ 黄宗羲著，沈芝盈点校：《明儒学案》卷三十七《甘泉学案一·语录》，中华书局1985年版，第901页。

“江门心学”的“心理同一”之说,充分体现了儒家思想从理学向心学的过渡。陈献章、湛若水等早年均遵循朱子为学之方,探求心与理的关系。然而,他们发现朱熹“居敬穷理”的方法存在无法消除的内在矛盾。“穷理”要求“格物”而“致知”,达到物我一体,心与理的契合为一。但朱子又称“理一分殊”,每一物后必有一理。因而,对“理”的认识又成为一个永不停止的过程,心与理永远难以合一。心理不同一,经典中所蕴含的天道与人事统一的意蕴无法充分得以彰显,相应解释的意义也必然大打折扣,“所谓未得,谓吾此心与此理未有凑泊吻合处也”①。所以,陈、湛后来决定放弃朱子之为学方法,舍繁求简,在体认经典中获取天理,使“心理同一”。在此要说明的是,南宋的陆九渊也曾提出一套“心即理”之说,强调心与理具有原始的内在统一性,读经在于“发明本心”进而“明理”,六经蕴含之理都是此心的解释等。虽然在形式体系上一致,但是陈、湛思想并非是从陆九渊处直接继承来的,而是通过自己的刻苦努力探寻获得。明显的不同是,陆九渊的“心”最终还是“理”的表现,受“理”的规定;陈、湛所言“心”的重要性则强于“理”,并占首要地位。

从方法范式上看,“江门心学”采用的是“弃经得道”式的“自得”方法。陈献章在经典解释中发表了“左右六经”、“六经在心中”等论断。他认为,自我不应盲从经典和权威,应成为六经的主宰;经典的正确解释源于内心对道的领悟,求道应反求诸己,内心自得,不应拘泥于文字糟粕。陈献章指出,经典承载了道,但道具有不可言说性,只有通过“自得”方能将之保存。所以“学者苟不但求之书而求诸吾心”,体悟道“非得之书也,得自我者也”②。至于如何能够更好地从经典解释中“自得”,陈献章提出了以静求“心”的路径,“为学须从静中坐养出个端倪,方有商量处”③,认为要深思体验文本,由深思而自得之,“此心通塞往来之机,生生化化之妙,非见闻所及,将以待世

① 黄宗羲著,沈芝盈点校:《明儒学案》卷五《白沙学案上》,中华书局 1985 年版,第 81 页。

② 陈献章著,孙通海点校:《陈献章集》卷一《道学传序》,中华书局 1987 年版,第 20 页。

③ 陈献章著,孙通海点校:《陈献章集》卷二《与贺克恭黄门》,中华书局 1987 年版,第 133 页。

卿深思而自得之”[①]。

湛若水同样主张经典解释应遵从“自得”的方法，并进一步指出，自得应是“随处自得”，不仅要从经典文本中“自得”，而且要在伦常日用之中随处体认道。与其师陈献章不同，湛若水认为，自得不只是以静求“心”，在“动”中一样可以求得，“古之论学，未有以静为言者。以静为言者，皆禅也。故孔门之教，皆欲事上求仁，动时着力。何者？静不可以致力，才致力即已非静矣”（《湛甘泉先生文集》）。在动静中随处自得、体认天理，这才是解经的正途所在。实际上，湛若水的“随处自得”，不仅是对陈献章之说的修正，更具有对传统朱子解经局限性的辨析，进而发展心学解经的意义。在朱熹的视域中，形上本体与形下末用、知与行均为二，因此解经要“格物致知”，向外以求。而湛若水强调的是物理同一、心理合一，让经典中的道与日常生活融一，把本质回归于存在，从而开辟出经典解释新的理解空间。

毫无疑问，“江门心学”的经典解释为儒家解释学注入了新的特质元素，让其获得了更多的诠释空间与生命活力。同时，这些特质也造就出“江门心学”经典解释独具的学术特点。

第一，别异“朱、陆”。“江门心学”出现之前，经典解释中流行的是以朱熹借形式化加以拓展的知识论传统与以陆九渊借践行性予以证成的实践论传统两种基本“解释”路向。朱熹主张，以文本原义作为其经典解释的出发点和依据，强调义理的阐发须是建立在探明经文本义的基础之上，解释重在把握事物之“理”；陆九渊认为，圣人之心比经典更为重要，经典解释要走体证式的道路，重在从文本中窥见圣贤之心，而非字释句解，依傍附会。受“朱、陆”学说的影响，自南宋至明前期，世人解经均未能跳出上述两个路向。与之相比，“江门心学”的经典解释可谓独树一帜，陈献章着重强调解经时的主体自觉性与自我选择性，认为“是故道也者，自我得之，自我言之，可也”[②]。他将理向化于心，让经典解释成为“求心”的过程，讲究从虚静中体

---

① 陈献章著，孙通海点校：《陈献章集》卷一《送李世卿还嘉鱼序》，中华书局 1987 年版，第 16 页。

② 陈献章著，孙通海点校：《陈献章集》卷二《复张东白内翰》，中华书局 1987 年版，第 131 页。

认到“作圣之功”。湛若水秉承师说,认为体认经典中蕴含的天理是内心的体验超悟,或曰“存心”。他指出,理具于心,听任此心自然发用,不添不减,勿忘勿助,于此便可自然识得天理。显然,陈、湛的解经思想实质上与朱熹有着很大差异,而在形式上与陆九渊之说有着某些类似。不过,仅仅是类似而已,“江门之学”与陆九渊的解经思想实际上也存在着诸多不同。如陆九渊混言心性,陈、湛既认为心性是相互联系的,又指出了心性范畴的区别;陆九渊的“心”主要指的是恻隐、羞恶、辞让、是非之四端本心,他的“理”主要是仁、义、礼、智等封建伦理纲常,而陈、湛的“心”是“无所著”的“虚明静一”之心,其“理”是无限至大、无任何规定性的道,包含伦常元素且又高于一般的封建伦理道德规范;陆九渊解经的最终目的,是让读经者进入与自身四端本心相统一而合于宇宙之诚的道德境界,陈、湛解经的目标是使读经者达至忘身、忘家、忘天下的自然自足、天机活泼的境界等。[①]

第二,“以自然为宗”,经典解释嵌入鲜明的道家思想。陈献章认为:“古之善学者,常令此心在无物处,便运用得转耳。学者以自然为宗,不可不著意理会。”[②]其所谓的“自然”,即是万事万物原始朴素的、无着任何外力痕迹的、本然的存在状态。在陈献章看来,“以自然为宗”,就是指达到一种无异同、得失、生死,即无任何负累的、本然的、绝对自由自在的精神状态。具体应用于经典解释,便是摒弃奢华,以“尚朴”的言语诠释文本,还圣人之言初始的“原义”。解释者不应执着于文字的形骸,而应把对经典的理解融入宇宙大化中去,“立本贵自然”[③]。湛若水对陈献章的说法持认同的观点,他说:“予体认天理,必以勿忘勿助、自然为至。”(《湛甘泉先生文集》)对经典中“天理”的识别,要以“勿忘勿助”的“自然”方法为门径,“天理在心,求则得之……有方,勿忘勿助是也”(《湛甘泉先生文集》)。陈、湛之说显然受到了老庄思想的影响,其本质是将“自然”看作道之本性,既然万物自然无约束是宇宙的本来面貌,那么对经典的解释也应“道法自然”。他们把心当作

① 参见王伟民:《陈白沙的自得之学》,《学术研究》1991年第6期,第75页。

② 陈献章著,孙通海点校:《陈献章集》卷二《与湛民泽》,中华书局1987年版,第192页。

③ 陈献章著,孙通海点校:《陈献章集》卷四《答张内翰廷祥书,括而成诗,呈胡希仁提学》,中华书局1987年版,第146页。

自然无为的象征,将心与经典的互通放置于不加人为限制的"自然"里。

第三,对语言有着不信任态度。陈献章说:"道德乃膏腴,文辞固秕糠"[①],"强而语之,必不能入,则弃吾言于无用,又安取之?"[②]因此,经典解释不可采用"靠书册寻之"的路径。湛若水为解读经典设定了拯救被"习心"蒙蔽而丧失的本心的目标,"学贵煎销习心,心之习也……非固有也,形而后有者也……煎销也者,炼金之名也。金之精也,有污于铅者,有污于铜者,有污于粪土之侵蚀者,非炼之不可去也。故金必百炼而后精,心必百炼而后明"[③]。在其看来,语言也是会造成心体之天理"昏塞"的外物。因此,经典解释不仅要通过对文本语言的逻辑思辨,来启发读者固有的本心,而且还要超越语言将道德体验和笃行践履融入进来,以本心的感悟诠释经典。实际上,陈、湛的这些观点是对传统儒家解释学中"言不尽意"命题的延续,其关注的是语言背后的终极形上之意。对于达到终极意义而言,语言具有启发、指点的作用,但不能完全地涵盖;要真正地理解文字背后的真谛,必须超越语言的限制。从一定意义上说,陈、湛的思想已然具有语言无用论的特质。

第四,强调知疑与贵新。陈献章在解经中提倡具备独立思考精神,主张做学问要贵自得、自觉、自立。他将为学分为"养善端"和"求义理"两途,为明代学术别开一新境。在经典、道、心的关系问题上,陈献章扬弃了朱熹道学,创新式地提出以心为主的思想,指出心即道,其比经典更为重要,朱熹那种求义理于经书的思想应予以修正。陈献章将"日日新"定为"学问之道",认为学者应该遵循此道,不断推进理论思维的发展。他还提出对古代的书籍和圣贤之言,要敢于提出疑问,敢于提出不同的见解,"小疑则小进,大疑则大进。疑者,觉悟之机也。一番觉悟,一番长进"[④]。湛若水解经讲求的"随处体认天理"思想自身就是一种创新。它是在对朱熹理学解经方法怀疑

---

① 陈献章著,孙通海点校:《陈献章集》卷四《和杨龟山此日不再得韵》,中华书局 1987 年版,第 279 页。

② 陈献章著,孙通海点校:《陈献章集》卷二《与罗一峰》,中华书局 1987 年版,第 158 页。

③ 黄宗羲著,沈芝盈点校:《明儒学案》卷三十七《甘泉学案一・语录》,中华书局 1985 年版,第 893 页。

④ 陈献章著,孙通海点校:《陈献章集》卷二《与张廷实主事》,中华书局 1987 年版,第 165 页。

与批判中形成的,“或问学何贵?甘泉子曰:‘学贵疑,疑斯辨,辨斯得矣。’故学也者,觉此者也”(《湛甘泉先生文集》)。湛若水认为,解经过程中一定要有怀疑批判精神,因为只有这样解经者才能提出新思想、新理论,才能有所创新。湛若水十分重视“学贵知疑”的解经方法,他说:“夫学而知所疑也,学之进也。如行路然,行而后见多歧……后择所从,知择所从者,进乎行者也。”(《湛甘泉先生文集》)其实,这种知疑与创新的精神也正是“江门心学”经典解释的基本理念。也正基于此,陈、湛等开启了明代经学发展新的一页,让心学真正替代理学,成为儒家解释学的核心范畴。

三、“江门心学”与明中后期儒家经典解释学的转向

从方法论角度上看,“江门心学”的经典解释学说是典型的“心学解释”。其解经直将源头通贯孟子,接续陆九渊,并进行了新的创造发挥,让明中后期儒家经典解释学的发展出现了重要转向。

首先,经典解释的主旨由“格物”走向“格心”。“格物”是程朱理学对经典解释的核心手段,它将“读经”作为认知者借助于圣贤的言论间接把握事物之“理”的方式,它走的是外向求索的知识论路向。然而,在元代及明前期学者对其的传承中,“格物”中的自由思想精华,受官学八股的局限渐渐被淹没了,其支离空疏的弊端却完全暴露出来。为了矫正时弊、改变学风,“江门心学”高扬“格心”,将“见仁见智”、“诗无达诂”的基本理念融入经典解释之中。按陈献章的说法,自得其心与圣人和典籍没有谁先谁后的必然联系,典籍之言、圣人之言只不过是内心自得的注脚,是悟到自得的印证而已。这样经典中已没有太多的陌生东西需要诠释,那些征引典籍、训诂词句、考证出处的工作就显然不那么重要了。

“江门心学”格心之说在明中后期的儒家经典解释学发展中起到了重要的导向作用。典型的例证是,明中后期最具影响力的“姚江心学”学派代表——王阳明“以心解经”学说便直接受启于此。王阳明不但认为:“夫学贵得之心,求之于心而非也,虽其言之出于孔子,不敢以为是也,而况其未及孔子者乎?”(《王阳明全集》)经典解释要讲究以我为主的学风,不迷信书本,

自得于心。而且他直陈“格物”即是“格心”:“格物如孟子‘大人格其心’之格,是去其心之不正以全其本体之正。”(《王阳明全集》)此外,王阳明还发扬了“江门心学”中的“为学须从静中坐养出个端倪来”的说法,指出“学从静入”要从静定工夫和体验中感悟经典的意蕴。而其著名的“致良知”、“知行合一”的理论与陈献章的“自得”以及湛若水“随处体认天理”等“格心”之说亦有着诸多共通之处。

其次,解经为学工夫变得简易、直接。“江门心学”解经注重简易、直接,强调求之于内,“吾心”能应物而不累于物,学者能以自然为宗,不必对外物费力追求。陈献章曾明确批评朱子解经思路的烦琐复杂,认为经典解释的关键在于能让“吾心”剥离物之形骸,有所“自得”,所谓“舍彼之繁,求吾之约”。湛若水将解经归结为简捷的“自我反省”式的“体认”,认为要摆脱万事万物的负累,在体用一致中求“心”。不过,还需明确解经悟道应不离于日用常行,这样遂避免了“求之于内”的学说流弊于佛道的出世、虚无。

陈、湛之后的学者们显然沿袭了“江门心学”的解经为学工夫,他们大多反对程朱解经烦琐支离的学风。如王阳明大讲“愿君崇德性,问学刊支离”,赋予了简易工夫轻快洒脱的特性,“吾辈用功只求日减,不求日增,减得一分人欲,便是复得一分天理,何等轻快脱洒!何等简易!”(《王阳明全集》)在王门后学中,王畿“四无说”主张当下悟得,王艮的“百姓日用即是道”、罗汝芳的“当下即是工夫”等也都崇尚简约①,与“江门心学”的解经思路有着异曲同工之妙。

最后,经典解释中注入了“务实”精神。早在陈献章创建“江门心学”时,他便将在玄虚中蕴含笃实,确定为学派立说的宗旨。“心地要宽平,识见要超卓,规模要阔远,践履要笃实。能是四者,可以言学矣”②,其中所蕴含的反对空疏蹈虚,主张践履笃实的务实之意,不言而喻。后来,湛若水又补充道:“用心藏最是圣学要紧处,圣人千言万语,只要教人收拾此心,操此枢

① 参见朱人求:《“六经糟粕”论与明代儒学的转向——以陈白沙为中心》,《哲学研究》2009年第6期,第67页。

② 陈献章著,孙通海点校:《陈献章集》卷二《与贺克恭黄门》,中华书局1987年版,第135页。

纽，则万化由此出。"（《明陈白沙先生献章年谱》）对圣人之学，重在"心藏"，主要表现在新的领悟，这种新领悟，就是摆脱依傍圣学沿袭朱学的学风，要从现实中寻求出路。也就是说，社会意识形态不能固守原来的思维方式，一味在模仿中传承，要随着社会发展而变化，适应社会实存。由此，"江门心学"提出了"撤百氏之藩篱，启六经之关键"的观点，将诸子百家之学皆看作是有用之学，均可为会通心、道做出贡献。

陈、湛开辟出的"务实"解经风范对明代大批学者之后的解经思路产生了重大影响，有学者曾对此总结道："有能超悟自得，则于斯道思过半矣。然则《六经》、《四书》，亦剩语耳，矧其他乎！"[①]在务实的路上，甚至"六经四书皆剩语耳"。其观点体现了一定的反叛性，直到明末，李贽等人才有类似的观点提出。阳明心学正是传承了"江门心学"观念，让解经与"兼善天下"相关联，正如王艮所言："学不足以为人师，皆苟道也。……身在天下，必修身立本，以为天下之法，是为天下之师矣。是故出不为帝者师，是漫然苟出，反累其身，则失其本矣；处不为天下万世师，是独善其身，而不讲明此学于天下，则遗其本矣。皆非也。"[②]

① 黄宗羲著，沈芝盈点校：《明儒学案》卷六《白沙学案下》，中华书局1985年版，第95页。

② 黄宗羲著，沈芝盈点校：《明儒学案》卷三十二《泰州学案一》，中华书局1985年版，第715页。

第十四章　泰州学派对经典诠释平民化的建构

晚明时期，盛极一时的"阳明学"开始受到人们的质疑。越来越多的学者意识到，对经典进行过度的"六经注我"式诠释，已然颠倒了经典文本与解释活动在活动中的主客关系，从而让读者忽视甚至遗忘经典。于是，一场强调回归儒学原典，"返本开新"，拓展儒家经典诠释学发展新空间的运动兴起了。就整体而言，儒家们开辟出两种发展理路：一是有别王学空疏回归南宋朱子学格物解经；二是不背叛阳明学立场而修正王学之弊，让经典诠释与"百姓日用"相连，建构平民化诠释学。

作为"王门后学"之一的泰州学派，是后一条理路的开启者。他们在思想的运作方式上，将民间作为其组织学术的舞台，使大量社会下层人士介入到儒学经典诠释的思考过程中来；在理论构建中让视角下移，将"百姓日用之道"置于儒家典籍内涵理解的核心之处，从而倡导了一种经典诠释的平民主义价值。黄宗羲说："阳明先生之学，有泰州、龙溪而风行天下，亦因泰州、龙溪而渐失其传。……泰州之后，其人多能以赤手搏龙蛇，传至颜山农、何心隐一派，遂复非名教之所能羁络矣。顾端文曰：'心隐辈坐在利欲胶漆盆中，所以能鼓动得人……有不可到处。'……诸公掀翻天地，前不见有古人，后不见有来者。"[①]可见，正是泰州学派对儒家经典诠释平民化建构的努力，使得明代儒学得以进一步发展。

---

① 黄宗羲著，沈芝盈点校：《明儒学案》卷三十二《泰州学案一》，中华书局1985年版，第703页。

一、以"身本论"替代"心本论"

在泰州学派兴起的年代，阳明心学的"心"仍是儒学经典诠释中最重要的解释本体。然而，社会实存的改变却预示着此种情况将会发生微妙变化：明朝商品经济的发展滋生出资本主义的萌芽；众多平民为达到特定的经济目的组成了形式多样的会社、商团等，让组织替代家族成为国家基础具备了可能；社会强调个人权利的优先性，使得个体的"主体性"得以张扬。显然，这与之前统治者需要不断平定叛乱和镇压农民起义，重建社会秩序，以"破心中贼"为社会思想宣传核心内容的情境已大不相同。弘扬个体价值，让学术研究贴近平常百姓生活，让世人知晓人何以为人，成为时代赋予儒学研究新的课题。

应该说，"阳明学"确立的"心本论"在一定程度上也彰显了个性。王阳明从"心外无理"、"心即理"的命题出发创立"良知"说，认为"心"是个体之心，是个体的主宰且造就了个体的精神，并与个体同存共亡，而"良知"即是"心"，也是人性普遍固有、不假外求的"本体"。所以在其经典诠释体系学说中，"致良知"是理解经典的最终目标，所谓经典是为良知服务，解经就是为了"致良知"，"圣贤垂训，固有书不尽言，言不尽意者。凡看经书，要在致吾之良知，取其有益于学而已，则千经万典，颠倒纵横，皆为我之所用。一涉拘执比拟，则反为所缚"(《王阳明全集》)。经典是吾心的记载，它记录的是内心的事物，经典的权威性附属于吾心，也即从属于良知。王阳明强调，要充分发挥人的主观能动性，以"六经注我"的热情解读经典，让个体的良知成为解经的主导，所谓"万物之理皆备我心"。

然而，这种对于"心本论"价值的高扬并未体现出对个体"身体"的尊重。王阳明曾说："只为世上人都把生身命子看得来太重，不问当死不当死，定要宛转委曲保全，以此把天理却丢去了。忍心害理，何者不为。若违了天理，便与禽兽无异，便偷生在世上百千年，也不过做了千百年的禽兽。"(《王阳明全集》)即"心"是深达灵魂精神的形而上层面的范畴，"身"只是承载灵魂精神或屈从天理天命的、处于附属地位的容器，与"心"相比，"身体"的重要性要大打折扣。这样的观点明显将“身心”两分，让附着在“心”上的良知或曰伦理纲常的价值远高于个体生命的存在，从而在一定程度上限制了个体权利。泰州学派显然看到了以“心本论”解读经典的弊端，他们把“身”与“道”看成同一个东西，强调自我之“身”是一个身心统一的整体存在，既包括良知之心体，也包括血肉之躯的生命存在，而“良知”的根本作用就在于保持这个自我。学派代表人物王艮指出，“身”与“道”是同位的范畴，“身与道原是一件，至尊者此道，至尊者此身。尊身不尊道不谓之尊身，尊道不尊身不谓之尊道”①，“知安身而不知行道，知行道而不知安身，俱失一偏”②。在他看来，身体不仅是生理性、社会性、文化性的存在，更是一种本体性存在，形而上的“道”与形而下的“身”可以合而为一，“尊身”即是“尊道”，“安身”即是“良知至善”，“保身”即是“良知良能”。另一学者王栋更直言：“万物皆备于我，旧谓万物之理皆备我心，则孟子当时何不说万理皆备于心。孟子语意犹云视天下无一物非我，总只是万物一体之意，即所谓仁备于我者，备于我身之谓也。故下文即说反身而诚，其云强恕而行，正是反身之学。由强而至于诚，都是真知万物皆备我身，而以一身体万物也。”③这段话的中心思想是“万物皆备我身”，“身”是沟通至高法则与具体事物的桥梁，也是组织联系起天地间表面上各自为政的万事万物的内在核心。

沿着“身本论”的思路，泰州学派重建了儒家经典诠释形上学。其思想主旨是，对经典的理解，仅仅停留在“万理皆备于心”的程度是远远不够的；更重要的是能够落到实处，将对圣人圣言天地万物的体认归结到“身”这一生命存在中。因为要“尊身”，尊重主体的精神自由，“以天地万物依于已，不以已依于天地万物”④，所以个人解经释典时可以有独立思考，不受前人

① 王艮著，陈祝生等校点：《王心斋全集·明儒王心斋先生遗集》卷一《答问补遗》，江苏教育出版社2001年版，第37页。

② 王艮著，陈祝生等校点：《王心斋全集·明儒王心斋先生遗集》卷一《语录》，江苏教育出版社2001年版，第18页。

③ 王艮著，陈祝生等校点：《王心斋全集·明儒王一庵先生遗集》卷一《会语正集》，江苏教育出版社2001年版，第161页。

④ 王艮著，陈祝生等校点：《王心斋全集·明儒王心斋先生遗集》卷一《语录》，江苏教育出版社2001年版，第6页。

或权威者的束缚,不受固有诠释模式的拘束。由于"以一身体万物",所以经典诠释也就是探索"身",并在天地间寻觅自己恰当位置以实现万物一体之仁的最终归宿的过程。

与强调解经以"致良知"的"心本论"经典诠释思路相比,"身本论"最大的改变在于让"天理"与"人欲"拥有了共同的合法性。按泰州学派的说法,"天理者,天然自有之理也;才欲安排如何,便是人欲"[①],良知是现成自在的,不用安排。不安排,顺"良知"自然而行、行得自在,就是"天理";一旦安排,不论动机如何,都是"人欲"。所以,那种"无欲"存心的状态是难以达到的,人们可以做到的只是"少欲"、"寡欲"。"身"既是本体,又是"欲"之载体,"尊身"必然要肯定"人欲"的存在。既然"天理"与"人欲"的固有紧张已经化解,那么传统的修养工夫就变得多余,因此在经典诠释中要更多地找出其与"百姓日用"关联之处,只有那些合乎平民百姓日常生活的思想学说,才是真正的"圣道"。所以,王艮在解释《大学》时,明确提出"安身"为《大学》之本;罗汝芳在解释"良知"时,认定"良知"是个人道德行为,具体来说就是个人的"孝弟慈"。

以"身本论"解释经典,影响无疑是深远的。其一,它让儒家经典诠释走向世俗化成为可能。如果说"理本论"、"心本论"建构了一个由"天理"主宰的"形而上"的神圣世界,人们只能被迫遵从的话,那么"身本论"则让人们摆脱了所谓"主宰"的限制,获得对感性欲望、肉体生命和自我性的肯定。"身"的挺立,意味着对"私"的肯认,包含着对人的生理生命、感性生命的尊重,进而意味着对人欲的尊重。[②] 随着"天理"神圣性的取消,"人欲"价值性的弘扬,人们开始相信经典所载"圣道"中既有道德精神的内涵,又有个体最基本的物质生活约定,经典与世俗生活间达成了内在联系。其二,它让儒家经典诠释走向民间化。既然经典中所说的、所记载的都是与平民百姓生活相关的内容,那么就应让经典中的思想通过平民教育传播开来,不论老幼贵

---

① 黄宗羲著,沈芝盈点校:《明儒学案》卷三十二《泰州学案一》,中华书局 1985 年版,第 715 页。

② 参见沈玲:《颜钧"孔仁颜乐"的审美境界论》,《扬州大学学报》2011 年第 4 期,第 92 页。

贱贤愚,凡有志愿学者,皆可教之传之。由于“身体”的被“发现”,儒学修养观中的简易追求得以实现,人们可以通过“体知”即“以身体之”之意,感悟经典、传播经典,所谓“以经论悟,以悟释经”。

值得一提的是,泰州学派毕竟是“王门后学”,其理论发展终究不愿违背“阳明学”根本立场,这决定了他们在理论创造上绝非试图改变阳明“致良知”的立场与致思路向,而只是试图将“致良知”具体化为普通民众的实践。因而,“身本论”并非是对“心本论”的彻底颠覆。

二、以“淮南格物”替代“穷理”、“正心”

“格物”是《大学》中的重要范畴,原指个体修身过程的一个初始阶段。进入宋明之后,儒家经典诠释者借“格物”范畴,发明出以朱子借形式化加以拓展的知识论解经和以王阳明借践行性予以证成的实践论解经,两种方法范式。前者主张“穷理”为解经主旨,要求明确主客、心物、心理二分,坚守“格物致知”的知识论立场,讲究向外以求;后者主张经典诠释目的在于“致良知”,解经思路是通过探索外心求理,以“格物”正心中之念。不过从本质上讲,“穷理”、“正心”两种思路与普通百姓的具体生活还相距较远。面对这一情况,泰州学派对之进行了改良。

王艮围绕《大学》“三纲领”、“格物致知”等条目及“修身为本”等文句的诠释,对“格物”提出了新的见解。① 他认为:“‘格’如‘格式’之格,即‘后挈矩’之谓。吾身是个‘矩’,天下国家是个‘方’,□矩则知方之不正,由矩之不正也,是以只去正矩,却不在方上求。矩正则方正矣。方正则成格矣。故曰‘物格’。吾身对上下、前后、左右是‘物’。□矩是‘格’也。‘其本乱而末治者否矣’一句,便见挈度‘格’字之义。”②显然,此时的“格物”已与“穷理”、“正心”大相异趣。“格物”不再是一种单向求取的工夫(或求知,或去欲),而是一种“度于本末之间”,即在两个以上对象(物)之间的“比则

① 参见姚文永:《从〈大学〉“格物”、“致知”的阐释看泰州学派的演进——以王艮、罗汝芳、李贽为例》,《北京理工大学学报》2012 年第 3 期,第 147 页。

② 王艮:《王心斋全集·明儒王心斋先生遗集》卷一《答问补遗》,江苏教育出版社 2001 年版,第 34 页。

推度”,以便确立其主次的关系。[①] 王艮进一步说:“‘格’,挈度也,度于本末之间,而知‘本乱而末治者否矣’,此‘格物’也。‘物格’,‘知本’也。‘知本’,‘知之至’也。故曰‘自天子以至于庶人,壹是皆以修身为本’也。‘修身’,‘立本’也,‘立本’,‘安身’也。”[②]即“格”是使矩归正、使吾身归正,“格物”是要明白个人是“本”,要以“自我”之“身”是否“安”作为度量标准。“格物”用于经典诠释,就是要从经典文体的分析中找到如何以“安身”为基,走向“良知致”之路。具体而言,即是明确个人与社会组织正确的互动关系,以及保障社会民众的人权与尊严的道理。由于王艮所在的泰州地处淮南,因此他发明的格物方法又称“淮南格物”。

王艮之后的泰州学者进一步拓展了“淮南格物”。罗汝芳将“格物”规定为是以个体为本,践履“孝弟慈”规则。他说:“尝苦格物之论不一,错综者久之,一日而释然,谓‘《大学》之道,必在先知,能先知之则尽。《大学》一书,无非是此物事。尽《大学》一书物事,无非是此本末终始。尽《大学》一书之本末终始,无非是古圣《六经》之嘉言善行。格之为义,是即所谓法程,而吾侪学为大人之妙术也’。”[③]所谓“嘉言善行”,即是“孝弟慈”,“从《大学》至善,推演到孝弟慈,为天生明德,本自一人之身,而未及家国天下”[④]。李贽则将“格物”界定为“明明德于天下”,“说到‘格物’来,正是说‘明明德于天下’也。不‘明明德于天下’,亦说不得‘格物知至’。此《大学》之真血脉也,读者味之”(《李贽全集注》)。“明明德于天下”的要求是“大畏民志”、“使之无讼”,它涵盖一切顺民之事、安民之道。李贽的“格物”实际上把“格物”与“致知”等同。站在王阳明“良知”说的角度上观之,这里的“良知”所具有的本体性质已被等同于工夫,也就是说,此时“致知”之“知”和

---

① 参见黄卓越:《王艮“淮南格物”论概念系统的再疏释——并论其对〈大学〉文本的解读》,《中国哲学史》2004 年第 2 期,第 47 页。

② 王艮:《王心斋全集·明儒王心斋先生遗集》卷一《答问补遗》,江苏教育出版社 2001 年版,第 34 页。

③ 黄宗羲著,沈芝盈点校:《明儒学案》卷三十四《泰州学案三》,中华书局 1985 年版,第 761 页。

④ 黄宗羲著,沈芝盈点校:《明儒学案》卷三十四《泰州学案三》,中华书局 1985 年版,第 781 页。

"良知"之"知"的关系被彻底地切断了。

应该说,"淮南格物"方法的出现是儒家经典诠释学发展过程中的一项创举。它高扬倡导个人主体价值的"安身立本"说理论大旗,升华了下层民众思想意识,尤为可贵的是,它推导出"百姓日用之道",让经典成为满足百姓基本生活需求而取之不尽的思想资源。

"百姓日用之道",又作"百姓日用之学"、"百姓日用即道",是王艮率先提出的概念范畴。通过"淮南格物",王艮总结出"圣人之道"与"百姓日用"间具有强烈的相关性。他认为:"圣人之道,无异于'百姓日用'。凡有异者,皆谓之'异端'。"[①]经典中所载的"圣人之道"是人的生存根据、价值之源,具有人的生存本体论地位。因为"圣人之道无异于百姓日用",所以百姓日用的重要性不言而喻,同时也可从经典中将其找寻出来。王艮又言,"百姓日用"即是"中","中也,良知也,性也,一也"[②]。"百姓日用"同样等同于"良知",即发明"百姓日用之道"就是"致良知"。所谓良知是现成的,对良知的感悟需要对"百姓日用之道"的获取,当下即悟,返身可得,简易可行,"此学是愚夫愚妇能知能行者,圣人之道不过欲人皆知皆行,即是位天地育万物把柄,不知此,纵说得真,却不过一节之善"[③]。

与之相似,罗汝芳将"捧茶童子"与"道"相联系,从另一角度阐发"百姓日用之道"的道理。当有学者怀疑童子也能"戒慎恐惧"这一深奥的理学功夫时,罗汝芳说:"此捧茶童子却是道也"[④],"童子日用捧茶是一个知,此则不虑而知,其知属之天也。觉得是知能捧茶,又是一个知,此则以虑而知,其知属之人也。天之知是顺而出之,所谓顺,则成人成物也。人之知却是返而求之,所谓逆,则成圣成神也"[⑤]。虽然茶房到厅有许多门限阶级,但是童子

---

① 王艮:《王心斋全集·明儒王心斋先生遗集》卷一《语录》,江苏教育出版社2001年版,第10页。

② 黄宗羲著,沈芝盈点校:《明儒学案》卷三十二《泰州学案一》,中华书局1985年版,第716页。

③ 王艮:《王心斋全集·明儒王心斋先生遗集》卷三《年谱》,江苏教育出版社2001年版,第76页。

④ 黄宗羲著,沈芝盈点校:《明儒学案》卷三十四《语录》,中华书局1985年版,第773页。

⑤ 黄宗羲著,沈芝盈点校:《明儒学案》卷三十四《语录》,中华书局1985年版,第773页。

捧茶而来，却不曾打破一个茶瓯，因而“捧茶童子却是道”。在罗汝芳看来，“百姓日用”是“道”，是因为“道”源于“百姓日用”，并且“道本是个中庸，中庸解作平常”（《一贯编》）。随后李贽将“百姓日用之道”进一步简化，认为“穿衣吃饭即是人伦物理，除却穿衣吃饭，无伦物矣”（《李温陵集》），从而让经典中的“道”更加生活化、世俗化，使得经典与普通人生活的紧密程度达到极致。

实际上，王阳明也曾提到“百姓日用”，“在会稽。集同门讲于书院，先生言百姓日用是道。初闻多不信，先生指童仆之往来，视听持行，泛应动作处，不假安排，俱自顺帝之则，至无而有，至近而神”[①]。不过，王阳明讲“百姓日用”，是为启发人们的“良知”，以便破除“心中贼”，其相关论述实为对形而上“天理”的论证，以维护儒家伦理纲常。泰州学派所言“百姓日用”表达的是形而下的“人欲”，其维护的是平民百姓利益。所以“道”在这里拥有了非同寻常的意义，其虽载于经典圣言中，但却有现实、可靠的生活基础，正是它的存在让百姓生活作为一种本体存在具有现实合理性与不可剥夺性。“如此，‘道’不再具神秘性，有了与百姓生活息息相关的物质内容，而圣凡之间也就是平等的，没有本质的差别了。”[②]

既然儒家经典中所载的内容实为“百姓日用之道”，那么就应以通俗易懂的方式将“道”传播、教育给百姓，其形式自然不可烦琐，语言阐释亦不可深奥。于是，泰州学派将经典诠释不断平民化，思想表达日益口语化。典型的例子有王艮曾在《次先师》中用浅显的语言解释了高深的“良知”，他说：“知得良知却是谁？良知原有不须知。而今只有良知在，没有良知之外知。”[③]就这样，泰州学派讲经宣理，不泥传注，而多发明自得，他们以自己的思想及平民化的方式解释儒家经典，将百姓日用条理处即是圣人之条理处的主张，传播开来，深入人心。

---

① 王艮：《王心斋全集·明儒王心斋先生遗集》卷三《年谱》，江苏教育出版社 2001 年版，第 72 页。

② 蔡桂如：《泰州学派王艮民本思想述论》，《湖北社会科学》2009 年第 12 期，第 114 页。

③ 黄宗羲著，沈芝盈点校：《明儒学案》卷三十二《泰州学案一》，中华书局 1985 年版，第 718 页。

三、以“践行”替代“践形”

在儒家经典诠释学中,“践行”与“践形”是一对彼此意义不同的概念范畴。“前者以见之于客观的‘行’为最高指向,并且也主要是作为主体之‘言’与‘知’的兑现和落实提出的;后者则以‘善性’、‘慎独’为依据,以‘诚意’为动力,要求将内在之‘善’与‘德’全面地彰显于主体的视听言动和貌相形色之间;前者之‘知’、‘言’与‘行’是一种主客观的关系,后者虽然也包含一定的主客观关系,但却主要不是一种主客观关系,而是一种在体与用、本体与现象双向统一基础上纵向立体的内外关系。”①先秦孟子特别重视“践形”,他说:“形色,天性也。惟圣人然后可以践形。”(《孟子·尽心上》)这意味着任何人的身体都是不完整的,只有圣人才能使身体变得完整,“践形”具有浓厚的形上意蕴。到了宋代,随着朱熹对儒家经典诠释学知识论方向的定位,以“格物穷理”为核心的“外求”式解经方法日益盛行,与道德修养相关的“践行”逐渐成为理解经典的目的。至明代,王阳明提出“知行合一”说,虽称解经要践行事物,但终归强调的是从“心”上做工夫。从严格意义上讲,“践形”并没有被“践行”完全取代。

泰州学派倡导“身体论”,以仁教化天下,认为其目的是梳理社会秩序,让“人人君子,比屋可封”的王道社会得以实现。因此,他们的经典诠释充满了“实用性”色彩,让圣言、圣道践行于世,让“尊身”、“安身”、“保身”成为人们的共识。王艮指出,行道与安身是相统一的,体现了孔子“仁且智”的生命智慧,“仁者安处于仁而不为物所动;智者顺乎仁而不为物所陷。仁且智——君子所以随约乐而善道矣”②。经典思想践行于世,流行于百姓日用生活,可以让每个人都追求“内圣外王”,体现了“仁”,而人们在具体境遇中通过经典学习知晓如何既能安身又能将“万物一体”之仁道原则加以落实体现的则是“智”。同时,还要通过“践行”验证、把握经典“圣言”的真谛,“学

① 丁为祥:《践形与践行——宋明理学中两种不同的工夫系统》,《中国哲学史》2009 年第 1 期,第 36 页。

② 王艮:《王心斋全集·明儒王心斋先生遗集》卷一《语录》,江苏教育出版社 2001 年版,第 19 页。

者初得头脑,不可便讨闻见支撑,正须养微致盛,则天德王道在此矣。六经四书所以印证者也。若功夫得力,然后看书。所谓'温故而知新'也。不然放下书本,便没有功夫做"[①]。研读经典的重要性不言而喻,但"瑞气腾腾宝韫山,如求珍宝必登山"[②],要获得"珍宝"式的知识,必须亲身实践。这些言论即是泰州学派"践行"总的原则。

为了让经典的思想更好地"践行",泰州学派设计出一系列"实用性"命题与范畴。第一,"同心说"。所谓"同心说"是指,人心皆同,良知共有;天下同德,万物一体。王艮在释《中庸》时,认为每个人都是能知能行的;罗汝芳释"中和"时提出,"中"为天下同心之起始,"和"为天下一体之归属,两者在完整的价值体系中不可分离。[③] 正是因为经典的存在,使得人人皆有的潜在"同心"达至完全的"同心"成为可能。第二,"下"范畴。"下"最根本的原始意义是空间上位于低下的、时间上处于后继的存在,后又演化出卑贱、愚昧、次等、末流等品格与资质上的贬义意蕴。泰州学派却一反传统之说,赋予了"下"极高的意义,让无足轻重日常琐事,地位低下的平民百姓,作为形下之器的四肢五体与高高在"上"的"圣道"、"圣言"间达成联系。"世人不肯居斯下,谁知下里乾坤大。万派俱从海下来,天大还包在地下。"[④]肯定了下也就肯定了"百姓日用"的实用价值,也承认了普通民众的地位作用,更强调了经典价值的彰显与民间具体实践行动密不可分。孔子曰:"不怨天,不尤人。下学而上达。知我者其天乎!"(《论语·宪问》)"下学上达"不仅可以培养个体的道德人格,使其真正感悟人生,而且也是其掌握世间真理的必由之路。泰州学派认为,"下"是"学"的主脑,"下"规定了"学"的性质和方式,对经典的理解必须深入到"百姓日用"的点点滴滴中去,用具体行动直

① 王艮:《王心斋全集·明儒王心斋先生遗集》卷一《语录》,江苏教育出版社 2001 年版,第 7 页。

② 王艮:《王心斋全集·明儒王心斋先生遗集》卷三《诗附》,江苏教育出版社 2001 年版,第 57 页。

③ 参见黄卓越:《泰州学派平民主义思想之演进》,《中国文化研究》2002 年第 3 期,第 46 页。

④ 王艮:《王心斋全集·明儒王心斋先生遗集》卷二《天下江山一览诗六首觉友人》,江苏教育出版社 2001 年版,第 57 页。

接体会和领悟。[1]“须从大处悟入,却细细从日用琐屑,一一不放过。三千三百,皆仁体也,圣人所以下学而上达。”[2]第三,“学乐”思想。泰州学派主张,学习经典要发挥人心之本体的自然之乐,“乐者,心之本体也……本体未尝不乐”[3]。人对儒家经典学术思想的理解领悟及对圣人君子典范的模仿效法须以“学乐”为基础,“学者不见真乐,则安能超脱而闻圣人之道?”[4]为了使民众在经典学习中获得更多的快乐,做到不“累”而学,必须对经典诠释加以改造,并使之简易化,成为一种适应平民需要的简易儒学或平民儒学。要努力让民众做到“学不离乐”,通过学习经典教会人们懂得以超越性的视角去看待早已习以为常的现实生活,感受、体验和认知良知天性的生发流行,借此来体会心之本体的无事无愁、悦乐不愠的自由之“乐”境界,“故时时学习,则时时复其本体,而亦时时喜悦。一时不习,则一时不悦,一时不悦。则便是一时不习。可见圣门学习,只是此悦而已”[5]。

不仅如此,泰州学派还将“践行”经典真正落实于社会行动。以王艮为代表的一大批学者,积极地在各地创办书院、举行讲会,展开各种讲学活动。王艮直承孔子“有教无类”的思想,要将儒家经典思想推向平民,以道化俗。他的讲学主要面向社会大众,据袁承业《明儒王心斋先生师承弟子表》统计,其学五传而有弟子 487 人,除少数为官者,绝大多数为平民百姓。[6]王艮之后,泰州学派不管是官僚显贵,还是平民百姓,都热衷于教民化俗的平民教育实践。如韩贞自称“生成难并衣冠客,相泮渔樵乐圣贤”,其经常到乡间讲学,善于用浅显易记的韵文解读儒家经典;颜钧一生讲学于民间,其学“纯任自然”,取《大学》、《中庸》而“心造”出易知易行的“大中学”,传授对象不分

---

① 参见邵晓舟:《论泰州学派美学中的“下”范畴》,《中国文化研究》2008 年第 3 期,第 58 页。

② 黄宗羲著,沈芝盈点校:《明儒学案》卷三十五《泰州学案四》,中华书局 1985 年版,第 837 页。

③ 黄宗羲著,沈芝盈点校:《明儒学案》卷三十二《泰州学案一》,中华书局 1985 年版,第 723 页。

④ 王艮:《王心斋全集·王心斋先生遗集》卷一《语录》,江苏教育出版社 2001 年版,第 19 页。

⑤ 王艮:《王心斋全集·王一庵先生遗集》卷一《会语正集》,江苏教育出版社 2001 年版,第 145 页。

⑥ 参见侯外庐等:《宋明理学史》下卷,人民出版社 1997 年版,第 421 页。

贵贱贤愚;罗汝芳甚至将儒家经典的"践行"思想应用于对囚犯的教育中,试图通过讲学唤醒犯罪者的"赤子良心",其用意是以教育感化代替严刑峻法。

此外,泰州学派还创造出许多迎合百姓之心理与习惯的经典传播方式,目的是以百姓乐于接受的方式打动百姓的信仰心理。如颜钧运用"诗歌"、"口诀"等手段,将儒家的忠孝仁义之说,以《劝忠歌》、《劝孝歌》、《快活歌》等方式传播,将《大学》、《中庸》等经典思想,以"大中学庸,庸中学大"(就《大学》体会《中庸》思想,从《中庸》体会《大学》思想)等形式传授。又如何心隐创办了"萃和堂",通过和聚宗族的实践,以倡导儒家经典中蕴含的伦理道德,使宗族弟子去私知爱,尊长先劳,相亲礼让等。

综上可知,泰州学派的"践行"已经大大超越了单纯的经典诠释,不仅突显了形而上"践形"的局限,而且与朱子学、阳明学中的外求修身、内求致良知式的"践行"内涵迥异,多出了更多切实、实用的实践应用色彩。这种思想的出现,一方面促进了儒家经典诠释学说文化与学术的下移,另一方面也让儒学教育与学术的发展获得了更为广阔的空间。

四、泰州学派经典诠释平民化的学术特质

在泰州学派的努力下,儒家经典诠释实现了平民化转向,这在儒家经学史的演进过程具有里程碑式的意义。它放大了个体在儒学体系中的作用意义:以社会与政治的分离为标志,以个体行动者的存在为基础,以个体的共同兴趣为组织动力,充分反映出16世纪中国社会已初步呈现出的个体化社会特征,彰显了中国社会发展转型的特点。儒家经典诠释学说因此也扩大了自己的诠释空间,融入了更多可供诠释的对象。在这一轮"返本开新"后,儒家解释学乃至整个儒学系统获得了崭新的发展动力。

总结泰州学派对儒家经典诠释平民化建构的特质要素,可以归结为以下几点。第一,充满了近代文化转型的启蒙因子。它让经典诠释与"百姓日用"相连,使得传统儒家民本思想一步步转化为近代平民意识。随着圣人、圣道、圣言之上环绕光环的消退,"满街都是圣人"思想深入人心,市井平民在社会中的重要性不断彰显。它又促成了一场心学革命,心性平等主义等

命题的意义不断突出,这些明显偏向于下层社会所做的论证让心学完成了一次由“正统”走向“异端”的思想突破。从此之后,政治平等、思想自由、个性解放成为后来心学者争相谈论的主题,一种内含特定色彩的人道主义与民主精神,由此生成。第二,佛学元素在经典平民化诠释的生成中不断闪现。泰州学派在对儒家经典诠释平民化的建构中借鉴了许多佛禅思想。如王艮提出的“百姓日用之道”,认为本体的心性(道)不离人们日常生活与禅宗的“作用见性”——行走奔执等日常行为都是佛性显现,都是真如本体的自然流露,均是理体的妙用,即有许多相近之处;颜钧讲经发明的“七日闭关法”,指导学生如何通过七天时间的静坐默思以完成“一日克复,天下归仁”觉悟过程,所谓七天期满,必能“适达《四书》《六经》如视掌”(《颜钧集》)。其中的“闭关”,本身即为佛教的修炼方法。佛禅思想在泰州学派学说中的融入,一方面与王艮等人自身与“阳明学”关系密切,理解文本讲究“参悟”,间接受禅宗影响有关;另一方面也与传统儒学缺乏仪式学说难以满足个体听、想、思、悟等具体行为要求规范相关。泰州学派显然需要从业已形成系统方法的佛禅学说中汲取营养。第三,颇具美学意义的“狂”是其独具的学派个性特征。前文提到,黄宗羲称泰州学派可以“赤手搏龙蛇”,其弟子行为狂放不羁,“非名教所能羁络”。的确,自王艮始泰州学派便以“狂”闻名于世。之所以“狂”,是因为他们认为“狂”是主体意识对外界的能动作用,也是实践行动的力量。王艮以“百姓日用”之说,赋予了“狂”以行动的动力源泉和行为指向,拓宽了经典诠释践履的对象范围,将普通百姓生活纳入到审美的视野中;罗汝芳提出“赤子之心”命题,并将之归结为“狂”的审美本体,他的“狂”开启了自我心、性、情、欲自由的大门,使得生命因此而敞开、觉醒和呈现等。

在“阳明学”统治学术思想界的时代,泰州学派的出现为已渐为模式化、刻板化、空疏化的儒家解经学增加了几抹亮色。这是儒家经典诠释学说一次重要的学术转向,是儒学走向近代化的一次尝试与努力。不过也要看到,泰州学派以平民化方式诠释经典在明代社会中毕竟形单影只,难以形成凝聚力量;其由解读经典而形成的平民学说、教民学说,表述内容还仅限于儒学孝弟慈等具有道德整合性的传统概念。由于思想上的激进性，统治者对其亦采取了不支持的态度，这也是该学派最终受政治、军事领域一系列重大事件的阻滞再也没有前进一步的直接原因。随着颜钧、何心隐、李贽、王襞、王栋等泰州学派重要学者的相继过世，以及东林书院兴起并成为吸引明代儒生新的中心，泰州学派逐步衰亡最终退出了历史舞台。然而，它的学术贡献后人不应忘记——正是在它的作用下，中国传统平民主义文化进入到了一个新的理论境界。

第十五章　由焦循对孔孟经典的诠释看乾嘉经学发展之转向

明清之际，考据学大兴。学者们为克服“心学”清淡空疏之流弊，高扬实证方法治经。一时间，消解“解释形上学”，以“考据”替代“诠释”，复原“本经”与“本义”的解经思想流行于世。[①] 经学逐渐“实证化”、“技艺化”。随着考据学在乾嘉时期发展至鼎盛，社会中的有识之士开始对“治经”本质进行反思。他们认识到对儒学经典进行正本清源、去伪存真的研究的确必要，但这不意味着对典籍文字内含义理揭示、阐发的抛弃。于是，经学家们着手构建经学新的解释体系，其目的绝非简单地强调考据、抑或义理，而是寄期于在对经典去除伪说、返本开新中，探求圣儒之真义，匡经卫道。在此情境下，儒家经学发展出现了新一轮的转向。

焦循，是乾嘉时期重要的经学家，著有《论语通释》、《论语补疏》、《孟子正义》、《易学三书》、《六经补疏》等书。对于经典，他一方面解疑释义，实践其作为一名知识分子对学术的关注；另一方面又不断尝试发展并继承圣道理想，即借由文本诠释，彰显主观创造，以建立自己的哲学体系。焦循的做法其实也是乾嘉时期其他治经者思想的写照，而又由于其解经理路的典型性，所以可从他对孔孟经典的诠释中窥见此时期经学发展之特质与新的要素构成。

---

① 参见康宇：《论清代朴学对儒家经典解释方法的重构》，《文史哲》2011 年第 2 期，第 37 页。

一、《论语通释》与《论语补疏》

《论语通释》、《论语补疏》是焦循对孔子思想诠释的总结。他认为，古往今来虽有众多人注释《论语》，但一直未有人能得圣人之意，读《论语》若未得其实旨，那么孔子之道自然不得流传。在历代解说儒学经典的专著中，焦循将戴震《孟子字义疏证》视为扛鼎之作，但也指出其中亦有不足。按他的话说，其作《论语通释》目的即在于补戴东原于夫子“一贯忠恕”之说的限制，并为常人找到一条读《论语》求实旨的路径。然而，在《论语通释》著出十余年后，焦循发现该书存在“简而未备”的缺失，于是他又“删次诸经补疏”[①]而修订出《论语补疏》二卷。

在《论语通释》与《论语补疏》二书中，焦循明确指出诠释《论语》要参阅孔子、孟子、荀子、《六经》、扬雄、班固等多家之言，要走“以本经证本经”、“以经解经”，让经典之间融会贯通，彼此互为参照、相互发明的路子。同时，要发挥“性灵”的作用，让诠释者的“性灵”与圣人的“性灵”相通。此外，解经还要在博览众说、明辨经注次第方面下功夫。

从诠释旨向上说，焦循对《论语》的解读主要集中在主张“一贯忠恕”与批判“执一异端”两个重点上。在其看来，《论语》的中心思想即在于孔子强调的“一以贯之”的“忠恕”，“言吾道一以贯之。曾子曰：‘忠恕而已矣！’然则一贯者，忠恕也”[②]。所谓“一贯”意味着以“一”来贯通万事万物，容天下之善；忠即诚、恕即仁，忠与恕有着相同的道德效用，但各有自身行事准则，二者彼此统一，便可通于天人，纳世间万善，所以“一贯”与“忠恕”都是一义，实可等同。在《论语补疏》中，焦循又做了进一步的补充：孔子以“一贯”语曾子，曾子即发明之云：“忠恕而已矣。”“忠恕者何？成己以及物也。孟子曰……大舜有大焉，善与人同，舍己从人，乐取于人以为善。舜于天下之善，无不从之，是真一以贯之。以一心而容万善，此所以大也。”[③]也就是说，

---

① 焦循：《雕菰集》卷十六，中华书局1985年版，第276页。
② 焦循：《雕菰集》卷九，中华书局1985年版，第132页。
③ 焦循：《雕菰集》卷九，中华书局1985年版，第132页。

"一贯忠恕"的意义在于它是成为圣人的必要条件。

至于"一贯忠恕"的作用功能,焦循说:"闻一知十,闻一知二,何也?由一以通于十,由一以通于二也。若执一以持万,何二与十之有?圣贤之学,由一以推之,有能推至十者,有不能推至十者。推至十而后为物格,而后为尽性。格物者,行恕之功;尽性者,一贯之效。"(《论语通释》)圣贤之学其实就是通过"一贯忠恕",由一知二、知十("二"代表着相对面,"十"代表着全面),格物尽性后完成的。需要指出的是,焦循在这里还提到了"执一"的概念,如果说"一贯"者能通,那么"执一"便不能通,执一以持万只能有害于道,执一者实为异端之学。显然,持"一贯"说者必否定"执一"的做法,所以焦循释《论语》时不遗余力地抨击"异端"的做法也就好理解了。

对于"异端"之害,焦循指出:"孟子以杨子为我、墨子兼爱、子莫执中为执一而贼道……执一由于不忠恕,杨子惟知为我,而不知兼爱,墨子惟知兼爱,而不知为我,子莫但知执中……为杨者必斥墨,为墨者必斥杨。杨已不能贯墨,墨已不能贯杨。使杨子思兼爱之说不可废,墨子思为我之说不可废,则恕矣……圣人之道,贯乎为我、兼爱、执中者也。"(《论语通释》)异端生于"执一",执一则不仁不恕有违"一贯"。焦循认为,孟荀以下各家学派思想"执一害道"而使圣人一贯之旨不明,乃为"贼道害道"也,不足为取。所以,解释经典不可一味据守,要回到《论语》本身,"以吾道一以贯之",方能彰显圣人原意。

就具体诠释来讲,焦循在《论语通释》与《论语补疏》中主要运用了"贯通兼采"与"运虚证实"的方法。举二例具体说明。

其一,《论语·子张》"虽小道必有可观者焉"一句。焦注:"圣人一贯则其道大,异端执一则其道小。孟子以为大舜有大焉,善与人同,能通天下之志,故大。执己不与人同,其小可知,故小道为异端也。可观,谓可以相观而善,即攻乎异端也。百家九流,彼此各异……小者旁通而为大。惟不能相观而善,小终于小而不相通,则不能致远矣。泥即执也,相观则能致远,不相观则泥,故欲致远则恐其泥,是以君子不为也,即是以君子不泥也。邢疏谓必有小理可观览。"(《论语补疏》)小道虽不如一贯大,但仍有可观之处,大小之间、彼此之间、人己之间，可以相互参照。通过相观，“大小”、“彼此”、“人己”可以“旁通”而“为大”，“不泥”而“致远”。

其二，《论语·卫灵公》“予一以贯之”一句，焦注：“《庄子》引《记》曰：‘通于一而万事毕。’此弼、晏所出也。夫通于一而万事毕，是执一之谓也，非一以贯之也。人执其所学而强己以从之，己不欲，则己执其所学而强人以从之，人岂欲哉？”（《论语通释》）《系辞传》说：“天下同归而殊途，一致而百虑”，王弼、何晏引《庄子》“通于一而万事毕”对之替代实为乱孔。因为语序的颠倒会带来经义指向上的差异。“通于一”即是“执一”、“执其学”，聚焦一端，有“万物皆归致于我，万事皆服从于我”之意。而“同归而殊途，一致而百虑”意思是由一指多，有“立己”而“达人”之意，非“人执其学而强己以从之”，这才是“一贯”之意。可见，焦循正是通过对“虚”的运用，而证实了“实”的价值。

总结焦循对《论语》的诠释，即可发现他在研经治典中已逐渐放弃了清初江永、惠栋等考据学家那种专据师法家法或名物训诂、逐字逐句考释之类的注疏模式，而是在探求本经、本义的基础上，“重义理、轻考据”，以开放的心态，积极地博采古今、融通各家，竭力发明夫子“忠恕”、“一贯”思想要义，让人对整部《论语》中的义理有一个通盘的理解。不过，焦循注《论语》却有意避开朱熹《论语章句》，如他很少引朱子之说，却有意引何晏《论语集解》为辅助等。显然，他要做的是在朱子注之外，别开《论语》诠释之洞天。

焦循在晚年曾修订《论语通释》，增加了一些新的见解。其中，他对前时考据家“执一废百”的反感态度愈加明显。其认为，学术上不应当一味据守，考据与义理实可相互发明。他在《里堂家训》一文中有：“近之学者，无端而立一考据之名，群起而趋之。所据者汉儒，而汉儒中，所据者又惟许、郑。执一害道，莫此为甚……专执两君之言，以废众家。或比许、郑而同之，自擅为考据之学，吾深恶之也。”其意思也是表明一味地“考据”，只能“废百害道”，让经学失去生命的活力。

二、《孟子正义》对经典的诠释

《孟子正义》是焦循对汉代赵岐所著《孟子章句》进行的“疏解”。焦循突破了“疏不破注”的成法，博采清人著说，其书是乾嘉时期孟学研究集大成之作。在书中，焦循立足经典原文，不断申发赵注中有关孟子思想义理方面的诠释，且站在辩护的立场上解答后人对赵注的质疑。他对赵注中存在的典制、史实解释之误进行修正，并尽最大可能补赵注之缺。当然，焦循对赵注并不盲从，对《孟子》的解释不轻言、不臆断，对自己无法说明的问题，谨慎地“兼收备录”、“存疑待考”，充分体现了实事求是的治学精神。

《孟子正义》开清代新疏方法之先河，可谓“新疏家模范作品”[①]。在训诂考据中，焦循推陈出新，以字义、字音、语境探求古义，考民俗、史地、制度，指明《孟子》经注之出处，校勘经注中之异文，考订经注中之名物，证实经注中之史实。他创造性地提出“以经证史”方法，认为《孟子》之文可以训示《左传》等史书。在义理发明中，焦循提出“以孟释孟”的原则，他注意到《孟子》篇章中存在逻辑性，文本自身存在许多关联的问题可以相互阐发。于是，他整合了《孟子》的经文，使之不为章句结构割裂，并力主经文彼此互见、上下互明。在学术思想上，焦循着重区分《孟子》与宋明理学经典间的差异，指出《孟子》之“道”，是对儒家经学传统的秉承，非理学系统内生的因子；《易》之“变通神化”方为《孟子》之“道”的精神实质。

焦循尤其重视通过解读文本，诠释孟子的性善论。相关论说始见于其对《孟子·滕文公上》“孟子道性善，言必称尧舜”的解释。焦注：“孟子生平之学，在道性善，称尧舜，故于此标之。”[②]随之又进一步诠释性善之旨：“禽兽不知，则禽兽之性不善；人知之，则人之性善矣。圣人何以知人性之善也？以己之性推之也。……孟子之道性善，由读书好古，能贯通乎伏羲、神农、尧、舜、文王、周公、孔子之道，而后言之者也。非荀子所知也。”[③]也就是说，善是人兽的根本之别，而人能善源于人的有知能受教。而后在诠释《孟子·告子上》时，焦循曰：“盖人性所以有仁义者，正以其能变通，异乎物之性也。以己之心，通乎人之心，则仁也。知其不宜，变而之乎宜，则义也。仁义由于

① 梁启超：《中国近三百年学术史》，东方出版社 1996 年版，第 220 页。
② 焦循：《孟子正义》卷十，中华书局 1987 年版，第 316 页。
③ 焦循：《孟子正义》卷十，中华书局 1987 年版，第 317—318 页。

能变通，人能变通，故性善；物不能变通，故性不善。”（《孟子正义》）人通过变通，自觉地调整行为方向和方式，以求得自身的更高利益。仁义等善正是人为自身存在与发展而做的选择。在对《孟子·离娄下》中“天下之言性也，则故而已矣，故者以利为本”说法的注释中，焦循提出了“智，人也；不智，禽兽也”（《孟子正义》）的命题，即人性之善，乃在于智，智则能变而之于宜以得其利。

从本质上说，焦循对《孟子》性善论注疏的目的主要是两方面。其一，为“人性善”找到合理的解释。依焦循的观点，人性善的基础来自于人之“四端”，“人生矣，则必有仁义礼智之德，是人之性善也”（《孟子正义》）；人能知故善，“乃人之性善，禽兽之性不善者，人能知义，禽兽不能知义也”（《孟子正义》）；人可教而明，故性善，“禽兽之性情，不可教之使知仁义也。同此饮食男女，人有知则有伦理次序，察于人伦，知人可教之使知仁义也”（《孟子正义》）。此外，“性之善，不为情欲所乱，性能运情，情乃从性，则情可为善”（《孟子正义》），“天道贵善，特钟其灵于人，使之能思行善。惟不知己性之善……是能尽”（《孟子正义》），“人之情何以可以为善，以其有神明之德”（《孟子正义》），“人之性善，故其心能变通”（《孟子正义》）等，也都是人性善的原因。其二，否定宋儒所谓的“义理之性”。焦循高度推崇《孟子·告子》中“生之谓性”与“食色，性也”的说法。在他看来，性源于人自身，并不具有超越意蕴。“饮食男女，人之大欲存焉。欲在是，性即在是。人之性如是，物之性亦如是”（《孟子正义》），可谓“以欲为性”。在对《孟子·告子》的注疏中，焦循写道：“以性为理，自郑氏已言之，非起于宋儒也。理之言分也。《大戴记·本命篇》云：‘分于道之谓命。’性由于命，即分于道。性之犹理，亦犹其分也。惟其分，故有不同；亦惟其分，故性即指气质而言。性不妨归诸理，而理则非真宰真空耳。”（《孟子正义》）“性”是就气质而言的，“性即理”之“理”并非是超越气质之上的理。人性之本在于欲，在于好恶之情，“感于物而有好恶，此欲也，即出于性。欲即好恶也”（《孟子正义》）。可见，焦循正是在对“性”之超越性的否定中，肯定了“以欲为性，以情为性”的观点。

毫无疑问,《孟子正义》的解经方法深受“戴学”的影响。对此,焦循自言:“循读东原戴氏之书,最心服其《孟子字义疏证》。说者分别汉学宋学,以义理归之宋。宋之义理诚详于汉,然训故明乃能识羲文周孔之义理。宋之义理,仍当以孔之义理衡之,未容以宋之义理,即定为孔子之义理也。”[①]即戴震“通训诂以阐明义理”的治学方法,和宋儒义理之学不等同于孔子思想之说,对其影响颇大。而《孟子正义》对经典的诠释则完全走上了一条以实证与贯通为前提和手段,进而“由词达道”、通经以“明理”的路途。焦循明确表示,“考据”只不过是通过对圣贤经典文本细节和字义名物的考证,达到准确领会圣贤经典之精义目的的手段。在解经释典中,解经者要形成自己的创见,发掘、剖析经典意蕴以发展圣人学说,拓展解释空间,以实现“原义”与“性灵”沟通,诠释方法与本体的统一。所以,他在《孟子正义》中深谙以训诂学方法解决诠释学问题的解经之道,每每在辨析具体字词、条目后,均附着一段注释与论证,尝试以此方法建构出自己的义理诠释系统。

另外,“戴学”对《孟子正义》解经中实质观点的影响同样深刻。如对“理”与“条理”的论证:戴震否定“理”是万物本源之说,认为它只是分析具体事物相互区别的质的概念。焦循对此持赞同态度,他在《孟子正义》中依王念孙《广雅疏证》等文献,考证“孔子之谓集大成。集大成也者,金声而玉振之也。金声也者,始条理也;玉振之也者,终条理也”(《孟子·万章下》)一句中“金声玉振”之义为以金声“宣之于先”,以玉音“收之于后”,从而论定孟子赞扬孔子之学行,始终都是有条理的。又如对“人性观”的阐发:戴震曾提出了“血气心智”说——认为人的认识活动以人的生理结构为基础,人的身体是意识的物质基础,进而回答“人性为何能善”与“人性善从何来”的问题。焦循显然沿袭了这一思路,他提出“非性善无以施其教,非教无以通其性之善”[②]的命题,即认为后天学习对启发先天之性有着重要作用。再如关于“性情统一”的讨论。戴震说,情欲是人性的固有内涵,应得到合理的肯定与满足,他主张“通天下之情,遂天下之欲”(《孟子字义疏证》)。焦循在

① 焦循:《雕菰集》卷十三《寄朱休承学士书》,中华书局1985年版,第203页。
② 焦循:《孟子正义》卷十,中华书局1987年版,第317页。

《孟子正义》中也大讲“以己之情,通乎人之情;以己之欲,通乎人之欲”(《孟子正义》),并提出“盖人性所以有仁义者,正以其能变通,异乎物之性也。以己之心,通乎人之心,则仁也。知其不宜,变而之乎宜,则义也。仁义由于能变通,人能变通,故性善;物不能变通,故性不善”(《孟子正义》)。其认为性情统一的方法是,由自己的“情”、“欲”感知和理解他人的“情”、“欲”,在趋利避害中,让情、欲彼此适应。

当然,焦循在《孟子正义》中也展现了自己的诠释风格,即浓浓的“经世之风”。如焦循解释孟子思想曾多次提到“大人”的理想人格,在他的视域中,“大人”应当“不失其赤子之心”(《孟子正义》),“正己而物正”(《孟子正义》),应天顺人而治世;他强调孟子的重民思想“《汤誓》曰:‘时日害丧,予及汝偕亡’”(《孟子·梁惠王上》)。赵注:“言桀为无道,百姓皆欲与汤共伐之。汤临士众而誓之,言是日桀当大丧亡,我及汝俱往亡之。”(《孟子正义》)焦循纠之为:“《孟子》引……言桀之失德,全在民欲与之皆亡。若作汤谕民往亡桀之辞,无以见桀之失德矣。赵氏之旨,既殊《孟子》,亦违伏、郑,未知所本。”[①]夏桀的失败源于“失德”导致的民不聊生进而揭竿而起,商汤的号召并非是决定因素。焦循还透露出明显的“改良世风”意识,如《孟子·滕文公下》:“富贵不能淫,贫贱不能移,威武不能屈,此之谓大丈夫”,赵注:“淫,乱其心也。移,易其行也。屈,挫其志也。三者不惑,乃可以为大丈夫矣。”[②]焦循则注:“男子行仁义之道,故富贵不能乱其心,贫贱不能易其行,威武不能挫其志,自强不息,乃全其为男子;全其为男子,斯得为大丈夫也。”[③]联想到乾嘉学者段玉裁曾对当时士林的评价——“气节败,政事芜。天下皆君子,而无真君子”(《左海文集》),焦循的用心良苦,自当昭然若揭。

三、焦循解经特色及其方法论问题

从焦循对孔孟思想的诠释中,可以总结出其以下几个方面的解经特色。

① 焦循:《孟子正义》卷二,中华书局1987年版,第49页。

② 焦循:《孟子正义》卷十二,中华书局1987年版,第419页。

③ 焦循:《孟子正义》卷十二,中华书局1987年版,第420页。

首先,他始终坚持"经学非考据"的原则。在焦循生活的年代,考据学早已蔚然成风,主导了经学的研究方向,许多学者甚至将它等同为经学体系的表达方式。但焦循对此却并不认同,他在解经中保留了清醒的认识,严格区分"经学"与"考据"。其理由是,"经学"产生于"考据"之前,人们所迷信的郑玄、许慎等训诂之说只是一家之学,不足以涵盖全部经学。考据只是一种"补苴缀拾"的治学方法,而非内涵丰富的学术体系。"经学者以经文为主,以百家子史天文术算阴阳五行六书七音等为之辅,汇而通之,析而辨之,求其训故,核其制度,明其道义,得圣贤立言之指,以正立身经世之法"①,真正的经学大师绝不会"为考据而考据",但也不会像宋儒那样"空谈心性",而会将之作为"立身经世"之学。因而,焦循在对《论语》、《孟子》的解读中,不断批判那种"非汉不信"的治经倾向,并将公认的汉学宗师惠栋称为"俗师"。

然而,焦循虽然批评"考据",但不意味着其否定"考据"对经学研究的方法论功用。"回归原典"、寻经典之本义仍是他对经典注疏的根本目的。他在实际解经中有时仍会拘泥于汉代学者的说法,虽自称不惜驳破赵注以相规正,但其为赵注辩护、故意轻视宋儒正确结论的例子比比皆是。究其原因,乾嘉时期的学者以回归圣人之道为已任,他们需要厘清儒家经典的原貌,辨伪、考证工作必不可少。焦循虽未采取传统汉儒"章句式"解经方式阐释孔孟思想,但其注经从本质上讲仍是一种以原典为尊崇和效法对象,以回归圣人原意为主旨的工具活动。所以他也并没有采纳理学家"纯义理式"的诠释分析系统,而是另辟蹊径,以"新义理学"的视角,来剖析理解经典。这也是其在《孟子正义》中虽引六十余家之言,但对宋元明诸儒"通达之说"却几乎一字不取的原因。所谓的"经学非考据",更多的意蕴是提醒人们不要忘记经学信仰层面的意义,不要把其当作一种纯粹的客观进行思考。

其次,他发明了"易学"释经方法。焦循生长在易学世家,曾著《易学三书》,并说:"余学《易》所悟得者有三:一曰旁通,二曰相错,三曰时行。此三者皆孔子之言也,孔子所以赞伏羲文王周公者也。……测之既久,益觉非相

① 焦循:《雕菰集》卷十三《与孙渊如观察论考据著作书》,中华书局1985年版,第213页。

错非旁通非时行，则不可以解经文传文，则不可以通伏羲文王周公孔子之意。”[①]“旁通”指六爻间存在“由此及彼，由彼及此”的种种联系；“相错”指卦象上下二体交错交换；“时行”的关键是“变通”，由变通使凶变吉。焦循认为，旁通、相错、时行不仅是理解《周易》的钥匙，更可作为普遍的原则应用于对儒家其他经典的诠释中。在他看来，“圣人之道，日新而不已，譬诸天度，愈久而愈精”[②]。对经典的理解实际上是一个“生生”的过程，是解经者的一种参与理解，对文本意义的把握，需要有一个主客交会融通的过程，这与“易之道”是相通的。

焦循注《论语》，明确指出：“至《论语》一之书，参伍错综，引申触类，其互相发明之处，亦与《易》例同”[③]，“《论语》一书，所以发明伏羲、文王、周公之旨，盖《易》隐言之，《论语》显言之”[④]。即《论语》与《易》之间存在“旁通”、“相错”的印证关系，可以彼此发明。如他将《学而》中的“主忠心”、“谨而信”与《易传》中的“闲邪存诚”、“忠信以进德”之意相提并论；将《阳货》中“怀其宝而迷其邦，可谓仁乎?”、“好从事而亟失时，可谓知乎?”的言论与《易传》中强调治理庶民，不可“危以动”、“惧以语”、“无交而求”的思想相等同等。[⑤] 而在经典的相互“参伍错综”中，焦循认为，还要学会通过“时行”中的“变通”对经义的贯通进行把握。无论以何种形式解释《论语》，其最终的目的都是阐明夫子的“一贯”之道，也是发明自伏羲、文王、周公、孔子以来的圣人之道。

在《孟子正义》中，易学的印迹更加明显。焦循在注《孟子·离娄上》“上无道揆也，下无法守也”一句时，指出：“一阴一阳之谓道，元亨利贞，谓之四德。显道神德行，全在能揆度以合天德，此通变神化，所以垂衣裳而天下治也。”[⑥]还提出“孟子深于《易》，悉于圣人通变神化之道，故此篇首言行

① 焦循：《雕菰集》卷十六《易图略序目》，中华书局1985年版，第262—263页。
② 焦循：《雕菰集》卷七《述难一》，中华书局1985年版，第103页。
③ 焦循：《雕菰集》卷十六《论语何氏集解》，中华书局1985年版，第275页。
④ 焦循：《雕菰集》卷十六《论语何氏集解》，中华书局1985年版，第275页。
⑤ 参见陈居渊：《论焦循的〈论语〉学研究》，《云南大学学报》2007年第1期，第93页。
⑥ 焦循：《孟子正义》卷十四，中华书局1987年版，第487页。

先王之道,而要之以道揆,盖不独平天下宜如是也。人伦日用,均宜如是。既明援天下以道,道何在,通变神化也”①。即《孟子》中所理解的“道”,是对《易》中“通变神化”的发明。随后他在解释《孟子·离娄下》“君子深造之以道,欲其自得之也”一句时,又提出“自得”而“得道”之说,“‘君子深造之以道,欲其自得之也。自得之则居之安,居之安则资之深,资之深则取之左右逢其源。’凡此皆精于道之谓也。按《易·系辞传》云:‘夫《易》,所以极深而研几也。唯深也,故能通天下之志。唯几也,故能成天下之务。’深造即极深也。以道即研几也。自得,则通天下之志,成天下之务也。‘一阴一阳之谓道’,道者,反复变通者也。博学而不深造,则不能精;深造而不以道,则不能变;精且变,乃能自得;自得,乃能不疾而速,不行而至,为至神也。非博学,无以为深造之本;非深造,无以为以道之路;非以道,无以为自得之要;非自得,无以为致用之权”②。这里所谓的“深造自得”之道,实质上是以《易》中卦爻位置变化规律来阐发《孟子》之说。值得注意的是,此段注疏中提到了“权”范畴。在儒学中,“权”代表“变”,就是“变通”与“时行”,它与表示不变的“经”相互对照。“权也者,变而通之之谓也。法无良,当其时则良。当极寒而济之以春,当极暑则和之以秋,此天道之权也。故为政者,以宽济猛,以猛济宽……合乎道之权。《易》之道,在于趋时,趋时则可与权矣。”③运用“权”的关键在于“趋时”,“时”范畴来自《易》,表明天地万物均是在一定的时间内发生变化。焦循要说明的是,孟子对“权”的重视,并用“时”的理论进一步诠释出孟子的神化思想,所谓“历一时而物变化,君子亦当趣时为变化”④。

在诠释《孟子》中性善论时,焦循更直引《易》中“旁通”之说。《孟子·告子上》一句“乃若其情,则可以为善矣,乃所谓善也。若夫为不善,非才之罪也”,焦注:“孟子‘性善’之说,全本于孔子之赞《易》。伏羲画卦,观象以通神明之德,以类万物之情,俾天下万世无论上智下愚,人人知有君臣父子

---

① 焦循:《孟子正义》卷十五,中华书局1987年版,第525页。

② 焦循:《孟子正义》卷十六,中华书局1987年版,第559页。

③ 焦循:《雕菰集》卷十《说权一》,中华书局1985年版,第143页。

④ 焦循:《孟子正义》卷十二,中华书局1987年版,第421页。

夫妇,此'性善'之指也。孔子赞之则云:'利贞者,性情也。六爻发挥,旁通情也。'"(《孟子正义》)即"利贞者,性情也"中的"情"与"乃若其情"的"情"是相通的。焦循说,《孟子》明揭性善之旨在其情。情有善与不善之别,人之善关键在于情之旁通。在注释《孟子·离娄下》一章时,焦循又提到:"《彖传》云:'乾道变化,各正性命,保合太和乃利贞。'利以能变化,言于故事之中,审其能变化,则知其性之善。"(《孟子正义》)性善的要义在于"审其能变化",即"仁义由于能变通,人能变通故性善"(《孟子正义》),人的性善已非"我固有之",而在于感通变化了。

除上述"变化"之说外,焦循还用《易》之"仁义"说解释《孟子》的"仁政"论。如《孟子·梁惠王上》:"仲尼之徒,无道桓文之事者,是以后世无传焉。臣未之闻也。"焦注:"孔子赞《易·系辞传》云:'包羲氏之有天下也,始作八卦,以通神明之德,以类万物之情。'……孔子以《易》、《书》、《诗》、《礼》教门弟子,故所颂述,惟宓羲氏以来,至文、武、周公之法制也。"(《孟子正义》)"仁政"与自伏羲氏推行的本着顺民、利民精神的治理具有一致性。又如《孟子·梁惠王下》:"以大事小者,乐天者也。以小事大者,畏天者也。乐天者保天下,畏天者保其国。《诗》云:'畏天之威,于时保之。'"焦注:"《易·系辞传》云:'乐天知命,故不忧。'此以知命申明乐天之义,圣人不忍天下之危,包容涵畜,为天下造命,故为知命,是为乐天。天之生人,欲其并生并育,仁者以天为量,故以天之并生并育为乐也。天道又亏盈而益谦,不畏则盈满招咎,戮其身即害其国。智者不使一国之危,故以天之亏盈益谦为畏也。而究之乐天者无不畏天,故引周公之颂申明之。畏天为畏天之威,则乐天为乐天之德也。"①"仁政"必须以保障生民"并生并育"为基点。这样,无论是"乐天"或"畏天",君主的利益均能得到保障。

最后,他主张"惟经学可以言性灵"。焦循所说的"性灵",指的是在"博览众说"基础上,勇于提出自己的观点,敢于表达自己的思想。"惟经学可言性灵,无性灵不可以言经学"②,"学经者博览众说而自得其性灵,上也;执于

① 焦循:《孟子正义》卷四,中华书局1987年版,第112—113页。

② 焦循:《雕菰集》卷十三《与孙渊如观察论考据著作书》,中华书局1985年版,第213页。

一家以和之，以废百家，唯陈言之先入，而不能自出其性灵，下也”（《里堂家训》）。按儒家传统解经规范，经传注疏次第分明，疏不破注、注不破疏，然而经常遇到的问题是，注疏往往难以穷尽经典之原义，若直接认定为固定之解，则时间长了经义会变得愈发不明。故焦循强调解经中必须加入“性灵”，实施方法有二。其一，不仅要熟悉复经之本文而推求本意，而且对于不同时代的经传注疏，要从其时的具体情景中，探求作者的本意。在其看来，经学发展是时代的产物。无论是理解汉代经学，还是宋代经学，都需以考察特定的历史背景为依据。学者不必盲从历史上某一时代的经学，而应在前人的基础上参悟自得，创新己见，不断发展经学的现今价值。正可谓“说经不能自出其性灵……以自蔽，如人不能自立”（《里堂家训》）。其二，要整合经学与子学。焦循认为，“九流诸子，各有所长”，经子之间既有区别，又有联系。要想真正理解经学要义，必须对不同的学术流派思想兼容并蓄，并以之为借鉴，丰富“圣人之道”的内涵。典型的例子是，他对《论语》中的“一以贯之”曾专作文：“杨子惟知为我，而不知兼爱；墨子惟知兼爱，而不知为我；子莫但知执中，而不知有当为我当兼爱之事。杨则冬夏皆葛也；墨则冬夏皆裘也；子莫则冬夏皆袷也。趋时者，裘葛袷皆藏之于箧，各依时而用之，即圣人一贯之道也。”①

站在诠释学视角上观之，焦循的“性灵”说实际上表达了“理解、解释、应用”的合一观点。其要求的是，解经者与文本进行对话。在对话中，解释者与文本的意义视域的活动空间不断融合，解经注重的不是过去的解释者如何看待经典，而是以实在者的身份，以时代新元素对原来的解释进行反思、开拓，以揭示真理的存在。同时，焦循还为经典解释设计了一个开放的逻辑结构，指出解经既是解释者对经典的理解，也是其对时代、历史的理解。对经的解析要有“通”的意识，不可固执于“经”的视野，要在对圣贤经典整体的把握中，以一己之“性灵”参与进去，合诸古圣性灵，而“自得性灵”，形成新的理解与诠释。也就是说，在实践中要积极接纳考据方法之外的新因素，以期挖掘出更多经典的价值与意义。

① 焦循：《雕菰集》卷九《攻乎异端解下》，中华书局 1985 年版，第 136 页。

这里还需剖析一下，焦循“新”的解经理路所引发的方法论问题。

第一，它是否会将经典诠释变成一种单向的活动？答案是肯定的。按焦循的说法解经的过程可简化为：文字→训诂→义理。这一过程是由部分而整体，是单向的，不可反向而行。我们当然不能否定由部分而整体的操作必要性，但也要明确这样的操作并不足以完全揭示义理，因为许多时候义理存在于语言之外——字词的意思常需要根据思想的内涵进行剖析。在诠释中，由整体而部分的反向操作同样必要。焦循虽然反对“考据”之名，但在自己的解经活动中仍未能跳出“汉学”的圈子，虽有超越汉、宋门户之见的意识，但还是犯了“拘于传注，不求其是”的毛病。他在遇到义理问题的时候，仍无法凭借其抽象思考能力去内省，而是在不自觉中将汉学的思想附会到经典文献中，此可谓其所处时代局限性的典型表现。

第二，焦循解经是充实、扩大了孔孟学说内涵，还是背离了儒学内部思想的表现？显然，站在不同的视角，答案是不一的。焦循在注疏的同时，实际上也在试图建立自己的诠释系统，重构或创建新的文本解释。其在治经中提出的新方法、新命题与新理念，为儒家经典内涵灌输了新的活力。但若仅就经学而言，理想的诠释效果是解释者不论采取何种方法“回归原典”，均不会造成对经典意义的消解或背离，虽然创造了新的诠释谱系，但结果应是让圣人的原意更好地被揭示。但事实上，焦循并非一贯地达成这样的效果。举一例，《孟子·尽心上》：“人之所不学而能者，其良能也；所不虑而知者，其良知也。孩提之童，无不知爱其亲者；及其长也，无不知敬其兄也。”焦注：“孟子言良能为不学而能，良知为不虑而知。其言‘孩提之童，无不知爱其亲’，则不言无不能爱其亲也；其言‘及其长也，无不知敬其兄’，则不言无不能敬其兄也。盖不虑而知，性之善也，人人所然也。不学而能，惟生知安行者有之，不可概之人人。知爱其亲，性之仁也，而不可谓能仁也。知敬其兄，性之义也，而不可谓能义也。”(《孟子正义》)按孟子的意思，人的道德发展主要是自有的良知、良能作用，圣人之教在于辅助。而焦循却强调圣人之教起决定作用，因为常人难以达到“自觉”。为何要这么说呢？原来，焦循想要强调的是董仲舒所说的“性待教而为善”说，讲究教化的作用，为了给自己的思想找根据，竟然曲解了《孟子》的文义。又如，他提出“以经证经”方法，在解读《论语》、《孟子》时不断将《周易》的方法与内涵贯通于孔孟思想的注疏中。但这样的做法，蕴含着绝对牵强的危险，有时为了让经典意义贯通，解释者也不得不曲解文字。如上文提到的《易》中“利贞者，性情也”与《孟子》“乃若有情”之“情”的相通，即存在着“拉扯”的嫌疑。

四、由焦循治经看乾嘉经学发展之转向

乾嘉时期，越来越多的经学家开始反思经学，他们以客观的、学术的视角重新审视经典诠释之说，并对之加以改造，不断注入新的时代因子，从而引发了经学发展新的转向。一方面有别于宋明理学解经重本体论特色，乾嘉学者经典诠释视域出现了由“形上之道”向“形下之器”的经验性主张转移；另一方面不同于清前期纯考据流派，经学家们以考据为基础，根据词意辨析义理，建立起理学外的新话语系统，创造出新的义理诠释范式，进而促成解经旨向由“工具理性”向“价值理性”的回归。这一系列的特质在焦循身上表现得尤为明显。

从本质上说，焦循的释经系统是考据学与义理学的融合，其以“由词达道”为门径，发扬经验传统与实用价值，看重形下的气化世界。之所以有此特点与乾嘉学者普遍重实证之风有直接关系。在传统“天人合一”的儒学思维模式下，形下之器往往会被涂抹上一层伦理色彩，其价值被“天理”、“道心”所掩盖，对此乾嘉学者不以为然，他们从务实精神出发，以经验实证原则要求道德价值被落实，如戴震便极力主张发扬实践传统，将“理”定义为现象界中的“有物有则”，在解经中，大讲“明道”应该是一个由“故训”上升至“义理”的过程，从而开一代新风。焦循解经正是戴震由“训诂”而明“义理”思想的践行，他将经典与古代文献相联系，通过对重点语词的梳理来建构义理的体系，让经典的意义根据落实到字词的考证之中。

乾嘉学者十分重视通过对《四书》相关范畴改造而获得对自身义理体系的支撑。戴震以“情”言“理”，提出“血气心知”的自然人性学说，目的在于调解理欲冲突并启蒙世人对人性的思考；凌廷堪主张“以礼代理”，认为儒学

的中心是“礼”而不是“理”，脱离了“礼”而言“理”，只能导致“师心自用”以及对人的具体情感的漠视，旨向在于落实“礼学经世”的礼治理想[①]；阮元以“相人偶”（人与人之间的关系）释仁，指出孔子之仁只是人与人相接相与的过程中能够合于恕道的种种具体言行，他把“仁”从宋儒所言的宇宙精神层面拉进了社会生活和社会实践，为消除儒家诸多范畴的纯道德性和精神性奠定了基础。在此方面，焦循也做出了自己的努力。其以“通变”为基点，重新论述了儒家人性说，肯定了欲望存在的合理性，为性善赋予了新的内涵，将“人性”的社会性充分揭示出来。

中国社会近代化的发展使得乾嘉学者对于道德观的看法发生了变化，这在他们的经典解释学说中表现得较为明显。其一，“义利合一”观逐渐定型。以往那种以“天理”压抑“人欲”的做法，已日益不得人心。清儒们开始肯定求利的正当性，戴震说：“生养之道，存乎欲者也；感通之道，存乎情者也”（《原善》）。不过，他们也限定了利欲合法性的大前提“不害义”。其二，形成重视人情好恶的情性观。戴震言：“仁义礼智非他，不过怀生畏死，饮食男女，与夫感于物而动者之皆不可脱然无之。”（《孟子字义疏证》）凌廷堪讲：“人之性受于天，目能视则为色，耳能听则为声，口能食则为味，而好恶实基于此。”[②]学者们大多重视经验层面的价值追求，有意忽略形上层面的价值探索，正视从好恶出发的人之性情。其三，流行“通权达变”的道德观。戴震主张从“终善”论证性善，以践履结果的经验成效来检验道德价值，即是其中的代表。

上述道德观在焦循解经中均能找到类似的表述。其注《孟子》“天下之言性也，则故而已矣，故者以利为本”一句曰：“利不利即义不义，义不义即宜不宜。”（《孟子正义》）“义”是行为之“宜”，“宜”在于得“利”，故“义利合一”，而此注的出发点也源于汉儒赵岐所注“言天下万物之情性，当顺其故，则利之也；改戾其性，则失其利矣”（《孟子正义》），其着眼于情性观之韵味，溢于言表。在《孟子正义》中，焦循再三强调“变”与“断以事宜”，提

---

① 参见王世光：《清代中期“以礼代理”说刍议》，《孔子研究》2004 年第 2 期，第 95 页。

② 凌廷堪：《校礼堂文集》卷十六《好恶说上》，中华书局 1998 年版，第 140 页。

出:"《系辞传》云:'变而通之以尽利。'……利者义之和。《礼记·表记》云:'道者,义也。'注云:'谓断以事宜。'"(《孟子正义》)认为不利需要变通,现实中"能否得利",取决于行为"能否变通",等等。

论述至此,焦循解经之于乾嘉经学的典型代表性已毋庸置疑。从焦循身上可以看出,此时经典诠释明显镌刻了回复原典的印迹,反映出清中期学术意在重建其时代所需新的知识系统和匡正儒家道统新价值的趋向。当然,这时的解经已不只停留在对儒学文本作者心理意向的探究,或者说,探索圣人意图不过是其借以诠释经典的手段而已,学者们更多地将解释的过程视为解释者个人的学术实践。此种实践又可称为"新格物论",焦循曾著《格物解》三篇对之说明,所谓"格物"是一种恕道,格物就是"絜矩",它与人的情感间有内在的联系,具体表现为根据儒家以己度人、推己及人的伦理思想所作出的解释。此种格物与易学中的感通理论亦有相通,表现为"实践"与"格礼"。

总之,在焦循等人的努力下,儒家经学史翻开了新的一页。传统的经典诠释学说由于新的范式出现,焕发了青春,诠释视域不断拓展,诠释空间日益广阔。考据学与义理学达成了"共生",人们在重新梳理汉儒经注的同时,更通过重新诠释孔孟经典以进行义理的改造。此外,传统儒学中一些保守的要素,如求利害义、不计其功思想开始被重视现实、功利、个人人性等新精神所替代,新义理学成为儒者的终极关注,即戴震所说"余于训诂、声韵、天象、地理四者,如肩舆之隶也;余所明道,则乘舆之大人也"(《文史通义》)。从某种意义上说,近现代儒学的转型亦始发于此。但也需承认,乾嘉经学发动的这场"转向"亦存在某些局限性,正如上文所说的焦循解经存在的方法论"问题",自然也是这一时期经学存在的共性问题。不过,此次"转向"的学术贡献已然无可厚非。

第十六章　清代常州学派对今文经学的复兴

清前期儒家经学走上了“由虚返实”之路，学者们一改明儒空谈性理、束书不观的积习，渴望通过文字训诂、辨伪、考证，回归儒学原典，进而“返本开新”。一时间，考据学盛行于世，并随着清廷四库馆的开设一跃成为官方学术。至乾嘉时期，“朝士宗尚汉学，承学之士，翕然从风，几若百川之朝东瀛，三军之随大纛”[①]。然而，在考据学极度兴盛的背后，其内在的积弊也日益显露：考据难寻“义理”；时常陷入“泥古”泥潭；解经学说琐碎、空疏；发展走向有悖于儒家经世致用传统等。面对此种情况，清中期的经学家们开始反思，并尝试以新的思路重新解释经典。常州学派的诞生正是这场反思运动的结果，它的代表人物庄存与、刘逢禄、宋翔凤等人高扬文本之“微言大义”，让经典解释不断义理化，使曾流行于西汉的今文经学得以在清代复兴，并随学者研究的深入，实现了儒家经学理论方法的深层次跃迁。

一、复兴“公羊学”

众所周知，西汉的今文经学重心在《公羊传》。汉儒们通过对《公羊传》的解释，阐述、发挥经文义理与“非常异义可怪之论”[②]，以达经世致用之目的，进而建构出“公羊学”。不过，自魏晋以降，今文经学日渐衰落，“公羊

① 陈康祺：《郎潜纪闻初笔二笔三笔》上册卷六《唐确慎公理学》，中华书局 1984 年版，第 128 页。

② 何休：《春秋公羊解诂 · 序》，上海书店，1989 年版，第 1 页。

学”便默默无闻，几乎成为“绝学”。至清代乾嘉时期，虽有考据学者开始研究《公羊传》，如褚寅亮著《公羊释例》、《周礼公羊异义》，孔广森著《春秋公羊通义》等，但他们对经典的解释多偏重考据，缺少义理阐述，与传统意义上的“公羊学”尚有很大的距离。直至常州庄存与的出现，这一状况才得以彻底改变。

作为一派宗师，庄存与著《春秋正辞》十一卷、附《春秋举例》一卷、《春秋要指》一卷，专解《春秋》。他尤重《公羊传》，对之进行了系统的解释，着力发挥书中字句的微言大义，即隐藏于语言文字间的深奥义理。庄存与注“公羊”继承了汉代董仲舒、何休等人的注释传统，论例法，及义理，而成一家之言。庄存与之后，其外孙刘逢禄又著《公羊经何氏释例》十卷、《公羊春秋何氏解诂笺》一卷、《申何难郑》四卷、《春秋论》上下篇、《左氏春秋考证》二卷，以阐发春秋公羊学之“大义”。他极力强调《春秋》为五经之管钥，认为“《春秋》始元终麟，天道浃，人事备，以《春秋》网罗众经，如数一二，辨白黑一般”①。庄存与的另一外孙宋翔凤独辟蹊径，以《春秋》之义解说《论语》，著《论语说义》十卷，为公羊学的发展别开洞天。

总结庄、刘、宋解经的共同特点，最显著的即是尊奉《春秋》，独崇《公羊传》。其原因主要有两个。一是他们认为《春秋》是上古圣王经世之书，可传万世而不乱。而三传中只有《公羊传》对《春秋》有深刻而全面的理解，唯《公羊传》所言之义最为公允正确，“《公羊》奥且明矣，不可不学；《穀梁》、《左邱》眊乎瞀哉”（《春秋正辞》），因而要了解《春秋》“微旨”，不可不研究公羊学。二是清朝当时的统治正面临严重危机，而公羊学中的“三统三世”说刚好可以指导统治者因革损益，以维护社会的“大一统”。出于现实性的考虑，公羊学的复兴也是必然的。

庄存与不断重申何休“政莫大于正”的理论，利用公羊学来宣扬君权神授、君臣名分不可越的“尊王”观点。同时还对“大一统”、“通三统”、“张三世”等公羊学的基本命题进行了新的说明。刘逢禄对《公羊传》所蕴含的内容、宗旨做了深入的开掘、总结和阐释，从何休的“三科九旨”入手，大力宣

---

① 吴雁南、秦学颀、李禹阶：《中国经学史》，福建人民出版社2001年版，第554页。

扬“张三世”的改制思想。宋翔凤重“微言”，贬斥古文经学，以《公羊传》为基础对儒家经典进行了新的发挥。总之，庄存与等人力主西汉董仲舒、东汉何休之学说，确守今文师法，反对东汉许慎、郑玄的琐屑考证，主张发挥“微言大义”，将“公羊学”在清中期复兴起来。

然而，若仔细比较汉、清二代“公羊学”说，即可发现其中亦有不同之处。

第一，解经立场上存在差异。汉代公羊学的核心一是强调“大一统”，二是把理想世界放置在未来。董仲舒、何休等以“天人感应”、阴阳五行论证“大一统”的必然性，用“三科九旨”等构建出太平盛世的场景，目的是为封建专制提供中央集权的理论依据。清代常州学派的公羊学重心与之显然发生了较大分离。庄存与解《春秋》强调奉天为第一，天子继之，诸侯不得主命，内、外辞之别，禁暴与诛乱等，具有鲜明的政治等级制度思想。他将汉代“公羊学”多方面内容内涵化在他所理解的政治等级说中，舍弃了汉代“公羊学”中《春秋》为汉制法说以及“三世”说中所包含的伦理观念。尤其是有关王朝受命更替的理论，在庄存与的学说中彻底消失了。[①] 刘逢禄解《春秋》强调“变易”，他系统整理、发掘了董、何注说的相关内容，反复申明要领会公羊学“变”的思想，以此考察社会的演进变化。刘逢禄主张“张三世”是公羊学的首要大义与理论核心，让《春秋》对于在此之后242年的历史产生了重要影响，使其充满了“变”的因素。宋翔凤解《春秋》常与现实相连，针对时局吏治败坏、民不聊生的社会现实，他发挥经典大义，反复宣讲为君之道、为臣之道。为此，其不惜“混淆”汉宋。他虽然站在今文经学家的立场上，但在学术研究之中，却经常今古兼采，以古文经学的观点论证问题。其目的只有一个：让经典服务于社会。

第二，解经思路不尽相同。西汉学者在解释《公羊传》时，基本上遵循“神学的解释”与“政治的解释”两条思路。经典乃“圣人所发天意”，人们通过理解经典而感知天意。但这种“感知”并非是向内发生的，而是天的系统与人的系统之间的控制和反馈。于是，汉代公羊学出现了“推阴阳言灾异”的解经传统。后来，又出现了谶纬之说等。当然，汉代的解经大师们也相

① 参见郜积意：《论庄存与的〈公羊〉学》，《孔子研究》2003年第5期，第64页。

信,有时调节人伦比尊崇天命更有助于建立理想社会。所以,他们又将今文经学引向了"政治的解释",正如《春秋公羊传注疏》所说:"此《春秋》五始、三科、九旨、七等、六辅、二类之义,以矫枉拨乱为受命品道之端,正德之纪也。"其为解释者与听者设计的互动路线是:解释者把自己所要表达的政治意义隐藏于含蓄的文辞中,听者可以通过这些文辞的暗示象征功能把本义破译出来。

与之相比,常州学派在解经时摒弃了"神学的解释",兼顾了"政治的解释",但更多地遵循了"哲学的解释"。庄存与解经强调思辨,尤其关注《春秋》变辞的解释。按汉代董仲舒的说法,在《春秋》的文辞违反正例的情形下,必须以"从义"、"奉天"为原则,然后对变辞做出解释,做到"从变从义而一以奉天"[①]。而庄存与认为,变辞的解释本身就没有固定的指向,因而解释者在个别事例的解释上可以产生不同的解释结果。只要言之成理,符合辩证原理,结论与汉代"公羊学"观点不一致也是没有问题的。此外,庄存与还将宋代二程的理学思想引入对《春秋》的解释,"人理灭矣,天运乖矣,阴阳失序。岁功不成矣,故不具四时"(《春秋正辞》),让本体的"理"、"心"与"公羊学"巧妙相融,使得道德哲学在"公羊学"中立稳了脚跟。刘逢禄解经极注重理论上的总结、阐发,他对《春秋》中几乎每一"例"都著有释论或叙论,从大量的实例中总结引申出道理来。他发挥了公羊学进化发展的历史观,"从文字上、哲学上、社会生活上广泛寻找根据,证明公羊'三世说'是普遍的、正确的,'变'是普遍适用的真理"[②]。最终以对《春秋》的解释,建构出一套重在变易进化的历史哲学论说。宋翔凤解经继承了庄存与今文经学传统,他在治《公羊传》的同时,又撰《论语说义》,认为《论语》的"不言",就是《春秋》的"不书",二者意蕴相通,都包含为君、为臣之道。宋翔凤解经时最为关注有关人性及其修养的性理之学阐述,他常以"仁"、"理"为本体对之论说,使对经典中的"微言大义"的理解上升为具有哲学意蕴的体悟,这样经学、理学、哲学三者贯通,经学变得理学化、哲学化了。

---

① 董仲舒:《春秋繁露·精华》,中华书局1975年版,第106页。

② 陈其泰:《刘逢禄对公羊学说的出色建树》,《北京师范大学学报》1997年第5期,第20页。

值得一提的是，常州学派还创造性地发明出以《春秋》大义贯群经的方法，此可谓其与汉代公羊学解经思路最大不同之处。他们认为儒学大义不仅内含于《春秋》之中，而且也隐藏在其他典籍之内。刘逢禄言："《论语》总六经之大义，阐《春秋》之微言"（《刘礼部集》），遂以公羊学说解释《论语》；宋翔凤指出《易经》之中包含儒家"太平之世"的理想，"明天道以通人事"，与《春秋》"纪人事以成天道"相辅相成①，进而可以《春秋》之义对之解说，等等。正是因为"大义"是相通的，所以《公羊传》中的《春秋》大义即可贯穿于儒家各类经典解释之中。

第三，对《春秋》其他二传态度有别。汉代学者重《公羊传》，对《春秋》其他二传——《左传》、《穀梁传》大多采取轻视态度，他们在言《公羊传》时一般绝不引《左传》、《穀梁传》为说。常州学派虽也对《左传》、《穀梁传》评价不高，但他们在对《春秋》的解释中已开始引用《左传》、《穀梁传》的观点了，如庄存与在《春秋正辞》中即引用《左传》有15条，其中14条是正面采以为说的②。刘逢禄曾对《左传》进行过系统研究，他得出的结论是"《左氏》详于事而《春秋》重义不重事，《左氏》不言例而《春秋》有例无违例"（《刘礼部集》），《左传》是以史事解《春秋》，与《春秋》是背道而驰，没有可以通说全经的达例，根本不符合《春秋》之旨。至于《穀梁传》，他虽也持基本否定态度，但承认其仍有一定价值，"《公》、《穀》所同，而大义迥异者，则以《穀梁》非卜商高弟，传章句而不传微言，所谓中人以下不可语上者与"（《刘礼部集》）。在刘逢禄看来，《公羊传》有微言大义，所以是上智之学；《穀梁传》只有褒贬，没有微言，可谓中人之学；至于《左传》就只能算作下愚之学了。

常州学派对于《左传》、《穀梁传》的研究，在一定程度上弥补了汉代学者对于《春秋》解释偏执于《公羊传》的缺失，让世人可以更为全面了解《春秋》。一般来说，《左传》属于古文经，《公羊传》、《穀梁传》属于今文经，在汉学、宋学共存的时代，常州学派解经在一定程度上具备了不分汉、宋，兼治今、古的某些特质。这也彰显了他们有着比汉代学者更为广阔的学术视域。

---

① 参见陈鹏鸣：《宋翔凤经学思想研究》，《中华文化论坛》2001年第4期，第101页。

② 参见黄开国：《庄存与〈春秋〉学新论》，《哲学研究》2005年第4期，第35页。

二、复兴"义理"解经

常州学派复兴"义理"解经，是从《春秋》之"义"与"事"的关系讨论展开的。自汉代以来，判定《春秋》到底是"经"还是"史"，学术界一直存在争议。西汉司马迁作《史记》，称《春秋》"王道之大者"，以之为"经"；唐代刘知几以"史"的立场看待《春秋》，故有"惑经"与"申左"之论。清代乾嘉以降，考据学盛行，人们对于《春秋》的研究集中于文字之校勘、训诂与名物度数之考证，对《春秋》之"义"的探究，已成罕见之势。而以庄存与为首的常州学派对以《春秋》为"史"表示了质疑，他们旗帜鲜明地提出"《春秋》重义不重事"的口号，并以此作为复兴经学中"义理"之学的基础。

庄存与明确指出："诵《诗》读《书》，不深惟古人之终始，心意浅薄，俾盛德不宣究于后世。"(《尚书既见》)也就是说，诵读经典不可局限于考据与辨伪，因为那只是"心意浅薄"者之所为，最为重要的是要"深惟古人终始"，去领会经典所述之大义，从而使历代贤圣之盛德能够传播于后世。理解《春秋》亦是如此，"《春秋》以辞成象，以象垂法，示天下后世以圣心之极"(《春秋繁露义证》)。庄存与尤其提到了《春秋》中的"不书"，认为正是由于文字背后存在"不可不察"的深意，所以《春秋》之所志，或详或略，其或书或不书，因此"《春秋》非记事之史也，所以约文而示意也"(《春秋要指》)。《春秋》中并非将每一事都有所"书"，对某事的记或不记，并不是由事件本身来决定，而是由其背后的"义"来决定的。"不书"是圣人有意削之不书，"不书多于书，以所不书知所书，以所书知所不书"(《春秋要指》)。"不书"而后有所"书"，正是因为有常"不书"，所以才能因此而彰显"所书"的意义。

从"不书"出发，庄存与对儒家经典中的义理进行了系统阐发。他说"六经"中含有具有万世效应的圣人之道，此道之大义在形上层面表现为以"天"为根本，在器化层面转化为维护以三纲为中心的尊卑等级制与实行严格区分君子小人的贤人政治。解经不可离天言道、离天言理，还要为稳定社会人伦秩序做出贡献。从庄存与的经学著作中可以看出，他总是以明圣人之道的大义为其中心和重点。那种"分文析字、烦言碎辞"的考据学思路，在他看来不值一提，甚至是对圣人之道的危害。在汉学一统天下，以《说文》为其话语标准的时代，庄存与的做法显得独树一帜。

刘逢禄"义理"解经思想直接启蒙于庄存与，他极力突显《春秋》在五经中的不寻常作用，认为"《春秋》为五经管钥"，而"无《公羊》无《春秋》"，"无三科九旨无《公羊》"。所以，对经典的解释要先从"三科九旨"的理解开始。"三科"，即张三世、存三统、异外内。三世指夏、殷、周。三统指夏为人统，殷为地统，周为天统。"九旨"，指时、月、日、王、天王、天子、讥、贬、绝。时、日、月，指记述的详略，王、天王、天子，指称谓的远近亲疏，讥、贬、绝，指书法的轻重。刘逢禄认为，三科九旨即是儒学经典的微言，是《公羊》与《春秋》乃至整个五经的根本。解经者的任务即是从"微言"获取经典之义理。

为了更好地解释经典义理，刘逢禄运用了"释曰"的表达形式。具体来说，就是先标举经传文字，即将原本散见于经传的内容分别纳入相关的"例"中，而以"释曰"表述自己的见解附于每篇之末。如他在《公羊何氏释例》中，就将其书三十篇归纳为张三世例、通三统例、内外例、时月日例、名例、褒例、讥例、贬例、诛绝倒例等。[①] 经过刘逢禄的整理归纳，经典中原本晦暗不明之义，乃得大明。在被"三科九旨"义理化后，儒家经典之"微言大义"变得清晰可见，易于把握，世人可以轻易领悟其内涵。

宋翔凤年少时便随舅父庄述祖研习今文经学，认为《左传》是记史之书，于《春秋》的"微言大义""阙而不闻"，故而推崇《公羊传》。宋翔凤相信，《春秋》之中存在着许多"微言大义"，只有通过"义理"解经，才能挖掘出经典本质的精神。"《春秋》之作，备五始、三科九旨、七等、六辅、二类之义，轻重详略，远近亲疏，人事浃，王道备，拨乱反正，功成于麟，天下太平"（《论语说义》），也就是说，解读《春秋》的关键在于对"五始三科九旨"大义的揭示。

《论语说义》是宋翔凤"义理"解经的典型代表。在书中，宋翔凤以《公羊传》中的义理揭示《论语》所蕴含的微言大义。他明确了解释《论语》主要是"说义"与"发微"而非重在考据与释读，并用春秋之义打通《论语》的篇章

① 参见申屠炉明：《论刘逢禄春秋公羊学的特色》，《南京大学学报》2000 年第 2 期，第 63 页。

结构与整体文意，试图找寻各篇章之间的结构联系。同时，他还适度地引用四书五经之经义解说、发挥《论语》之义，直接用四书五经某些看法与《论语》相关内容互为阐发与比附，如用《孟子》中的“仁政”思想解说《论语》等。[①] 这样的解释，让经典义理具有了内在连接性，可以以系统、有机的形象，跃然于读者面前。

常州学派在复兴“义理”解经的过程中，不断补充、完善相应理论学说，逐渐形成学派自身独具的学术特征。

第一，解经严格区分“微言”与“大义”。“公羊学”中的微言大义有着特定的指向，“微言”则是借孔子改制说所阐发的政治理想，“大义”是君臣上下的等级之分，即儒学的政治伦理原则。不过在学说的历史发展中，“微言大义”常被统一起来，被认为是经学中的义理，与训诂名物相区别。在常州学派的学说中，“微言”与“大义”更多地以独立的范畴形式展示于世人。庄存与解经不重“微言”专求“大义”。他认为，圣人之道具体来说即是维护社会政治秩序，人伦纲常的原则道理。但自秦以来圣人之道就被淹没了，无论是汉唐的经学，还是唐以后的经学都不仅没有得到圣人之道的真传，反而有害于圣人之道。[②] 因此解读、学习经典最应重视其中的“大义”。故庄存与对于三世说、三统说之类的“微言”很少进行“发明”，对于其内在的“改制”之义甚至刻意回避。但却以“全至尊、立人纪”方式，不遗余力地做系统阐释说明。如他在《春秋正辞》中多次提到：“《春秋》之义，务全至尊而立人纪焉。”“全至尊可以说是《春秋》的根本原则，而立人纪则包括《春秋》所有政治、伦理原则。故立人纪是庄存与所言大义的面，而全至尊则是这个面上的中心。”[③]

与之相对，刘逢禄与宋翔凤解经却更重“微言”。刘逢禄以《公羊传》中的三科九旨为经学微言，公羊学即以“微言”为宗。三科九旨中的“张三世”主要论述历史发展表现出来的阶段性，讲究变易进化，“通三统”主要论述治

① 参见闫春新、徐向群：《宋翔凤〈论语说义〉的解经特色》，《船山学刊》2010 年第 1 期，第 126 页。

② 参见黄开国：《庄存与的经学思想》，《四川大学学报》2005 年第 3 期，第 55 页。

③ 黄开国：《庄存与〈春秋〉学新论》，《哲学研究》2005 年第 4 期，第 37 页。

理国家的制度、办法应随时代而变化，讲求“穷则必变”。刘逢禄将之认定为“微言”的经典，并作为自己整个经典解释体系的核心。宋翔凤对“微言”的重视，体现在他对《论语》的解释中。他以为，“孔子受命作《春秋》，其微言备于《论语》”（《论语说义》），微言保存在《论语》中，隐含在各类其他儒家经传里。“大义”则记录在西汉的今文经学家的著说里。所以在《论语说义》中，他的主要任务便是发挥“微言”。与刘逢禄的区别是，宋翔凤发挥的并非是“三科九旨”，而是孔子“素王改制说”。“三科九旨”等微言经过董仲舒、何休尤其是刘逢禄的论说，内容已有定论。孔子“素王改制说”则不同，由于解释空间极大，可借孔子之口传解释者主观之意，进而根据时代需要创造出适宜的微言理论形式。

第二，“义理”解经夹杂“汉学”风韵。如果追根溯源，常州学派学者大多脱胎于乾嘉学派，只是在汉宋解经方式相争时代，他们深受理学影响，汲取“宋学”解经之长，创建了自己的“义理”之说。因此，在庄存与等人的解经过程中，出现某些“汉学”特质，自然容易被理解了。庄存与曾援引古文《周礼》补苴公羊学的典章制度，以供统治者借鉴。当时人建议废除伪《古文尚书》时，他撰《尚书既见》和《书说》，肯定伪《古文尚书》的价值，终使古文“竟获仍学官不废”，这与西汉今文学家的取舍显然不同。① 刘逢禄的“义理”解经体系，并没有完全摆脱乾嘉汉学的影响，对《毛诗》等古文经有一定程度的承认。宋翔凤释《论语》时，对《说文》尤其是《尔雅》特别推重。他甚至指出，《尔雅》是人们通晓《诗》、《书》、《礼》等经典必不可少的工具书，要明经典就离不开《尔雅》，“《尔雅》一书为声形训故文字之原，雅言之所在也”（《论语说义》）。此外，他还对《论语》版本进行了考辨，通过文字训诂纠正了《论语》在流传中造成的错误等。

第三，常见牵强附会之论。自西汉起，“义理”解经中便常出现牵强附会之说。其原因在于，解释者为表达自己的主观意思，必须借题发挥或从经义中引申出新的问题，进而常常陷入舍本逐末、洋洋洒洒而不得要领的囧地。这一弊端，常州学派亦不能避免。如果说庄存与强调读经书要“力争乎毫厘

① 参见王秋月：《庄存与和清代今文经学的复兴》，《泰山学院学报》2009 年第 1 期，第 35 页。

之差，深明乎疑似之介"，在细微隐约处研寻大义，才能将清代朴学家实事求是的原则贯彻到义理研究实践中的话，刘逢禄与宋翔凤则将牵强附会彻底地贯彻到经典的"义理"解释中。刘逢禄解经为证明其他经典中内含《公羊传》之微言，不顾语义、语境，强行联系。如他在解释《论语·公冶长》的"夫子之文章可得而闻也，夫子之言性与天道不可得而闻也"时说："性与天道，谓微言，《易》《春秋》备焉！不可得闻，谓难与中人以下言。"[①]其认为"微言"是关于天道与性的理论。但他在论说《公羊传》的"三科九旨"时却说，"微言"讲的是社会政治、历史的问题。二者显然是一种矛盾。宋翔凤解经虽杂采古今、汉宋，但在"义理"阐发中却经常不讲实事求是，而以附会为说。如为了证明《论语》大义之深，他往往对文本意义进行过高解释。像《论语·子罕》中的一句"子罕言利与命与仁"，从字面上看只是说孔子很少谈利与命、仁方面的问题，而宋翔凤明确其属于"微言"，并断言"孔子存微言之教，以为百世之师者，备于利与命与仁之中矣"（《论语说义》）。又如对于《说文解字》，他说："文字造而归藏出。汉许慎得正名之传。为说文解字。始一终亥。一者、道生一也。道有常道。必继之以正名。而名有常名。一生二。二生三。而指事之法。具在三生万物。而象形、会意、形声、转注、假借之法不穷。谓之六书。皆不可变之名也。其终亥之义。则归藏之说也。"[②]这样《说文解字》也变成了"微言"，实在难以让人信服。

其实，常州学派出现牵强附会之说并不难理解。一般来说，"微言"论说总会带有一种前定的基调在里面，为了符合既定的"微言"，有时不得不曲为之说。[③] 正是因为庄存与重"大义"，刘逢禄、宋翔凤重"微言"，所以庄氏著说中的附会之论自然少于刘、宋了。

三、复兴"经世"学风

今文经学自诞生之日起，便以学问应服务于国家、社会的经世致用任务

---

① 本田成之著，孙俍工译：《中国经学史》，中华书局 1935 年版，第 299 页。

② 宋翔凤：《过庭录》，中华书局 1986 年版，第 216 页。

③ 参见黄开国：《宋翔凤〈论语〉学的特点》，《哲学研究》2007 年第 1 期，第 38 页。

为己任。常州学派对今文经学的复兴，自然包括对经世学风的复兴。在他们的努力下，经典解释被赋予了浓厚的政治哲学韵味，其学术生命与为政治服务间达成了有机联系。庄存与著《春秋要指》，强调《春秋》义旨直接关系到国家治乱、礼法伦常，圣人对此有精心的安排："《春秋》详内略外，详尊略卑，详重略轻，详近略远，详大略小，详变略常，详正略否。"（《春秋繁露义证》）"《春秋》治乱必表其微，所谓礼禁未然之前也。凡所书者有所表也。是故《春秋》无空文。"（《春秋要指》）在另一本著作《春秋正辞》中，其更是大讲："天无二日，民无二主。郊社宗庙，尊无二上。治非王则革，学非圣则黜。"进而表达了其从政治上、思想上和制度上维护封建专制主义统治的意愿。① 而当时的清朝正面临着农民与地主两个阶级之间矛盾不断深化，以及农民起义此伏彼起的局面。

刘逢禄生活的时代是危机四伏的嘉道时期，为寻求解脱社会危机的方案，其"一意志学，洞明经术，穷极义理"（《清人文集别录》引），"孜孜从事公羊家言"（《养一斋集》）。他认为《春秋》"垂法万世"，能"救万世之乱"。他在所著《公羊经何氏释例》的序文中，明确称，治"公羊学"的目的就在"用冀持世之美志"。有鉴于清王朝的衰落，在他的解经思想中，可明显看到其带有不满乾嘉汉学、寄希望有某种社会变化、主张经世致用的意图。宋翔凤与刘逢禄身处同一时代，面对危机日益加重的社会现实，他渴望通过解读经典让当权者明白如何正确治理社会。他在《大学古义说》中写道，王者治天下，首要的在于施德政，主要表现为亲民爱民。圣人要施仁政，必须先修其向，从自身做起，君主同样要为属下树立楷模。对于当时社会中出现的当权者无休止掠夺民财的行为，他警告说："有天下者不益当知所慎哉！"（《大学古义说》）

总之，常州学派将自己的学说定位为经学与经世的产物。学者们重实际、论盛衰、针砭时弊，将今文经学作为"经世致用"的理论武器，创造出"以经论政"的一代学术新风。社会危机强化了经学"经世致用"的指向，而所

① 参见赵沛：《〈公羊传〉的特色和清代的〈公羊〉学》，《河南师范大学学报》2009 年第 5 期，第 136 页。

谓经世之学必须融入义理的阐述。常州学派就是在此学术传统与社会环境的互动中使经学"经世"思想再次复兴,其有助于世人冲破乾嘉汉学固守文字训诂的桎梏,引导人们走批评现实、变新社会的道路,为后世今文学家借经言政、进行改革活动奠定了基础。

然而,常州学派在复兴"经世"学风的过程中也暴露出其思想上存在的某些局限性。如他们的经世学说多限于"提倡",并不要求社会制度的彻底改革,更没有改朝换代的观念,而是期待着从经典解释中寻求解决社会危机的方案,并且仅仅停留在书本的层面等。当然,我们决不能以这些局限来否定常州学派的时代价值。必须承认,它满足了时代的需求,彰显出经学新的价值观。

四、影响与评价

客观地讲,以庄存与、刘逢禄、宋翔凤为中心的常州学派对今文经学的复兴并未产生巨大的社会影响。其之所以为世人关注,主要的原因在于,它与考据学相分离,在当时学术界家家许郑,人人贾马,斤斤于文字训诂,尊崇古文经学家的时代状况下,竖起今文经学的大旗,提倡讲微言大义与经世致用,表现出新的学风。然而,这并不意味着庄、刘、宋等人缺乏历史贡献,细细分析其历史影响主要包括三个方面。

第一,直接启蒙了以龚自珍、魏源为代表的后世今文经学家。龚、魏二人是刘逢禄的弟子,龚自珍曾推誉庄存与为"学足以开天下,自韬污受不学之名,为有所权缓亟轻重,以求其实之阴济于天下,其泽将不惟十世。以学术自任,开天下知古今之故,百年一人而已矣"(《清代学人录》),对刘逢禄的评价是:"昨日相逢刘礼部,高言大句快无加;从君烧尽虫鱼学,甘作东京卖饼家。"[①]魏源也说:"乾隆间经师有武进庄方耕侍郎,其学能通于经之大谊,西汉董、伏诸老先生之微森,而不落东汉以下。"[②]可见他们对庄、刘、宋等人思想服膺之深。与前辈一样,龚、魏利用今文经抵制和挑战脱离社会现

---

① 龚自珍:《龚自珍全集》,中华书局1959年版,第441页。

② 魏源:《魏源集》,中华书局1983年版,第361页。

实的学风,讲究经世致用,将孔子素王说、张三世、存三统等公羊派传统命题与社会时政紧密联系。当然,龚、魏思想虽来自庄、刘、宋,却又超越庄、刘、宋,他们不唯经是从,主张"不必泥乎经史",以能否经世作为取舍的标准;不只是从经典中寻找"微言大义",议政言事,而是用自己的体会来解释经书,并把外面新的因素加到经学之中。①

第二,促进了清代《论语》学的进一步发展。清代《论语》学研究著述如林、名家辈出,但在常州学派出现前考据学几乎成为《论语》学研究的全部内部。实事求是,无征不信,广参互证,追根求源的学术特色,让清代《论语》学在辑佚、考异、辨伪、校勘方面取得了一系列成就。然而,这种强烈的考据学色彩让学说内容颇显单调。到了嘉道年间,随着刘逢禄《论语述何》、宋翔凤《论语说义》的问世,一股清新的经世之风注入清代《论语》学的发展中。刘逢禄"追述何氏《解诂》之义,参以董子之说"(《刘礼部集》),他认为《论语》中处处包含《公羊传》的"微言大义",可用公羊学的变易理论充分解释《论语》。他不断强调后世对前代制度改易的重要性,对中国近代的托古改制思想产生了重要影响。宋翔凤认为,"《论语》一书,皆圣人微言之所存"(《论语说义》),《论语》二十篇,"寻其条理,求其旨趣,而太平之治,素王之业备焉"(《论语说义》)。他尊孔子为素王,认为孔子受天命于乱世,是改制的先驱。虽然某些论述有些牵强附会,但其内含的经世色彩昭然若揭。自此,清代《论语》学开辟出另一个发展方向——经世致用。在常州学派的助推下,《论语》学的研究进入到又一轮的发展高潮中。

第三,奠定了晚清否定古文经学运动的基础。维新时期的康有为著《新学伪经考》对《左传》等古文经学做了完全的否定,并认为凡西汉末年刘歆所力争立为博士之经皆为新莽之学,为刘歆所伪造,不足信。② 这与常州学派刘逢禄否定《左传》,认为其中的义法、凡例皆出自刘歆伪造,如出一辙。民国初年,顾颉刚等进行古史辨伪时,同样将否定《左传》作为重要内容。对

---

① 参见汤志钧:《从庄、刘到龚、魏:晚清启蒙思想生发之轨迹》,《学术月刊》2007 年第 2 期,第 145 页。

② 参见吴泽、陈鹏鸣:《常州学派史学思想研究》,《华东师范大学学报》1995 年第 3 期,第 46 页。

此情况的出现，钱玄同认为，伪经的推翻，刘氏（逢禄）此书为第一部。自此书出而后考辨伪古文经的著作相继而起，至康长素作《新学伪经考》而伪经之案乃定。这样一步进一步的辨伪运动，实以刘氏此书为起点。康（有为）、崔（适）二君之说固精，但实是集一百年今文学考辨之大成而更加以精密的修正者，此考辨伪经最先之一人即是刘申受。①

庄存与、刘逢禄、宋翔凤等常州学派学者对于今文经学的复兴，学术界对之评价褒贬不一、毁誉参半。站在价值中立的立场上，我们认为，实质上，这是一场清中期知识分子发动的以经学化解社会危机，稳定封建统治的思想运动。它的启蒙意义远大于作用于社会的实际效果。它拉开了经学近现代化发展的序幕，为传统儒家注入了新的生命活力，使之重新焕发青春。

① 参见顾颉刚：《古史辨自序》，中华书局 2006 年版。

参考文献

[1]陈立.白虎通疏证[M].吴则虞,点校.北京:中华书局,1994.
[2]卢文弨.抱经堂文集:一[M].北京:中华书局,1985.
[3]李百药.北齐书[M].北京:中华书局,1972.
[4]陈淳.北溪字义[M].熊国祯,高流水,点校.北京:中华书局,1983.
[5]成中英.本体与诠释[M].北京:生活·读书·新知三联书店,2000.
[6]陈献章.陈献章集[M].北京:中华书局,1987.
[7]董仲舒.春秋繁露[M].上海:上海古籍出版社,1989.
[8]苏舆.春秋繁露义证[M].钟哲,点校.北京:中华书局,1992.
[9]傅伟勋.从西方哲学到禅佛教[M].北京:生活·读书·新知三联书店,1989.
[10]戴震.戴东原集:十二卷[M].上海:上海书店,1989.
[11]戴震.戴震全书:一[M].合肥:黄山书社,1994.
[12]焦循.雕菰集:一[M].北京:中华书局,1985.
[13]陈澧.东塾读书记[M].上海:上海古籍出版社,2012.
[14]段玉裁.段玉裁遗书[M].台北:大化书局,1986.
[15]程颢,程颐.二程集[M].北京:中华书局,1981.
[16]扬雄.方言[M].郭璞,注.北京:中华书局,1985.
[17]李贽.焚书[M].北京:中华书局,1961.
[18]傅斯年.傅斯年全集[M].长沙:湖南教育出版社,2003.
[19]四库全书存目丛书编委会.四库全书存目丛书:集部五[M].济南:齐鲁书社,1997.

[20]慧皎,等.高僧传合集[M].上海:上海古籍出版社,2011.
[21]龚自珍.龚自珍全集[M].上海:上海人民出版社,1975.
[22]顾炎武.顾亭林诗文集[M].华忱之,点校.北京:中华书局,1983.
[23]顾颉刚.古史辨自序[M].北京:中华书局,2006.
[24]张载,杨时,程端礼,等.张子语录:龟山先生语录 程氏家塾读书分年日程 棠阴比事[M].上海:上海书店,1984.
[25]王念孙.广雅疏证[M].钟宇讯,点校.北京:中华书局,1983.
[26]海德格尔.海德格尔选集[M].孙周兴,选编.上海:生活·读书·新知上海三联书店,1996.
[27]班固.汉书[M].颜师古,注.北京:中华书局,1962.
[28]王先谦.汉书补注:外二种[M].上海古籍出版社,2008.
[29]江藩,等.汉学师承记:外二种[M].北京:生活·读书·新知三联书店,1998.
[30]屈守元,常思春.韩愈全集校注[M].成都:四川大学出版社,1996.
[31]朱熹.河南程氏遗书[M].上海:商务印书馆,1935.
[32]魏了翁.鹤山集:一百九卷[M].台北:台湾商务印书馆,1983.
[33]罗大经.鹤林玉露[M].王瑞来,点校.北京:中华书局,1983.
[34]范晔.后汉书[M].李贤,等,注.北京:中华书局,1965.
[35]吴光.黄宗羲全集:第一册[M].杭州:浙江古籍出版社,2012.
[36]邵雍.皇极经世书:十四卷[M].台北:台湾商务印书馆,1983.
[37]王植.皇极经世书解[M].台北:台湾商务印书馆,1983.
[38]朱熹.晦庵先生朱文公文集:卷一至卷十八[M].上海:上海书店,1989.
[39]杜预.春秋左传正义[M].孔颖达,等,正义.上海:上海古籍出版社,1990.
[40]房玄龄,等.晋书[M].北京:中华书局,1974.
[41]焦竑.焦氏笔乘:正续一[M].北京:中华书局,1985.
[42]凌廷堪.校礼堂文集[M].王文锦,点校.北京:中华书局,1998.

[43]陈寅恪.金明馆丛稿初编[M].上海:上海古籍出版社,1980.
[44]刘昫,等.旧唐书[M].北京:中华书局,1975.
[45]陆德明.经典释文[M].黄焯,断句.北京:中华书局,1983.
[46]阮元,等.经籍纂诂[M].北京:中华书局,1982.
[47]皮锡瑞.经学历史[M].周予同,注释.北京:中华书局,1959.
[48]皮锡瑞.经学通论[M].北京:中华书局,1954.
[49]朱彝尊.经义考[M].中华书局编辑部,编.北京:中华书局,1998.
[50]王引之.经义述闻[M].南京:江苏古籍出版社,1985.
[51]王引之.经传释词[M].湖南师范学院中文系古汉语研究室,校点.长沙:岳麓书社,1984.
[52]王肃.孔子家语:十卷[M].台北:台湾商务印书馆,1983.
[53]国学整理社.诸子集成[M].北京:中华书局,1954.
[54]中华书局.四部备要:第九册[M].北京:中华书局,1989.
[55]李翱.李文公集:十八卷[M].台北:台湾商务印书馆,1983.
[56]李觏.李觏集[M].北京:中华书局,1981.
[57]杨伯峻.列子集释[M].北京:中华书局,1979.
[58]柳宗元.柳河东全集[M].北京:北京燕山出版社,1996.
[59]刘禹锡.刘禹锡集[M].北京:中华书局,1990.
[60]陆九渊.陆九渊集[M].钟哲,点校.北京:中华书局,1980.
[61]刘盼遂.论衡集解[M].北京:古籍出版社,1957.
[62]中华书局.四部备要:第六册[M].北京:中华书局,1989.
[63]刘宝楠.论语正义:一[M].高流水,点校.北京:中华书局,1990.
[64]四川大学古籍整理研究所,中华诸子宝藏编纂委员会.诸子集成新编[M].成都:四川人民出版社,1998.
[65]毛公.毛诗正义[M].郑玄,笺.上海:上海古籍出版社,1990.
[66]沈括.梦溪笔谈:一[M].北京:中华书局,1985.
[67]焦循.孟子正义[M].沈文倬,点校.北京:中华书局,1987.
[68]赵岐,等.孟子[M].北京:中华书局,1998.

[69]戴震.孟子字义疏证[M].何文光,整理.北京:中华书局,1961.
[70]张廷玉,等.明史:第一册[M].北京:中华书局,1974.
[71]黄宗羲.明儒学案[M].沈芝盈,点校.北京:中华书局,1985.
[72]王艮.王心斋全集[M].陈祝生,等,校点.南京:江苏教育出版社,2001.
[73]焦桂美.南北朝经学史[M].上海:上海古籍出版社,2009.
[74]黄宗羲.南雷文案[M].台北:台湾商务印书馆股份有限公司,2011.
[75]欧阳修.欧阳文忠公集:一[M].上海:上海书店,1989.
[76]王符.潜夫论:十卷[M].台北:台湾商务印书馆,1983.
[77]钱大昕.潜研堂文集[M].台北:台湾商务印书馆股份有限公司,2011.
[78]赵尔巽,等.清史稿:第一册[M].北京:中华书局,1977.
[79]严可均.全上古三代秦汉三国六朝文:第一册[M].北京:中华书局,1958.
[80]曾枣庄,刘琳.全宋文:第九册[M].四川大学古籍整理研究所,编.成都:巴蜀书社,1990.
[81]董诰,等.全唐文:第十一册[M].北京:中华书局,1983.
[82]刘笑敢.诠释与定向:中国哲学研究方法之探究[M].北京:商务印书馆,2009.
[83]周予同.群经概论 [M].北京:中国书籍出版社,2006.
[84]顾炎武.日知录集释[M].黄汝成,集释.石家庄:花山文艺出版社,1990.
[85]李幼蒸.儒家解释学:重构中国伦理思想史　上卷[M].北京:中国人民大学出版社,2009.
[86]康宇.儒家解释学的产生与发展[M].哈尔滨:黑龙江大学出版社,2012.
[87]黄俊杰.东亚儒学研究的回顾与展望[M].上海:华东师范大学出版社,2008.
[88]陈寿.三国志 [M].裴松之,注.2版.北京:中华书局,1982.

[89]阎若璩.尚书古文疏证[M].上海:上海古籍出版社,1987.
[90]孔安国.尚书正义:周书[M].孔颖达,疏.台北:台湾古籍出版有限公司,2001.
[91]司马迁.史记[M].北京:中华书局,1998.
[92]刘熙.释名[M].北京:中华书局,1985.
[93]夏传才.十三经概论[M].天津:天津人民出版社,1998.
[94]许慎.说文解字[M].北京:中华书局,1963.
[95]许慎.说文解字注[M].段玉裁,注.2版.上海:上海古籍出版社,1988.
[96]四库全书目录索引[M].上海:上海古籍出版社,1989.
[97]纪昀,等.钦定四库全书总目:整理本[M].北京:中华书局,1997.
[98]朱熹.四书章句集注[M].北京:中华书局,1983.
[99]朱熹.四书或问[M].黄珅,校点.上海:上海古籍出版社;合肥:安徽教育出版社,2001.
[100]朱汉民,肖永明.宋代《四书》学与理学[M].北京:中华书局,2009.
[101]脱脱,等.宋史[M].北京:中华书局,1977.
[102]沈约.宋书:第二册[M].北京:中华书局,1974.
[103]黄宗羲.宋元学案[M].全祖望,补修.北京:中华书局,1986.
[104]魏徵.隋书[M].北京:中华书局,1973.
[105]王溥.唐会要[M].上海:上海古籍出版社,2012.
[106]王弼.王弼集校释[M].楼宇烈,校释.北京:中华书局,1980.
[107]王廷相.王廷相集[M].王孝鱼,点校.北京:中华书局,1989.
[108]王安石.王文公文集[M].上海:上海人民出版社,1974.
[109]王阳明.王阳明全集[M].吴光,等,编校.上海:上海古籍出版社,1992.
[110]王阳明.王文成公全书:第一册[M].上海:商务印书馆,1940.
[111]魏收.魏书[M].北京:中华书局,1974.
[112]魏源.魏源集[M].北京:中华书局,1976.

[113]吴澄.吴文正集[M].吴当,编.台北:台湾商务印书馆,1983.
[114]谢启昆.小学考:附《雅学考》[M].上海:汉语大词典出版社,1997.
[115]欧阳修,宋祁.新唐书[M].北京:中华书局,1975.
[116]徐复观.徐复观论经学史二种[M].上海:上海书店出版社,2002.
[117]王先谦.荀子集解[M].沈啸寰,王星贤,点校.北京:中华书局,1988.
[118]阮元.揅经室集:一[M].上海:上海书店,1989.
[119]扬雄.扬子法言[M].济南:山东画报出版社,2004.
[120]邵雍.伊川击壤集:二十卷　集外诗一卷[M].上海:上海书店,1989.
[121]郑玄注.仪礼注疏[M].贾公彦,疏.上海:上海古籍出版社,1990.
[122]朱伯崑.易学哲学史:上册 [M].北京:北京大学出版社,1986.
[123]尹文.尹文子[M].长春:时代文艺出版社,2008.
[124]梁启超.饮冰室合集[M].北京:中华书局,1989.
[125]袁宏道.袁宏道集笺校[M].上海:上海古籍出版社,1981.
[126]张载.张载集[M].章锡琛,点校.北京:中华书局,1978.
[127]李清良.中国阐释学[M].长沙:湖南师范大学出版社,2001.
[128]周裕锴.中国古代阐释学研究[M].上海:上海人民出版社,2003.
[129]周光庆.中国古典解释学导论[M].北京:中华书局,2002.
[130]马宗霍.中国经学史[M].上海:上海书店,1990.
[131]吴雁南,秦学颀,李禹阶.中国经学史[M].福州:福建人民出版社,2001.
[132]姜广辉.中国经学思想史:第四卷[M].北京:中国社会科学出版社,2010.
[133]黄俊杰.中国孟学诠释史论[M].北京:社会科学文献出版社,2004.
[134]洪汉鼎,傅永军.中国诠释学:第 10 辑[M].济南:山东人民出版社 ,2013.
[135]徐复观.中国思想史论集[M].台北:台北学生书局,1993.
[136]张舜徽.中国文献学[M].郑州:中州书画社,1982.
[137]冯浩菲.中国训诂学[M].济南:山东大学出版社,1995.

[138]刘笑敢. 中国哲学与文化:第八辑[M]. 桂林:广西师范大学出版社,2010.
[139]郑玄. 周礼注疏[M]. 贾公彦,疏. 上海:上海古籍出版社,2010.
[140]李鼎祚. 周易集解[M]. 陈德述,整理. 成都:巴蜀书社,1991.
[141]王弼,韩康伯. 周易正义[M]. 上海:上海古籍出版社,1990.
[142]周予同. 周予同经学史论著选集[M]. 朱维铮,编. 上海:上海人民出版社,1996.
[143]武夷山朱熹研究中心. 朱子学新论:纪念朱熹诞辰 860 周年国际学术会议论文集(1130—1990)[M]. 上海:上海三联书店,1991.
[144]朱熹. 朱熹集[M]. 郭齐,尹波,点校. 成都:四川教育出版社,1996.
[145]蔡方鹿. 朱熹经学与中国经学[M]. 北京:人民出版社,2004.
[146]朱熹. 朱子全书:第六册[M]. 上海:上海古籍出版社;合肥:安徽教育出版社,2010.
[147]束景南. 朱子大传[M]. 福州:福建教育出版社,1992.
[148]钱穆. 朱子新学案[M]. 成都:巴蜀书社,1986.
[149]黎靖德. 朱子语类[M]. 王星贤,点校. 北京:中华书局,1986.
[150]韩愈. 论语笔解[M]. 台北:艺文出版社,1966.
[151]郭璞. 尔雅注疏[M]. 刑昺,疏. 北京:北京大学出版社,1999.

后记

儒家诠释学，是儒家对文本意义的理解和解释的理论或哲学，可具体化为对儒家经典诠释的规则与方法的理论体系。它是儒学的重要组成部分，历经千余年时间，以经学为载体，成为中华文化的“正宗”，是中华文明传承和创新的一种重要形式、途径。它通过对儒家原典不断的“返本开新”，建构出儒家关于宇宙论、历史观、政治哲学、道德哲学、人生哲学等多领域学说体系，影响了国人安身立命的选择，对民族文化的发展产生了深远影响。其所内含的实事求是传统，以及经世致用的思路，在当今社会中仍然具有积极的正面价值。

然而，在当代学界中儒家诠释学并未成为“显学”。因为受传统思维的影响，诠释学常被认为是西方哲学特有的产物，儒家是否存在诠释学，常处于争论之中；同时，学者对于经学与儒家诠释学的“异同”无法给出清晰界定，所以“诠释学”概念在使用中往往与经学范畴混淆，从而导致学科失去了自身研究的独立性。本书要完成的任务，即是立足本土，辅以异域视角审视，重新发掘儒家经典诠释一手文献，通过系统梳理，著成一部具有真正“诠释学”意义、完整的“儒家诠释学”学术研究专著。

细细算来，我从事儒家经典诠释学研究工作已有 7 年时间。其间工作虽然繁重，但我一直很快乐。因为我喜欢、乐意去完成这样的任务。我曾不止一次地表达过对儒学的热爱，但这并不妨碍我以“价值中立”的态度对待学术问题。学习、写作本就是人文学者“必然”的生活方式。作为一名高校教师，“搞科研”理应是自己的本职工作。有学者曾经说，“板凳要坐十年冷，文章不写一句空”，此言甚是。不下得苦功，耐不住寂寞，只能空耗时间，浪费学术生命。我一直相信"天道酬勤"。当然,由于我自身能力有限,书中自然还存在许多问题以及思考不全面之处,需要进一步"推敲",肯请同人批评指正。

本书是教育部人文社会科学一般项目《儒家诠释学研究》的最终成果。其能够得以顺利完成、出版,得益于身边老师、亲友的鼎力相助。感谢母校黑龙江大学,感谢将我引入儒学之门的老师,感谢我的父母,感谢出版社编辑。感谢我的妻子袁立莉、儿子康元熙,还有那些曾经默默帮助过我的人。

康宇

2015 年 2 月于哈尔滨